CB142114

MICHAEL JACKSON

O GUIA DO
MALT WHISKY

TALISKE
GLENMORANGIE
HIGHLAND SINGLE MALT
SCOTCH WHISKY
The LASANTA
SHERRY CASK
EXTRA MATURED
ROSEBANK
SINGLE MALT
SCOTCH WHISKY
AGED 12 YEARS
43% vol 70cl
CAOL

PUBLIFOLHA

MICHAEL JACKSON

O GUIA DO MALT WHISKY

ATUALIZADO POR DOMINIC ROSKROW, GAVIN D. SMITH E WILLIAM C. MEYERS

UM LIVRO DORLING KINDERSLEY

www.dk.com

Produzido pela Dorling Kindersley por Thameside Media
www.thamesidemedia.com

Sexta edição publicada em 2010 por Dorling Kindersley Limited
80 Strand, London, WC2R 0RL

Copyright © 1989, 1991, 1994, 1999, 2004, 2010
Dorling Kindersley Limited

Copyright © do texto 1989, 1991, 1994, 1999, 2004
Michael Jackson, 2010 The Estate of Michael Jackson

© 2011 Publifolha – Divisão de Publicações da Empresa Folha da Manhã S.A.

Todos os direitos reservados. Nenhuma parte desta publicação pode ser reproduzida, arquivada ou transmitida de nenhuma forma ou por nenhum meio sem permissão expressa e por escrito da Publifolha – Divisão de Publicações da Empresa Folha da Manhã S.A.

Proibida a comercialização fora do território brasileiro.

Fotos: Michael Ellis, Ian O'Leary

PUBLIFOLHA
Divisão de Publicações do Grupo Folha
Al. Barão de Limeira, 401, 6º andar, CEP 01202-900, São Paulo, SP
Tel.: (11) 3224-2186/2187/2197
www.publifolha.com.br

COORDENAÇÃO DO PROJETO
PUBLIFOLHA
Editora-assistente: Thais Rimkus
Coordenação de produção gráfica: Mariana Metidieri
Produção gráfica: Rodrigo Andrade

PRODUÇÃO EDITORIAL
PÁGINA VIVA
Edição: Ricardo Marques
Assistência de edição: Laura Vecchioli
Tradução e consultoria: Celso Nogueira
Revisão de texto: Tássia Soares e Luiza Del Monaco
Produção gráfica: Priscylla Cabral
Assistência de produção gráfica: Bianca Galante

DORLING KINDERSLEY
Editor do projeto: Robert Sharman
Designer: Kathryn Wilding
Editor executivo: Dawn Henderson
Editor de arte: Christine Keilty
Editor de produção: Ben Marcus
Controller: Seyhan Esen
Apoio à criação: Sonia Charbonnier

Dados Internacionais de Catalogação na Publicação (CIP)
(Câmara Brasileira do Livro, SP, Brasil)

Jackson, Michael, 1942-2007.
O guia do malt whisky / Michael Jackson ; atualizada por Dominic Roskrow, Gavin D. Smith, e William C. Meyers ; traduzidas por Celso Nogueira. – São Paulo : Publifolha, 2012.

Título original: Malt whisky companion.
ISBN 978-85-7914-323-6

1. Uísque - Guias, manuais etc. 2. Uísque - História I. Roskrow, Dominic. II. Smith, Gavin D. III. Meyers, William C. IV. Título.

11-08747 CDD-641.252

Índices para catálogo sistemático:

1. Uísque : Bebidas

A grafia deste livro segue as regras do Novo Acordo Ortográfico da Língua Portuguesa.
Impressão e acabamento: Leo Paper, China.

SUMÁRIO

INTRODUÇÃO

O LEGADO DE MICHAEL JACKSON

QUANDO MICHAEL JACKSON morreu, em 2008, levou consigo uma parte especial do mundo do whisky. Pelos quatro cantos do planeta, milhares de apreciadores da bebida lamentaram seu súbito falecimento. Muitos não o conheceram pessoalmente ou só trocaram algumas poucas palavras com ele; mesmo assim, suas vidas ficaram marcadas pelo seu trabalho. Por quê? As características que melhor o definiam se entrelaçavam com sua escrita.

No mundo do whisky, não faltam sujeitos sensacionais, cujos talentos só se equiparam a sua modéstia. Michael, despretensioso e discreto como as pessoas que conhecia ou entrevistava, era o homem perfeito para apresentar esses talentos a um público maior. Criou vínculos entre setores da indústria, unindo internacionalmente produtores e apreciadores de whisky. Graças a ele, conhecemos por dentro as destilarias mais importantes e as pessoas que nelas criavam whisky de alta qualidade. Só por isso já teríamos uma imensa dívida de gratidão com ele.

No fundo, Michael era um tradicionalista. Seus valores datavam de um tempo em que se levava a vida de um jeito mais lento e ponderado, por isso ele lutou com discreta determinação para preservar as coisas que amava e considerava ameaçadas. Escrevia para a revista *Slowfood* e desprezava termos de marketing como "marca" e "produto". Não perdia tempo com a falta de sinceridade do moderno consumismo descartável.

Por mais respeitável que fosse sua abordagem, por vezes ela gerava constrangimento. Nas degustações competitivas, por exemplo, Michael recusava a pressa; depois que os outros jurados já haviam terminado e os copos vazios tinham sido recolhidos, ele se debruçava sobre a amostra por muito tempo, e os jurados que enchiam o salão eram forçados a esperar por sua análise. Adotava uma atitude básica: alguém se dera ao trabalho de criar uma bebida e maturá-la por vários anos; no mínimo, ela merecia consideração antes que se emitisse um julgamento.

Ele exibia uma postura semelhante nas visitas às destilarias. Michael assumia as iniciativas em qualquer grupo, de bloco na mão, feito um repórter antiquado, disparando uma pergunta atrás da outra ao guia desconsolado com sua presença. Certa vez perguntaram a ele o motivo de tantas perguntas, pois já visitara a mesma destilaria em diversas oportunidades. "A gente sempre aprende alguma coisa nova", respondeu com franqueza.

Isso nos conduz a outro traço encantador de Michael. Sempre tomava cuidado e demonstrava respeito em tudo o que dizia e no jeito como dizia. Defendia a posição de que pouquíssimos malt whiskies eram realmente ruins e procurava descobrir alguma qualidade neles ou preferia não dizer absolutamente nada. Durante as provas, dedicava-se à avaliação com precisão quase científica, descrevendo os aromas e os sabores encontrados e evitando a indulgência subjetiva.

Nos últimos 18 meses, desde que fomos convidados a atualizar seu livro, passamos mais tempo com os escritos de Michael do que as pessoas normalmente passariam e, aos poucos, percebemos como os traços citados – valores antiquados, modéstia e clareza – definiam os textos. Seus inúmeros admiradores sabiam disso e amavam seu estilo. Quanto mais nos envolvíamos com a obra, mais admirávamos sua precisão e sua perspicácia. Como resultado, essa tentativa de fazer justiça a Michael e a seu legado tornou-se um desafio tremendo, que no final consideramos gratificante.

O guia do malt whisky havia sido revisado mais de cinco anos antes, e muita coisa aconteceu desde então. Destilarias foram reabertas, ampliadas ou mudaram de dono, surgiram novos mercados para o malt e uma nova categoria de malt whisky prosperou. Acima de tudo, ocorreu a proliferação de lançamentos. No final, removemos mais de quinhentos whiskies da edição anterior, pois saíram de linha, e os substituímos por cerca de trezentos novos rótulos das destilarias, além de uns duzentos de empresas independentes.

Cerca de dois terços das avaliações são novas, mas nossa intenção sempre foi deixar intacto o máximo possível do livro original de Michael. Os capítulos iniciais praticamente não sofreram alterações, por exemplo, e os textos de apresentação das destilarias só foram atualizados quando necessário. Incluímos novos capítulos para refletir as grandes mudanças no mundo do whisky nos últimos cinco anos, com destaque para o crescimento notável do malt whisky em países que não eram produtores tradicionais e para a emergência dos malts de uma categoria distinta, os blended malts (ou vatted).

Também buscamos manter o estilo preciso e frugal de Michael, sempre que possível, e avaliar os whiskies da mesma forma como ele fazia. Não foi fácil, pois isso é muito subjetivo, e cada um de nós pontuou de modo diferente de Michael os malts de antigas edições. Quando avaliávamos outros malts da mesma destilaria, deveríamos dar a nota que considerávamos justa ou ajustá-la à pontuação de Michael? Preferimos a última opção.

Michael também pontuava a maioria dos malts numa faixa estreita. Ele raramente dava notas abaixo de 60 ou acima de 85. Portanto, a pontuação deve ser entendida nesse contexto. Outros autores costumam dar 90 pontos, ou até 95, a alguns whiskies, algo raro neste livro. Enquanto outras obras julgam os malts dando opiniões favoráveis ou negativas, tentamos acompanhar Michael e apenas descrever as propriedades das bebidas.

A maneira correta de abordar esta obra é aceitar que um malt, para ser incluído na lista, foi considerado de qualidade suficiente para justificar sua compra e sua degustação. Alcançar 65 pontos nos sugere um whisky bom, decente, sem nada de excepcional. Se ganhar 75 pontos, trata-se de um classe A, superior, altamente recomendado pelos autores. Qualquer um com nota acima disso pertence à elite dos mais finos malts.

Finalmente, em reconhecimento à afeição especial de Michael por Macallan, deixamos o extenso artigo sobre os malts da destilaria como ele o escreveu, acrescentando a linha mais recente, Fine Oak, sem remover praticamente nada do capítulo.

Ao atualizar o livro, contamos com a ajuda de muitas pessoas do ramo; gostaríamos de agradecer em particular aos que se deram ao trabalho de apoiar e elogiar o que fazíamos. Esperamos ter retribuído sua fé com uma obra que ainda representa o esforço de Michael e tudo o que ele defendia, um livro em que as mudanças não destoam e no qual a personalidade e os valores de Michael brilham com toda a força.

O guia do malt whisky é em grande parte o livro de Michael Jackson, e desejamos que continue assim para sempre.

Dominic Roskrow

Gavin D. Smith

William C. Meyers

Março de 2010

POR QUE MALT?

UM GUIA RÁPIDO PARA OS PRAZERES DA BUSCA

MESMO EM SUA VERSÃO MAIS SIMPLES, o malt whisky apresenta uma pureza impressionante. A neve derrete nas montanhas, filtra por entre as rochas durante décadas, ou até séculos, brota numa fonte e desce pela encosta até encontrar terreno plano onde se pode cultivar o centeio. A água irriga o centeio no campo, estimula a planta a germinar na maltagem, libera o açúcar no tonel de mistura, torna-se cerveja quando recebe adição de fermento, vaporiza-se no alambique, volta a ser líquida no condensador, entra no tonel como destilado, e de lá sai o whisky.

O SABOR adocicado e revigorante da cevada maltada está sempre presente, em graus variados, claro; mas há muitos outros elementos. A rocha pela qual a água verte influencia as características do whisky. A vegetação por onde corre também pode interferir. No processo de maltagem, o grão parcialmente germinado é seco, às vezes, usando-se turfa como combustível, o que lhe confere o aroma defumado. As leveduras usadas na fermentação podem acrescentar sabores de frutas e especiarias. Características similares podem ser alteradas pelo tamanho e pelo formato dos alambiques, o que também afeta o corpo e a densidade da bebida. Aromas e sabores adicionais surgem durante a maturação nos tonéis, conforme a madeira usada, o conteúdo anterior e a atmosfera do local *(pp. 62-3)*.

Para quem aprecia um destilado saboroso, o malt whisky mais robusto é o campeão. Os sabores de um blended scotch em geral são para poucos, como ocorre no caso do conhaque. Quem teme sabores intensos pode se refugiar na segurança dos runs brancos e das vodcas.

A INDIVIDUALIDADE dos malts é responsável pela diferença entre eles. Não admira que seduzam pessoas individualistas. Um malt com toques de defumação, terra e algas marinhas, da costa ou das ilhas escocesas, é um destilado sem rival em termos de intensidade de gosto. O malt de Speyside pode apresentar notas de xerez, mel e flores e costuma ser muito complexo. Há poucos malts de terras baixas, mas eles se destacam pelos sabores herbais e relvados.

Taças de degustação em uma destilaria

Taças usadas por especialistas em Bruichladdich. Os apreciadores gostam de aprimorar conhecimentos em palestras e degustações. Descobrir sabores e aromas é prazeroso.

AS ORIGENS DO MALT WHISKY

AS PRIMEIRAS PARREIRAS datam da pré-história, mas a cevada marcou o início da civilização. Os seres humanos, como caçadores-coletores, colhiam frutos silvestres como a uva, que tinha vida curta e tendência a apodrecer (ou fermentar espontaneamente), criando o vinho. As frutas sugam a água do solo e produzem sucos ricos em açúcar, que fermentam com facilidade. As leveduras silvestres iniciam a fermentação, e o processo gera álcool. Talvez os homens apreciassem o efeito, mas o vinho não lhes fornecia as indispensáveis proteínas.

Quando os homens trocaram a vida nômade por sociedades organizadas, eles se fixaram à terra para cultivá-la. As evidências mais antigas datam de 8 mil a 13 mil anos, em diversos pontos do crescente fértil, no Oriente Médio. A primeira planta foi uma variedade de cevada, e a explicação original de seu uso consta em tábuas de argila sumérias que se referem ao preparo da cerveja. Alguns acreditam que essa tenha sido a primeira das receitas de qualquer gênero.

A MEIO CAMINHO DO WHISKY

Cultivar a cevada, transformá-la em malte e depois em cerveja são atividades que já percorrem metade do caminho para o preparo do whisky. Obter açúcares das frutas não apresenta dificuldade – basta descascar uma uva ou morder uma maçã. No caso dos grãos, há empecilhos. O primeiro passo para liberar os açúcares da cevada e de outros grãos é o processo de maltagem. Isso quer dizer que o grão é mergulhado na água, parcialmente germinado e então seco. A civilização suméria ocupou uma área onde hoje se situa o Iraque. Talvez a maltagem tenha ocorrido naturalmente, enquanto a cevada ainda estava no campo, quando a água subia e inundava as plantações nas terras planas. O processo é descrito poeticamente em tábuas de argila no "Hino a Ninkasi" *(p. 16)*.

Os sumérios, pelo que se sabe, só tinham o objetivo de tornar o grão comestível. Eles o ingeriam na forma de cerveja, embora relíquias e imagens sugiram que eles consumiam uma bebida grossa, quase um mingau, usando canudos. As ilustrações guardam notável semelhança com a cerveja preparada até hoje em aldeias de certas partes da África.

O caminho das ilhas
A poucos quilômetros da destilaria Bushmills, na Irlanda, esta formidável formação rochosa conduz a Fingal's Cave, Staffa e Mull. A primeira trilha do whisky... ou sua primeira lenda?

QUANDO SE DESPEJA A CERVEJA FILTRADA
DO BARRIL COLETOR,
É COMO O FLUXO DOS RIOS TIGRE E EUFRATES.
NINKASI, VOCÊ É QUEM DESPEJA A CERVEJA FILTRADA
DO BARRIL COLETOR,
É COMO O FLUXO DO TIGRE E DO EUFRATES.

Grão e água se encontram...

... no "Hino a Ninkasi" (c. 1800 a.C.), encontrado em tábuas de diversos sítios arqueológicos do Iraque. Traduzido em 1964, por Miguel Civil, do Instituto Oriental da Universidade de Chicago. Seria a primeira evidência de maltagem?

O cultivo de grãos pode ser originário da primeira civilização do mundo antigo. Disseminou-se, mas o tipo variava conforme o lugar. No Oriente, chineses e japoneses plantavam arroz, que podia ser fermentado para fazer saquê. Os russos usavam centeio para o kvass. No Ocidente, colhiam a cevada para produzir malt. As palavras "brew" [fermentar] e "bread" [pão] possuem a mesma etimologia, e na Alemanha a cerveja costuma ser chamada de "pão líquido".

A uva, suave, delicada e caprichosa, compete com o grão duro e resistente, para se produzir as bebidas mais importantes do mundo: fermentadas e destiladas. O clima divide a Europa temperada em faixas destinadas a produzir vinho e cerveja. O vinho provém do sul, onde estão as parreiras: Grécia, Itália, França, península Ibérica. A cerveja vem do norte, mais forte no cultivo de cereais: República Checa, Alemanha, Bélgica e Grã-Bretanha. Esses países também produzem o equivalente destilado, mas a ênfase se dá nos lugares mais frios. O cinturão do destilado abrange a Rússia, a Polônia, os países bálticos e escandinavos e a Escócia.

O Iraque moderno fica ao sul da Armênia, e Heródoto, o historiador grego, relata que os armênios produziam "água de cevada". Portanto, é possível que a cevada maltada tenha se espalhado a partir da Armênia, para a Geórgia e a Ucrânia. Os gregos chamavam todos os estrangeiros de "celtas". Os romanos os consideravam gálicos, e parte da Turquia se chama hoje Galácia. O termo "galácio" também foi empregado por Columela, autor romano, para descrever a cevada de duas fileiras de grãos, variedade preferida hoje pela maioria dos cervejeiros.

Sítios em que havia aldeias celtas são famosos até hoje pela produção de cerveja, com destaque para Boêmia, Baviera e Bélgica. Muitos desses povoados abrigavam abadias, com suas cervejarias. A maior parte dos primeiros locais de produção de cerveja na Inglaterra, na Escócia e na Irlanda se localizam onde antes havia abadias. É o caso de cidades dedicadas à destilação, como Cork e Middleton, na Irlanda. O nordeste da Irlanda e o oeste das ilhas escocesas têm vínculos com St. Columba, que incentivou sua comunidade de Iona a plantar cevada. Em 1494, o frei Cor, da abadia Lindores, em Fife, registrou nas listagens do tesouro escocês a compra de malte "para fazer *aqua vitae*". Esse provavelmente não foi o primeiro destilador de malte, mas nos deixou a primeira prova.

A ARTE DA DESTILAÇÃO

Compreende-se facilmente como a fermentação espontânea forneceu um modelo natural aos primeiros cervejeiros. A evaporação e a condensação também ocorrem na natureza, mas não se sabe ao certo quando nem onde a destilação começou a ser praticada. Destilar é ferver água, vinho ou cerveja, coletar o vapor e condensá-lo para que volte ao estado líquido. Isso separa algumas substâncias (por exemplo, o sal da água) e concentra outras (como o álcool do vinho e da cerveja). O processo foi usado por navegantes fenícios para tornar potável a água marinha, e por alquimistas, perfumistas e fabricantes de remédios e bebidas alcoólicas.

Uma teoria diz que os fenícios levaram a destilação à Europa Ocidental, via Mediterrâneo e Espanha, de onde a técnica cruzou o mar e chegou à Irlanda. Outra teoria supõe que chegou aos países nórdicos vinda da Rússia, e deles seguiu à Escócia.

A matéria-prima fermentada – vinho ou cerveja – é fervida para obter vapor, que, por sua característica insubstancial, pode ter dado origem ao termo inglês "spirit" ou ao alemão "geist" (fantasma), especialmente porque a destilação traz a bebida de volta à vida. Leva o nome de "água da vida": vodca em sua forma reduzida, nos países eslavos; *aquavit*, com várias grafias, nas terras nórdicas; *eau-de-vie* em francês. E *usquebaugh*, também com várias grafias, em gaélico. O último termo, por apócope, tornou-se *usky*, que deu origem a *whisky*, no inglês. Todos os nomes indicavam no início uma bebida destilada, feita com os ingredientes disponíveis no local.

Os destilados eram produzidos em lotes, em caldeiras que se assemelhavam a uma chaleira ou caldeirão. O malt whisky continua sendo feito assim até hoje. Mas a "destilação em alambique" era ineficiente, e nos primórdios, o destilado continha sabores desagradáveis que eram mascarados com adição de especiarias, grãos e frutos.

PLAIN MALT, O PURO MALTE

Em meados do século XVIII já se fazia na Escócia a distinção entre destilados flavorizados e o puro malt. Como primeira nação industrializada, a Grã-Bretanha adaptou a cerveja e o whisky às tecnologias da época da Revolução Industrial: a "cerveja clara" inglesa era uma pale ale cor de cobre, e não a lager dourada da Europa continental, mais "evoluída", feita com técnicas avançadas. O whisky escocês continuou sendo produzido nos alambiques "pot-still", com seus sabores peculiares e complexos.

A maior parte dos países do Norte da Europa usa um termo genérico para destilados, "schnapps", que abrange bebidas puras e aromatizadas. As especiarias mais usadas são alcaravia e endro, tradicionais na aquavit escandinava, e zimbro e flavorizantes vegetais diversos, como flor de íris e casca de cítricos, nos gins da Alemanha setentrional, dos Países Baixos, do Norte da França e da Inglaterra. Os destilados de grãos produzidos fora da Grã-Bretanha, temperados ou não, em geral empregam a destilação contínua em coluna e não costumam ser envelhecidos.

Os elementos necessários à produção do malt whisky escocês são a água local; um único grão, a cevada maltada; um pouco de turfa; alambiques projetados e construídos na Escócia; e envelhecimento em barris de carvalho, que ganharam importância a partir do final do século XVIII.

BLENDED SCOTCH, A MISTURA DE WHISKIES

Como ocorre em grande parte da produção de bebidas, a preparação do malt whisky na Escócia era inicialmente uma atividade secundária nas fazendas. Nas enseadas costeiras e nos vales profundos das Terras Altas (Highland glens), a destilação ilícita era comum. Em 1824, a legislação regulamentou a atividade e moldou a indústria moderna.

Para o agricultor-destilador, alguns tonéis de malt whisky serviam de reserva para os dias chuvosos. A fazenda não engarrafava o produto. Pessoas ricas, hotéis e pubs compravam os barris, ou um comerciante licenciado, instituição escocesa semelhante a um armazém geral americano. (Um belo exemplo de estabelecimento licenciado, ainda em funcionamento, é o Gordon & MacPhail, de Elgin.) Um ou outro destilador afamado

Mistura de whiskies
As "garrafas medicinais" da bancada da Richard Patterson contêm as amostras mais recentes obtidas dos barris de malt whisky normalmente incluídos nos blends escoceses de Whyte e Mackay's. Existem pequenas diferenças de um barril para outro. A Patterson confere cor, aroma, sabor e faz os ajustes necessários.

passava seu whisky a negociantes de vinhos, às vezes localizados em praças distantes, como Edimburgo e Londres.

O whisky de cada fazendeiro variava de um ano para outro, de modo que o fornecimento era irregular. Em vez de ficar sem a boa bebida de McSporran, por exemplo, os comerciantes licenciados misturavam diversos malts em grandes barris ou em tanques chamados vats e vendiam o produto com seu próprio rótulo. Alguns conquistaram imensa fama, como Chivas Brothers, Johnnie Walker e George Ballantine. Entre os negociantes de vinhos famosos pelos whiskies, dois estabelecimentos londrinos continuam ativos: Justerini & Brooks e Berry Brothers & Rudd.

A mistura nos vats transformou-se em blend quando, em meados do século XIX, a destilação contínua em coluna foi patenteada. Esse tipo de destilador funcionava em escala industrial e podia produzir um whisky menos encorpado e de sabor mais leve. A produção também era mais rápida, custava menos e rendia quantidades muito maiores do que o alambique. O whisky destilado em coluna forma o grosso do blend, enquanto a combinação de malt whiskies alambicados fornece personalidade e individualidade. A produção volumosa de blended Scotches e seu estilo mais palatável ajudaram a tornar o whisky o destilado mais popular do mundo, bem como o fato de o Império Britânico ter atingido os confins do globo.

A montanhosa Escócia, com sua extensa costa, fornecia marinheiros, exploradores, engenheiros, professores, soldados e administradores para o império. Muitos deles se encarregaram de divulgar pelo mundo as virtudes do principal produto de seu país.

O RENASCIMENTO DOS MALTS

Mais de 90% do malt whisky continua sendo usado para os blends. A Escócia conta com mais de cem destilarias de malt, das quais dois terços funcionam sem parar. Fora uns poucos independentes, em sua maioria as destilarias pertencem a companhias internacionais de bebidas cujo portfólio inclui blended Scotches. Um blend pode conter seis ou sete malts. As multinacionais de bebidas preferem ser proprietárias das destilarias de malt whisky vitais para seus blends, mas também trocam malts entre si.

As grandes companhias de bebidas crescem graças a fusões, desde os anos 1920. Uma rodada de fusões após a Segunda Guerra Mundial tornou as poucas destilarias independentes restantes muito vulneráveis. A William Grant & Sons, produtores de Glenfiddich e Balvenie, decidiu não depender mais dos compradores em larga escala e iniciou a comercialização intensiva de single malts. O ponto de vista da indústria era que os single malts pertenciam ao passado e que o predomínio dos blends não poderia ser desafiado. Felizmente, a Grant's não desistiu.

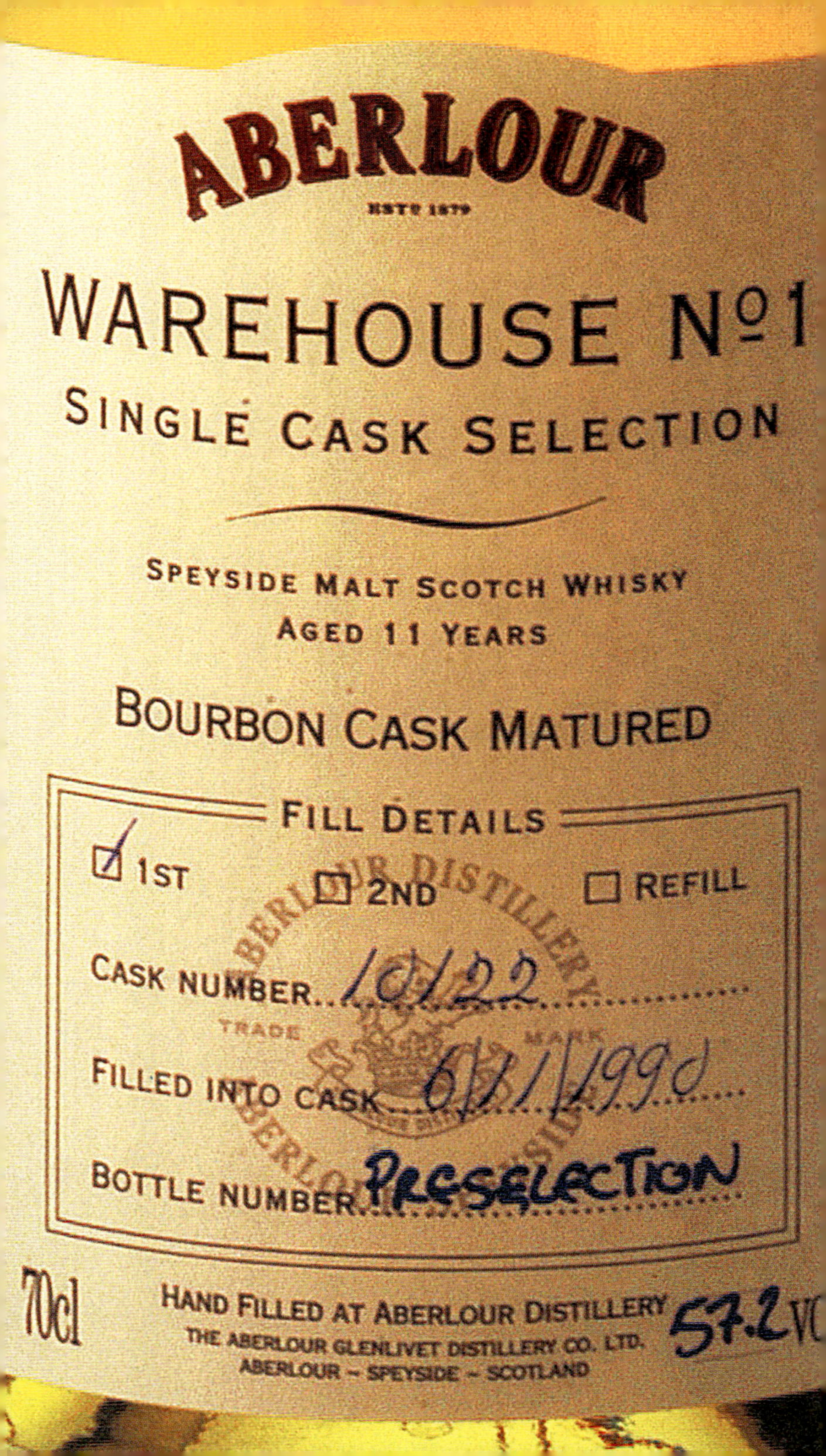
ABERLOUR
ESTD 1879
WAREHOUSE Nº1
SINGLE CASK SELECTION
SPEYSIDE MALT SCOTCH WHISKY
AGED 11 YEARS
BOURBON CASK MATURED
FILL DETAILS
1ST
2ND
REFILL
CASK NUMBER 10122
FILLED INTO CASK 6/11/1990
BOTTLE NUMBER PRESELECTION
70cl
HAND FILLED AT ABERLOUR DISTILLERY
THE ABERLOUR GLENLIVET DISTILLERY CO. LTD.
ABERLOUR ~ SPEYSIDE ~ SCOTLAND
57.2 VOL

TERMOS USADOS NO RÓTULO

UMA CONTROVÉRSIA surgiu em 2003, quando o single malt Cardhu foi relançado como pure malt. Qual é a diferença, e por que ela é importante? Este livro trata principalmente de malt whisky, mas também aborda rapidamente o grain whisky, destilado de outros grãos. A parte principal da obra, Single Malts de A-Z, cita apenas os single malts escoceses, mas uma seção no final menciona produtos de outros países – malt whiskies não escoceses. Todos os termos constam nos respectivos rótulos. O que dizem a respeito do líquido dentro da garrafa?

MALT É o grão do cereal parcialmente germinado que se prepara para liberar os açúcares fermentáveis e depois é seco em forno. O grão é sempre cevada, e no final temos malt whisky estilo escocês ou irlandês. Outros grãos podem ser maltados e usados em diferentes variedades de whisky, como no caso do whiskey de centeio, o rye.

Para o destilador, o processo de maltagem espelha parcialmente o esmagamento para a fabricação de vinho ou destilação de brandy. O local onde se faz a operação se chama malting. Os grãos são primeiro molhados, para que ocorra a germinação parcial. Tradicionalmente, a germinação prossegue com os grãos espalhados sobre um piso de pedra e constantemente remexidos ou virados com uma pá, para que se mantenham arejados. A maltagem no chão exige muito espaço e mão de obra, mas produz o melhor resultado. Existem diversos métodos alternativos, como recipientes ventilados ou tambores giratórios.

Assim como as uvas podem ser usadas na produção de sucos, a cevada maltada também pode entrar no preparo de pães e bolos, como grão integral ou moído. O extrato de malt, um xarope feito de açúcares maltados e água, é vendido como fortificante. Inúmeras variedades de cevada servem para maltar, e sempre surgem novos tipos. A boa cevada rende grãos gordos e açúcares claros, bem doces. O agricultor sabe distinguir bem a cevada para maltar da cevada para alimentar o gado.

Quase todos os tipos de whisky usam certa quantidade de malt. Os que só usam malt de cevada são conhecidos como malt whisky. Os single malt whiskies são conhecidos simplesmente como malts.

Detalhamento do conteúdo

Apreciadores de malts gostam de saber o que estão bebendo, e a Aberlour fornece todos os detalhes ao visitante, que prepara sua própria mistura na destilaria.

Montanheses?
Os elementos redondos são os alambiques de whisky em Ben Nevis. O formato pot-still é mais fácil de identificar quando o recipiente inteiro está visível.

WHISK(E)Y Bebida originária da Escócia e da Irlanda – embora seja produzido em diversos estilos, em outros países –, destilada de malte de cevada e outros grãos, envelhecida em carvalho. Seus aromas e sabores complexos se originam das matérias-primas, do processo de fabricação e da maturação. Os whiskies se distinguem dos destilados neutros de grãos, como as famílias dos schnapps e das vodcas.

Há um equívoco na ideia de que o termo tem grafias distintas nos Estados Unidos e na Grã-Bretanha. Na verdade, não é a nacionalidade do autor nem o país de publicação que determina a grafia. É o tipo de bebida. Portanto, temos "whisky" escocês ou canadense e "whiskey" irlandês. Os estilos americanos, como Kentucky Bourbon e whiskey do Tennessee, preferem usar o "e", mas existem rótulos discordantes.

MALT WHISKY Feito com cevada maltada. O tipo ideal passa por destilação em lotes, em recipientes de cobre parecidos com caldeirões.

SINGLE MALT WHISKY Origina-se de uma única destilaria, não sendo vatted nem blended, ou seja, não é misturado com whisky de outra destilaria. A Escócia possui de longe o maior número de destilarias de malt: mais de uma centena. A Irlanda tem uma destilaria que pode produzir apenas malt whiskey, chamada Bushmills. Os malt whiskies também são destilados em escala limitada em Cooley e Midleton, na Irlanda, embora essas duas destilarias produzam outros tipos de whiskey além deste. O Japão contribui com alguns malt whiskies respeitáveis, em sete destilarias produtoras de malts. Há mais um punhado delas espalhadas pelo mundo.

SCOTCH WHISKY Esse termo só pode ser aplicado ao whisky feito na Escócia e envelhecido pelo menos durante três anos. Nenhum outro país pode chamar seu produto de "scotch", mas qualquer um tem o direito de usar a palavra whisky. O status da Escócia nem sempre é compreendido fora de sua fronteira. Não se trata apenas de uma região, mas de um país que existe há mais de mil anos. A Escócia, a Inglaterra e o País de Gales situam-se em uma ilha, a Grã-Bretanha. Essas três nações, mais a Irlanda do Norte (uma província com seis condados), formam o Reino Unido.

SINGLE MALT SCOTCH WHISKY O single malt whisky produzido na Escócia.

SINGLE CASK Garrafa de whisky proveniente de um único barril.

VATTED MALT Combina malt whiskies de diferentes destilarias. A mistura do vatted malt pode ser feita para destacar uma característica desejada, como o sabor de certa região. O termo pressupõe que todos os whiskies usados na combinação sejam malts.

BLENDED MALT Exatamente o mesmo que vatted malt, sendo o nome preferido pela indústria. Não é a mesma coisa que blended scotch whisky nem blended whisky, pois o whisky de outros grãos não entra no blended malt. Alguns fabricantes seguem adotando a antiga terminologia, insistindo que o termo blended malt gera dúvidas. Você é o juiz.

BLENDED SCOTCH WHISKY Demonstra o talento escocês e data da era vitoriana. Produtores artesanais, principalmente das Terras Altas e das ilhas, produziam pequenas quantidades de malt whisky, de sabor acentuado. As destilarias industriais, em geral das Midlands e do sul, fabricavam grandes quantidades de whiskies de outros grãos, mais neutros, e os misturavam aos malts, para obter maior volume. O resultado é o blended scotch.

GRAIN WHISKY Resulta de outros grãos, como milho, trigo ou cevada não maltada. É preciso incluir uma pequena quantidade de cevada maltada para fornecer as enzimas necessárias à fermentação no processo contínuo em coluna. Os whiskies de grãos são leves em sabor e corpo, mas não são neutros e permanecem no mínimo três anos envelhecendo em barris de carvalho.

SINGLE GRAIN WHISKY É a tentativa de comercializar o whisky de um só grão como alternativa mais interessante à vodca ou como uma espécie de "grapa escocesa". O produto ocasional de engarrafadores independentes atrai o interesse dos colecionadores.

OUTROS TERMOS DO RÓTULO

PEATING Quando os mestres torravam os grãos em fogueiras, usavam o combustível mais fácil de encontrar. Na Polônia, um tipo de cerveja é feito de malte defumado com carvalho. Na Francônia, na Alemanha, preferem madeira de faia. Na Escócia, o malte para whisky era tradicionalmente seco em fogueiras de turfa a céu aberto. A turfa conferia um sabor defumado específico ao scotch whisky e continua sendo usada. Entusiastas do whisky valorizam o sabor de turfa e passaram a pedir que fosse acentuado, pois muitos malts populares suavizaram as notas de defumação para atender aos consumidores que preferiam bebidas mais suaves. Na indústria, o sabor de defumado da turfa é medido em partes por milhão (ppm) de fenol. Porém, os valores não são absolutos, pois o defumado pode ser acentuado ou suavizado pela configuração dos alambiques, pelo tipo de envelhecimento e outros itens.

DESTILAÇÃO DUPLA E TRIPLA Boa parte do malt whisky escocês passa por dois destiladores, mas algumas destilarias empregam um sistema de três destiladores interligados (*ver* Springbank). A tripla destilação chegou a ser tradicional nas Terras Baixas (*ver* Auchentoshan) e também ocorre na Irlanda. Na teoria, quanto mais destilada, mais leve e suave é a bebida. A tripla destilação deveria ser mais completa que a dupla. Embora isso seja verdade, em termos gerais, a influência de várias destilações no sabor ainda não foi completamente compreendida.

ENVELHECIMENTO EM BOURBON Por que o nome bourbon? Os franceses ajudaram os americanos na Guerra da Independência, e esses retribuíram batizando cidades e condados com nomes ligados à família real francesa. O condado de Bourbon, no Kentucky, ganhou fama pelo whisky que seguia pelos rios Ohio e Mississippi até Nova Orleans e outras grandes cidades. (O whiskey fora introduzido nos Estados Unidos pelos imigrantes de origem escocesa da Irlanda do Norte.)

Utiliza-se o milho local na produção do bourbon, bem como centeio ou trigo, com envelhecimento em barris de carvalho novo. A parte interna do barril é queimada para aumentar a permeabilidade da madeira ao líquido. Após o uso em Kentucky, uma única vez, o barril pode ser enviado à Escócia, onde serve para maturar whisky escocês. Assim ele mantém o suficiente de seus sabores típicos, como baunilha, e os transmite à primeira leva de whisky que recebe; além de baunilha, apresenta notas de caramelo (toffee), maçã e um fundo de taninos. No segundo uso ainda restam sabores residuais interessantes. No terceiro uso o barril já está relativamente neutro. Alguns barris são requeimados na Escócia.

ENVELHECIMENTO EM XEREZ A palavra para xerez em inglês é "sherry", que deriva, como em português, do nome da região espanhola de Jerez. Os viticultores de Jerez, no sudoeste, perto de Cádiz e Sevilha, mantinham relacionamento antigo com as ilhas britânicas. Grandes quantidades dos seus vinhos fortificados, os "sherries", seguiam de navio para Cork, Bristol e Leith (porto nas imediações de Edimburgo). Em vez de serem devolvidos vazios para a Espanha, os tonéis do tipo butt e hogshead eram vendidos aos destiladores de whisky. Hoje, o vinho é engarrafado na Espanha, e a madeira para xerez ficou muito cara. Mesmo assim, alguns produtores acreditam que sua influência é importante. Eles investem nos barris *(pp. 60-1)* e são exigentes nas características. O xerez, em grande parte, é feito com a uva Palomino. Existem vários estilos – fino: seco, delicado e fresco; manzanilla: semelhante, um primo costeiro mais salgado; amontillado: escuro, com toques de nozes; palo cortado: aromático, complexo, com notas de biscoito; oloroso: rico, cremoso e frutado; Pedro Ximénez (feito com a uva de mesmo nome): passas marcantes, espesso e escuro.

TEOR ALCOÓLICO NO BARRIL Um destilado muda de teor alcoólico até chegar à garrafa. Na primeira destilação, apresenta de 60% a 70% de álcool. Sua potência pode ser reduzida a 63%, pois muitos destiladores acreditam que essa seja a força ideal para a maturação inicial do destilado.

Durante o processo de envelhecimento na Escócia e em outros países, uma parte do teor alcoólico se perde por evaporação. Essa perda recebe o nome de "quinhão dos anjos". A quantidade evaporada depende de diversos fatores, entre os quais a posição do barril no depósito, o tipo de armazém, a temperatura e a umidade ambientes, o tamanho do barril e a duração do envelhecimento.

No fim da maturação, o whisky ainda está bem mais forte do que o produto engarrafado de 40% a 46%. Com água, o teor é reduzido. Contudo, o engarrafador pode manter a força com que o whisky saiu do barril, caso em que a bebida leva o nome de cask strength whisky, ou whisky no teor do barril.

FILTRADO SEM GELO Quando o whisky é gelado, proteínas, gorduras e congêneres se solidificam e turvam a bebida. Para evitar isso e manter o whisky límpido na garrafa, muitos destiladores o gelam e eliminam os componentes por filtragem. Mas é cada vez mais comum deixá-los, pois acredita-se que incluem sabores importantes. Esse é o "unchillfiltered", ou "non chill-filtered", e a informação consta no rótulo.

SABORES

A INFLUÊNCIA DA PAISAGEM

O UNIVERSO DOS DESTILADOS COMEÇOU a mudar quando a palavra "designer", transformada em adjetivo, passou a qualificar o termo "vodca". Alguns dos nomes mais famosos do mundo da destilação se tornaram mais conhecidos por seus produtos "prontos para beber", chamados equivocadamente nos Estados Unidos de "malternatives", ou alternativas para os malts. Agora, uma nova geração de consumidores pode escolher entre bebidas vindas de lugar nenhum, sem gosto de nada, com logotipo no lugar do nome, e bebidas de origem determinada, que se destacam por aromas e sabores complexos e cujo nome pode ser difícil de pronunciar.

São bebidas que refletem seu lugar de origem. Elas evoluíram. Têm uma longa história para contar. Boas companheiras, pedem ao apreciador algo em troca: que ele ou ela experimente o prazer de aprender a beber. Os goles evoluem a partir de uma dádiva divina. São extraídos de uvas, grãos, cana de açúcar ou, por exemplo, da planta conhecida como agave. Retratam seu terroir: geologia, solo, vegetação, topografia, clima, água e ar. O alcance da influência de cada um desses elementos continua sendo motivo de discussão, com frequência, apaixonada. As pessoas se importam com bebidas de verdade.

As bebidas de verdade mais sofisticadas são os brandies franceses e os whiskies das ilhas britânicas. Os brandies mais complexos são os cognacs e armagnacs. Os whiskies mais complexos são aqueles que vêm da Escócia e da Irlanda.

Dos dois duopólios, o cognac e o scotch são os mais conhecidos. Em Cognac, as regiões de produção são contíguas e se estendem por cerca de 144km de uma ponta a outra, em uma planície. As destilarias escocesas de whisky, por sua vez, espalham-se por uma área de 448km de extensão, de uma extremidade a outra do país, das Terras Baixas até as Terras Altas do Norte; das montanhas até o mar; das Hébridas, a oeste até Orkney, no nordeste. Sem dúvida, garantem mais complexidade à bebida.

No sopé do vulcão
A paisagem escocesa, silenciosa e pacata, guarda marcas de erupções, glaciações e choque entre rochas. A geada, a flora marinha e as florestas montanhosas fazem com que cada vale ou ilha proporcione à bebida um sabor inconfundível. Arran, à esquerda, tem vulcões extintos e uma destilaria nova.

O whisky é uma bebida de verdade. Um single malt não poderia ser mais autêntico. Muitas influências potenciais determinam seu caráter, e muito se discute a respeito da importância ou não de cada uma delas. A destilaria Macallan recebe o que pode parecer uma atenção exagerada nas páginas seguintes, pois assume o que se chamaria, adequadamente, de posições definidas em quase todos os aspectos: variedades de cevada, cepas de leveduras, tamanho do alambique e origem dos barris.

As pesquisas sobre essas e outras questões não param, gerando estudos em profundidade. Mas uma suposta descoberta em determinado estágio da produção de whisky pode gerar novas dúvidas quanto à etapa seguinte. Na produção, se um procedimento é mudado, o resultado talvez só seja conhecido quando o whisky maturar, o que pode levar dez anos.

PAÍSES PRODUTORES DE WHISKY

Na Escócia e na Irlanda, países de clima temperado, chove e faz frio. Existem condições favoráveis para o cultivo da cevada, embora o excesso de umidade às vezes seja um problema.

Na principal ilha do arquipélago de Orkney, fustigada pelos ventos, ainda se cultiva bere, um precursor da cevada, que atende mais aos padeiros locais do que aos destiladores. Foi usado na fabricação de whisky no passado, e sua importância é tamanha que uma disputa por impostos sobre o bere colocou em xeque o Ato da União, em 1707.

Hoje, como diferentes regiões vinícolas preferem certas uvas, ocorre na Europa um debate sobre os méritos da cevada "continental", como a cultivada na Morávia, na Boêmia e na Baviera, em relação aos exemplos "marítimos" da Dinamarca, da Escócia, da Inglaterra e da Irlanda.

O sangue de...
... John Barleycorn foi derramado por Robert Burns, um lowlander, *mas do oeste. Este campo de cevada fica no leste, perto da destilaria de Lowland, em Glenkinchie.*

Defensores da cevada continental alegam que ela apresenta um sabor mais doce, que lembra o de nozes. Quem prefere a variedade marítima argumenta que ela possui características mais leves, graças à "brisa marítima".

Naturalmente, os escoceses preferem sua própria cevada. Dependendo da colheita e de suas necessidades, chegam a exportá-la, mas em outros períodos aumentam seu malt com "importações" da Inglaterra. Sua segunda opção é a Dinamarca, e só depois procuram outros fornecedores. Os puristas preferem que os escoceses usem apenas cevada local. Os escoceses alegam que são apenas vítimas de seu sucesso, pois o whisky vende muito.

Isso se dá porque a cevada é mais versátil e tem uma amplitude maior de cultivo, além de poder ser transportada com facilidade, em comparação às uvas dos vinhos e brandies. As principais regiões produtoras da Escócia estão na parte leste do país, mais abrigada: nas costas da baía de Moray (A Ilha Negra e o Laich de Moray), Aberdeenshire e na área de fronteira (Borders). Na Irlanda, elas se situam no sudeste, atrás de uma linha imaginária no mapa, que vai da cidade de Dundalk (tradicional cervejeira), no condado de Louth, perto da fronteira, até a estância de vela (e gastronomia) de Kinsale, no condado de Cork. Os dois países gostariam de ter mais terra cultivável; a Escócia é montanhosa, e a Irlanda, pantanosa.

SABOREANDO O TERROIR

A Escócia mais parece uma máquina de fazer whisky: a nação, situada numa pequena ilha, recebe os vapores marítimos; possui montes que ativam sua precipitação; e a água é filtrada por vários tipos de rochas, formando fontes e riachos nas montanhas, passando pela turfa e pela urze, até chegar aos campos de cevada e às destilarias.

As encostas recobertas de urze, os pântanos de turfa e as ilhas cercadas de algas contribuem para determinar as características de sua bebida nacional. Experimentar alguns dos malts mais pungentes equivale a saborear o terroir. Mas até que ponto os aromas e os sabores são levados pelos regatos ou incorporados nos fornos usados nas destilarias? Seria a turfa, usada para secar o malt, a maior influência? Além disso, há a questão do tipo de atmosfera que prevalece nos depósitos úmidos, que também afetam o whisky.

Urze, turfa e algas não são exclusivas da Escócia, mas sua abundância no país é notável. As variações locais, a proporção, a justaposição e a relação com o resto do ambiente são únicas. Como em todas as paisagens. A cor dos olhos ou da pele de uma pessoa, a forma do nariz ou do queixo não são únicas, mas o rosto é e resulta de todos esses fatores.

No mapa, a Escócia apresenta uma face fustigada pelas intempéries. A linha da costa é rompida por inúmeros braços de mar. Esses braços são chamados de "lochs" ou "firths", sendo que a última palavra tem a mesma raiz que o termo norueguês "fiorde".

A "ESCÓCIA ESCANDINAVA"

Pela topografia, pelo uso de palavras vikings e pelo rigor protestante (algo ambivalente em relação ao álcool), a Escócia lembra a Noruega, o mais próximo dos países escandinavos. A Escócia parece se estender para o norte, para o alto do cinturão dos destilados, enquanto a Irlanda, sua prima celta (em especial a República da Irlanda), parece se debruçar para o sul, na direção dos países católicos da Europa continental.

A Escócia é maior do que a Irlanda, tanto em área quanto em população. Tem 20 a 30 vezes mais destilarias. Por um breve período, no passado, o número de alambiques dos dois países chegou quase a empatar, mas a indústria irlandesa desperdiçou décadas, decadente, até se redescobrir nos anos recentes. Seja qual for o país que "descobriu" o destilado de cevada, algo que continua discutível, não resta dúvida de que atualmente a Escócia é a "terra do whisky".

Só o whisky feito lá pode ser chamado de scotch. Por muitos anos, a indústria repetiu isso sem deixar claro o sentido. Seus porta-vozes queriam apenas uma nomenclatura? Ou queriam dizer que nenhum outro país era capaz de produzir uma bebida comparável? Todos os scotch whiskies têm o sabor de sua terra natal, em graus variados, mas no geral o sabor é tão sutil que quase não se percebe, embora em alguns os aromas de turfa e algas marinhas, por exemplo, seja deliciosamente chocante.

Um punhado de malt whiskies (em oposição ao tipo "irlandês pot-still") feitos em Bushmills e Cooley, na Irlanda, é similar em estilo a seus equivalentes escoceses, bem como certos malts japoneses, embora possuam características distintas, por conta do local. Mas um whisky não tem o toque escocês se for feito na Irlanda ou no Japão, por mais parecido que seja o terroir. Os whiskies de mais personalidade têm o gosto do terroir, seja onde for. Eles são bebidas de verdade.

ROCHAS

A geologia, como uma disciplina, começou na Escócia, com a publicação do livro *Teoria da Terra*, em 1788. O autor, Dr. James Hutton, era escocês, e a paisagem de sua terra natal ajudou a inspirá-lo. A geologia da Escócia é mais variada do que a de qualquer outro país de tamanho similar. Grande parte dessa diversidade se deve a uma espetacular colisão ocorrida há 400-500 milhões de anos. A parte da crosta terrestre que

Rosebank

As rosas cresciam nas encostas de Rosebank. Hoje elas estão tomadas pelas flores de salgueirinha (rosebay willowherb). O whisky apresenta notas de camomila... ou rocha carbonífera.

hoje é a Escócia naquela época estava presa à América do Norte. Ela colidiu com a placa europeia, que incluía a Inglaterra, o País de Gales e a Irlanda. A falha geológica onde as duas placas se tocam foi acompanhada em seu trajeto, alguns milhões de anos depois, pela muralha de Adriano, e a fronteira entre Inglaterra e Escócia raramente se desviou mais do que alguns quilômetros dessa linha. A turbulência geológica continuou, com ocorrência de vulcões e geleiras, até uns 20 mil anos atrás.

Portanto, não somente a geologia começou na Escócia, como a Escócia começou com a geologia: com elevações, erupções e glaciações. Chegou a uma acomodação, e a paisagem foi semanticamente definida pela língua gaélica: "corries" (fendas nas encostas das montanhas); "lochans" (pequenos lagos) e "lochs" (lagos de tamanhos variados, chegando a alguns quilômetros de extensão e, em certos casos, com abertura para o mar); "straths" (vales largos); e "glens" (vales estreitos e fundos) – termos que aparecem em muitos rótulos. Essa é a máquina produtora de whisky.

Em 1990, os geólogos Stephen Cribb e Julie Davison estudaram as formações rochosas da Escócia e as compararam com notas de degustação dos livros sobre o whisky, este aqui, inclusive. A pesquisa sugere que sabores similares em determinados whiskies produzidos em áreas próximas umas das outras podem ser em parte atribuídos a formações rochosas semelhantes, por onde aflora a água. Por exemplo, nas Terras Baixas, whiskies secos e frescos como Glenkinchie e Rosebank compartilham as mesmas rochas carboníferas. Pelas rochas mais antigas passa a água das destilarias de Bowmore e Bruichladdich, em Islay, ao largo da costa oeste escocesa; elas se formaram há 600-800 milhões de anos, e provavelmente se deve a elas o toque ferroso das bebidas dessas destilarias.

Por muitos anos os fabricantes de whisky falaram em granito. Por ser bastante duro, o granito não passa sais minerais para a água. Portanto, rocha dura significa água branda, e vice-versa. O granito é a principal rocha dos montes Grampianos, com ramificações que dominam as Terras Altas, por onde flui o rio Spey. Todas as destilarias de Speyside alegam usar água branda, "que brota do granito e corre pela turfa". No estudo sobre os montes Grampianos, o livro de Cribb, *Whisky on the Rocks*, identificou Ben Rinnes e Conval Hills como origem da água típica de Speyside, que alimenta destilarias como Glenfarclas, Aberlour e Craigllachie. O estudo chega a ressaltar que a geologia da região abrange áreas substanciais de pedra calcária e arenito. Uma destilaria se orgulha, compreensivelmente, das virtudes de sua água, que passa por formações areníticas: a Glenmorangie, nas Terras Altas do Norte.

Os sabores – e texturas – minerais são conhecidos nas águas engarrafadas e se destacam também nos malt whiskies. A água serve para a infusão dos grãos nas casas de maltagem (embora apenas uma parte delas esteja vinculada às destilarias). Em todas as destilarias, a água é empregada quente nos tonéis (mash tuns) para extrair os açúcares da cevada maltada. Além disso, é usada para reduzir o teor alcoólico, ajudar a maturação nos barris e baixar o teor até o nível ideal para engarrafamento. Nesse estágio, a água local influencia apenas as destilarias que engarrafam o whisky no local; mas nesses casos a interferência é marcante.

NEVE

Os marqueteiros da vodca adoram ressaltar a pureza da neve de seus produtos – destilados em São Petersburgo, Poznan ou Peoria, em Illinois. Algumas vodcas são destiladas num lugar e retificadas em outro. Certas vodcas de origem eslava saem de destilarias norte-americanas e de outros países, graças a contratos de licenciamento da marca.

Neve em Spey

O rio Spey nasce ao sul da Dalwhinnie, uma das mais altas destilarias escocesas. Seu whisky é límpido, feito com água do degelo, embora tenha a complexidade da turfa. Ah, a Escócia...

A neve derretida, no caso do malt whisky escocês, é mais confiável. Neva com regularidade na montanha mais alta da Escócia, a Ben Nevis (1.344m), por seis ou sete meses do ano, e até mais, esporadicamente: de setembro a maio, digamos, quando não neva o ano inteiro. O mesmo vale para os montes Grampianos, embora lá um período de três a quatro meses seja a média.

Ao nível do mar, principalmente no leste, mais seco, a Escócia apresenta menos de 800mm anuais de chuva e neve. Nas montanhas, esse número chega a triplicar. Depois que a neve derrete e desce por diversos caminhos, sendo filtrada pelas fissuras nas rochas, ela emerge em regatos murmurantes e fontes termais, formando rios como o Spey, o Livet e o Fiddich.

No alto dos montes, destilarias como Dalwhinnie e Braeval podem chamar sua água de neve derretida. Quando essa água engrossa o Spey e serve Tamdhu, já se tornou água de rio. Se filtrar por Conval Hills no rumo de Glenfiddich, Balvenie ou Kininvie, é a água de fonte de Robbie Dubh. Cada destilaria coleta em um local sua água e a protege como um patrimônio inestimável. Destiladores sabem para onde vai essa água, mas seria impossível determinar de onde veio, ou o caminho exato percorrido. Só dá para dizer que um dia ela foi chuva ou neve.

ÁGUA

A preocupação com a água não diz respeito somente à qualidade, mas também à quantidade. Precisa-se de muita água, não só para a infusão na maltagem e no mash tun da destilaria, como também para esfriar os condensadores, lavar tubulações e recipientes e reduzir o teor alcoólico no barril ou no whisky envelhecido, na hora do engarrafamento.

Ao contrário dos fabricantes de cerveja, os destiladores de whisky não acrescentam ou retiram sais para mudar a composição da água. Portanto, a água para maltagem e aquecimento da mistura maltada precisa ser do tipo adequado, além de abundante. Se existe o risco de uma fonte de suprimento secar durante o verão, a destilaria pode interromper a produção e devotar algumas semanas à "estação silenciosa" de manutenção anual e férias. Se a água flui com velocidade insuficiente ou excessiva, pode conter muita areia e lama. Se a fonte for ameaçada por um projeto do condado vizinho, rio acima, haverá um problema sério. Sem dúvida, uma destilaria enfrenta uma situação crítica quando seu suprimento de água é comprometido. Mesmo as companhias destiladoras mais sofisticadas já contrataram magos rabdomantes para localizar fontes de água adicionais nas proximidades. Todos os esforços são válidos para manter a personalidade da principal água utilizada.

A questão da água branda ou dura vai além do sabor de todos os sais que ela naturalmente contém. O cálcio, por exemplo, aumenta a extração dos açúcares do malt no tanque de maceração e pode resultar em um whisky mais seco. Se isso de fato acontece e se tais influências poderiam sobreviver à destilação são questões ainda controversas.

As pessoas que visitam as destilarias são às vezes convidadas a experimentar a água, de gosto intensamente turfoso. No entanto, o whisky pode ser pouco turfoso. Esse é o caso da famosa destilaria Glen Grant, em Speyside. A explicação parece ser a de que o gosto turfoso não sobrevive à destilação. Speyside também é rico em urze. Seria por isso que seus whiskies são tão florais? Os indícios são fortes, mas alguns destiladores argumentam que a personalidade realmente floral resulta de reações durante a maturação.

Na ilha de Islay, mesmo a água da torneira pode ser levemente avermelhada ou amarronzada. Talvez a água tenha corrido sobre turfa por uma distância mais longa. Ou o fluxo mais rápido cavou o leito de turfa? O tipo de solo também pode ter contribuído com algum teor de minério de ferro, ou algum componente vegetal. Nesse caso, os sabores parecem transitar para o whisky. Talvez os sabores tenham sido absorvidos quando a água turfosa foi adicionada à cevada no início do processo de maltagem. Ao contrário dos malts da Europa continental, nos de Islay se destaca a intensidade de turfa local. É a fogueira de turfa na secagem dos grãos que dá o sabor defumado e o "caráter Islay" ao malt. A queima da turfa é uma arma poderosa. O destilador de Islay tem a alma de um fora da lei.

TURFA

Não só o aroma é indispensável ao sabor – bebidas e alimentos que despertam o apetite e a imaginação costumam ter cheiro marcante –, mas também a passagem por chapas, grelhas, fornos, torradores e defumadores: arenque defumado, bacon, torradas e café, filés chiando na grelha da churrasqueira, casta-

O sabor do terroir
A base do terroir é o solo. Aqui, ele é cortado e queimado, para que sua fumaça possa impregnar o malt. O corte da turfa em Islay se faz, até hoje, manualmente.

nhas assadas na fogueira. De todas as técnicas historicamente empregadas para torrar o malt em diversas partes da Europa, a fogueira de turfa escocesa sem dúvida produz os aromas mais evocativos. Embora alguns apreciadores dos single malts sejam muito rigorosos, outros têm uma visão aberta: preferirão os whiskies de sabor e aroma defumados e salgados da costa e das ilhas ou as notas florais, de mel e por vezes de xerez dos Speysiders?

Os defensores da turfa anseiam por sua intensidade (e adoram citar partes por milhão), mas também defendem que a turfa acrescenta sabores e aromas complexos. Existem pelo menos 80 componentes aromáticos no malt turfado.

A turfa, embora excite os connoisseurs, pode afugentar iniciantes na bebida. Quando alguém diz "não gosto de whisky escocês", em geral está se referindo ao "sabor esquisito" da bebida, que deriva da turfa. Desgostar de um elemento fundamental da bebida parece estranho, mas sabores intensos, diferentes e secos constituem um desafio. Cervejas carregadas de lúpulo servem de comparação. Assim como vinhos muito amadeirados geram polêmicas similares.

No caso do whisky, o toque seco da turfa realça o adocicado da cevada maltada, mas trata-se de um bônus, pois a turfa, rica em antioxidantes, é inimiga dos radicais livres.

Usa-se a turfa principalmente por ser um combustível conveniente e abundante. Noventa por cento dos depósitos de turfa situam-se em partes temperadas ou frias do hemisfério Norte. Dois terços dos pântanos da Grã-Bretanha estão na Escócia, que possui metade do tamanho da Inglaterra. Nas Terras Altas do Norte da Escócia está a maior área pantanosa. Esses charcos, nos condados de Caithness e Sutherland, servem como padrão no estudo mundial do fenômeno.

A turfa que seduz os amantes do whisky está nas ilhas de Orkney e Islay. Nos dois casos, o ar marinho e os ventos acrescentam um toque salgado à turfa. A costa de Islay, com algas abundantes, dá à atmosfera uma nota iodada, medicinal, que também se incorpora à turfa. A turfa de Orkney é mais jovem, mais arbustiva e incorpora uma vasta gama de plantas resistentes ao sal. Nas ilhas a oeste, especialmente em Islay, a turfa é rica em murta do brejo *(Myrica gale)*, também conhecida como sweet gale, de aroma adocicado, como o do cipreste, e sabor amargo. A murta do brejo era usada como ingrediente da cerveja antes de o lúpulo ser adotado e sem dúvida influi nos sabores presentes na turfa.

Quando a turfa é cortada a mão, a pá cava um cubo cuja superfície é escura e brilhante como uma barra de chocolate amargo. Por vezes, parece comestível, como o barro do Mississippi. De perto, o bloco de turfa pode conter vestígios fósseis de musgos. O principal componente é o sphagnum, um musgo esponjoso que se entrelaça com outras plantas para formar um solo fibroso que, sob pressão, acaba por se transformar em carvão. Os pântanos de turfa escoceses começaram a se formar de 7.000 a 3.000 anos atrás e chegam a 7m de profundidade.

A Irlanda, famosa pelos charcos, também tem um whiskey rural que se destaca pela presença da turfa queimada. Mas a destilação passou a ser realizada em escala industrial, concentrando-se nas grandes cidades, e a falta de turfa se tornou uma característica definidora dos whiskies irlandeses "suaves". As destilarias urbanas de grande porte usam carvão para maltagens sem fumaça. Tendo sido superados em volume pelo país vizinho há muito tempo, os irlandeses estão redescobrindo o mérito da variedade. Um single malt turfado chamado Connemara foi lançado em 1995-96 pela destilaria Cooley e já venceu muitas competições.

URZE

No hino nacional não oficial da Escócia, a "flor da Escócia" é Robert Bruce VII; na heráldica, é o cardo; no mundo dos drinques, não resta dúvida, é a urze. Enquanto o cardo simboliza a Escócia defensiva, protegida por espinhos e belicosa, a atraente urze ainda é símbolo de sorte. Na Escócia, e principalmente em Orkney, serve como tempero para a cerveja tradicional. Quando um whisky apresenta aromas florais, em geral é de flor de urze. Ou, com mais frequência ainda, de mel de urze.

Essas características são notáveis em Speyside e Aberdeenshire, onde a urze cobre os morros. Glen Elgin e Balvenie destacam-se entre os whiskies com toques de mel de urze. Em Aberdeenshire, Glendronach e

A cor roxa
A urze é um dos elementos marcantes da paisagem escocesa. A cor da planta não afeta o whisky, mas os aromas florais e de mel parecem saltar para dentro do copo.

Glen Garioch possuem uma agradável nota de urze, para compensar o malt muito seco.

A urze também é um componente significativo de grande parte da turfa escocesa. Em algumas destilarias, com destaque para a Highland Park, diz a lenda que galhos de urze são lançados ao fogo de turfa durante a maltagem. A água passa pela urze a caminho de diversas destilarias. Besoms, ou vassouras de urze, eram comuns na Escócia e costumavam ser usadas para limpar os washbacks (recipientes de fermentação) de madeira. Se pretendiam apenas limpar ou inocular alguns microrganismos segue sendo uma questão aberta à discussão. A atividade das leveduras naturais atinge o auge no verão, quando as abelhas polinizam as flores, e a urze é sua fonte predileta de néctar.

O termo grego para "varrer" inspirou o nome científico *Calluna vulgaris* da urze violeta, ou *purple ling heather*, que cobre as encostas montanhosas de meados de agosto a setembro. A versão mais intensa, a urze vermelha *(Erica cinerea)*, e a variedade por cruzamento, mais rosada *(Erica tetralix)*, florescem cerca de um mês antes. O nome inglês para esse grupo de arbustos pequenos e perenes deriva de sua predileção por charnecas, embora também vicejem em brejos e encostas. Todas as três, presentes na Escócia, cobrem uma área de 1,6 milhão a 2 milhões de hectares.

Certas variedades crescem no Norte da Europa, mas algumas são nativas da Escócia, que possui a maior abundância da planta. Os pioneiros escoceses introduziram a urze clandestinamente nos Estados Unidos.

CEVADA

Todos sabem que vinhos e brandies são feitos de uva, mas e quanto à cerveja e ao whisky? Muitos consumidores ficam na dúvida. Pensam até, equivocados, que a cerveja é feita de lúpulo. E o whisky?

Ao se explicar e, portanto, promover suas qualidades naturais, a uva se sai melhor do que os grãos. Os vinhos costumam ostentar em seus rótulos a variedade de uva usada. Mesmo que não seja um vinho varietal. Chegam a discutir a escolha das uvas no contrarrótulo ou nos folhetos promocionais em eventos de relações públicas e publicidade.

Os fabricantes de whisky evitam fazer isso. E por que não o fazem? A cevada seria de má qualidade? Não. A maltagem exige cevada de primeira. O argumento para a reticência soma três aspectos: a contribuição da cevada para o sabor do whisky é menor do que no caso da cerveja e menor ainda do que a da uva ao vinho. Segundo, talvez, por reflexo do primeiro aspecto, a diferença entre as variedades é menos óbvia quando se trata de sabor. Em terceiro lugar, o que talvez explique melhor, a destilação elimina certas características, e outras são mascaradas pelos sabores adquiridos durante o envelhecimento. Tudo isso vale só até certo ponto, mas os ingredientes que o destilador inclui para obter determinado resultado são um fator importante para o produto final.

Quase todos os destiladores de whisky adquirem a cevada segundo critérios técnicos (tamanho do grão, nitrogênio, teor de umidade etc.), e não conforme a variedade. Tipos criados ou selecionados no período de inovação, depois da Segunda Guerra Mundial, continuam sendo verdadeiras lendas. O mais recente da linhagem, Golden Promise, representou 95% da colheita, em seu auge. Apresenta amadurecimento precoce (em agosto), toques de nozes e hastes curtas que suportam bem o vento.

Conforme a indústria cresceu, os agricultores preferiram variedades que rendem mais grãos por hectare e, portanto, aumentaram seus lucros, enquanto os destiladores sempre procuraram variedades que contêm maior quantidade de açúcares fermentáveis. Contudo, essas variedades não produzem necessariamente sabores superiores, assim como acontece com morangos enormes e vermelhos, fora da estação. De todo modo, as variedades dificilmente duram mais do que quatro ou cinco colheitas, até serem superadas por um tipo "melhor".

ALGAS MARINHAS

O toque medicinal em muitos malts de Islay, especialmente o Laphroig, deriva sem dúvida das algas marinhas, fonte de iodo. O mar bate nos muros de todas as destilarias, exceto em Bruichladdich, e a costa é rica em algas. Como os aromas ferrosos das algas entram na bebida? Tudo indica que eles são levados até a costa pelos ventos e pela chuva e impregnam a turfa abundante na ilha. Depois, quando rios e regatos correm pela turfa até chegar às destilarias, levam água carregada de sabores e aromas que são fixados na infusão ou no mash tun. A superfície dos charcos fica impregnada de chuva com gosto de alga, e surge nova oportunidade de intensificar seu sabor quando a turfa é cortada e queimada nas maltagens da destilaria.

O ceticismo mais intenso se dá em relação à crença de que os barris nos depósitos "respiram" sua atmosfera. Destiladores que usam depósitos centralizados, distantes das destilarias, se apropriam desse argumento. Alguns envelhecem o single malt na própria destilaria, mas enviam para o depósito central o whisky destinado aos blends.

A alga marinha constitui um dos recursos naturais mais abundantes da Escócia. A coleta de algas já foi uma atividade econômica importante para o país, e existem provas circunstanciais de que a prática foi introduzida por monges nas ilhas do oeste. É a parte da Escócia mais rica em algas. Skye possui florestas densas de kelp, algas marinhas lami-

Whisky e água

O vilarejo e a destilaria de Bowmore dão para um loch marinho em torno do qual Islay se estende. Alguns depósitos da destilaria situam-se abaixo do nível do mar. Mesmo num dia calmo, a atmosfera é rica em aromas de algas marinhas.

nárias, que às vezes cobrem uma área de até 5km da costa, com mais de 20m de profundidade. Nas ilhas, a alga é usada tradicionalmente como adubo. Mais recentemente passou a servir como matéria-prima dos alginatos empregados para clarificar cerveja e gelificar sobremesas.

SABORES APRIMORADOS NA DESTILARIA

No balanço das influências, tem sido dada uma importância bem maior, nos anos recentes, à maneira como funciona a destilaria. Vinte e sete destilarias de malt (cerca de um terço do total operacional da indústria) pertencem à Diageo, maior grupo mundial do setor de bebidas, que defende com veemência que as influências mais importantes no sabor vêm da própria destilaria.

O processo básico de elaboração do malt whisky não muda na Escócia inteira, mas não faltam pequenas variações significativas. O grau de turfa no malt é um deles, similar à torrefação do café. Outro exemplo é a densidade (ou gravidade original) da mistura de água e malt que vai para o mash tun (equivalente ao "filtro do café"). O tempo que a mistura aquecida permanece nos tonéis, a temperatura utilizada, a duração de cada etapa e tudo o que varia levemente de uma destilaria a outra. Dentro de um mash tun tradicional existe um sistema de pás giratórias para mexer

A infusão
Como o café no filtro, os grãos de cevada maltada esmagados são mergulhados em água, num recipiente com uma espécie de peneira no fundo. O mecanismo giratório pode ser baixado para que as lâminas impeçam a solidificação da mistura.

a mistura. No sistema de lauter tub, desenvolvido pela indústria cervejeira alemã, usa-se um sistema de facas. A palavra "lauter", em alemão, significa claro, puro, transparente e se refere à solução de açúcares maltados que sai do recipiente.

Como na culinária, cada variação afeta todas as etapas seguintes, portanto, as alterações possíveis são infinitas. Pode ser difícil determinar que aspectos dos procedimentos mudam e de que maneira. Apesar disso, a indústria em geral adotou, com o passar dos anos, uma atitude mais despreocupada quanto às leveduras necessárias à fermentação. A visão predominante diz que a influência dos fermentos no sabor se perde durante a destilação, em grande parte, e que sua função é apenas produzir o máximo possível de álcool.

Por muitos anos, quase todos os destiladores de malt da Escócia empregaram as mesmas duas culturas de leveduras. O fermento de uma grande fábrica de cerveja era usado pela rapidez com que provocava a fermentação. Existia um segundo tipo, uma levedura para whisky da Distiller's Company Limited (que há muito se tornou parte do grupo Diageo). A velocidade era menor, mas apresentava melhor rendimento. Fusões e aquisições resultaram em diferentes fermentos disponíveis na indústria. Muitas destilarias usam hoje apenas uma cultura; até a Macallan, que insistia em três leveduras, recuou para duas.

A ação da levedura na fermentação cria componentes organolépticos chamados ésteres, que podem ter nuances de frutas, nozes e especiarias. É difícil acreditar que nenhum deles sobreviva à destilação. A Diageo acredita que o tempo passado na fermentação é fundamental para conferir a individualidade de cada destilado. O efeito de uma nova cultura de leveduras pode ser testado numa nova marca, mas o resultado final só será conhecido depois que o whisky maturar.

Os recipientes de fermentação nas destilarias escocesas de malt se chamam "washbacks". Alguns são fechados, feitos de metal, em geral aço inoxidável. Relativamente fáceis de limpar, estão livres de contaminação. Apesar disso, algumas destilarias preferem recipientes de madeira, como pinheiro do Oregon ou lariço. Esses são abertos, com tampa removível. Apesar da limpeza cuidadosa, é difícil acreditar que não reste depois nenhuma microflora que contribua para a personalidade de alguns whiskies interessantes. Também se debate se o microclima dentro e em torno da destilaria influencia o resultado.

Qualquer cozinheiro sabe que uma receita, por mais que seja seguida à risca, produzirá resultados diferentes a cada vez, pois depende da fonte de calor, dos utensílios e assim por diante. O projeto dos alambiques é um fator cada vez mais importante para a Diageo, mas até isso depende da localização. Algumas destilarias de fazendas possuem destiladores projetados para ocupar o pouco espaço disponível. Em outros locais, diversas destilarias usam o mesmo tipo de formato de alambique (assim como as estações de trem de uma mesma linha se parecem). Obviamente, o produtor local de alambiques tem seu modo de trabalhar o cobre. As destilarias relutam em mudar o tamanho ou o formato dos alambiques quando o uso exige sua substituição ou quando resolvem expandir a produção. Dizem que se um alambique gasto sofreu um golpe que o amassou, o artesão local inclui um amassado igual no novo, para garantir que sairá de lá um whisky igualzinho ao anterior.

Destilarias ilegais usavam apenas um alambique pequeno de cobre, portátil. Desde que os destiladores aumentaram de tamanho, eles são em geral usados em pares (e ocasionalmente em grupos de três), mas os princípios não mudam. Está na cara que os projetos têm base empírica, derivando de experiências e inovações. É complicado entender como um trecho da tubulação um pouco maior aqui ou ali pode fazer diferença. A proporção de superfícies para aquecer, liquefazer, vaporizar e condensar provoca resultados infinitamente diversos, impossíveis de compreender na íntegra.

Alega-se que em um destilador estreito e alto, grande parte do vapor se condensa antes de conseguir escapar. A parte condensada volta para

Música aquática?
Não é um corne-inglês nem outro instrumento musical, mas um simplório tubo tipo minhoca, ou "worm tub". Este está em Edradour. O tubo possui 24,5m de comprimento. O diâmetro começa com 20cm e termina em 5cm.

o alambique e é redestilada. O efeito se chama refluxo, o qual resulta numa destilação mais perfeita e uma bebida delicada. Como há menos refluxo em destiladores baixos e bojudos, a bebida sai mais untuosa, cremosa e rica. Eis o exemplo mais simples de como a personalidade do whisky é influenciada pela forma do alambique.

Os destiladores dispõem de uma imensa gama de opções de tamanho, enquanto os formatos abrangem "lanternas", "lâmpadas", "cebolas" e "peras". Alguns possuem uma minicoluna nos ombros ou, com mais frequência, uma "bola de ebulição". Outros usam tubos conhecidos como purificadores, para gerar refluxo. O cano que leva o vapor até o condensador pode subir, seguir reto ou apontar para baixo. O primeiro cria mais refluxo; o último, pouco ou nada.

O método tradicional de condensação usa o tubo tipo minhoca. Os vapores passam pela tubulação de cobre em espiral mergulhada na água fria. Com o procedimento, tende-se a obter um whisky mais pungente, com destaque para notas intensas de malt e grãos de cereais.

Os sistemas mais modernos apresentam uma relação oposta entre vapor e água. Utilizam uma única tubulação grande, dentro da qual há canos menores. Nos canos circula água fria, enquanto o vapor passa pela tubulação. Trata-se do processo conhecido como condensador shell & tube. Mais eficiente, produz destilados mais leves, com toques de relva, frutados.

Numa época em que a indústria trocava os worm tubs por shell & tube, a Diageo fez a mudança na destilaria de Dalwhinnie. Concluíram algum tempo depois que as características da bebida haviam sido alteradas num grau inaceitável, e a destilaria refez os tubos tipo minhoca.

Um dos fatores mais importantes a julgar, entre os que influem no sabor, é sem dúvida a velocidade em que os alambiques trabalham. Uma destilação lenta provoca mais tempo de contato entre o líquido e o cobre do que a destilação rápida, o que normalmente é desejável. Apenas uma parte da destilação serve para produzir whisky, contudo. Conhecido como coração, ou "the cut", é a parcela intermediária de um lote. Conhecer o ponto do coração é crucial.

Na maturação, a maioria dos mestres prefere um depósito de pedra, úmido e com piso de terra, que estimularia a respiração dos barris. Nesse tipo de estrutura, conhecida como dunnage, há apenas três camadas de barris, em geral apoiados em tábuas. O tipo mais moderno de depósito tem piso de concreto e apoios fixos, podendo suportar várias camadas de barris. O ar é mais quente e seco. Como ocorre com frequência, o sistema antigo e ineficiente, mais vulnerável aos caprichos da natureza, produz uma bebida com mais personalidade.

O alambique
A cremosidade do Macallan é atribuída em parte aos destiladores baixos e largos. Na foto, o mestre destilador permite que se tenha uma noção do tamanho das peças. Os alambiques de Glenmorangie são duas vezes mais altos e rendem um whisky de lendária leveza.

VARIAÇÕES REGIONAIS

Assim como os vinhos – e outras bebidas –, os single malts escoceses costumam identificar nos rótulos não só o país de origem, como a região onde são produzidos. Saber de onde vem um whisky escocês pode dar uma ideia geral de sua personalidade. As diferenças derivam do terroir e da tradição. Não existem regulamentos regionais referentes ao modo de produção. Sem seu aroma e seu paladar, alguns whiskies indicam a região com mais clareza do que outros, como no caso dos vinhos. Em Bordeaux, um Pomerol específico, por exemplo, pode apresentar características que lembram os Borgonhas. Comparações similares valem para a Escócia.

AS TERRAS BAIXAS

Aqui são produzidos os whiskies mais acessíveis, tanto em termos de paladar quanto de geografia, mas infelizmente sua quantidade é restrita. Da cidade fronteiriça de Carlisle até Bladnoch, destilaria escocesa mais ao sul, são cerca de 160km. Ela voltou a produzir em dezembro de 2000.

Em outras duas destilarias das Terras Baixas não ocorreram hiatos na produção. Uma delas, a Auchentoshan, por vezes chamada de "a única destilaria operacional de Glasgow", situa-se na periferia da cidade, em Dalmuir, do outro lado da divisa com o condado de Dunbartonshire. Seguindo a tradição das Terras Baixas, o whisky é leve tanto em sabor quanto em corpo, embora surpreendentemente complexo e herbáceo. Auchentoshan é hoje a única praticante da tripla destilação, tradicional nas Terras Baixas. A destilaria não mantém um centro para visitantes, mas passeios profissionais podem ser agendados. A galeria de maceração e os alambiques bem organizados favorecem as visitas.

A outra destilaria ativa das Terras Baixas fica no extremo oposto do país, em Glenkinchie, "o malt de Edimburgo". A bela construção, a 25km do centro, se localiza na direção da fronteira. Seu whisky com notas de especiarias conta com muitos apreciadores, e a destilaria possui um centro de visitantes.

Malt marinho
Rebitado, em vez de soldado, a aparência de equipamento marinho deste alambique combina com sua região, Campbeltown. Destiladores bojudos produzem whiskies suntuosos, poderosos.

Nos últimos anos reduziram-se as esperanças de reabertura das destilarias de Littlemill e Rosenbank, embora ainda existam estoques diversos das duas. Também existe a possibilidade de que o equipamento de Rosenbank seja usado no futuro em uma nova destilaria, a ser instalada em Falkirk. Rosebank, com tripla destilação, é considerada clássica, e seu whisky se tornou precioso para os colecionadores. Meia dúzia de outros whiskies das Terras Baixas ainda podem ser adquiridos, embora algumas destilarias tenham encerrado as atividades nos anos 1970.

Nunca houve grande variedade de malts das Terras Baixas, e, como restaram apenas três destilarias ativas, as poucas opções correm perigo. A delicadeza dos destilados da região oferece uma contribuição única ao universo dos single malts. O estilo agrada bastante, principalmente a quem considera os malts das Terras Altas e das ilhas robusto.

O problema é que as Terras Altas e as ilhas conquistaram o coração dos consumidores. Muitos até preferem o malt suave e adocicado típico das Terras Baixas, mas querem ler no rótulo que ele vem das Terras Altas. Há ocorrência análoga nos vinhos – fãs dos Chardonnay doces insistem que bebem um "branco seco".

A noção de que as Terras Baixas são boas para o whisky poderia ser reforçada caso duas destilarias situadas logo depois da divisa com as Terras Altas fossem incluídas: Glengoyne e Loch Lomond. A primeira, de rara beleza, nas proximidades de Glasgow, pode ser visitada. Seu malt whisky seria perfeitamente aceitável como Lowlander. A segunda, mais industrial, é hoje mais atraente do que no passado e apresenta uma boa variedade de whiskies. Mas, se pressionadas a mudar de lado, ambas provavelmente lutariam pela designação de Highlander.

AS TERRAS ALTAS

A fronteira entre as destilarias das Terras Baixas e Altas está bem ao sul e acompanha a divisa dos antigos condados, atravessando o país entre os rios Clyde e Tay. Alguns estudiosos falam em "Terras Altas do Sul", englobando as destilarias de Tullibardine e Deanston. Para lá das duas, a localização é claramente orientada para o leste.

As Terras Altas do Leste abrangem, entre outras, a destilaria independente de Edradour, a menor da Escócia. Glenturret, também minúscula, ao estilo das destilarias das antigas fazendas, recebe atualmente os apreciadores para a visita chamada de "The Famous Grouse Experience". Uma opção bem maior, mas igualmente agradável, na destilaria de Aberfeldy, apresenta um tour semelhante, o "Dewar's World of Whisky".

A fronteira

Não é o muro de Berlim, mas um condado fronteiriço. A parede externa do depósito serve de suporte para o vistoso anúncio da destilaria de Bladnoch, no mais, muito discreta. Várias destilarias usam os muros para proclamar sua presença em letras garrafais.

Todas elas, assim como a Blair Athol, estão em Perthshire. E podem ser visitadas em um dia, saindo de Edimburgo (a cerca de 120km de distância), na beira ou a pequena distância da principal rodovia para o norte, que leva a Speyside. Por razões geológicas, provavelmente, muitas destilarias da região produzem whiskies famosos pelo frescor, bem frutados. Mais ao norte, na região produtora de cevada de Aberdeenshire, alguns whiskies mais potentes saem de destilarias como Royal Lochnagar, Glen Garioch e Glendronach.

SPEYSIDE é um termo sem definição precisa, mas a região abrange de metade a dois terços das destilarias escocesas, incluindo os whiskies mais conhecidos. Uma definição generosa de Speyside é usada neste livro. Em termos rigorosos, destilarias de Inverness, fechadas há muito tempo, são consideradas Highlanders, e não Speysiders.

Mais uma vez, para a conveniência do visitante, o livro divide a região numa série de vales. Em alguns desses vales há semelhanças entre whiskies de destilarias próximas.

O rio Spey conta com destilarias nas duas margens, e uma série de tributários e rios próximos definem a região. A ascendência de Speyside não se deve apenas à neve derretida dos montes Grampianos e à cevada maltada de Banff e Moray, mas também à era das ferrovias. Trens de uma ramificação que acompanhava o Spey conduziam os

Escócia

As principais divisões das destilarias são Terras Baixas, Terras Altas e ilhas. Nas Terras Altas, os vales do Spey e rios próximos formam uma região distinta. No sudoeste, a mesma ideia define a peninsular Campbeltown. Entre as ilhas, Islay possui um status especial.

trabalhadores e a cevada ou o malte às destilarias, retornando com o whisky até Edimburgo, Glasgow e Londres. Hoje só restam vestígios do ramal de Speyside, e a linha se tornou popular para caminhadas. A ferrovia ativa, de Aberdeen a Inverness (apenas 160km), acompanha a rodovia principal. Os rios se distribuem assim:

DEVERON: O vale abriga as destilarias de Glencronach e Macduff. Existem cinco ou seis destilarias na área, bem dispersas. Em sua maioria, produzem whiskies firmes, fortemente maltados.

ISLA: Não tem nada a ver com a ilha (cuja grafia distinta termina em "y"). Monges dominicanos destilavam ali nos anos 1200, e registros históricos relatam a fabricação de cerveja com urze. A destilaria mais antiga de Speyside é a Strathisla, de 1786, a menina dos olhos de Chivas Brothers, em Keith, no vale do Isla. Alguns dos whiskies das quatro ou cinco destilarias da área são secos e amadeirados (cedro).

FIDDICH E DULLAN: Esses rios se cruzam em Dufftown, uma das cidades que se consideram a capital do whisky escocês. Seis destilarias funcionam na área; a Pittyvaich fechou as portas em 2002. Outras, estão paradas no momento. Aqui se produzem Speysiders clássicos, intensos no malte, como o Mortlach.

LIVET: A famosa destilaria foi batizada por causa do rio, e outras três ocupam a área e produzem whiskies leves, suaves e delicados. O nome Livet já foi fartamente copiado, mas tem sido cada vez mais protegido. A cidade de Tomintoul é o ponto de partida das explorações.

SPEY: Macallan, Aberlour e Glenfarcas, três interpretações robustas dos malts de Speyside, situam-se no trecho mais congestionado do Spey em termos de destilarias. Há cerca de 12, nenhuma mais de 1km distante da seguinte, e todas próximas ao vilarejo de Craigllachie, onde há um famoso hotel e whisky bar.

ROTHES BURN: É um regato que deságua no Spey, em Rothes, mais uma "capital" do whisky. O vilarejo, com apenas uma rua, se orgulha de suas cinco destilarias que produzem whiskies com toque de nozes. Speyburn, muito fotografada por entre as árvores, é a destilaria mais clicada da Escócia, enquanto a Glen Grant possui um jardim "tropical" espetacular, uma oficina de cobre e uma fábrica de "grãos escuros", que transforma resíduos de malt em ração para gado.

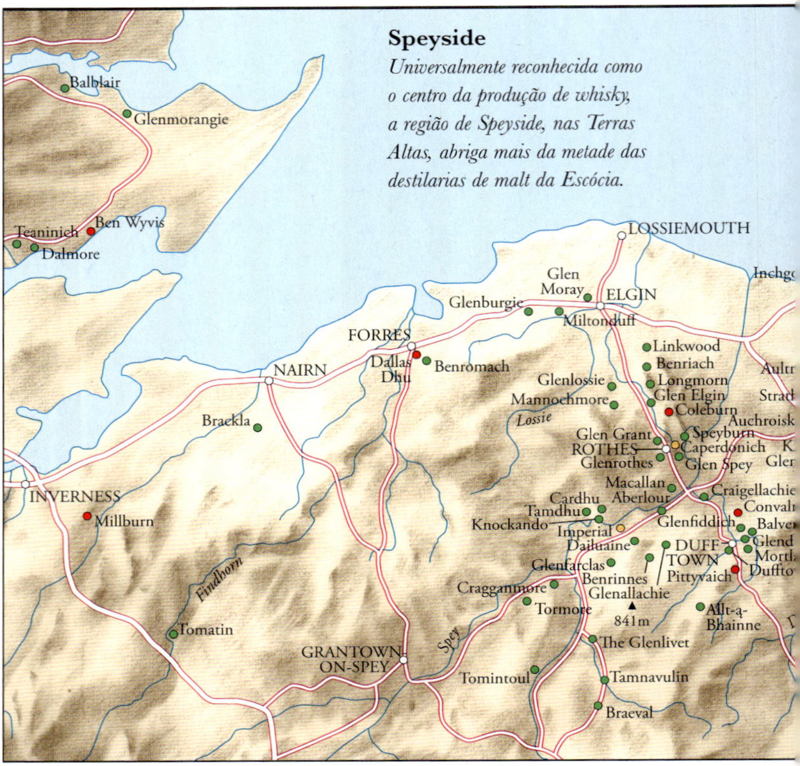

LOSSIE: Teria sido a água o motivo inicial para atrair os beneditinos de Pluscarden para a região? Eles não produzem mais cerveja por lá, mas ainda mantêm um convento ao lado da destilaria de Miltonduff. Longmorn e Linkwood, destacam-se entre as oito destilarias ao sul de Elgin. A loja de whisky mais famosa do mundo, a Gordon & MacPhail, fica em Elgin. Essa cidade vitoriana, meio espalhafatosa, é o centro comercial de Speyside e a sede do condado de Moray. Os whiskies de Lossie são adocicados e bem maltados.

FINDHORN: A renascida destilaria de Benromach fica perto da cidade de Forres. A produção se reiniciou em 1998; a nova versão é cremosa, com toques florais. O museu da destilaria de Dallas Dhu fica perto, e Tomatin, um pouco mais longe.

AS TERRAS ALTAS DO NORTE são uma região geograficamente bem definida, que vai de Inverness direto até o último trecho da costa leste. A água mais usada na área passa por arenito e há uma ligeira influên-

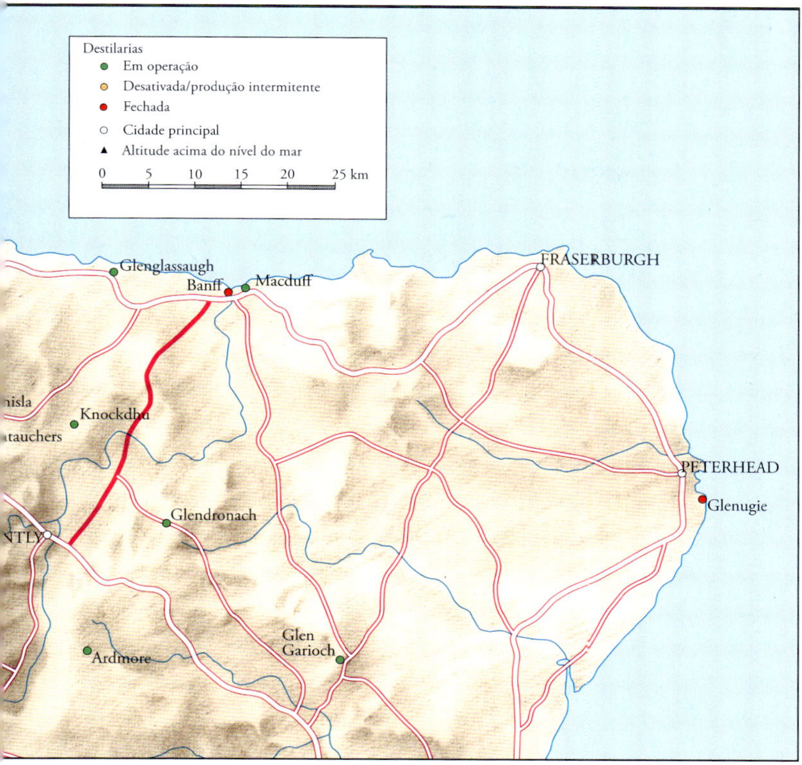

cia marítima. Quatro ou cinco destilarias se encontram na região, entre as quais a dinâmica Glenmorangie e a rica Dalmore. Segue-se um espaço territorial antes da favorita dos connoisseurs, a Clynelish, e um intervalo ainda maior até a famosa Old Pulteney, em Wick, com seus toques salgados. Conforme as destilarias voltam à atividade, as Terras Altas do Norte ganham um reconhecimento maior como região específica. Seus whiskies costumam ser secos, firmes, tostados e ligeiramente salgados.

As Terras Altas do Oeste O trecho mais ocidental, ao norte, é a única região de tamanho considerável na Escócia onde não há fabricantes legais de whisky, por causa do relevo acidentado e rochoso. Mesmo na área central, existem apenas duas destilarias. No sopé da montanha mais alta da Escócia (e da Grã-Bretanha), a Ben Nevis, existe uma destilaria de mesmo nome, que o diretor Colin Ross considera "costeira". Por quê? Por se encontrar num loch marítimo. A destilaria Oban dá para o mar aberto, e seus sabores refletem essa localização.

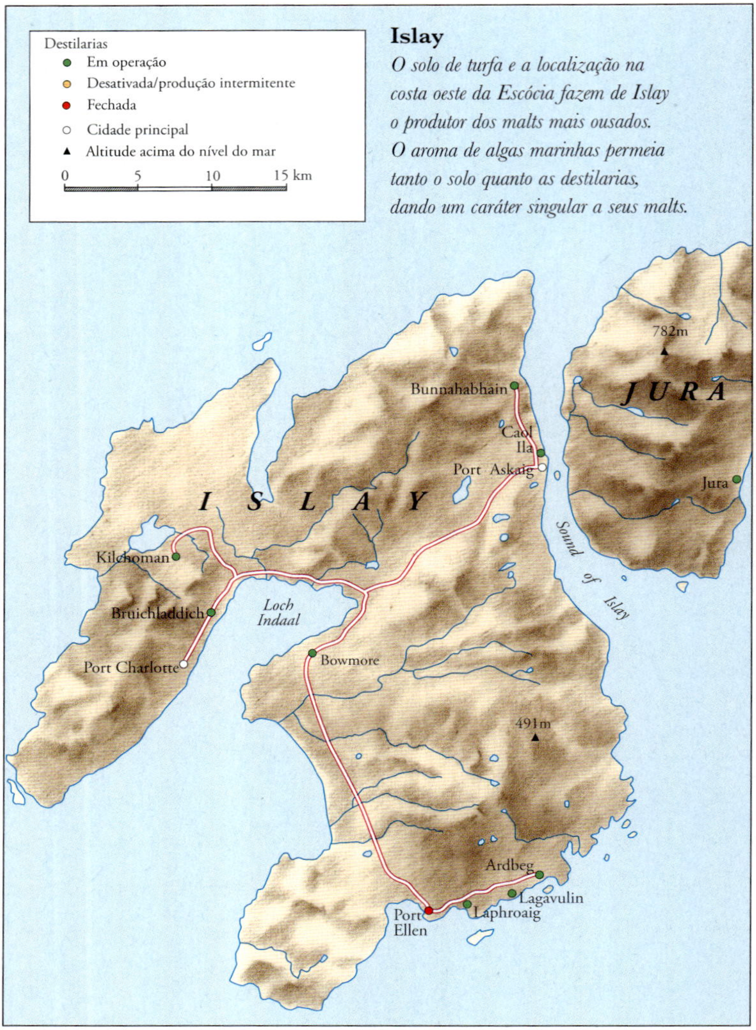

Islay
O solo de turfa e a localização na costa oeste da Escócia fazem de Islay o produtor dos malts mais ousados. O aroma de algas marinhas permeia tanto o solo quanto as destilarias, dando um caráter singular a seus malts.

As outras destilarias ativas na região são a Loch Lomond e a Glengoyne, que estão tão perto de Glasgow que chamariam mais a atenção se fossem reclassificadas como Lowlanders. Em 2003, a empresa Ian Macleod Ltd. adquiriu a Glengoyne.

AS ILHAS

A ilha mais importante para o whisky com certeza é a Islay, com oito destilarias – sendo Kilchoman a mais recente. Outras ilhas possuem uma destilaria cada, com exceção de Orkney, que tem duas.

ORKNEY No momento, Highland Park é a destilaria mais setentrional da Escócia. Produz um grande whisky: turfado, defumado, complexo. Whiskies mais salgados da destilaria Scapa – um pouco a sudoeste de Highland Park – contam com apreciadores entusiastas.

SKYE O whisky Talisker de Skye é um clássico – vulcânico, explosivo e apimentado. O sabor reflete o terroir selvagem, agreste.

MULL Tobermory é a bebida dos ilhéus, mas a destilaria também produz um whisky mais turfado e defumado chamado Ledaig.

JURA A ilha de Jura, recoberta por pinheirais, tem se destacado graças à promoção da empresa proprietária, Whyte e Mackay, que se separou do grupo americano Jim Beam.

ISLAY Existem atualmente oito destilarias que engarrafam whisky nesta ilha, com o início da produção de Kilchoman, e nove se contarmos com a marca Port Charlotte, de Bruichladdich. O festival anual de Islay, no fim de maio, tornou-se um dos favoritos dos fãs do whisky.

ARRAN A primeira garrafa da destilaria da ilha de Arran foi lançada em 1995. O pequeno alambique produz um whisky cremoso, com notas suaves típicas das ilhas e um final floral e de pinheiro.

CAMPBELTOWN

Uma interrupção temporária na produção ocorreu em Springbank e nas companhias associadas, em 2008, reiniciando-se em 2009. A primeira nova destilaria no novo milênio, a Glengyle, abriu em 2004 e aguarda-se para 2012 o lançamento de um "oito anos" chamado Kilkerran.

A destilaria de Springbank propriamente dita produz três whiskies com seu próprio malt – a maltagem foi restaurada na década passada – e, conforme a necessidade, ajudou a tocar a outra destilaria de Campbeltown, a Glen Scotia, que hoje também está produzindo.

A Springbank, os produtores independentes Cadenhead e a loja Eaglesome são empreendimentos complementares. O veterano do whisky por trás de todos é Hedley Wright, cuja obstinação manteve Campbeltown no mapa da bebida. Sua história notável pode ser vista nos locais das cerca de vinte destilarias convertidas para outros usos. Consta que havia 32 destilarias na região em 1759. A localização da cidade, cercada pelo mar, na ponta da península de Kintyre, abriga um porto quase sempre envolto por névoa.

TUN No 929
ROTATION No 0
BULK LTRS 2130/1 2115/2
G/F 12 Y.O SPECIAL RESERVE

QUAL É A IDADE PERFEITA?

NÃO É INCOMUM QUE UM MESTRE DESTILADOR decida mudar a idade do whisky considerado mais expressivo. Conforme os fãs aprendem mais sobre a bebida, eles passam a aceitar com mais facilidade que o malt é um produto orgânico em constante evolução; portanto, avanços no conhecimento e na tecnologia significam que até whiskies relativamente jovens podem ter sabor intenso e forte – características que no passado muitos consideravam exclusividade do longo envelhecimento indicado no rótulo, como uma prova de sua autenticidade.

O Glenfiddich, o malt mais vendido do mundo, mudou a atitude em relação à idade em mais de uma ocasião, e outros malts também aumentaram o tempo de envelhecimento. Muitas empresas não interferem na maturação, embora tenham mudado significativamente o líquido na garrafa. Na verdade, nos últimos dois anos, Glenmorangie, Dalmore, Ardbeg e Deanston alteraram a idade padrão de dez para doze anos, e a Arran passou a engarrafar whiskies mais velhos.

Existe uma outra tendência marcante, derivada da escassez de malt. Um número cada vez maior de destiladores se concentra no sabor e dá menos importância ao tempo de envelhecimento. Com isso, pretendem persuadir os clientes de que um whisky relativamente novo pode ter um ótimo sabor – e é isso o que realmente interessa.

A DECISÃO IMPOSSÍVEL

Aumentar o tempo de maturação não é fácil. Em sua maioria, as destilarias, têm reservas de malts mais antigas do que necessitam, mas os estoques não bastam para uma mudança de grande porte. Se as vendas tivessem caído muito, o estoque teria envelhecido, mas não foi o caso. A decisão de aumentar a idade exigiria fazer uma reserva 12 anos antes, já de olho na mudança.

A pessoa que toma tais decisões tem um trabalho impossível. Por melhor que seja seu julgamento, seu conhecimento e sua compreensão do setor, por mais que a empresa realize pesquisas de mercado e mesmo que consulte futurologistas, é simplesmente impossível prever quanto

Single, mas casado

O Glenfiddich Special Reserve já tem 12 anos quando vai para o tonel de combinação, por cerca de quatro meses. O objetivo é eliminar diferenças naturais e garantir a coerência do produto.

whisky será necessário daqui a cinco, dez ou quinze anos. Quando chega a época, sempre sobra ou falta produto. Por isso as destilarias abrem, fecham, desistem e frequentemente mudam de mãos.

A HORA DO VATTING

Os componentes de um lote podem incluir barris de diversos tamanhos e históricos distintos. Embora o conteúdo dos barris seja misturado ("vatted") conforme uma "receita", há ajustes necessários, levando-se em conta o desenvolvimento do whisky durante a maturação. Não existem dois barris iguais, mesmo de origem comum. Barris da parte inferior do depósito maturam a uma taxa diferente dos que ficam na parte superior, mais ventilada. Um depósito perto do mar pode dar à bebida um toque de salmoura. Certas destilarias mantêm apenas depósitos tradicionais, com piso de terra, paredes de pedra e três fileiras de barris, separados por tábuas; outras possuem estruturas fixas, chegando a nove fileiras de altura, ou misturam os dois sistemas. Esses fatores interferem no resultado e influenciam a escolha do destilador na hora de separar os barris para engarrafamento.

Whiskies com seis, sete e oito anos são comumente usados nos blends, mas podem também entrar na mistura de um single malt. Se na garrafa consta o tempo de envelhecimento, os regulamentos exigem que conste a idade do whisky mais novo utilizado. Como "seis anos" soa imaturo, os produtores preferem não declarar o tempo de maturação. Quando o Glenfiddich era vendido como "oito anos", provavelmente incluía whiskies com nove, dez ou mais anos. Agora, como "12 anos", deve conter whiskies de até 15 anos. Alguns malts leves atingem a plena forma aos oito ou aos dez anos, embora em alguns mercados os consumidores considerem 12 anos o padrão para malts maduros, talvez por ser a idade mais comum.

DESENVOLVIMENTO DE LINHAS

Se houvesse uma idade ideal para o malt whisky, ela já teria sido adotada por todos. Na Itália, onde a expressão "malt whisky" tem forte influência, os apreciadores valorizam bebidas com cinco anos. No Japão, terra do respeito à idade, um malt de 30 anos é reverenciado. Nos anos recentes, destiladores ofereceram uma série de idades, bem como variações em força, tipo de barril e final. Para os consumidores cansados da repetição, essas variações possuem o mérito da personalidade mais marcante, principalmente nos lotes não usuais, vintages e mais ainda nas bebidas engarrafadas com o teor alcoólico do barril (cask strength).

Whiskies vintage

Enquanto busca consistência em seu produto principal, o Glenfiddich oferece diversidade e personalidade em suas vintages. A colheita da cevada e o clima mudam ligeiramente a cada ano, mas a grande diferença se dá no barril.

O Glenfiddich, por exemplo, apresenta um 12 anos (em barris de Islay), um 15 anos (Solera Reserve), um 21 anos (Millenium Reserve, com barris de rum Havana) e diversas vintages datadas (das quais a de 1961 é de um único barril, ou single cask). O lote de um só barril significa uma edição muito limitada e valorizada. Destina-se a apreciadores que gostam de explorar possibilidades.

O mestre destilador do Glenfiddich, David Stewart, cria whiskies ousados, que se fazem sentir por toda a boca. Seu 12 anos é uma transformação hábil, mas ele poderia ter desempenhado a tarefa com mais abrangência: mantendo alguns malts de oito anos e aumentando a proporção de malts mais antigos (ou elevando as idades). Malts jovens dão vivacidade a uma mistura, e os antigos conferem complexidade. Assim, seria produzido um whisky ainda mais complexo. Por que não seguiu esse caminho? Porque impediria a declaração de idade como “12 anos”.

Os responsáveis pelos blends gostam de usar idades diversas numa mistura, mas são contidos pelo pessoal do marketing, que prefere a segurança da declaração da idade.

Um whisky pode ser amadeirado demais aos 21 anos, ou delicado aos 50, mas a evaporação sempre leva sua parte. Ao contrário do ser humano, o whisky que prolongou excessivamente sua vida certamente irá aos céus. Assim como os membros de culturas antigas reverenciavam árvores, o *Quercus robur* e o *Quercus alba* são as principais influências na maturação da *aqua vitae*.

A MADEIRA IDEAL

OS SABORES EM SEU COPO surgiram há 12 anos, quando semearam a cevada em Black Island? Ou décadas atrás, nas nevascas nos montes Grampianos? Se o malt for turfado, você está saboreando folhas de murta do brejo que esperaram 7.000 anos para encontrá-lo. Ou seus sabores favoritos surgiram há cem anos, numa encosta galega coberta pela mata? Ou nas montanhas Ozark, no Missouri?

A criação de bebidas alcoólicas em diferentes partes do mundo emprega nas diversas etapas um alfabeto inteiro de árvores, que servem a vários fins: frutos e bagas como ingredientes; madeira para produzir carvão usado para filtrar; combustível nos fornos de secagem; recipientes para fermentação e maturação ou simplesmente para guarda. Várias bebidas são conservadas (ou consumidas) em cedro, junípero e castanheira, embora a madeira mais comum para todas as atividades seja o carvalho. Sua propriedade mais atraente é a flexibilidade. O carvalho pode ser entortado para fazer barris, e as curvas elegantes desse recipiente tradicional reforçam sua resistência, assim como arcos sustentam edifícios. Mesmo nas destilarias mais mecanizadas, os tonéis são rolados e ocasionalmente caem ou batem. Precisam ser resistentes, para evitar vazamentos e rachaduras. Eles contêm um produto cada vez mais precioso.

Os regulamentos vigentes nos Estados Unidos exigem que o bourbon seja envelhecido em barris de carvalho novo, que depois podem cruzar o Atlântico para três ou quatro usos na maturação do destilado escocês. Um barril dura cerca de três décadas. Se for reformado após 25 anos, repete a performance e, portanto, acumula meio século de serviço. Deve ser rijo, mas precisa respirar durante a maturação do whisky, além de transmitir sabores e aromas.

O CARVALHO E O SABOR

Originalmente, os tonéis não passavam de recipientes. O whisky era comercializado em barris para hospedarias e mansões campestres. Os consumidores perceberam que a bebida melhorava após um tempo de armazenamento na adega. Com o passar dos anos, consolidou-se a noção de que a madeira desempenha um papel fundamental no desenvol-

Duro, mas flexível
O carvalho não cede, mas se amolda para fazer as curvas elegantes e resistentes do barril. Esta tanoaria fica na Andaluzia. A queima para ressaltar o sabor é mais típica no Kentucky.

vimento dos aromas e dos sabores do whisky. Mas, qual, exatamente, é sua importância? A percepção da importância da madeira cresceu muito nos anos recentes, embora haja mais opiniões diferentes.

A questão não gerou muita discussão quando havia abundância de barris de xerez para envelhecer whisky. Os produtores aceitavam os barris sem maiores questionamentos, embora transmitissem ao whisky características variáveis. Alguns serviam para fermentação, outros para maturação ou transporte. Haviam sido usados na guarda de diversos tipos de xerez – e também de outros vinhos fortificados.

Quando o xerez saiu de moda, as exportações para a Grã-Bretanha diminuíram. Quando o ditador Franco morreu, em 1975, a Espanha se tornou uma democracia, e os sindicatos pressionaram para que o engarrafamento de vinhos fosse feito por mão de obra local, no próprio país.

As destilarias, ansiosas para continuar usando xerez no envelhecimento, procuraram diretamente as bodegas espanholas. A Macallan é a mais ativa nessa abordagem. Apesar das diversas mudanças no controle da empresa, a diretoria continua trocando, anualmente, o granito e a urze de Speyside pelos laranjais e pela arquitetura mourisca de Jerez.

QUAL VARIEDADE DE CARVALHO?

Se deixarmos de lado as espécies que formam arbustos e moitas, existe cerca de uma dúzia de tipos de carvalho europeu. Dois deles são tradicionalmente usados em tanoaria. A segunda escolha em geral recai sobre o *Quercus petraea*, conhecido como carvalho séssil, pelo modo como as bolotas "sentam" nos galhos. A primeira escolha é o *Quercus robur*, o carvalho pedunculado. O epíteto refere-se ao modo como as bolotas se prendem por pequenas hastes aos ramos.

O *Q. robur* tolera uma vasta gama de condições climáticas, sendo encontrado principalmente na Inglaterra, na França e na península Ibérica. Na França, onde existem regiões demarcadas, os carvalhos de Limousin e Tronçais pertencem em geral à variedade *Q. robur*.

A principal área de cultivo na Espanha situa-se no extremo noroeste do país, onde a costa entre Santander e Coruña dá para a baía de Vizcaya e o oceano Atlântico. Por trás da costa erguem-se morros pedregosos, e nos vales está o carvalho. A madeira servia para construir galeões nos estaleiros da região. Depois, o carvalho espanhol passou a guardar vinhos. O destino final dos barris, atualmente, é a Escócia.

O centro da atividade madeireira é a cidade de Lugo, na província de mesmo nome, na região da Galícia. Ali uma serraria corta as aduelas para a Macallan. As aduelas secam por um período que varia de 12 a 15 meses. O tempo se encarrega de suavizar alguns taninos, moderando a intensidade da madeira, e as aduelas se transformam em barris numa tanoaria de Jerez. Os barris passam até seis meses cheios de suco de uva recém-prensada, depois são usados para envelhecer xerez e só então vão para a Escócia. Os barris viajam inteiros, o que mantém os aromas e os sabores do xerez, que diminuiriam se fossem despachados desmontados.

Produtores de vinho espanhol, como os de Jerez, têm preferido o carvalho americano, com toques adocicados de baunilha.

Dama de ferro
A tortura continua... esta máquina força os aros a manterem as aduelas na posição.

BUTTS, BARRIS OU HOGSHEAD?

Os barris usados na maturação do xerez são conhecidos como butts, cuja capacidade típica é de 500 litros (110 galões britânicos ou 132 galões americanos). Esses recipientes se destacam pela beleza e perfeição, mas o tamanho e o peso dificultam sua manipulação.

O termo "hogshead" refere-se ao consagrado barril de 250 litros. Existem hogsheads de xerez, mas a designação se aplica em geral à adaptação feita na Escócia para um barril americano. Nesse caso, ele é desmontado nos Estados Unidos, e as aduelas seguem de navio. Na Escócia, ele é remontado, com extremidades novas, para ampliar a capacidade de armazenamento. Essas cabeças novas também ajudam a aumentar a influência da madeira. O termo "carvalho americano" por vezes serve para indicar um barril de bourbon, que costuma ter capacidade para em torno de 200 litros (44 galões britânicos ou 53 galões americanos). Muitos single malts resultam de uma combinação de whiskies envelhecidos em butts de xerez e em barris de bourbon, com predominância dos últimos.

Muitos produtores de whiskies mais leves e sutis acreditam que os aromas e os sabores se manifestam melhor quando se faz a maturação em barris de bourbon. Essa abordagem vem sendo defendida pela destilaria Glenmorangie há muito tempo. O responsável pela destilação e maturação em Glenmorangie, Bill Lumsden, colaborou com a tanoaria

Blue Grass, de Louisville, para o desenvolvimento de um barril de bourbon capaz de satisfazer as necessidades dos dois lados do Atlântico. A mais de 360km a sudoeste e 160km ao sul de St. Louis, no Missouri, fica Altenburg, cidade fundada por imigrantes da Saxônia, onde o carvalho para tanoaria é cultivado. A placa da cidade ainda emprega a palavra alemã "Stadt", em vez de usar a forma inglesa, "city".

Trata-se de uma área de mata decídua variada, com sítios pequenos, particulares. O solo apresenta boa drenagem. A região tem quatro estações bem definidas, e o inverno não é frio demais, portanto, não danifica as plantas. O carvalho branco, *Quercus alba*, dá uma madeira clara, sem nós, bem porosa.

O QUE OCORRE NO ENVELHECIMENTO

Vários processos ocorrem durante a maturação. O destilado, quando novo, apresenta sabores "alcoólicos", pungentes, que podem ser eliminados pela evaporação. Com a expansão e a contração da madeira, provocadas pelas mudanças de temperatura, os sabores dos whiskies podem ser liberados, enquanto aromas naturais do ambiente se transferem para o barril: pinho, alga marinha, ar marítimo "salgado" são alguns exemplos. Os whiskies também absorvem sabores do tonel: madeira de xerez transfere o toque de nozes do vinho; os barris de bourbon são responsáveis por notas de caramelo, baunilha e taninos.

Talvez a influência mais importante no sabor seja a oxidação do whisky, muito lenta e suave. Embora alguns enólogos e mestres cervejeiros considerem o oxigênio um "inimigo", por dar origem a sabores desagradáveis, sua influência pode contribuir para o caráter de outras bebidas, como os vinhos Madeira. A importância da oxidação no envelhecimento do whisky tem sido objeto de pesquisas intensivas pelo Dr. Jim Swan,

Vapor quente

Submissão pelo vapor... após sofrer torturas sequenciais, os barris podem sossegar, dedicando a vida a guardar xerez e depois whisky.

originalmente no Instituto de Pesquisa do Whisky Escocês de Pentlands e, depois, na companhia que fundou. O Dr. Swan argumenta que a oxidação acentua a complexidade e os sabores agradáveis no whisky, especialmente notas aromáticas de frutas, especiarias e menta.

Como na produção de todas as bebidas alcoólicas, os sabores resultam de uma série complexa de ações e reações. Traços de cobre dos alambiques funcionam como catalisadores. Eles convertem o oxigênio em peróxido de hidrogênio, que ataca a madeira, liberando vanilina. Isso provoca oxidação e mescla os diversos sabores presentes. Esses processos variam conforme a região de origem da madeira e seu padrão de crescimento. A vanilina ocorre naturalmente no carvalho. Como o nome sugere, dá um sabor semelhante ao da baunilha.

Na Espanha, as árvores dos distritos montanhosos da Galícia são mais resinosas. Nos Estados Unidos, o cultivo se dá nos estados de Ohio, Kentucky, Illinois, Missouri e Arkansas. A parte ocidental dessa região contígua se caracteriza por solo pobre e clima dos mais áridos, portanto as árvores precisam lutar para sobreviver. Essas condições otimizam o crescimento na primavera, fazendo com que a madeira apresente textura mais aberta e seja mais ativa no processo de maturação.

LEVE, MÉDIA OU CROCODILO?

Os barris de bourbon são queimados internamente, para permitir que o whisky penetre na madeira. Não faltam defensores da teoria de que a feliz descoberta ocorreu por acaso, graças a um incêndio acidental, mas parece mais provável que tenha resultado das técnicas de aquecimento da madeira para torná-la mais maleável.

A queima dá ao destilado acesso às propriedades e aos toques positivos da madeira, além de ajudar a expelir sabores indesejáveis. As tanoarias americanas costumam oferecer três graus de queima: leve, média e crocodilo. Essa última, a mais pesada, deixa a madeira parecida com um tronco queimado, até formar um padrão de quadrados que lembra a pele do crocodilo.

Um barril de xerez ou bourbon transfere sabor e aroma consideráveis à primeira carga de whisky. "Barris de xerez no primeiro uso servem para a maturação deste whisky" é uma alegação comum nos rótulos. Alguns destiladores acreditam que o segundo uso transmite sabores mais tênues, embora mais balanceados. O terceiro uso pouco altera a bebida, mas permite que a personalidade do whisky fale por si. Se houver um quarto uso, o whisky provavelmente será usado no blending, e após 30 ou 40 anos de uso o barril pode ter sua parte interna requeimada. A palavra adequada seria "rejuvenescido".

PROPRIETÁRIOS, DESTILADORES E ENGARRAFADORES

NESTA SEÇÃO ESTÁ A DESCRIÇÃO, em ordem alfabética, de todas as destilarias escocesas de malt que já engarrafaram seu produto. Não são suas "marcas" (embora os nomes possam ter sido registrados); são destilarias de verdade, locais onde o malt se transforma em whisky. Entre as atuais destilarias, só a relativamente nova Kiningie ainda não engarrafou seu produto, deliciosamente cremoso. Algumas das destilarias citadas fecharam as portas há muito tempo, mas o estoque permitiu que o engarrafamento continuasse até hoje ou até um passado recente – e, portanto, seu whisky ainda se encontra à venda, mesmo que em poucos lugares.

NOME DAS DESTILARIAS Algumas destilarias receberam nomes diferentes com o passar dos anos. Aqui, consta o nome mais recente no rótulo do produto principal, embora possa haver referências no texto aos nomes antigos. Se você comprou ou pensa em comprar um malt whisky que não está neste livro, consulte o índice. Se não estiver na lista, não se trata do nome de uma destilaria. Importadores, distribuidores e supermercados costumam comprar malt whisky para engarrafamento com nomes de fantasia (por exemplo, Glen Bagpipe ou Loch Sporran). Esses produtos não foram incluídos. A garrafa provavelmente contém whisky de um destilador respeitável que possui estoque excessivo, mas o fornecedor muda sem aviso prévio. O lote seguinte talvez contenha um whisky completamente diferente, com o mesmo nome.

A QUEM PERTENCEM AS DESTILARIAS? Nos primeiros anos deste milênio ocorreram as maiores mudanças já vistas no controle das destilarias. Embora o efeito geral tenha sido uma concentração ainda maior das escocesas, restaram algumas que proclamam graus variados de independência.

Cerca de cem destilarias estão em atividade ou podem entrar em operação. Noventa por cento pertencem a grupos econômicos, e metade, a companhias internacionais de bebida. Algumas das maiores corporações do mundo possuem destilarias minúsculas, rústicas.

AS EMPRESAS INTERNACIONAIS DE BEBIDAS

A Diageo é a gigante do setor. Possui quatro locais de maltagem, chamados de maltings, 28 destilarias de malt whisky, inclusive a nova "superdestilaria" de Roseisle, mais uma destilaria para outros grãos, desde o fechamento da fábrica de Port Dundas. Alguns participantes do grupo datam dos anos 1700, mas sua consolidação como grupo vem dos anos 1880, quando um conjunto de destilarias se reuniu para produzir whiskies para blends. Como Distillers Company Limited (DCL), o grupo produziu quase todos os nomes famosos do blended scotch e dominou a indústria por um século. Nos anos 1980, a fusão da DCL com a Bell's deu origem à United Distillers (UD).

A nova companhia percebeu o interesse crescente pelos malts e lançou marcas de seis destilarias, cada uma privilegiando uma região específica. Foram chamadas de Classic Malts. Os mesmos whiskies passaram a ser oferecidos, com final amadeirado, como Distillers Edition. Embora cada malt dessas duas famílias tenha o seu próprio rótulo, a linguagem visual apresenta semelhanças. Ainda restam muitas destilarias UD sem um single malt engarrafado para oferecer aos turistas da sua região. Foram desenvolvidos diversos rótulos com a flora e a fauna escocesa. Destinavam-se apenas à venda no local, mas logo ganharam popularidade. A UD decidiu então engarrafar estoques que ainda guardava de destilarias fechadas. Eles foram identificados como Rare Malts e comercializados a preços mais altos. Conforme os estoques baixaram, os lançamentos passaram a privilegiar vintages raros de destilarias ainda operantes. Essas séries foram uma extensão das anteriores, batizadas com o título de Cask Strength Limited Editions. Mais recentemente, alguns whiskies apreciados por connoisseurs, embora pouco conhecidos, chegaram ao mercado como Hidden Malts. Pequenos lotes que se destacaram são engarrafados todos os anos como Special Releases, embora esse nome não apareça nos rótulos.

A UD se fundiu com outra gigante das bebidas, a International Distillers and Vintners (IDV), em 1997, e tornou-se a Diageo, nome que pretende simbolizar os prazeres das bebidas e dos alimentos. O grupo comercializa o gim Tanqueray, a vodca Smirnoff, a tequila Cuervo, a cerveja Guinness e muitas outras bebidas.

A Chivas Brothers possui doze destilarias. O grupo começou com dois irmãos das Terras Altas, numa loja de vinhos e destilados fundada em Aberdeen em meados dos anos 1800. O negócio foi comprado pela Seagram, companhia destiladora de whisky canadense, para entrar na

Escócia. Aproveitando o fechamento das destilarias nos Estados Unidos durante a Lei Seca, a Seagram tornou-se a maior companhia de bebidas do mundo. Subsequentemente, diversificou as atividades, penetrando no setor de entretenimento, e se retirou do ramo de destilados. Em uma das maiores aquisições da indústria, as destilarias escocesas foram vendidas em 2001 para a Pernod Ricard. A empresa familiar, construída com base no pastis, tornou-se uma multinacional de bebidas. Entre suas subsidiárias estão a Irish Distillers Limited e a Wild Turkey Kentucky Bourbon.

A Beam Global adquiriu importância no universo do whisky após a dissolução da Allied Distillers, em 2005. As destilarias da Allied se dividiram entre Beam e Pernod Ricard. A Beam Global adquiriu o blend Teacher's e duas destilarias de grande porte – Laphroaig, em Islay, e Ardmore, nas Terras Altas. A companhia também contratou alguns dos melhores experts da equipe da Allied.

Três grupos possuem cinco destilarias cada um:

O Edrington Group produz um dos blends mais vendidos da Grã-Bretanha, o Famous Grouse. As destilarias de malt incluem Macallan e Highland Park. A base do grupo chamou-se Highland Distillers até que ocorreu uma complexa reorganização, em 1999/2000, que envolveu muitas empresas antigas do ramo do whisky na Escócia. Mantém vínculos com a Rémy-Cointreau, companhia francesa de brandies e licores.

O Dewar's, blend mais vendido nos EUA, também pertencia à United Distillers até a fusão dar origem à Diageo. Ao aprovar o negócio, a Comissão Europeia e a Comissão Federal de Comércio dos EUA externaram sua preocupação com o domínio do mercado. A Diageo já tinha o Johnnie Walker e o J&B. A principal destilaria da Dewar's, a Aberfeldy, e outras três foram vendidas para o produtor do rum Bacardi.

A Inver House assumiu a forma atual nos anos 1990, quando adquiriu destilarias fora de atividade. A direção escocesa permanece, mas desde 2001 a empresa passou ao controle da Pacific Distillers, companhia familiar de bebidas com sede na Tailândia.

Duas companhias possuem quatro destilarias de malt cada uma:

Whyte and Mackay é um nome tradicional, que desapareceu e ressurgiu ao longo do tempo, e as mudanças foram bem além do nome, pois a companhia passou por diversos proprietários. Recentemente foi comprada por um empresário indiano, Vijay Mallya, dono da United Spirits. Seus malts incluem Dalmore e Jura.

A William Grant & Sons continua sendo uma empresa familiar. O William Grant original dirigia uma destilaria antes de fundar sua própria companhia. Ele e a família construíram a Glenfiddich, em 1886, e a Balvenie, em 1892. Kininvie é uma adição recente, de 1990. A William Grant também controla a destilaria de grãos Girvan e abriu uma nova destilaria de malt em 2008, na região de Ailsa Bay. O crescimento da empresa foi a merecida recompensa pela visão pioneira na comercialização de single malts.

Duas companhias possuem três destilarias cada uma:

A Burn Stewart, da CL Financial, é uma grande empresa do Caribe que controla várias marcas de bebidas alcoólicas. Já possuía a Deanston e a Tobermory quando foi adquirida pela CL Financial em 2003 e acrescentou a Bunnahabhain ao grupo no final daquele ano.

A Morrison Bowmore é uma empresa familiar, baseada nos maltings e na destilaria na "capital" de Islay. Possui também a Auchentoshan, a última das Terras Baixas a praticar a tripla destilação, e a Glen Garioch, nas Terras Altas. A família Morrison manteve uma longa cooperação com a Suntory, antes de a gigante japonesa se tornar o orgulhoso proprietário de uma empresa pequena, mas equilibrada.

Uma companhia possui duas destilarias de malt:

A Glenmorangie foi adquirida pela Louis Vuitton Möet Hennessy em 2004 e desde então passou por uma profunda reestruturação. Uma de suas três destilarias, a Glen Moray, foi vendida em 2008, bem como a sede da empresa. Em sua nova sede de Edimburgo passou a se concentrar nos malts de ponta, Glenmorangie e Ardbeg. O Glenmorangie mudou e foi reformulado em 2007.

Duas outras destilarias pertencem a japoneses:

A Ben Nevis é controlada pela Nikka, subsidiária da Asahi, antiga destilaria japonesa, concorrente da Suntory.
A Tomatin pertence à Takara Shuzo Co. Ltd., produtora do shochu.

GRAUS DE INDEPENDÊNCIA

Além dos produtores tradicionais descritos, as seguintes companhias de malt e blended whiskies possuem duas destilarias de malt cada:

A Loch Lomond controla a antiga destilaria de malt de mesmo nome (e a destilaria de grãos do local) e acabou de acrescentar a Glen Scotia ao grupo. Também possuía a Littlemill, que deixou de operar e foi parcialmente demolida.

A Angus Dundee é uma pequena empresa engarrafadora, dona da marca MacKillop's Choice. Passou por uma reestruturação e adquiriu a destilaria Tomintoul da Jim Beam e a Glencadam da Allied.

Outros vínculos entre engarrafadores e destilarias:

A Cadenhead há muito está ligada ao grupo de Springbank.
A Scott's Selection pertence à família Christie e inaugurou a destilaria de Speyside (Drumguish) em 1990.
A Gordon & MacPhail comprou a Benromach da UD e a reabriu no ano de 1998.
A Murray McDavid é dos mesmos donos da Bruichladdich, comprada da Jim Beam em 2000.
A Signatory tem como principal acionista a Edradour, adquirida em 2003 pela Pernod Ricard.
A Ian Macleod comprou a Glengoyne em 2003.

Destilarias desvinculadas de outros empreendimentos:

A Tullibardine foi adquirida por um consórcio de investidores em 2003 e começou a destilar no final daquele ano. Desde então, lançou uma vasta série de rótulos, baseada nos estoques antigos, em várias madeiras.
A Arran foi fundada em 1995, como empresa independente.
A Bladnoch foi comprada da UD, por um empresário, e reiniciou a produção em 2001.
A Glenfarclas é a última destilaria que pertence a uma única família. Licenciada em 1836, como destilaria de fazenda, foi adquirida dois anos depois por John Grant e continua sob o controle da família. Não há ligação entre a William Grant & Sons e a destilaria Glen Grant.

O CONFUSO MUNDO DOS ENGARRAFADORES INDEPENDENTES

Novatos no mundo dos single malts com frequência se confundem com o fato de um whisky da mesma destilaria chegar ao mercado com ampla diversidade de rótulos ou de whiskies de 20 ou 30 diferentes destilarias serem vendidos com rótulos praticamente idênticos. Isso se dá porque muitas não engarrafam seu produto. As destilarias originais das fazendas não o fazem por serem anteriores à época do engarrafamento mecanizado. Vendiam o whisky ainda no barril para apreciadores, hotéis, lojas licenciadas e negociantes de bebidas.

Dois negociantes, desde os anos 1800, mantiveram os malts vivos, enquanto a indústria dava atenção quase total aos blends (*ver* Gordon & MacPhail e Cadenhead, *a seguir*). Conforme o blend se tornava mais comum, surgia a figura do intermediário, ou corretor. Ele comprava whisky no barril, em geral para especular, e o fornecia a quem comercializava blends e a engarrafadores. Com o interesse crescente pelos single malts, a disponibilidade desses whiskies passou a interessar um número cada vez maior de engarrafadores independentes. Como muitas destilarias davam prioridade ao blending, algumas não queriam vínculos com o single malt e o deixavam para os engarrafadores independentes.

No extremo oposto, destilarias famosas tinham noções bem definidas do modo como seu whisky deveria ser apresentado como single malt (idade, teor alcoólico, tipo de barril). Algumas controlavam rigidamente seu estoque e chegavam a recomprar barris, para evitar a atuação dos engarrafadores independentes. Outras partiram para ações na justiça, o que pode ser difícil quando a marca coincide com o nome do lugar.

Os termos "engarrafado na destilaria" ou "engarrafador oficial" são empregados neste livro ocasionalmente. As expressões indicam que o engarrafamento foi feito para ou pela destilaria. Em geral, as destilarias pertencem a grupos que possuem uma central de engarrafamento, de preferência com fácil acesso a Glasgow e Edimburgo.

Declaração de independência

Este rótulo é de uma garrafa produzida pela Gordon & MacPhail. O whisky feito na destilaria de Benromach provinha de dois barris, de números 112 e 114, hogsheads de xerez que foram usados para envelhecer o whisky.

A Gordon & MacPhail é uma loja familiar no coração de Speyside, em Elgin, mas seus produtos chegam aos quatro cantos do globo. Com o passar das décadas, acumulou um estoque considerável, maturado em seus próprios depósitos. Por essa razão, os lançamentos da Gordon & MacPhail de um malt específico possuem coerência de estilo, em geral com a tipicidade da bebida envelhecida em barris de xerez, principalmente na linha Connoisseurs Choice.

A Cadenhead é controlada desde os anos 1960 pelos proprietários da Springbank, em Campbeltown. A companhia prefere adquirir pequenas quantidades de whiskies conforme a disponibilidade, de modo que as edições são pequenas, com grande variação de idade e tipo de barril utilizado. Isso leva a uma imensa diversidade de lançamentos interessantes.

OUTROS INDEPENDENTES

Adelphi Enfatiza o teor alcoólico do barril. Tende a lançar whiskies encorpados. Fundada no início dos anos 1990 por Jamie Walker, cujos antepassados mantinham a destilaria Adelphi (1825-1902), em Glasgow.

Berry Brothers Procura lançar whiskies que representem adequadamente a personalidade da destilaria (*ver* Glenrothes).

Blackadder Tem esse nome jocoso propositadamente. Os lançamentos vão do alto nível ao absolutamente excêntrico. O Raw Cask é um subtipo. Whiskies são engarrafados "até a última gota". Fundada em 1995 por Robin Tucek, que escreve sobre a bebida.

Coopers Choice Tem boa variedade regional. Ramificação da Vintage Malt Whisky Company. Fundada em 1992 por um ex-diretor de vendas da Morrison Bowmore.

Douglas Laing Gosta de lançar produtos contrastantes da mesma destilaria. Costuma engarrafar com teor alcoólico de 50% vol. Comercializa edições independentes desde 1998 (como Old Malt Cask), mas a família está no ramo desde 1949.

Duncan Taylor Shop É de Huntly, Aberdeenshire. Engarrafadores desde 2002, com portfólio extenso, baseado em estoques (com barris que datam dos anos 1960). Deixada de herança por Abe Rosenberg, pioneiro importador dos Estados Unidos.

Hart Brothers Enfatiza os finais em madeira e a personalidade marcante do carvalho. Engarrafa desde 1989, trabalha com vinhos desde os anos 1960.

Ian Macleod Produz malts raros de idades incomuns ou finais diferenciados. Embalagens atraentes. Chieftain's e Dun Bheagan existem desde 2000. Prepara blends e negocia whisky desde os anos 1930.

James MacArthur "Pequeno é melhor." Empresa discreta, iniciada como hobby em 1982. Seleções baseadas na melhor idade para cada whisky.

Lombard É sensível à idade. Compra whiskies e continua a maturação. Passou a engarrafar recentemente, mas negocia com a bebida desde o final dos anos 1960.

MacKillop's Choice Selections É de Lorne MacKillop, Master of Wine. Engarrafador desde 1998.

Murray McDavid Busca a cada lançamento (desde 1996) "a verdadeira expressão da destilaria". A série The Mission é selecionada por Jim McEwan, da Bruichladdich.

Scott's Selection Enfatiza os malts raros. Fundada em meados dos anos 1990 por Rob Scott (que já se aposentou). Vinculada à empresa de guarda, blending e engarrafamento fundada por George Christie (ver Drumguish).

Signatory Pioneira da nova geração de engarrafadores. Iniciou as atividades em 1988, sendo uma das poucas a possuir sua própria linha de engarrafamento. A Signatory foi uma das primeiras casas a lançar single cask bottlings, edições de um único barril. O fundador, Andrew Symington, trabalhou antes com hotéis.

Wilson & Morgan Usa barris de Marsala. Sediada na Itália, engarrafa desde 1992 e importa desde os anos 1960.

Os whiskies citados a seguir incluem algumas marcas engarrafadas por varejistas na Grã-Bretanha, entre os quais Whisky Shop (Glasgow e filiais), Royal Mile Whiskies (Edimburgo e Londres), Wee Dram (Bakewell, na Inglaterra), Vintage House e Whisky Exchange (ambas de Londres) e Oddbins (rede do Reino Unido).

SINGLE MALTS DE A-Z

DEIXANDO DE LADO AS DISCUSSÕES sobre preços relativos, ninguém nega que um Château Latour é mais complexo do que um vinho de mesa vendido em massa nas redes varejistas. As variações finas do mundo do whisky são os single malts. Alguns malts alcançam um padrão mais alto que outros, e uns poucos têm características bem distintas em relação a seus companheiros. Isso não deve ser obscurecido pelos argumentos falaciosos dos produtores a respeito do "gosto pessoal". Uma degustação não é definitiva, mas serve de guia útil e dirá, por exemplo, se o whisky é um malt leve e seco, untuoso como o xerez ou intenso em defumados de turfa.

As notas de degustação começam com um comentário sobre o estilo da casa – uma orientação genérica do que se pode esperar dos whiskies de determinada destilaria, antes de examinar as variações que surgem do envelhecimento e do engarrafamento. Também indica o melhor momento para beber os whiskies de cada destilaria (antes de jantar ou de dormir). As sugestões servem como estímulo para experimentar cada variedade na situação mais adequada. Não precisam ser levadas muito a sério.

Exemplo de nota de degustação:

AUCHENTOSHAN 1973, 29 anos, Sherry Butt nº 793, 55,8% vol.

COR Vermelho rosado. Quase cor de ruibarbo.

AROMA Geleia. Shiraz australiano. Maçã. Pêssego.

CORPO Texturizado. Liso e suave.

PALADAR Whisky extraordinariamente frutado, com predomínio de pera. Sabores de caroço de pêssego também. Sob tudo isso, chega a ser difícil identificar a personalidade de Auchentoshan. Pontuação severamente baixa por essas razões.

FINAL Seco, com notas de nozes. Com queijo? Depois do jantar?

PONTUAÇÃO **69**

COR A cor natural do malt envelhecido em madeira pura é amarelada, muito clara. Tons mais escuros, do âmbar ao rubi e ao marrom--escuro, podem resultar de madeira de xerez. Algumas destilarias usam

Um lar molda a personalidade

O Skye forma um cadinho natural, no qual os sabores de um grande whisky se fundem. Vivendo nas montanhas, cercado pelo mar, o whisky assume seu caráter doméstico contraditório.

barris tratados com xerez concentrado, e isso talvez confira à bebida cor e paladar caramelados. Algumas destilarias acrescentam caramelo para uniformizar a cor. Não creio que uma cor seja melhor que outra, por si, embora um matiz particularmente sutil possa ampliar o prazer de saborear um fino malt. Desfrutamos as delícias da comida e da bebida tanto com os olhos quanto com o nariz e a boca.

AROMA Qualquer pessoa, ao experimentar uma bebida ou um prato, percebe boa parte do sabor pelo olfato. O whisky é muito aromático, e os aromas do malt podem incluir turfa, flores, mel, malt tostado, salmoura costeira e algas marinhas, por exemplo.

CORPO Leveza, maciez ou untuosidade podem refrescar, aliviar ou satisfazer. Corpo e textura (por vezes chamada de "sensação na boca") são elementos distintos em cada malt.

PALADAR Ao desfrutar uma bebida complexa, cada gole oferece novas experiências ao paladar. Um único gole pode se desdobrar em inúmeras características. Isso vale especialmente para single malts. Alguns apresentam desenvolvimento do gosto. Um provador, ao trabalhar com um malt desconhecido, talvez retorne a ele várias vezes, durante dias, em busca de sua personalidade completa. Adotei essa técnica para as degustações apresentadas neste livro.

FINAL Em todos os tipos de bebidas alcoólicas, o "final" é um estágio adicional do prazer. Na maioria dos single malts, é mais do que um simples sabor residual. O final vem num crescendo, seguido por uma série de ecos. Quando termino de beber, gosto de assobiar a melodia. Quando a música do malt acaba, resta a lembrança tranquila.

PONTUAÇÃO Esses prazeres não podem ser medidos com precisão. O sistema de pontuação pretende apenas servir de guia para o status dos malts. Uma nota de degustação pode chegar a 100 pontos. O sistema se inspirou no método utilizado pelo americano Robert Parker. Neste livro, uma pontuação na casa dos 50 significa um malt que, na minha opinião, não possui equilíbrio nem caráter e nunca deveria ter sido engarrafado como single. Na casa dos 60, sugere um malt agradável, sem nada de excepcional. Qualquer um acima de 70 vale a pena. Nos 80, é excepcional e marcante. Nos 90, residem os grandes malts. Mas uma pontuação modesta não deve dissuadir alguém de experimentar um malt. Talvez eu tenha exagerado, e você pode adorá-lo.

ABERFELDY

PRODUTOR John Dewar & Sons Ltd. (Bacardi)
REGIÃO Terras Altas DISTRITO Terras Altas do Leste
ENDEREÇO Aberfeldy, Perthshire, PH15 2EB
TEL. 01887 822010 SITE www.dewarswow.com
E-MAIL worldofwhisky@dewars.com VC

O JOHN DEWAR ORIGINAL nasceu num sítio perto de Aberfeldy, em 1806, e entrou para o negócio de vinhos aos 22 anos, por influência de um primo distante. A família passou a produzir blends e, em 1896-98, abriu sua própria destilaria em Aberfeldy. Desde o início, a tarefa era providenciar o malt whisky fundamental para o blend da Dewar's; isso continuou nos anos mais recentes, sob o comando da United Distillers, e seu papel se mantém inalterado até hoje, sob as ordens da Bacardi. Talvez o malt de Aberfeldy seja responsável por transmitir frescor e leveza ao Dewar's.

A água usada na destilaria brota de formações basálticas salpicadas de ferro e ouro, correndo por entre pinheiros, abetos, bétulas e samambaias, até chegar à destilaria pela tubulação que sai das ruínas de Pitilie, uma antiga destilaria que fechou as portas em 1867. Seu nome vinha do riacho local, o Pitilie Burn.

A Aberfeldy mantém até hoje o telhado em estilo pagode, embora a maltagem no local tenha cessado em 1972. Os proprietários na época estavam deixando de produzir os maltings nas destilarias, pois preferiam centralizar a produção de cevada maltada. Parte do espaço liberado nas destilarias passou a ser usado para expandir os alambiques, numa época em que a produção aumentava para suprir a demanda. Os alambiques em si são altos, com formas suaves. A destilaria possui também uma pequena locomotiva a vapor, que já não funciona.

Quando a UD se fundiu com a IDV, em 1998, para formar a Diageo, a nova empresa se tornou dona de um número excessivo de destilarias. Por isso Aberfeldy, Aultmore, Craigellachie e Royal Brackla foram vendidas, tornando-se John Dewar & Sons, propriedade da Bacardi.

ESTILO DA CASA Untuoso, limpidamente frutado, vigoroso. Para ocasiões sociais, com sobremesa ou ao ler um livro, dependendo da faixa etária.

ABERFELDY **12 anos, 40% vol.**

COR De ouro-velho a bronze.

AROMA Vivaz. Casca de laranja. Leve toque defumado. Quente.

CORPO Sutil na língua. Untuoso.

PALADAR Intensamente frutado. Tangerina. Pão de ló.

FINAL Como morder um cunquate. Poeira. Especiarias. Quentura delicada.

PONTUAÇÃO **76**

ABERFELDY **15 anos, Flora e Fauna, 43% vol.**

COR Âmbar.

AROMA Óleo, incenso, urze, notas de pinheiro, turfado (especialmente após a adição de água).

CORPO Médio, bem firme.

PALADAR Abundância de sabores. Leve, turfa e cevada. Frescor, toques claros de laranja-baía. Redondo.

FINAL Doçura passando a frutado, para terminar seco, com firmeza.

PONTUAÇÃO **77**

ABERFELDY **Cask Strength Limited Bottling, 1980, 17 anos, engarrafado em 1997, 62% vol.**

COR Ouro-pálido.

AROMA Comedido, fragrante, pinheiro e urze. Seco.

CORPO Médio, suave, agradavelmente untuoso.

PALADAR Cremoso. Notas de laranja caramelada. Ainda vivaz, mas dois ou três anos no barril causaram uma combinação mais intensa dos sabores.

FINAL Nozes, pinheiros desenvolvidos. Secura apimentada, folhada.

PONTUAÇÃO **77**

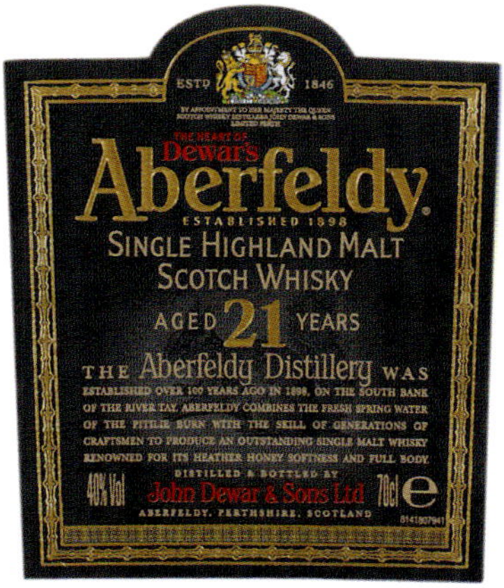

ABERFELDY 21 anos, 40% vol.

COR De ouro-quente a bronze. Muito semelhante ao Aberfeldy 12, porém mais escuro.

AROMA Suave, adocicado, quente. Notas de mel, baunilha e laranja.

CORPO Suave, mas robusto. Levemente untuoso.

PALADAR Traços de turfa e notas de mel, carvalho e laranja-baía.

FINAL Seco. Curta permanência, que dá lugar a um sopro de fumaça.

PONTUAÇÃO **77**

ENGARRAFAMENTO INDEPENDENTE

ABERFELDY Duncan Taylor N.C.2, 1994, 13 anos, 46% vol.

COR Verde amarelado.

AROMA Bala de melão e de grapefruit. Limpo, doce e picante.

CORPO Sutil, de médio a intenso.

PALADAR Mel. Frutas cítricas. Muito limpo. Groselha fresca. Maçã cozida.

FINAL Frutas ácidas, um toque de especiarias. Permanência média.

PONTUAÇÃO **73**

ABERLOUR

PRODUTOR Chivas Brothers (Pernod Ricard)
REGIÃO Terras Altas DISTRITO Speyside (Strathspey)
ENDEREÇO Aberlour, Banffshire, AB3 9PJ
TEL. 01340 881249 SITE www.aberlour.co.uk VC

FORAM DESCARTADOS FAZ TEMPO quaisquer temores de que a companhia proprietária de Aberlour, a Pernod Ricard, daria menos atenção a seu malt favorito, devido à aquisição de diversas outras marcas, há cerca de oito ou nove anos. O caso de amor francês com o Aberlour segue imbatível.

Aberlour é no mínimo um "peso leve-pesado", capaz de enfrentar nomes mais famosos, como fez Georges Carpentier. O Aberlour rima com "power" em inglês, mas a maioria dos falantes do francês preferem fazer com que soe mais como "amour".

Entre as ofertas na Escócia e no resto do Reino Unido estão os dez anos, o a'bunadh e o 15 anos com maturação em barris antigos de xerez, mas há outras opções em duty free e na França. A linha completa apresenta diversas variações menores.

Desde 2002, quem visita a destilaria pode encher manualmente sua garrafa personalizada de Aberlour em um barril específico e identificado. Há um butt de xerez e um barril de bourbon, para mostrar a diversidade de estilo. Eles foram especialmente escolhidos para isso, e quando acabam são substituídos por outros tonéis semelhantes, cheios. O whisky personalizado vai para sua garrafa com a graduação alcoólica original.

Na principal rodovia que acompanha a margem oriental do rio Spey (A95), uma hospedaria dos anos 1890 indica a localização da destilaria, que se situa algumas centenas de metros adiante, no vale do rio Lour (pouco mais do que um regato). O Lour deságua no Spey. O local tornou-se conhecido pelo vínculo com St. Drostan, na época de St. Columba. A água é branda. Brota do granito de Ben Rinnes, na fonte do glen (vale) de Allachie, e depois segue em dutos até a destilaria, por 800m.

ESTILO DA CASA Textura suave, sabores de médios a intensos, toques de nozes, especiarias (noz-moscada?), aroma de xerez. Com sobremesas ou depois do jantar, dependendo do tempo de maturação.

ABERLOUR 10 anos, 43% vol.

COR Âmbar.

AROMA Malt, especiarias, toffee de menta.

CORPO Destacadamente suave e macio. Médio a intenso.

PALADAR Sensação intensa de permanência na boca, com desenvolvimento duradouro dos sabores. Doce e picante ao mesmo tempo, seco e apimentado, em termos de caráter do malt. Noz-moscada e frutas vermelhas.

FINAL Persistente, suave, aromático, puro.

PONTUAÇÃO **83**

ABERLOUR a'bunadh ("The Origin"), sem declaração de idade, 59,6% vol.

Um single malt à base de Aberlours com menos de 10 até mais de 15 anos, combinados. Todos envelhecidos em barris de xerez, com ênfase em oloroso seco em segundo uso. Sem filtragem a frio.

COR Laranja-escuro.

AROMA Xerez, hortelã, pralina. Luxuriante, poderoso.

CORPO Cheio, cremoso, texturado, complexo.

PALADAR Rico, luxurioso, cremoso, com notas de fundo de menta e cereja.

FINAL Nougat, cherry brandy, gengibre, levemente defumado. Para depois do jantar, sem dúvida.

PONTUAÇÃO **86**

ABERLOUR 12 anos, dupla maturação em barris, 43% vol.

Combinação de malts envelhecidos em barris de xerez em primeiro uso e barris com vários usos, mas não especificados.

COR Bronze.

AROMA Terroso, frutado. Pera. Maçã. Torta tatin.

CORPO Médio, firme.

PALADAR Torta doce. Cobertura de caramelo. Creme de ovos (no caso, vamos chamar de crème anglaise). Folhas de menta fresca da horta.

FINAL Mais menta. Tornou-se hortelã. Um tanto abrupto e picante.

PONTUAÇÃO **82**

ABERLOUR Cuvée Marie d'Ecosse, 15 anos, 43% vol.

Aberlour envelhecido em barris de bourbon e xerez, desenvolvido para o mercado francês.

COR Âmbar.

AROMA Malt, toffee, com groselha em flor no desenvolvimento.

CORPO Médio a intenso. Suavemente sedoso.

PALADAR Toffee, alcaçuz, anis, crème brûlée.

FINAL Especiarias e gengibre. Alongado, revigorante.

PONTUAÇÃO **83**

ABERLOUR 15 anos, envelhecimento em barris de xerez, 40% vol.

Combinação de barris de xerez e bourbon. Maturação final em xerez.

COR Âmbar-intenso avermelhado.

AROMA Rosas, algodão-doce, levemente amanteigado.

CORPO Muito firme. Aveludado.

PALADAR Combinação intensa dos sabores, redondo. Ótimo equilíbrio entre características de nozes do xerez com anis e ênfase em flor de laranjeira.

FINAL Cookies, alcaçuz, toffee. Raízes, especiarias, menta. Secura persistente.

PONTUAÇÃO **84**

ABERLOUR 16 anos, dupla maturação em barris, 43% vol.

Mistura de malts envelhecidos em barris de xerez de primeiro uso e outros não especificados.

COR Bronze-avermelhado.

AROMA Laranja-baía, limão. Doce turco (Rahat Lokum). Água de rosas.

CORPO Suavemente arredondado.

PALADAR Sutil. Algodão-doce. Combinação intensa de sabores. A maturação mais longa fez muita diferença.

FINAL Canela. Noz-moscada ralada. Nozes.

PONTUAÇÃO **84**

ABERLOUR 18 anos, maturação em barris de xerez, 43% vol.

100% envelhecido em barris de xerez. Destinado principalmente ao mercado norte-americano.

COR Âmbar-alaranjado brilhante.

AROMA Xerez, mas seco, com toques sutis de carvalho. Açúcar queimado. Especiarias. Redondo, provocante.

CORPO Aveludado com toques de nozes.

PALADAR Bem equilibrado. Especiarias, flores, nozes, frutas, noz-moscada. Sabores leves e delicados para a destilaria e a idade.

FINAL Xerez novo e carvalho.

PONTUAÇÃO **84**

ABERLOUR **100º proof, sem declaração de idade (cerca de 10 anos), 57,1% vol.**

Encontrado principalmente em lojas duty free.

COR Âmbar-alaranjado brilhante.

AROMA Carvalho novo, seguido de notas sutis de nozes e xerez.

CORPO Firme. Ligeiro.

PALADAR Seco e untuoso. Sutil e deliciosamente frutado (pêssego? cereja?). Bem mais especiarias. Toques de butterscotch, toffee e pastilhas para tosse. Tão robusto (parece relativamente jovem) quanto complexo.

FINAL Longo, intenso e seco. Esta versão é mais adequada para combater o frio do inverno.

PONTUAÇÃO **84**

ABERLOUR **Depósito nº 1, engarrafado manualmente Barril de bourbon primeiro uso nº 1.684, 63,5% vol.**

Edição especial, reservada aos visitantes da destilaria.

Barris cheios em 17 de julho de 1994, engarrafado em janeiro de 2009.

COR Ouro-intenso.

AROMA Doce, açúcar-cande, açúcar mascavo, com um toque de baunilha. Maravilhoso, intenso e arejado. Notas de limão que permanecem no copo.

CORPO Encorpado, denso na boca, rico.

PALADAR Untuoso, floral, adocicado. Violeta, compotas, notas de maçã verde. Aromático, mas também leve e delicado, exibindo adoráveis notas florais misturadas com maçãs verdes maduras. Parece uma moça ninja – linda, delicada, mas forte e ágil.

FINAL Longo e adocicado. Maçã.

PONTUAÇÃO **91**

ABERLOUR **Depósito nº 1, engarrafado manualmente Barril de xerez primeiro uso nº 9.643, 62,6% vol.**

Edição especial, reservada aos visitantes da destilaria.

Barris cheios em 24 de agosto de 1993, engarrafado em janeiro de 2009.

COR Mogno-claro.

AROMA Verniz quente e café torrado. Couro e borracha de lápis.

CORPO Robusto e cremoso.

PALADAR Xerez bem balanceado, pronunciado, sem exagero. Notas de cardamomo, pecã, cravo e um toque de noz-moscada. Fundo de fósforo queimado.

FINAL Longo, apimentado, com o calor de noz de um porto tawny.

PONTUAÇÃO **89**

ALLT-A-BHAINNE

PRODUTOR Chivas Brothers (Pernod Ricard)
REGIÃO Terras Altas DISTRITO Speyside (Fiddich)
ENDEREÇO Glenrinnes, Dufftown, Banffshire, AB55 4DB
TEL. 01542 783200

A FEBRE DE CONSTRUÇÕES agitou Speyside em meados dos anos 1970, com a abertura de quatro ou cinco novas destilarias. Foi um período em que a indústria tentou atender à demanda subdimensionada. A destilaria Allt-a-Bhainne e a atual Braeval foram construídas pela Seagram. A arquitetura leve e arejada marca o feliz encontro das referências tradicionais com as ideias modernas, embora falte certa humanidade. Ambas foram projetadas para funcionar com o mínimo de pessoas, e a bebida vai para o depósito central de envelhecimento, em outro local.

Em gaélico, Allt-a-Bhainne significa "riacho leitoso", e a destilaria localiza-se a oeste do rio Fiddich, no sopé do Ben Rinnes, perto de Dufftown. Seu malt whisky é um dos componentes dos blends da Chivas. Não há engarrafamento oficial, portanto os apreciadores têm de recorrer aos independentes para saborear este malt whisky.

ESTILO DA CASA Leve, ligeiramente vegetal, picante, florido. Aperitivos.

ALLT-A-BHAINNE **11 anos, James MacArthur, 56,9% vol.**

COR Ouro-profundo.

AROMA Doce de chocolate e limão. Uva. Um pouco de enxofre.

CORPO Rico e intenso. Frutas ao xerez. Enxofre, fumaça e carvalho.

FINAL Médio adocicado, mas o enxofre continua presente, mascarando um malt potencialmente muito bom.

PONTUAÇÃO **65**

ALLT-A-BHAINNE **17 anos, Old Malt Cask, 50% vol.**

COR Palha-suave.

AROMA Leve. Toffee. Cereal. Picles de repolho.

CORPO Doce e untuoso.

PALADAR Doce. Anis-estrelado. Especiarias picantes. Leve adstringência.

FINAL Curto. Não muito definido.

PONTUAÇÃO **65**

ARDBEG

PRODUTOR Glenmorangie plc
REGIÃO Islay DISTRITO South Shore
ENDEREÇO Port Ellen, Islay, Argyll, PA42 7EA
TEL. 01496 302244 SITE www.ardbeg.com
E-MAIL oldkiln@ardbeg.com VC

ARDBERG JÁ ERA UMA DAS GRANDES DESTILARIAS na época em que os single malts constituíam um bem guardado segredo e foi ressuscitada a um custo que chega a milhões de dólares. Hoje, a Ardbeg brilha mais do que nunca. Sua reabertura representou um dos primeiros sinais do renascimento de Islay, do qual foi tanto o principal elemento quanto o principal beneficiário. As ambições dos donos em relação à destilaria valeram a pena.

Quando reabriu, um dos antigos fornos virou loja, servindo café, chá, doses de whisky e clootie (bolinho local). Old Kiln atualmente serve refeições e atende à população local, assim como aos visitantes da destilaria.

Os aficionados pelo Ardbeg não perdem a esperança de que um segundo forno volte a ser usado um dia. As maltagens são originais, pois não se usam ventiladores, o que leva a fumaça da turfa a impregnar o malt com intensidade maior. Isso é evidente nas edições antigas. A origem da água, que passa pela turfa, também exerce uma influência marcante nos sabores terrosos e betuminosos do whisky. Alguns apreciadores de Ardbeg acreditam que o toque frutado, de macieira e casca de limão, deriva do sistema de recirculação do alambique.

A destilaria já funcionava em 1794. As maltagens foram encerradas em 1976-77, embora o suprimento de cevada maltada tenha durado um pouco mais, sem dúvida. Ardbeg fechou as portas no início dos anos 1980, mas no final da década passou a operar de novo, embora esporadicamente, usando malt de Port Ellen. O whisky produzido nessa fase, lançado pelos novos donos, tem menos alcatrão que o antigo Ardbeg. O whisky intensamente turfado existente foi usado em alguns vattings. Sob o controle da Glenmorangie, Ardbeg lançou um bom número de edições inovadoras. Ícone entre as destilarias de Islay, Ardbeg parece estar em boas mãos.

ESTILO DA CASA Terroso, bem turfado, defumado, salgado, robusto. Um malt para antes de dormir.

ARDBEG **10 anos, 46% vol.**

COR Ouro-pálido.

AROMA Adocicado, com turfa suave e peixe defumado.

CORPO Médio, firme.

PALADAR Turfa queimada e frutas secas, seguido por malt e um toque de alcaçuz.

FINAL Longo e defumado. Delicado equilíbrio entre a doçura do cereal, o iodo e a turfa seca.

PONTUAÇÃO **87**

ARDBEG **17 anos, 40% vol.**

COR Ouro-esverdeado, brilhante, intenso.

AROMA Agressivo. Sal, algas marinhas, alcatrão. Toque de enxofre.

CORPO Médio, untuoso. Muito firme.

PALADAR Apimentado e doce. Grãos de cereais, óleo, tojo. Combinação intensa de sabores. Mais maduro e redondo, ainda robusto. Muito apetitoso.

FINAL Oleoso. Casca de limão. Pimenta branca moída na hora.

PONTUAÇÃO **86**

ARDBEG **"Lord of the Isles", 25 anos, 46% vol.**

"A suprema expressão do Ardbeg", segundo o rótulo. Mas onde estão a fumaça e o clamor da batalha? Este whisky homenageia os senhores das ilhas que combateram os vikings.

COR Ouro.

AROMA Ar marítimo. Fumaça distante.

CORPO Sedoso.

PALADAR Frutado à Ardbeg, cítrico e fragrante. Tem sabores que lembram o de casca de laranja cristalizada e, especialmente, o de cereja. Desenvolvimento notável dos sabores. Nozes, amêndoas. Marzipã. Agridoce.

FINAL Longo, soberbo. Toques de aço. Não muito terroso. Definitivamente, para depois do jantar.

PONTUAÇÃO **89**

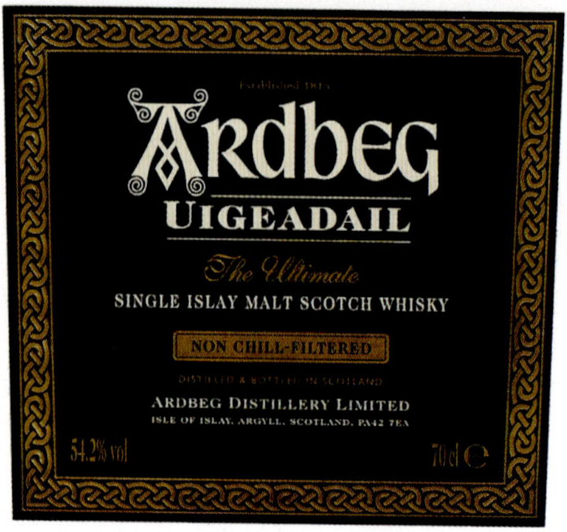

ARDBEG **Uigeadail, 54,2% vol.**

COR Ouro-pálido.

AROMA Intensamente defumado. Fumaça de churrasqueira, seca, pungente.

CORPO Leve, firme.

PALADAR Firme, muito macio, depois explode na boca.

FINAL Quente. Alcoólico. Um choque no sistema.

PONTUAÇÃO **92**

ARDBEG **Still Young, 56,2% vol.**

Após a aquisição da Ardbeg pela Glenmorangie, o primeiro de uma série de lançamentos surgiu em 2003, como "Very Young". O "Still Young" foi comercializado em 2006.

COR Vinho branco.

AROMA Fresco, com casca de limão e turfa recém-cortada. Uma pitada de sal.

CORPO Cremoso.

PALADAR Turfa adocicada, nozes, malt. Notas de peras frescas e apimentadas.

FINAL Quente e seco, com permanência de amêndoas e pimenta.

PONTUAÇÃO **84**

ARDBEG **Almost There, 54,1% vol.**

O lançamento seguinte da produção da Ardbeg de 1998 fez parte da série "Path to Peaty Maturity", o caminho para a maturidade turfada. Engarrafado em 2007.

COR Palha-clara.

AROMA Doçura de cereal, com baunilha e limão, muito fenólico e marítimo.

CORPO Médio, algo untuoso.

PALADAR Doce, suavemente intenso. Limão, seguido de especiarias e pimenta. Complexo.

FINAL Persistente e turfado, com chocolate ao leite e toque de pimenta.

PONTUAÇÃO **86**

ARDBEG **Renaissance – We've Arrived!, 55,9% vol.**

Como o nome "Chegamos lá!" indica, trata-se do último lançamento da produção de 1998, engarrafado em 2008 com teor alcoólico do barril, como o 10 anos.

COR Palha.

AROMA Turfa adocicada, marzipã, chiclete, notas florais seguidas de sal e especiarias.

CORPO Médio a intenso, ligeiramente untuoso.

PALADAR Doce e frutado. Gengibre com chocolate, turfa condimentada.

FINAL Frutado duradouro, turfa, especiarias persistentes e um toque de Germolene.

PONTUAÇÃO **88**

ARDBEG **Mor, 57,3% vol.**

Whisky 10 anos, engarrafado como edição limitada, de mil garrafas com 450cl. "Mor" é o termo gaélico para "grande".

COR Palha, com nuances de cobre.

AROMA Assumidamente Ardbeg. Fenólico, marítimo, alcatroado.

CORPO Envolvente na boca, untuoso.

PALADAR Rico e ousado, com turfa, salmoura e um toque cítrico.

FINAL Longo e defumado, com gengibre e chocolate amargo.

PONTUAÇÃO **91**

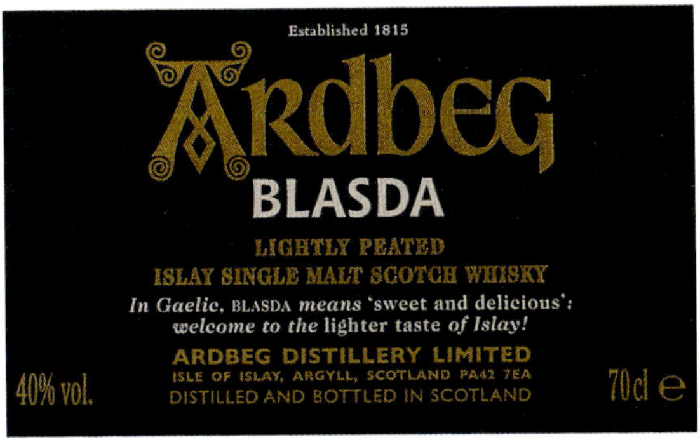

ARDBEG **Blasda, sem declaração de idade, 40% vol.**

Destilado de malt levemente turfado.

COR Chardonnay.

AROMA Sutil, levemente turfado, com um toque de suco de limão.

CORPO Leve, mas não inteiramente insubstancial.

PALADAR Turfa adocicada e pêssego em lata, terminando em maçã madura.

FINAL Inicialmente fresco, depois turfa picante intensa.

PONTUAÇÃO **86**

ARDBEG **Corryvreckan, sem declaração de idade, 57,1% vol.**

COR Ouro.

AROMA Arenque na manteiga, terra recém-cavada, frutas cítricas, gengibre e armário de medicamentos.

CORPO Intenso e viscoso.

PALADAR Bem seco, com especiarias e nozes, notas de alcaçuz, além de um fundo discreto de fruta, sal e turfa.

FINAL Longo, com turfa apimentada.

PONTUAÇÃO **88**

ARDBEG **Airigh Nam Beist, 1990, 46% vol.**

COR Palha-madura.

AROMA Suave, doce e medicinal, com nozes e turfa sutil.

CORPO Médio, untuoso.

PALADAR Turfa queimada e algas marinhas. Oleoso, ligeiramente apimentado, com pastilha para tosse e um toque de baunilha.

FINAL Longo, com forte sabor de café e alcaçuz, embora predomine fumaça de fogueira.

PONTUAÇÃO **92**

ARDBEG **Single Cask, 1976, barril nº 2.397, 52,4% vol.**

Maturado em butt de xerez, 519 garrafas.

COR Âmbar-claro.

AROMA O litoral encontra o xerez.

CORPO Médio e firme.

PALADAR Rico, com passas brancas e pretas, toffee açucarado e turfa.

FINAL Médio em duração, com frutas secas e carvalho levemente adstringente.

PONTUAÇÃO **87**

ARDBEG **Double Barrel, 1974, barril nº 3.160, 49% vol.**

Este "dois-barris" apresenta uma embalagem luxuosa, tipo caixa de munição, com duas garrafas do Ardbeg 1974. No total, oito barris foram usados para produzir 250 unidades de Ardbeg Double Barrels.

COR Âmbar.

AROMA Doce e suave, com malt, frutas suculentas e fundo de fumaça.

CORPO Médio e insinuante.

PALADAR Inicialmente potente, com fruta bem madura, seguido pelas marcas da idade.

FINAL Adstringente, bem reconfortante e amadeirado.

PONTUAÇÃO **84**

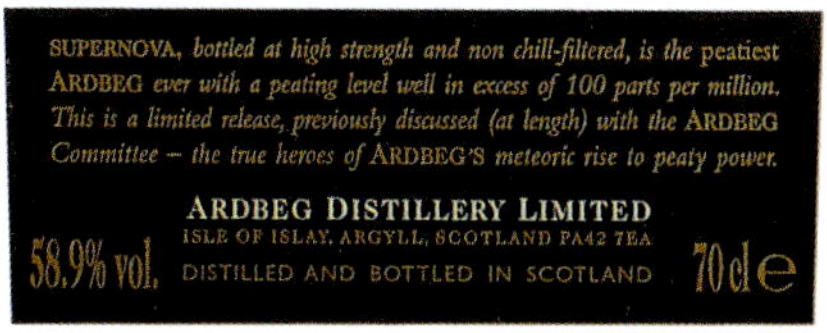

ARDBEG Supernova, 58,9% vol.

O Supernova foi lançado em 2009 como "o Ardbeg mais turfado de todos os tempos". Orgulha-se de um teor de turfa de mais de 100ppm e se compõe de 70% de whisky maturado em barris de bourbon de primeiro uso e 30% em barris de xerez.

COR Ouro-pálido.

AROMA Rude. Solo úmido, fumaça de turfa, alcatrão, resina e frutas macias.

CORPO Muscular.

PALADAR Vivaz. Complexa mistura de especiarias, inclusive pimenta chili, tabaco, turfa, sal marinho e frutas cítricas.

FINAL Longo, com gengibre, pimenta-preta e chocolate amargo.

PONTUAÇÃO **91**

ENGARRAFAMENTO INDEPENDENTE

AR1, Elements of Islay, Speciality Drinks, 58,7% vol.

Composto por 5 a 20 barris de idades diversas, sem declaração de idade.

COR Ouro-pálido.

AROMA Intensa turfa adocicada, tecido tostado e iodo.

CORPO Texturado.

PALADAR Notas doces de fruta defumada e gengibre se mesclam e se complementam muito bem.

FINAL Longo e apimentado.

PONTUAÇÃO **90**

ARDMORE

PRODUTOR Beam Global
REGIÃO Terras Altas DISTRITO Speyside (Bogie)
ENDEREÇO Kennethmont, by Huntly, Aberdeenshire, AB54 4NH
TEL. 01464 831213 VC

ARDMORE FICA NO EXTREMO LESTE de Speyside, onde começa a região da cevada de Aberdeenshire. Embora não seja muito conhecida, é uma destilaria de grande porte, com contribuição importante ao blend do Teacher's, além de desfrutar de reputação saudável como single malt, em certos círculos. Quando a Allied se desmembrou, foi adquirida pela Beam Global, que controla as marcas Teacher's e Laphroig. O Ardmore's Traditional Cask é uma nova linha que usa malt parcialmente maturado em barris menores (quarter-size casks). Entusiastas torcem para que essa linha ajude a melhorar o perfil da destilaria.

ESTILO DA CASA Maltado, cremoso, frutado. Para depois do jantar.

ARDMORE Traditional Cask, 46% vol.

COR Ouro.

AROMA Raízes, segurelha, videiras úmidas, bambu, baunilha, toffee.

CORPO Meio encorpado, condimentado.

PALADAR Abundância de sabores picantes, azeitona e alcachofra. Ondas de turfa suja. Oleoso, carregado e exigente.

FINAL Deliciosamente turfado, salgado, longo e pleno.

PONTUAÇÃO **82**

ARDMORE 12 anos, Centenary Bottling, 40% vol.

Edição do centenário, mais elegante e menos robusto do que a edição normal do 12 anos de Gordon & MacPhail.

COR Amarelado-intenso (prímula).

AROMA Fresco, puro, adocicado. Florado e frutado. Cremoso. Toque de xerez.

CORPO Leve e muito suave. Escorregadio.

PALADAR Delicado, frutado (framboesa?), sabor de manjar branco.

FINAL Floral. Seco, com notas de nozes e amêndoas torradas.

PONTUAÇÃO **73**

ENGARRAFAMENTO INDEPENDENTE

ARDMORE 11 anos, Provenance, 50% vol.

COR Verde-amarelado bem claro.

AROMA Terroso. Segurelha. Salame. Carne defumada.

CORPO Oleoso e rústico.

PALADAR Inicialmente de sardinha. Equilíbrio adequado de vegetais adocicados, notas aromáticas e leve toque de especiarias. Potente e complexo.

FINAL Médio. Turfa e especiarias.

PONTUAÇÃO **86**

ARRAN

PRODUTOR Isle of Arran Distillers Ltd.
REGIÃO Terras Altas DISTRITO Arran
ENDEREÇO Lochranza, Isle of Arran, Argyll, KA27 8HJ
TEL. 01770 830264 SITE www.arranwhisky.com
E-MAIL arran.distillers@arranwhisky.com VC

Desde a sua inauguração, em 1995, e do lançamento do primeiro whisky, em 1998, a destilaria da ilha de Arran inspirou diversos projetos similares em outras partes da Escócia. Seu lançamento marcou definitivamente o início de uma fase próspera e fértil na história do whisky escocês.

A ilha, apreciada para caminhadas e observação de pássaros, possui fácil acesso. De Glasgow, basta um pequeno percurso de carro no rumo sul, até o porto de Ardrossan, em Ayrshire, de onde sai a balsa frequente para Brodick, no lado leste da ilha. Uma estradinha estreita serpenteia pela costa norte até a destilaria, no vilarejo de Lochranza. Há acomodações em Lochranza e uma balsa para Kintyre, para quem deseja visitar as destilarias de Campbeltown. Mais algumas viagens de balsa podem estender o passeio a Islay e Jura.

Arran exibe montanhas de granito impressionantes, solo rico em turfa e boa água. A ilha já foi famosa pelo whisky, mas passou um século e meio sem destilarias legais. A inspiração para uma nova destilaria veio de uma palestra proferida na Arran Society, em 1992. Harold Currie, veterano no setor, aposentado como presidente da Chivas, organizou um sistema pelo qual 200 títulos foram comercializados em troca do whisky da nova destilaria. Como a ilha de Arran recebe muitos visitantes, a destilaria foi vista como uma atração adicional para os turistas. Possui loja e restaurante com excelente cozinha.

ESTILO DA CASA Cremoso, herbáceo. Como reconstituinte ou com sobremesas. Não apresenta o caráter óbvio da ilha.

ISLE OF ARRAN 5 anos

COR Amarelo-claro.

AROMA Palha, haste de flores, limpo, sorvete de fruta.

CORPO Leve, suave.

PALADAR Refrescante e limpo, estimulante, limão-doce, cítricos.

FINAL Médio, limpo e frutado, com um toque de canela.

PONTUAÇÃO **63**

ISLE OF ARRAN 10 anos, 46% vol.

COR Ouro-vivo.

AROMA Leve. Menta, baunilha, butterscotch.

CORPO Cremoso, untuoso, encorpado.

PALADAR Melão intenso, cevada fresca, doces. Limpo, doce, mastigável.

FINAL Baunilha, especiarias suaves. Profundo.

PONTUAÇÃO **83**

ISLE OF ARRAN 12 anos, 46% vol.

COR Cobre-vivo.

AROMA Cevada doce, gengibre, mandarina, incenso de especiarias.

CORPO Encorpado, untuoso, doce, cremoso.

PALADAR Tangerina, licor de laranja, especiarias, alguns taninos.

FINAL Prolongado, frutado e untuoso. Toques de especiarias.

PONTUAÇÃO **79**

ISLE OF ARRAN Edição dos 250 Anos Robert Burns, 43% vol.

COR Mel-dourado.

AROMA Floral, violeta de parma, perfumado, doce.

CORPO Suave e redondo.

PALADAR Doce, baunilha, melão maduro. Limpo e refrescante.

FINAL Médio, frutas amarelas. Termina seco.

PONTUAÇÃO **73**

ISLE OF ARRAN Single Bourbon Cask, 1998, engarrafado em 2008

COR Laranja-brilhante.

AROMA Bourbon clássico, caramelo, baunilha, frutas em compota e damasco.

CORPO Potente, denso na boca.

PALADAR Equilíbrio entre frutas vermelhas, abacaxi, cevada limpa, agridoce, com açúcar e especiarias. Algumas notas cítricas.

FINAL Alongado, lima azeda, picante, condimentado.

PONTUAÇÃO **77**

ISLE OF ARRAN 8 anos, envelhecido em barris de St. Emilion, 50% vol.

COR Marrom-avermelhado.

AROMA Calda de rosa, botões de rosa. Doce, depois terroso, raízes, mirtilo.

CORPO Denso, oleoso, rico e mastigável.

PALADAR Ameixa, banana verde, uva.

FINAL Intenso e rico, aprazível, com um pouco de fruta azeda.

PONTUAÇÃO **78**

ISLE OF ARRAN 8 anos, envelhecido em barris de vinho Madeira, 50% vol.

COR Ouro-intenso com tons avermelhados.

AROMA Creme de morango, goiaba, soda limonada.

CORPO Médio.

PALADAR Claro, refrescante, frutas verdes, morango e sorvete de baunilha.

FINAL Médio, mas muito refrescante, adequado para o verão. Apetitoso.

PONTUAÇÃO **86**

ISLE OF ARRAN, envelhecido em barris de vinho Fontallaro, 55% vol.

COR Marrom-alaranjado.

AROMA Suave e limpo, mas rico. Mandarina, frutas cítricas doces.

CORPO Doce, untuoso e denso na boca.

PALADAR Frutas frescas. Muito limpo e doce. Bom equilíbrio entre grão e uva.

FINAL Doce, sem ser enjoativo, frutado e fresco.

PONTUAÇÃO **83**

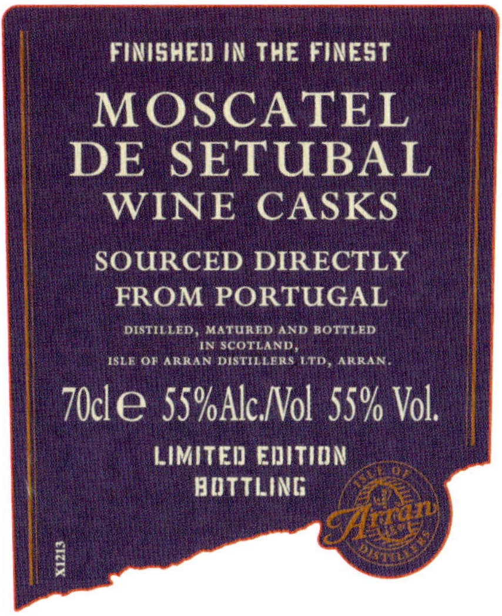

ISLE OF ARRAN, **envelhecido em barris de vinho Moscatel, 55% vol.**

COR Âmbar-denso.

AROMA Rosas, colônias perfumadas, lavanda, toffee.

CORPO Denso, rico e cremoso.

PALADAR Cevada pura, amêndoas glaceadas, casca de maçã. Doce. Um toque de pimenta.

FINAL Intenso e quente, com toque apimentado.

PONTUAÇÃO **74**

ISLE OF ARRAN **8 anos, envelhecido em barris de Chianti, 55% vol.**

COR Ouro-intenso com tons avermelhados.

AROMA Leve, empoeirado, violetas de parma.

CORPO Suave, redondo.

PALADAR Compota de ameixa, raízes, azeitonas, condimentos.

FINAL Médio, sem muita fixação.

PONTUAÇÃO **69**

ISLE OF ARRAN **100º proof, 57% vol.**

COR Amarelo-brilhante.

AROMA Uva. Frutas verdes. Compota de maçã.

CORPO Rico, denso e cremoso.

PALADAR Doce de limão. Claro, doce, cevada intensa.

FINAL Muito longo, doce e claro.

PONTUAÇÃO **81**

ISLE OF ARRAN Single Sherry Cask, 59,4% vol.

Barril nº 96/1.754

COR Marrom-escuro.

AROMA Xerez intenso, mistura para bolo natalino, frutas vermelhas, despensa da cozinha.

CORPO Rico, cheio, denso na boca.

PALADAR Uva-passa, frutas vermelhas, alguma adstringência da madeira.

FINAL Longo, untuoso e frutado, com tendência posterior ao seco.

PONTUAÇÃO **86**

ENGARRAFAMENTO INDEPENDENTE

ARRAN 1996, engarrafado em 2007, Berry's Own Selection, 46% vol.

COR Amarelo-esverdeado bem claro.

AROMA Grama cortada. Prados de verão. Bombom de sorvete de limão.

CORPO Rico e encorpado. Apimentado.

PALADAR Cevada pura, sucos cítricos. Depois, um toque de turfa e especiarias.

FINAL Médio. Fresco, com especiarias marcantes.

PONTUAÇÃO **77**

AUCHENTOSHAN

PRODUTOR Morrison Bowmore Distillers Ltd.
REGIÃO Terras Baixas DISTRITO Terras Baixas do Oeste
ENDEREÇO Dalmuir, Clydebank, Dunbartonshire, G81 4SJ
TEL. 01389 878561 SITE www.auchentoshan.com VC

EIS UMA CLÁSSICA DESTILARIA DAS TERRAS BAIXAS, não somente pela localização, mas também pela destilação tripla. Whiskies leves, delicados nos sabores, mas não insípidos. Para quem aprecia single malts, mas não faz questão de intensidade, Auchentoshan oferece a resposta perfeita: sutileza. Mais para Stan Getz do que para Sonny Rollins; ou Vivaldi em oposição a Beethoven.

Auchentoshan ("canto do campo") se pronuncia "óu-ken-tosh-an", como se fosse uma imprecação. A destilaria, no sopé da serra de Kilpatrick, situa-se nas imediações de Glasgow. Consta ter existido uma destilaria no mesmo local, por volta de 1800, mas 1825 é a data "oficial" de fundação. Foi reconstruída depois da Segunda Guerra Mundial, reequipada em 1974 e novamente reformada dez anos depois, quando Stanley P. Morrison a adquiriu. A compra deu à empresa um componente das Terras Baixas para as destilarias de Islay e das Terras Altas, Bowmore e Glen Garioch. A companhia se chama atualmente Morrison Bowmore, e o controle pertence à Suntory. Os japoneses valorizam destilarias, e a manutenção é excelente. Não pouparam esforços para melhorar os equipamentos em Auchentoshan e para mostrar como se faz o whisky.

ESTILO DA CASA Leve, com toques de erva-cidreira, ervas e gordura. Aperitivo ou revigorante.

AUCHENTOSHAN **Select, sem declaração de idade, 40% vol.**

COR Ouro-brilhante.

AROMA Apetitoso, limpo, quente, grãos de cereal. Cookies saindo do forno.

CORPO Ligeiramente untuoso.

PALADAR Notas de erva-cidreira. Malts tostados definidos, mas suaves. Limpo, adocicado.

FINAL Leve, fresco. Notas picantes de erva-cidreira.

PONTUAÇÃO **79**

AUCHENTOSHAN **Classic, sem declaração de idade, 40% vol.**

Lançado em 2008, o Classic substituiu o Select.

COR Ouro-pálido.

AROMA Bem adocicado, com toques de baunilha, coco, pêssego e vinho Madeira.

CORPO Suave e muito leve.

PALADAR Maçã Granny Smith (verde), malt, baunilha cremosa.

FINAL Fresco e floral, com pêssego maduro.

PONTUAÇÃO **80**

AUCHENTOSHAN **10 anos, 40% vol.**

COR Ouro-brilhante bem amarelo.

AROMA Quente, envolvente, com fragrância de baunilha, erva-cidreira e couro (selaria).

CORPO Leve, suave. Untuoso.

PALADAR Casca de lima, marshmallow. Doce, sem ser enjoativo.

FINAL Longo. Erva-cidreira, gengibre sutil, baunilha, perfumado. Suave.

PONTUAÇÃO **83**

AUCHENTOSHAN **12 anos, 40% vol.**

Substituto do dez anos, descontinuado. Contém uma porcentagem maior de whisky envelhecido em barris de xerez.

COR Mel-dourado.

AROMA Floral e frutado, com banana amassada e nozes maltadas.

CORPO Suave, ligeiramente untuoso.

PALADAR Malt, caramelo, laranja, toque de xerez.

FINAL Médio em duração, maltado.

PONTUAÇÃO **85**

AUCHENTOSHAN **18 anos, 43% vol.**

COR Ouro-intenso.

AROMA Frutas frescas, mel, amêndoas, especiarias e baunilha.

CORPO Untuoso e bem encorpado.

PALADAR Início fresco e floral, abrindo para malt, carvalho novo e gengibre.

FINAL Comparativamente longo, com passas, noz-moscada e uma nota de encerramento seca, amadeirada (carvalho).

PONTUAÇÃO **86**

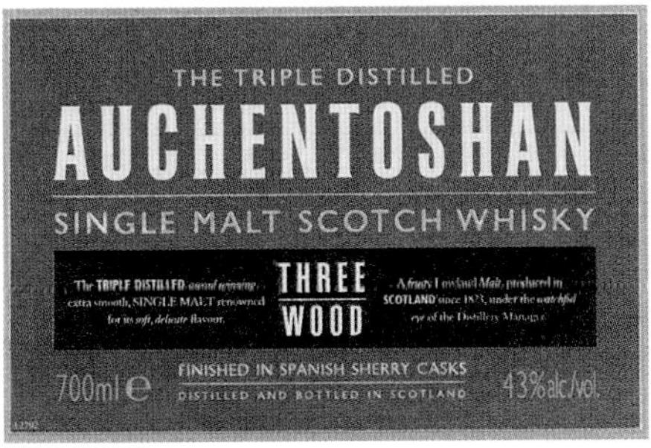

AUCHENTOSHAN **Three Wood, 43% vol.**

Lançado sem declaração de idade, este whisky passou ao menos dez anos em barris de bourbon, um ano em oloroso e seis meses no corpulento Pedro Ximénez. Oferece uma combinação inusitada de características amadeiradas e preenche a lacuna nas opções do Auchentoshan em termos de idade.

COR Licor de laranja.

AROMA Suave. Casca de laranja, damasco, tâmara, marshmallow.

CORPO Untuoso. Lembra marshmallow.

PALADAR Perfumado, erva-cidreira, castanha-de-caju. Um delicado encontro de sabores complementares, mas o whisky briga para se afirmar, com tanta madeira. Melhor com pouca ou nenhuma água.

FINAL Longo e cremoso. Passas, anis, carvalho fresco. Secura pujante.

PONTUAÇÃO **85**

AUCHENTOSHAN **21 anos, 43% vol.**

COR Ouro-profundo, intenso.

AROMA Casca de laranja, tâmara, cedro, óleo.

CORPO Leve a médio. Untuoso. Muito macio.

PALADAR Untuoso, cítrico, casca de laranja. Leves especiarias. Desenvolvimento notável dos sabores. Carvalho mais nítido do que o anterior. Fresco, sem madeira invasiva.

FINAL Cedro, baunilha, lindamente redondo e aromático.

PONTUAÇÃO ***86***

AUCHENTOSHANS VINTAGE-DATED

A destilaria lançou algumas edições limitadas em anos recentes, como a do final de 2008, um whisky de 50 anos, envelhecido em butt de xerez oloroso, e um de 31 anos, de 1965.

AUCHENTOSHAN **1965, 31 anos, barril nº 2.502, 49,3% vol.**

COR Ouro-velho.

AROMA Doçura que lembra algodão-doce.

CORPO Denso (xaroposo), depois poeirento. Glacê açucarado. Cacau em pó.

PALADAR Algodão-doce. Casca de amendoim e fibra de coco.

FINAL Seco, mofado.

PONTUAÇÃO ***72***

ENGARRAFAMENTO INDEPENDENTE

AUCHENTOSHAN **19 anos, Duthie's, 46% vol.**

COR Ouro-pálido.

AROMA Suave, com caramelo, especiarias diversas e leve mel.

CORPO Redondo.

PALADAR Fruta fresca, figos, seguido de cremosidade.

FINAL Pão de cevada frutado amanteigado e gengibre persistente.

PONTUAÇÃO ***85***

AUCHROISK

PRODUTOR Diageo

REGIÃO Terras Altas DISTRITO Speyside

ENDEREÇO Auchroisk Distillery Mulben, Banffshire, AB55 6XS

TEL. 01542 885000 SITE www.malts.com VC

AINDA MUITO JOVEM para juras eternas, mas "Auchroisk para sempre" poderia ser um bom slogan futuramente. A destilaria foi inaugurada em 1974. Sabemos que uma destilaria vive de duas a três vezes mais do que um ser humano; portanto, Auchroisk ainda é adolescente. Por muitos anos chamou-se Singleton, na esperança de seduzir estrangeiros. O termo é algumas vezes utilizado para single cask (no caso, um butt de xerez). Foi considerado um substituto adequado para o nome original em gaélico, que significa "vau no regato vermelho".

Entre Rothes e Dufftown, situa-se numa serra, perto do riacho de Mulben, que deságua no Spey. Próximo a Dorie's Well, fonte que determinou o local da empresa. A água branda e os alambiques enormes fazem um whisky delicado, que merece uma chance de se mostrar sem xerez.

Sempre se pode arranjar um guia fonético, mas não adianta, pois ninguém se entende quanto à pronúncia. Auch Roysk, segundo o diretor; Ach Rask (ou Rusk), segundo moradores locais. A pronúncia de "ch" como "tch" gera polêmica. Curiosamente, o Singleton, simplesmente delicioso, nunca atingiu os níveis de venda mundial de alguns whiskies complexos com nomes impronunciáveis da região oeste.

ESTILO DA CASA Muito suave. Frutas vermelhas. Aperitivo ou, por exemplo, com salada de frutas.

AUCHROISK 10 anos, 43% vol.

COR Amarelo-queimado.

AROMA Destacadamente frutado. Uvas brancas. Gooseberry. Frutas vermelhas.

CORPO Leve, suave, sedutor.

PALADAR Ligeiramente frutado, com nuances de figo. Nozes, mais seco.

FINAL Leve grama crestada pelo sol e turfa.

PONTUAÇÃO **78**

Engarrafamento independente com 27 anos de envelhecimento em barris antigos, 43,8% vol., com notas de banana e toffee. PONTUAÇÃO 77

AULTMORE

PRODUTOR John Dewar & Sons Ltd.
REGIÃO Terras Altas DISTRITO Speyside (Isla)
ENDEREÇO Keith, Banffshire, AB55 6QY
TEL. 01542 881800 VC

UM MALT FINO AMADEIRADO (CARVALHO) que caracteriza os whiskies produzidos nas proximidades do rio Isla. Esta destilaria, localizada um pouco ao norte de Keith, foi construída em 1896 e reconstruída em 1971. Em 1991, a United Distillers, proprietária na época, lançou uma edição da série Flora e Fauna. A edição Rare Malts saiu em 1996, e um engarrafamento limitado, com teor alcoólico do barril, em 1997-98. Estes e outros lançamentos antigos foram citados na quarta edição deste livro. Em 1998, a Aultmore passou ao controle da Bacardi.

ESTILO DA CASA Fresco, seco, herbáceo, com carvalho e especiarias. Reminiscências de um xerez fino. Muito bom antes do jantar.

AULTMORE **12 anos, Old Malt Cask, 50% vol.**

COR Ouro-intenso.

AROMA Leve. Floral. Baunilha. Pétala de rosa.

CORPO Médio e agradável.

PALADAR Bem equilibrado. Menta. Frutas variadas. Balanço adequado de doce e especiarias.

FINAL Bem curto, mas agradável e doce.

PONTUAÇÃO ***79***

AULTMORE **1995, Connoisseurs Choice, 43% vol.**

COR Amarelo-lima.

AROMA Salada de frutas maduras. Mistura de sucos de fruta, inclusive lima e melão.

CORPO Firmeza notável, suave e untuoso.

PALADAR Suave. Melão. Cevada doce. Baunilha. Muito agradável e palatável.

FINAL Médio, redondo e equilibrado.

PONTUAÇÃO ***86***

BALBLAIR

PRODUTOR Inver House Distillers Ltd.
REGIÃO Terras Altas DISTRITO Terras Altas do Norte
ENDEREÇO Edderton, Tain, Ross-shire, IV19 1LB
E-MAIL enquiries@inverhouse.com SITE www.inverhouse.com

INVER HOUSE VEM APRIMORANDO suas destilarias lenta e seguramente desde que as adquiriu em 2001, realizando melhorias graduais visíveis tanto nas propriedades quanto nos malts, expandindo as linhas e ganhando prêmios no processo. Em 2008, a companhia tomou a ousada decisão de refazer a linha Balblair, alterando o whisky, renomeando os malts conforme o ano de destilação, não mais pela idade, e reposicionando os rótulos numa categoria superior. Nenhuma de suas destilarias é um nome familiar, mas os whiskies são respeitados e sua reputação vem melhorando depois da mudança de comando.

Típicos da parte norte das Terras Altas, com toques de especiarias e frescor seco, seus malts ganharam complexidade com a doçura rica da fruta, presente nos novos Balblairs, e as edições relativamente mais antigas foram uma surpresa real e bem-vinda. A água usada flui pelas encostas recobertas de pinheirais do Ben Dearg, passando pela turfa seca esfarelada no rumo do rio Carron e do firth de Dornoch. Um riacho perto da destilaria alimenta Balblair, que se situa nos campos de Edderton, perto do estuário e do mar. Consta que a produção de cerveja e destilados nas imediações data de meados dos anos 1700. Balblair é uma das destilarias mais antigas da Escócia. Foi inaugurada em 1790, mas as atuais instalações datam dos anos 1870.

ESTILO DA CASA Leve, firme, seco. Aperitivo, quando novo. Pode amadeirar com a idade.

BALBLAIR "Elements", sem declaração de idade, 40% vol.

COR Ouro.

AROMA Brisas marinhas. Levemente salgado. Doçura de cevada maltada.

CORPO Fino, mas suave. Texturado.

PALADAR Tentador, equilíbrio apetitoso entre o salgado sutil e o malt fresco de biscoito. Notas sutis de framboesa.

FINAL Seco, sensação de casca de ameixa.

PONTUAÇÃO **76**

BALBLAIR 10 anos, 40% vol.

COR Ouro-claro, brilhante.

AROMA Fresco. Salgado. Baunilha. Notas de chocolate.

CORPO Leve na língua.

PALADAR Secura maltada. Biscoito polvilhado com açúcar. Creme.

FINAL Seco, com frutas concentradas. Pudim de frutas vermelhas. Revigorante.

COMENTÁRIO Acessível e bem estruturado, com sabores deliciosos.

PONTUAÇÃO **77**

BALBLAIR 16 anos, 40% vol.

COR Âmbar-claro.

AROMA Nozes. Especiarias leves, frescas. Fragrante.

CORPO Firme, macio, texturado.

PALADAR Brando, surpreendentemente satisfatório. Toque salgado. Desta vez, biscoito de chocolate. Um whisky leve, mas rico em sabor. Muito vivaz.

FINAL Toffee de maçã. Seco, com toques de cedro.

PONTUAÇÃO **78**

BALBLAIR 1997, 43% vol.

COR Ouro-intenso.

AROMA Limão fresco, cunquate, casca de laranja.

CORPO Encorpado, fresco, denso na boca.

PALADAR Intenso em gengibre, cevada e cítricos (limão). Depois, pimentão-doce e limonada.

FINAL Médio e doce.

PONTUAÇÃO **76**

BALBLAIR 1990, 43% vol.

COR Ouro-intenso.

AROMA Abacaxi, frutas verdes, baunilha. Adocicado.

CORPO Doce e calda rala.

PALADAR Pera em lata, frutas frescas, especiarias açucaradas. Muito agradável.

FINAL Mistura de frutas e especiarias doces, com uma leve nota de carvalho.

PONTUAÇÃO **72**

BALBLAIR 1989, 43% vol.

COR Ouro-intenso.

AROMA Sorvete de fruta, baunilha. Picante. Bala de morango.

CORPO Médio, doce, equilibrado.

PALADAR Doce, bala de frutas cítricas, cevada pura, limão, goiaba, frutas exóticas.

FINAL Meio doce, como uma compota alcoólica de frutas exóticas.

PONTUAÇÃO **83**

BALBLAIR 1975, 46% vol.

COR Mogno-intenso.

AROMA Bourbon, frutas vermelhas, geleia de laranja. Amadeirado (carvalho).

CORPO Encorpado, denso na boca.

PALADAR Suave, porém complexo, misturando cevada, doces, chocolate amargo, cereja, licor de laranja e carvalho.

FINAL Persistência de licor de cereja e chocolate. Sensacional.

PONTUAÇÃO **90**

ENGARRAFAMENTO INDEPENDENTE

BALBLAIR 1990, barril nº 1.143, A. D. Rattray, 62,4% vol.

COR Ouro-intenso.

AROMA Casca de uva. Tinta a óleo. Gooseberry.

CORPO Médio e doce.

PALADAR Doce. Frutas suaves, inclusive laranja e tangerina. Um toque de cevada.

FINAL Curto, doce, sem muita profundidade.

PONTUAÇÃO **70**

BALMENACH

PRODUTOR Inver House Distillers Ltd.
REGIÃO Terras Altas DISTRITO Speyside
ENDEREÇO Cromdale, Grantown-on-Spey, Morayshire, PH26 3PF
E-MAIL enquiries@inverhouse.com SITE www.inverhouse.com

DAS QUATRO DESTILARIAS adquiridas pela Inver House nos anos 1990, Balmenach recebeu a menor atenção, apesar dos boatos de que seria a *flagship* do grupo. Tradicionalmente, seus destilados possuíam os aromas e sabores mais intensos. No entanto, ela se tornou uma destilaria remota. No trecho superior do Speyside, para lá do Livet e do Avon, o anfiteatro natural conhecido como Cromdale abrigava destilarias ilícitas. Quando Balmenach foi inaugurada em 1824, situava-se no centro da região produtora de whisky.

A família que a fundou também produziu dois autores famosos: Sir Comptom Mackenzie *(Whisky Galore)* e Sir Robert Bruce Lockhart *(Scotch: the Whisky of Scotland in Fact and History)*. Balmenach obteve depois seu próprio ramal na ferrovia de Strathspey. A destilaria fornecia malt whisky para muitos blends, com destaque para Crabbie's e Johnnie Walker.

Em 1991, um single malt foi engarrafado com 43% vol. na série Flora e Fauna. Uma resenha neste livro o elogiava pela profundidade de sabores de mel e urze, pela secura herbácea e pelo xerez, que lhe renderam pontuação 77. Dois anos depois, a United Distillers anunciou que Balmenach seria desativada. Quatro anos depois, foi transferida para Inver House. Nesse ínterim, edições com flores marcantes do Balmenach saíram com o nome de Deerstalker, por Aberfoyle & Knight, de Glasgow (pontuação 79).

ESTILO DA CASA Intenso, herbáceo, apetitoso. Notas de turfa. Surpreendente harmonia com comida.

BALMENACH 27 anos, engarrafado em 2001, Highland Selection, 46% vol.

AROMA Frutas tropicais maduras. Banana-da-terra na brasa.

PALADAR Tende ao seco. Vegetal. Leveduras. (Refeição da Tailândia ou da China?)

FINAL Toque defumado. Pimentão. Ardor de pimenta.

PONTUAÇÃO **79**

BALMENACH 1972, 28 anos, Highland Selection, 46% vol.

AROMA Adocicado no início. Melão honeydew. Depois folhas: azedinho. Notas de grama e fumaça de turfa.

PALADAR Um toque de mel, depois cremoso. Bem untuoso. Coriáceo. Um pouco de turfa.

FINAL Seco. Forte. Gengibre. Melado escuro. Defumado, sulfuroso, inebriante.

COMENTÁRIO Um malt robusto com muitas sutilezas de personalidade.

PONTUAÇÃO **80**

DOIS ENGARRAFAMENTOS INDEPENDENTES

BALMENACH 8 anos, Provenance, 46% vol.

COR Amarelo bem claro.

AROMA Cevada, uva. Grama. Palha molhada. Traços cítricos (limão?).

CORPO Médio e doce.

PALADAR Anis, bem contrabalançado por turfa terrosa. Cevada intensa. Marzipã.

FINAL Médio, doce, agradável.

PONTUAÇÃO **75**

BALMENACH 18 anos, Old Malt Cask, 50% vol.

COR Amarelo-claro.

AROMA Cítrico. Grapefruit. Resina.

CORPO Brando, doce e cremoso.

PALADAR Mistura de turfa, cevada pura e frutas doces, seguido de especiarias e taninos do carvalho.

FINAL Doce e condimentado.

PONTUAÇÃO **77**

BALVENIE

PRODUTOR William Grant & Sons Ltd.
REGIÃO Terras Altas DISTRITO Speyside (Dufftown)
ENDEREÇO Dufftown, Banffshire, AB55 4BB
TEL. 01340 820373 SITE www.thebalvenie.com

MEL SEDUTOR, COMO UM BOM SPEYSIDER; ainda mais aristocrático, em anos recentes introduziu vintages como se fossem filhos adotados. O Balvenie vem sendo cada vez mais valorizado fora de seus domínios. A tendência voluptuosa e o charme instantâneo cativam amigos facilmente. Um flerte à beira-mar, que resultou no nascimento em 2001 do Balvenie Islay Cask. Outros Speysider se ressentiram por um whisky de seu território nas alturas ter cogitado incluir "Islay" em seu nome. Por outro lado, o pessoal das ilhas reclamava que a Balvenie pretendia apenas ganhar popularidade. Não lançaram mais os Islay Casks. Foi um romance de verão.

Pode ser um destilado de espírito notável, rico, mas Bed Penny oferece a gíria mnemônica mais fácil para os sons vogais do Balvenie. A destilaria Balvenie foi construída em 1892 pela família Grant, que já havia fundado a Glenfiddich em 1886. É extremamente incomum uma destilaria ter o mesmo dono durante sua história, mas tanto Glenfiddich quanto Balvenie fizeram isso, na localização original, e são vizinhas. Uma faz o malt mais vendido, a outra é o máximo do luxo, mas as duas foram erguidas em condições precárias, com alambiques de segunda mão. O de Balvenie é mais bulboso, característica que contribui para a personalidade única do whisky. A destilaria também mantém a maltagem tradicional, usando cevada da fazenda da família.

Em 1990, Grant inaugurou uma terceira destilaria no local, a Kininvie. Ela também produz um destilado cremoso, que ainda não foi lançado como single. Perto dali situa-se a destilaria Convalmore, desativada, adquirida pela Grant's em 1992 para ampliar o espaço de estocagem.

A propriedade de Grant's encontra-se em Dufftown, onde os rios Fiddich e Dullan se encontram, antes de desaguarem no Spey. A Balvenie fica perto do castelo de mesmo nome, que é pelo menos de 1200. O castelo foi conhecido por algum tempo como Mortlach e, em outra época, abrigou a família Duff. Hoje pertence à nação escocesa.

ESTILO DA CASA O mais forte em sabor de mel, notas intensas de laranja. Luxurioso. Para depois do jantar. Envelhece bem.

BALVENIE Founder's Reserve, 10 anos, 40% vol.

Maturado em barris, 90% carvalho americano e 10% xerez.

COR Ouro-brilhante.

AROMA Perfume de laranja e mel. Almiscarado. Leves traços de turfa.

CORPO Médio.

PALADAR Doçura do mel, seco com notas sutis de especiarias. Muito dinâmico. Só um leve toque de xerez.

FINAL Combinação de muitos sabores, com xarope de mel duradouro.

PONTUAÇÃO **85**

BALVENIE Signature, 12 anos, 40% vol.

COR Alaranjado-intenso, dourado.

AROMA Aparas de lápis, seco, amadeirado, poeirento, tangerina Satsuma doce e laranja. Complexo.

CORPO Macio, redondo, de médio a encorpado.

PALADAR Agudo, cevada pura, mas sem corpo suficiente. Bolo de frutas. Desfile de frutas cítricas: laranja, tangerina e morgote.

FINAL Agradável, de médio a longo, frutado.

PONTUAÇÃO **70**

BALVENIE Double Wood, 12 anos, 40% vol.

Barris de bourbon de primeiro e segundo uso, seguido de 12 meses em barris de xerez oloroso doce.

COR Âmbar.

AROMA Xerez e casca de laranja.

CORPO Médio, rico.

PALADAR Sabores suaves bem combinados: nozes, doces, xerez. Frutado (laranja).

FINAL Longo, surpreendente. Acalentador.

PONTUAÇÃO **87**

BALVENIE Roasted Malt, 14 anos, 47,1% vol.

COR Laranja-dourado intenso.

AROMA Pralina, cevada suave, feno. Amanteigado. Aparas de lápis.

CORPO Doce, macio e muito rico.

PALADAR Toffee queimado, melado, pralina. Doce. Depois, especiarias doces e notas de taninos tostados.

FINAL Prolongado. Torrada, leite maltado, um pouco de laranja. Muito agradável.

PONTUAÇÃO **84**

BALVENIE Rum Finish, 17 anos, 43% vol.

COR Ouro-intenso.

AROMA Forte influência do rum. Melado e uma nota de chocolate amargo criam uma deliciosa combinação de rum com passas. Bolo de frutas cristalizadas, prados no verão.

CORPO Rico e encorpado, doce e aprazível.

PALADAR Caroço de maçã, amêndoa, depois limão e manga. Frutas cítricas, especiarias picantes, seguidas de carvalho.

FINAL Prolongado, agudo e picante.

PONTUAÇÃO **80**

BALVENIE Single Barrel, 15 anos, 50,4% vol.

Envelhecido em barris de bourbon primeiro uso.

COR Ouro-claro.

AROMA Definido. Seco, de carvalho novo. Urze. Raízes. Coco. Parte branca da lima.

CORPO Firme.

PALADAR Vigoroso. Cedro. Casca de laranja, agridoce de abacaxi.

FINAL Muito seco. Álcool apimentado.

PONTUAÇÃO **85**

BALVENIE **Single Barrel, 15 anos, 47,8% vol.**

COR Lima-dourada.

AROMA Fresco e limpo. Tutti frutti e sorvete. Perfumado.

CORPO Rico, encorpado e frutado.

PALADAR Predominância de lima e limão, cevada pura e doce, baunilha. Depois glacê açucarado e especiarias. Muito refrescante para o verão. Apetitoso.

FINAL Sublime. Longo, doce e frutado, com exuberância de especiarias.

PONTUAÇÃO **90**

BALVENIE **Islay Cask, 43% vol.**

Sete anos em barris de bourbon, depois mais seis meses em barris da Balvenie que guardaram whisky de Islay por seis meses.

COR Bronze, com nuances rosadas.

AROMA Contido, porém marcante. Algas marinhas e sal.

CORPO Um toque de calda açucarada no meio.

PALADAR Mel, algum defumado de turfa. O toque defumado é envolvente, e não agressivo, como ocorreria num malt de Islay.

FINAL Fragrante, defumado. Surge um sabor de laranja. Enérgico, enfático. Uma ideia ousada.

PONTUAÇÃO **89**

BALVENIE **Port Wood, 21 anos, 40% vol.**

Maturado inicialmente em barris de bourbon, depois um período curto em pipas de Porto de primeiro uso.

COR Âmbar-avermelhado.

AROMA Perfumado, frutado. Maracujá. Passas. Seco, com toques de nozes. Marzipã.

CORPO Rico.

PALADAR Muito complexo. Toffee, creme, vinho, anis.

FINAL Longo, cedro, seco.

PONTUAÇÃO **88**

BALVENIE **Single Barrel, 25 anos, 46,9% vol.**

COR Ouro-claro, brilhante.

AROMA Mel.

CORPO Ligeiramente viscoso.

PALADAR Turfa surpreendente, embora o mel característico esteja presente.

FINAL Firme. Turfado.

PONTUAÇÃO **86**

ALGUNS LANÇAMENTOS DO BALVENIE VINTAGE

BALVENIE **Vintage Cask, 1972, 49,4% vol.**

COR Ouro-intenso, quente, ambarino.

AROMA Untuosidade amanteigada. Pudim de butterscotch. Pudim de pão. Mel.

CORPO Rico, suave, delicioso. Espantosamente suave, viscoso.

PALADAR Mais evocação de sobremesas, como as tortas com mel dos Bálcãs. Depois uma impressão de chocolate em pó insinua tiramisù.

FINAL Chocolate amargo. Laranja de chocolate Terry's (Kraft). O supremo whisky para sobremesa. Composição formidável.

PONTUAÇÃO **92**

BALVENIE **1968, Vintage Cask, 50,8% vol.**

COR De ouro a bronze.

AROMA Mel líquido claro. Urze. Mais perfume e laranja quando se acrescenta água.

CORPO Lembra fudge (doce com manteiga, creme e açúcar), suave.

PALADAR Mel. Casca de laranja bem pronunciada. Evolução de sabores. Tomar com água. Avelã ou amêndoa. Toques defumados. Leve mentolado. Hortelã.

FINAL Cítrico (limão-siciliano). Seco. Acalentador. Muito prolongado.

PONTUAÇÃO **90**

BALVENIE **Vintage Cask 1967, 49,7% vol.**

COR Ouro-intenso.

AROMA Muito aromático. Butterscotch, mel. Acácia. Leve turfa.

CORPO Ligeiramente viscoso. Nozes. Mastigável.

PALADAR Malt amanteigado. Mel. Laranja. Xarope para tosse (Linctus). Toques de baunilha. Carvalho úmido.

FINAL Casca de laranja. Erva-cidreira. Ligeira turfa, equilibrando a secura.

PONTUAÇÃO **88**

BALVENIE **Vintage Cask 1976, barril nº 6.570, 52,8% vol.**

COR Mel-intenso.

AROMA Avelã, madeira, xarope, especiarias doces, mel viscoso, mistura para bolo de frutas.

CORPO Corpulento, denso na boca, bem untuoso.

PALADAR Suco de ameixa, uva e melão em confronto com os taninos secos, com predominância dos primeiros. Toques de especiarias.

FINAL Primeiro adstringência da madeira, depois a combinação de frutas predomina.

PONTUAÇÃO **89**

BALVENIE Vintage Cask 1976, barril nº 6.568, 53,8% vol.

COR Bronze.

AROMA Sutil, avelã, raízes, almíscar, folhas úmidas.

CORPO Encorpado, cremoso, denso na boca e untuoso.

PALADAR Frutas doces no início, depois amargo, nozes e taninos. Pimenta-doce e carvalho dão lugar a uvas e frutas cítricas.

FINAL Longo, acalentador e equilibrado, mais doce do que o corpo sugere, pois os taninos mais amargos foram contidos.

PONTUAÇÃO **88**

BALVENIE Vintage Cask 1975, barril nº 15.354, 47,3% vol.

Exclusivo para Taiwan.

COR Amarelo limão-siciliano.

AROMA Leve, casca de limão-siciliano e de laranja, baunilha, mel, doce.

CORPO Médio a encorpado, doce e suculento.

PALADAR Anis, menta, pimentão, taninos, um toque de pera.

FINAL Equilíbrio adequado entre frutas doces, especiarias e carvalho. Longo.

PONTUAÇÃO **85**

BALVENIE 1964, 41,3% vol.

Exclusivo para Hong Kong.

COR Limão-siciliano claro.

AROMA Abacaxi, grapefruit. Sorvete. Picante.

CORPO Tímido, ralo, hesitante.

PALADAR Delicado. Frutas cítricas, grapefruit. Limonada refrescante. Verão.

FINAL Médio, lima, açúcar de confeiteiro.

PONTUAÇÃO **87**

BANFF

PRODUTOR DCL
REGIÃO Terras Altas DISTRITO Speyside (Deveron)
ANTIGA DESTILARIA Inverboyndie, na B9139, 1,6km a oeste de Banff

FUNCIONANDO DESDE 1824, pelo menos, Banff fechou as portas em 1983, mas deixou um estoque substancial. Os prédios foram gradualmente demolidos, e as ruínas assomam na névoa. A destilaria situava-se nas proximidades de Banff e MacDuff, cidades que ficam lado a lado, nas margens do Deveron, no trecho em que o rio deságua no Firth de Moray. Antes de ser incorporado a Aberdeenshire, o condado de Banffshire, no lado direito de Speyside, abrangia metade das destilarias da região. Hoje há menos, mas no trecho costeiro continua sendo cultivada a cevada.

ESTILO DA CASA Fragrante. Erva-cidreira. Doce. Após o jantar.

BANFF 1975, Celtic Heartlands, 48,1% vol.

COR Ouro-claro com tons esverdeados.

AROMA Suave. Abacaxi. Frutas exóticas. Toques de carvalho.

CORPO Encorpado. Cremoso. Doce.

PALADAR Mel. Calda de frutas. Damasco. Depois, seco.

FINAL A doçura açucarada permanece, combinada com especiarias doces. Muito prolongado.

PONTUAÇÃO **83**

BANFF 1976, Connoisseurs Choice, 40% vol.

COR Ouro-claro.

AROMA Cevada imersa em suco de limão. Colônias perfumadas. Violeta.

CORPO Bem cremoso. Macio e encorpado.

PALADAR Cevada molhada. Frutas suaves. Imaculado. Bombons de lima e limão.

FINAL Relativamente curto. Doce de limão-siciliano.

PONTUAÇÃO **86**

BANFF 37 anos, Old & Rare, 53% vol.

COR Ouro-claro.

AROMA Intenso. Vegetais crocantes. Grapefruit.

CORPO Médio e picante.

PALADAR Madeira queimada. Batalha entre frutas cítricas e madeira.

FINAL Médio. Tende ao seco. Especiarias.

PONTUAÇÃO **70**

BEN NEVIS

PRODUTOR Ben Nevis Distillery Ltd. (Nikka)
REGIÃO Terras Altas DISTRITO Terras Altas do Oeste
ENDEREÇO Lochy Bridge, Fort William, PH33 6TJ
TEL. 01397 702476 SITE www.bennevisdistillery.com VC

É PRECISO TOMAR CUIDADO ao procurar o malt Ben Nevis, pois trata-se de um dos poucos whiskies comercializados como single malt e como blended, usando o mesmo nome. A destilaria, fundada em 1925, hoje pertence à Nikka, japonesa. Situa-se em Fort William, no sopé da Ben Nevis, a montanha mais alta da Escócia (1344m), na beira de uma estrada com movimento turístico intenso. Mas Ben Nevis está longe das outras destilarias. Sua localização, na parte oeste das Terras Altas, faz sentido na medida em que está perto de um loch marítimo. "Somos uma destilaria costeira", insiste Colin Ross, seu diretor.

ESTILO DA CASA Fragrante. Robusto. Frutado e macio. Frutas tropicais. Untuoso. Um toque defumado. Como revigorante ou antes de dormir, lendo um livro.

BEN NEVIS 10 anos

Disponível em teor alcoólico de 40% e 43% vol., dependendo do mercado.

COR De bronze-intenso a âmbar.

AROMA Perfume, especiarias. Macio. Frutas enceradas. Cunquate. Chocolate amargo duro.

CORPO Enfaticamente encorpado, firme e macio.

PALADAR Pralina de creme de laranja em chocolate amargo. Biscoito toffee.

FINAL Casca de laranja. Branco da laranja. Toque de fumaça de charuto.

PONTUAÇÃO **77**

DOIS ENGARRAFAMENTOS INDEPENDENTES

BEN NEVIS 10 anos, Provenance, 46% vol.

COR Amarelo-claro. AROMA Toffee macio. Coco gelado. CORPO Fino. PALADAR Picante. Um pouco de terra turfada. FINAL Médio. Frutado. Toque de pimenta. PONTUAÇÃO 70

BEN NEVIS 10 anos, James MacArthur & Co, 57,9% vol.

COR Âmbar. AROMA Notas de anis, depois melão. Baunilha. CORPO Médio. PALADAR Frutas amarelas macias. Bolo de frutas. Pimenta. FINAL Médio a longo, com frutas e especiarias. PONTUAÇÃO 80

BENRIACH

PRODUTOR Benriach Distillery Company
REGIÃO Terras Altas DISTRITO Speyside (Lossie)
ENDEREÇO Longmorn, Elgin, Morayshire, IV30 3SJ
TEL. 01343 862888 SITE www.benriachdistillery.co.uk

DE TODAS AS DESTILARIAS ESCOCESAS, só a Bruichladdich se compara à Benriach na escala das transformações ocorridas desde a última edição deste livro. Desativada pela Pernod Ricard, foi adquirida em 2004 por um consórcio da África do Sul, liderado por Billy Walker, diretor e produtor do whisky Burn Stewart. Situa-se próxima à destilaria de Longmorn e, por alguns anos, foi conhecida como Longmorn nº 2. Contudo, sua produção não é bem típica da região, e os donos anteriores tentaram a destilação turfada para compensar o fato de que a companhia não possuía destilaria em Islay. Walker e sua equipe lançaram uma série de malts diferentes, entre os quais whiskies potentes, turfados, capaz de desafiar a bebida das ilhas. Como resultado, Benriach se tornou uma das destilarias mais fascinantes da Escócia. Em 2009, voltou a fazer a maltagem pelo método tradicional (floor maltings).

ESTILO DA CASA Abiscoitado, com toques de butterscotch. Revigorante. Um malt para o fim da tarde?

BENRIACH **Heart of Speyside, 40% vol.**

COR Mel-amarelo intenso.

AROMA Doce e cremoso, baunilha, abacaxi em cubos, calda, lichia.

CORPO Macio, doce, de médio a encorpado.

PALADAR Malt limpo, abacaxi. Puro e límpido. Grapefruit e outras frutas cítricas. Depois, especiarias doces.

FINAL Médio adocicado, com um pouco de especiarias.

PONTUAÇÃO **64**

BENRIACH **Curiositas, 46% vol.**

Lançamento original, engarrafado com 46% vol.

COR Ouro-amarelo intenso.

AROMA Complexo. Muita fumaça de carvão, fuligem, limão-siciliano e outras frutas cítricas, cacau em pó.

CORPO Macio, doce, redondo. Mel.

PALADAR Surpreende na boca. Açúcar e especiarias, muita turfa e fumaça, bastante fruta também, como melão e pêssego. No geral, abundância de sabores intensos e pesados.

FINAL Curiosa mistura de frutas doces e cevada, com um toque de cinza molhada ácida. Longo e duradouro.

PONTUAÇÃO **91**

BENRIACH **Curiositas, 40% vol.**

Lançamento de 2009, com menor teor alcoólico.

COR Amarelo-palha.

AROMA Turfa queimada e fumaça. Amargo, cítrico.

CORPO Redondo, macio, suave. Muito agradável.

PALADAR Fuligem, muitas frutas exóticas em lata, turfa e cevada com cacau. Mistura estupenda, embora falte potência.

FINAL Turfa adocicada, fumaça, cacau, cinza.

PONTUAÇÃO **80**

BENRIACH **12 anos, 43% vol.**

COR Ouro.

AROMA Rica mistura de frutas, baunilha e mel. Um clássico Speyside.

CORPO Médio, rico e doce.

PALADAR Mel, frutas maduras, baunilha e cevada. Equilibrado, redondo, agradável.

FINAL Médio. Frutas vermelhas.

PONTUAÇÃO **70**

BENRIACH **Heredotus Fumosus, 12 anos, 46% vol.**

COR Amarelo-palha.

AROMA Turfa intensa, além de muita fruta, inclusive melão suave. Fuligem.

CORPO Muito encorpado, untuoso, denso na boca.

PALADAR Combinação ousada e deliciosa de fumaça (fuligem) e frutas doces. Ondas de cassis e rahat lokum defumado.

FINAL Imenso, rico, defumado e potente. Inesquecível.

PONTUAÇÃO **91**

BENRIACH **Importanticus Fumosus, 12 anos, 46% vol.**

COR Cobre com tons avermelhados.

AROMA Mistura meio confusa de vinho potente e frutas, salmoura costeira, turfa intensa e algumas notas florais e de baunilha.

CORPO Encorpado e denso na boca. Maduro em todos os sentidos.

PALADAR Doce, com notas de limão-siciliano, grapefruit e Porto encorpado, além de uma dose pesada de fumaça e turfa.

FINAL Longo, rico, persistente.

PONTUAÇÃO **88**

BENRIACH **Aromaticus Fumosus, 12 anos, 46% vol.**

COR Amarelo-intenso.

AROMA Deliciosa mistura de fumaça e frutas doces.

CORPO Encorpado e dominante. Cremoso.

PALADAR Fogo de turfa, brasas fumegantes e frutas amarelas. Muito doce, bombons rosados e café torrado a fundo. Canela.

FINAL Longo, doce e defumado.

PONTUAÇÃO **89**

BENRIACH **Maderensis Fumosus, 13 anos, 46% vol.**

COR Limão-siciliano amarelo.

AROMA Fumaça (fuligem), untuoso e potente. Forte, mas com pera suave e melão.

CORPO Encorpado e doce, mas ainda assim macio e suave.

PALADAR Equilíbrio delicioso e notável entre fumaça industrial fuliginosa e frutas exóticas em lata, bem como pera suave e melão.

FINAL Clássico Benriach fuliginoso em contraste com a doçura, num final longo e impressionante.

PONTUAÇÃO **89**

BENRIACH Pedro Ximénez Finish, 15 anos, 46% vol.

COR Marrom-bronzeado.

AROMA Toffee, torta de carne moída, notas de maçã. Bem contido.

CORPO Encorpado e denso na boca, embora macio, doce, rico e muito receptivo.

PALADAR Uvas maduras, frutas vermelhas, caroço de maçã, amêndoas, taninos e especiarias suaves. Sofisticado.

FINAL Encorpado, longo, muito macio, doce e delicioso.

PONTUAÇÃO **83**

BENRIACH Dark Rum Finish, 15 anos, 46% vol.

COR Amarelo-palha claro.

AROMA Chocolate ao leite, mel, caramelo, barra de cereais, maçã, especiarias.

CORPO Untuoso e cremoso. Denso na boca, rico e intenso.

PALADAR Bem doce. Rum e passas na frente. Frutas exóticas, chocolate ao leite, baunilha. Intenso, mas unidimensional.

FINAL Doce e encorpado, com um toque de especiarias e carvalho no fim, além da nota de turfa persistente.

PONTUAÇÃO **78**

BENRIACH Tawny Port Finish, 15 anos, 46% vol.

COR Cobre-intenso com tons avermelhados.

AROMA Vinho rico, rosa, castanha, café de chicória, doces. Curioso.

CORPO Macio, suave, redondo e doce.

PALADAR Bem equilibrado, com uva, glacê, cevada pura e frutas macias maduras.

FINAL Longo, doce e apimentado; glacê de açúcar de confeiteiro apimentado. Limpo e bem acabado.

PONTUAÇÃO **82**

BENRIACH Madeira Finish, 15 anos, 46% vol.

COR Castanho-avermelhado, bronze com cobre.

AROMA Mistura enérgica de melão, pera e baunilha. Doce e receptivo.

CORPO Encorpado, cremoso, doce.

PALADAR Limpo e fresco. Refrigerante de limão-doce, chocolate ao leite, depois certa adstringência. Taninoa e especiarias no final.

FINAL Muito doce, longo e apimentado.

PONTUAÇÃO **89**

BENRIACH **Sauternes Finish, 16 anos, 46% vol.**

COR Calda de laranja escura.

AROMA Comida chinesa, broto de bambu ensopado, mofo adocicado, raiz de segurelha, massa de pão.

CORPO Encorpado e untuoso, denso na boca, com vigor especial.

PALADAR Bem melhor na boca do que no nariz. Suave, uva doce, frutas vermelhas, ameixa, muita baunilha, um toque leve de especiarias.

FINAL Excelente combinação de ameixas, pimentão e taninos. Prolongado e instigante.

PONTUAÇÃO **86**

BENRIACH **16 anos, 40% vol.**

COR Âmbar.

AROMA Mel, baunilha, muita fruta doce.

CORPO Doce, cremoso e encorpado.

PALADAR Salada de frutas doces. Compota de maçã com sorvete de baunilha misturada com mel. Depois, taninos tardios e especiarias para dar equilíbrio.

FINAL Doce, limpo, frutado, com um toque sutil de especiarias.

PONTUAÇÃO **80**

BENRIACH **20 anos, 43% vol.**

COR Bronze-intenso.

AROMA Sutil e contido, com uva, pera e maçã. Marzipã. Doce.

CORPO Rico e redondo, suave e limpo.

PALADAR Sutil, sofisticado e balanceado, com mel, baunilha, carvalho, melão puro e pera.

FINAL Médio a longo, contido, com uma deliciosa nota tardia de carvalho e especiarias.

PONTUAÇÃO **84**

BENRIACH **Authenticus, 21 anos, 46% vol.**

COR Bronze-intenso.

AROMA Caranguejo defumado e bacon curado frito. Fumaça, com camadas de maçã e pêssego.

CORPO Untuoso, doce, encorpado e denso na boca.

PALADAR Surpreendente combinação de frutas doces exóticas em lata, cassis e chocolate, seguindo-se turfa intensa e fumaça, alguma adstringência de carvalho e um toque delicioso de especiarias.

FINAL Muito prolongado e untuoso, com fumaça de carvão e um frutado pegajoso. Alguns taninos de carvalho.

PONTUAÇÃO **92**

BENRIACH 30 anos, 50% vol.

COR Ouro-alaranjado intenso.

AROMA Madeira empoeirada, frutas cítricas, mel, escritório com lambris de carvalho.

CORPO Extremamente suave e macio, mas agradavelmente afirmativo.

PALADAR No início, laranja e tangerina doce; frutas cítricas. Depois, pimenta e uma presença intensa de carvalho e taninos.

FINAL Sutil e amargo. Geleia de laranja. O carvalho briga com as frutas e se sobressai no fim.

PONTUAÇÃO **89**

ENGARRAFAMENTOS INDEPENDENTES

BENRIACH 18 anos, Single Malts of Scotland, 55,7% vol.

COR Limão-siciliano claro.

AROMA Sorvete de tutti frutti. Abacaxi. Baunilha.

CORPO Doce. Cremoso. Denso na boca.

PALADAR Frutas em lata. Frutas verdes, com um toque de turfa. Taninos discretos.

FINAL Médio, com adstringência de taninos superando a doçura. Especiarias adocicadas no final.

PONTUAÇÃO **85**

BENRIACH 23 anos, Single Malts of Scotland, 54,2% vol.

COR Ouro com tons esverdeados.

AROMA Frutado e leve, com toques suaves de turfa.

CORPO Cremoso, doce e encorpado.

PALADAR Rico, cobertura de caramelo (toffee), uma sutil base de turfa.

FINAL Longo, doce, caramelado, com traços de turfa e taninos.

PONTUAÇÃO **88**

BENRINNES

PRODUTOR Diageo

REGIÃO Terras Altas DISTRITO Speyside

ENDEREÇO Aberlour, Banffshire, AB38 9WN

TEL. Contato via Dailuaine 01340 872500

BEN RINNES é a montanha esplêndida; como destilaria e whisky, os termos se unem com tanta facilidade que passam facilmente em branco. Mas não se trata de nenhum recém-chegado. Benrinnes existe pelo menos desde 1820 e foi inteiramente reformada nos anos 1950. A destilaria mantém uma longa associação com os blends Crawford. Seu malt whisky só passou a ser oficialmente engarrafado em 1991, na edição Flora e Fauna. O sistema de tripla destilação parcial de Benrinnes a posiciona no grupo de destilarias peculiares de personalidade no grupo Diageo.

ESTILO DA CASA Potente, cremoso, defumado, saboroso. Após o jantar.

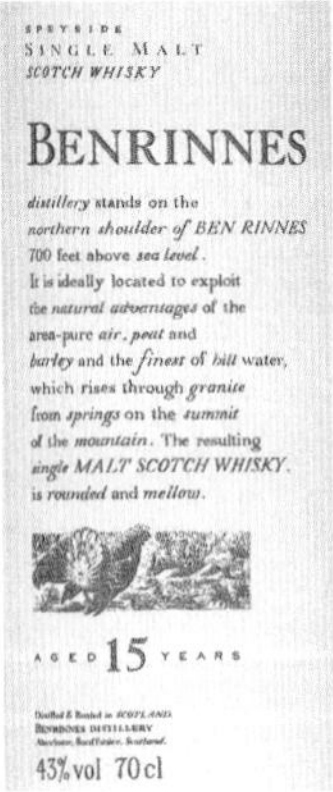

BENRINNES 15 anos, Flora e Fauna, 43% vol.

COR Marrom-avermelhado outonal.

AROMA Pesado, quase cremoso. Um toque de xerez, seguido de características fortes de fumaça e toffee queimado.

CORPO Médio a encorpado. Firme.

PALADAR Seco, afirmativo, redondo. Os sabores são liberados gradualmente. Notas de alcaçuz, anis, baunilha, chocolate amargo, fumaça.

FINAL Convincente, ameno. Ligeiramente doce e defumado.

PONTUAÇÃO **79**

ALGUNS ENGARRAFAMENTOS INDEPENDENTES

BENRINNES 10 anos, Provenance, 46% vol.

COR Ouro-claro.

AROMA Peardrop (doce inglês). Toque ligeiro de anis. Perfume.

CORPO Macio e sutil.

PALADAR Anis e menta no início, depois uma nota de ameixa não madura, limão-siciliano e frutas cítricas, seguida de alguma pimenta.

FINAL Curto, agressivo.

PONTUAÇÃO **68**

BENRINNES 1991, engarrafafo em 2007, Berry's Own Selection, 46% vol.

COR Amarelo-claro.

AROMA Vegetais na wok, à chinesa. Um tempinho depois, bambu recém-cortado. Vinhas. Doces suaves, compotas cítricas.

CORPO Leve e afirmativo.

PALADAR Algum limão-doce, no geral um agradável, porém, comum destaque de cevada pura. Um toque terroso.

FINAL Médio, sutil, com alguma pimenta.

PONTUAÇÃO **73**

BENRINNES 1993, Scotch Malt Whisky Society, nº 36,42, barril nº 1.077

COR Laranja.

AROMA Cana molhada. Palha molhada. Vegetais ensopados

CORPO Rico e cremoso.

PALADAR Doce. Traços de hortelã. Um pouco de turfa. Cevada moída. Salsão. Bem sutil e fresco, com notas condimentadas.

FINAL Condimentos e especiarias.

PONTUAÇÃO **78**

BENRINNES 17 anos, Single Malts of Scotland, 55,8% vol.

COR Amarelo-banana intenso.

AROMA Fresco e puro. Palha cortada. Frutas verdes. Carvalho.

CORPO Encorpado e afirmativo.

PALADAR Amêndoa. Baunilha. Cevada. Traços de frutas cítricas. Puro.

FINAL Médio, com permanência de páprica doce.

PONTUAÇÃO **78**

BENROMACH

PRODUTOR Gordon & MacPhail
REGIÃO Terras Altas DISTRITO District Speyside (Findhorn)
ENDEREÇO Invererne Road, Forres, Moray, IV36 3EB
TEL. 01309 675968 SITE www.gordonandmacphail.com
E-MAIL info@gordonandmacphail.com VC

O PRÍNCIPE CHARLES ESTÁ SEM DÚVIDA entre os apreciadores de malts ansiosos para experimentar o whisky desta centenária destilaria, que voltou a ser produzido. Consta que Benromach saiu de linha quando a destilaria pertencia à United Distillers, em meados dos anos 1980. A destilaria, visível aos viajantes que se aproximam de Speyside, vindos de Inverness, fechou, e seus preciosos alambiques de cobre foram removidos. O Benromach só esteve disponível por muitos anos graças aos engarrafadores independentes.

O 12 anos, com toques florais, e o 15 anos, mais frutado, duas idades bem populares, com 77 de pontuação, escassearam depois do lançamento da quarta edição deste livro. Por maior que seja o estoque de uma destilaria, ele acaba. Os apreciadores lamentam, e os independentes perdem uma fonte. Quando isso ocorreu, Gordon & MacPhail decidiram comprar a destilaria. Foram bem-sucedidos e a dotaram de alambiques menores. A ideia era adaptá-la à demanda atual, além de produzir um destilado mais potente. Com o novo equipamento de destilação, Benromach foi reinaugurada em 1998 – pelo príncipe Charles. Desde então, assistimos ao lançamento de um número significativo de edições variadas e interessantes do Benromach, que deram uma vida nova à destilaria ressuscitada e a seu single malt. Depois de "Engarrafado por Gordon & MacPhail" e "pelos proprietários", o rótulo informa atualmente: "Destilado e engarrafado por Gordon & MacPhail".

ESTILO DA CASA Afirmativo, floral, por vezes cremoso.
Com sobremesas ou após o jantar.

BENROMACH **Traditional, 40% vol.**

COR Palha.

AROMA Fresco, com frutas cítricas, cereal e fumaça de turfa.

CORPO Médio, redondo.

PALADAR Doce, suavemente picante, com malt defumado.

FINAL Médio em duração, condimentado, com fumaça e cacau.

PONTUAÇÃO ***76***

BENROMACH **Organic, 43% vol.**

COR Marrom-dourado.

AROMA Carvalho doce, banana e baunilha.

CORPO Macio.

PALADAR Mistura aveludada de malt, toffee macio, carvalho e cravo.

FINAL Depois de carvalho doce e fruta fresca, torna-se seco.

PONTUAÇÃO **77**

BENROMACH **Peat Smoke, 46% vol.**

COR Palha-clara.

AROMA Turfa doce e fumaça de cigarro sobre notas de frutas frescas.

CORPO Médio.

PALADAR Defumado, com malt frutado e especiarias. Adorável equilíbrio.

FINAL Longo, lembrando arenque.

PONTUAÇÃO **79**

BENROMACH **Origins, 50% vol.**

Destilado a partir de cevada Golden Promise.

COR Ouro-intenso.

AROMA Inicialmente, massa de pão, com notas posteriores de malt e xerez defumado.

CORPO Encorpado e cremoso.

PALADAR Especiarias, depois bastante malt, seguido de xerez e fumaça de turfa.

FINAL Longo e frutado, com fumaça picante e xerez. Permanência de melado.

PONTUAÇÃO **76**

BENROMACH **Latitude 57°, 57% vol.**

COR Castanho-vivo.

AROMA Expansivo, com especiarias. Bolo de Natal.

CORPO Médio a encorpado.

PALADAR Bem seco, com passas, nozes e, depois, figo.

FINAL Progressivamente seco. Nozes, depois carvalho.

PONTUAÇÃO **75**

BENROMACH **10 anos, 40% vol.**

Lançado em 2009.

COR Ouro.

AROMA Inicialmente muita fumaça e grama molhada, manteiga, gengibre e toffee duro.

CORPO Firme.

PALADAR Especiarias e nozes, depois frutas cítricas.

FINAL Quente, com notas de churrasco persistentes.

PONTUAÇÃO **79**

BENROMACH **21 anos, 43% vol.**

COR Ouro-brilhante.

AROMA Herbáceo e delicado, frutas macias maduras. Óleo de linhaça depois.

CORPO Encorpado.

PALADAR Rico, com xerez, especiarias e caramelo.

FINAL Longo, com destaque para o xerez.

PONTUAÇÃO **78**

BENROMACH **Cask Strength 1981, 54,2% vol.**

COR Âmbar-cintilante.

AROMA Toffee duro, abacaxi e notas delicadas de xerez.

CORPO Rico.

PALADAR Bem doce e denso na boca. Xerez, especiarias defumadas.

FINAL Seca lentamente, com fruta fresca e depois cacau.

PONTUAÇÃO **78**

BENROMACH **Vintage 1968, 43% vol.**

COR Âmbar-escuro.

AROMA Rico e floral, com frutas do pomar, fundo de alcaçuz e fumaça.

CORPO Encorpado, luxuriante.

PALADAR Bolo de frutas úmido, com muito xerez. Seco com notas de fumaça.

FINAL Longo e defumado. Presença marcante de xerez e palitos de alcaçuz.

PONTUAÇÃO **80**

BLADNOCH

PRODUTOR Raymond Armstrong
REGIÃO Terras Baixas DISTRITO Borders
ENDEREÇO Bladnoch, Wigtownshire, DG8 9AB
TEL. 01988 402605 SITE www.bladnoch.co.uk VC

NOVE ANOS DEPOIS DA RETOMADA da produção de whisky em Bladnoch, a destilaria chega à maturidade, produzindo seus próprios malts para compor com o estoque antigo, que foi adquirido por Raymond Armstrong. No processo, a casa restaurou o orgulho de uma região remota das Terras Baixas, no extremo sudoeste da Escócia. Os sinais visíveis são encorajadores, e há uma boa variedade de malts, alguns turfados, outros não, mas todos originais e marcantes.

Bladnoch é a destilaria mais ao sul em funcionamento na Escócia. Sua água vem do rio Bladnoch, que deságua no Firth de Solway, fronteira com a Inglaterra. A destilaria, de pequeno porte, começou a produzir entre 1817 e 1825, originalmente ligada a uma fazenda, usando cevada local. Por um tempo, preferiu a tripla destilação. Foi desativada em 1993 pelos proprietários na época, a United Distillers.

A destilaria deu origem ao povoado de Bladnoch. Ali perto situa-se Wigtown, cidade famosa pelas livrarias. Um pouco adiante fica Dumfries, onde a casa de Robbie Burns pode ser visitada.

Raymond Armstrong, da Irlanda do Norte, comprou os prédios da destilaria pensando em transformá-la numa pousada para férias, mas acabou concluindo que seria melhor recuperar a função original. Passou dois anos restaurando a destilaria, até que voltasse a funcionar. Armstrong, topógrafo e construtor, não mantinha ligações com a indústria do whisky, apenas laços familiares em Wigtownshire. A área, geograficamente, é bem próxima da Irlanda do Norte.

ESTILO DA CASA Relvado, com limão-siciliano suave, às vezes sinais de banana. Um clássico das Terras Baixas. Um possível malt para acompanhar sobremesas.

BLADNOCH 7 anos, Lightly Peated, 58,5% vol.

COR Ouro-claro.

AROMA Fechado, exige água para abrir. Turfa doce, cassis e cacau em pó.

CORPO Encorpado, rico, untuoso.

PALADAR Suave. Toques de turfa, fumaça e especiarias. Maçã e outras frutas delicadas. Seco. Mel.

FINAL Turfa. Pinheiro. Sabores terrais, agradáveis.

PONTUAÇÃO **75**

BLADNOCH 15 anos, 40% vol.

COR Limão-siciliano amarelo com tons esverdeados.

AROMA Delicado, frágil, pera fresca. Quase irlandês.

CORPO Leve. Bem ralo. Refrescante.

PALADAR Frutas verdes, especialmente maçã e pera. Ligeiros traços de carvalho. Macio, vivo, com caroço de maçã.

FINAL Médio. Muito refrescante, com frutas e um fundinho de especiarias.

PONTUAÇÃO **82**

BLADNOCH 16 anos, 46% vol.

COR Limão-siciliano claro.

AROMA Fumaça suave, frutas verdes (pera?). Jardim outonal.

CORPO Macio, redondo e doce.

PALADAR Sorvete de pera e baunilha, coberto por uma camada terrosa de turfa.

FINAL Especiarias e fumaça. Peras enlatadas em cinzas.

PONTUAÇÃO **85**

BLADNOCH 16 anos, maturado em xerez, 55% vol.

COR Laranja-fluorescente.

AROMA Toffee, terra, torta de carne. Bolo de frutas encharcado.

CORPO Encorpado, doce, cremoso, com um toque de xerez.

PALADAR Muito xerez e frutas vermelhas maduras. Toffee doce, café de chicória.

FINAL Doce, longo e frutado.

PONTUAÇÃO **75**

BLADNOCH 18 anos, 55% vol.

COR Amarelo-claro esverdeado.

AROMA Maçã, uva, açúcar de cevada, gooseberry.

CORPO Macio, cheio, doce e cremoso.

PALADAR Doce e puro. Límpido. Frutas verdes e pimentão.

FINAL Encorpado e frutado, suave, carvalho e especiarias.

PONTUAÇÃO **85**

ENGARRAFAMENTO INDEPENDENTE

BLADNOCH 16 anos, Old Malt Cask, 50% vol.

COR Amarelo-claro com tons esverdeados.

AROMA Pepino. Prado relvado. Feno.

CORPO Médio a encorpado.

PALADAR Sutil, macio e refrescante. Salada de pepino. Especiarias e carvalho de leve, no final.

FINAL Médio, com um pouco de taninos e especiarias.

PONTUAÇÃO **67**

BLAIR ATHOL

PRODUTOR Diageo

REGIÃO Terras Altas   DISTRITO Terras Altas do Leste

ENDEREÇO Pitlochry, Perthshire, PH16 5LY

TEL. 01796 482003

SITE www.discovering-distilleries.com/www.malts.com   VC

BLAIR É UMA PALAVRA ESCOCESA que se refere a uma clareira, um campo de batalha ou alguém originário desses locais. O castelo de Blair é a sede do ducado de Atholl. O nome do vilarejo de Blair Atholl termina com dois "L", mas a destilaria utiliza somente um. Fica ali perto, na estância turística de Pitlochry. Bem projetada e conservada, a destilaria data de 1798.

Seu malt whisky é muito usado nos blends do Bell's. O whisky matura depressa e se comporta como um cavalheiro. Trata-se de um whisky vigoroso, bem equilibrado, e não um brutamontes. Mesmo assim, aguenta um bocado de xerez antes de se tornar espalhafatoso ou beligerante.

ESTILO DA CASA Fragrância de biscoito amanteigado e bolo de gengibre. Especiarias e nozes. Uma opção de malt para o meio da tarde?

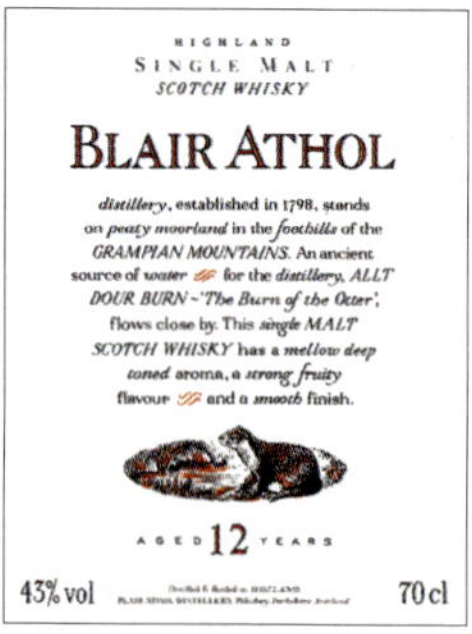

BLAIR ATHOL 12 anos, 43% vol.

Lançado em 2000 na série Single Distillery Malt, sequência das edições Flora e Fauna.

COR Atraente laranja-escuro. Brilho acetinado.

AROMA Rico, úmido. Erva-cidreira. Chá tipo Assam (uma ponta de turfa?).

CORPO Macio e sedoso.

PALADAR Bolo condimentado. Casca de limão-siciliano cristalizado.

FINAL Levemente defumado. Impecavelmente doce, com toque mais seco.

PONTUAÇÃO **78**

BLAIR ATHOL 12 anos, edição limitada comemorativa, 43% vol.

Uma versão mais carregada em xerez.

COR Notavelmente profunda. Licor de laranja.

AROMA Muito complexo. Fragrante, com casca de laranja cristalizada, frutas secas e canela.

CORPO Médio, sedoso.

PALADAR Nozes. Adocicado. Lembra bolo e leve melado ou calda.

FINAL Muito suave, redondo, reconfortante, levemente defumado. Bastante sofisticado para a idade. Envelhece depressa, ganhando perfume, doçura, riqueza, especiarias, complexidade e duração. O xerez ajuda a emulsificar os elementos.

PONTUAÇÃO **77**

BLAIR ATHOL 18 anos, edição limitada bicentenária, 56,7% vol.

COR Âmbar-profundo (menos escuro do que o 12 anos).

AROMA Muito delicado. Fino. Laranja e canela.

CORPO Forte e firme.

PALADAR Tâmaras. Passas. Figos secos. Bolo úmido. Manteiga.

FINAL Secura. Crosta levemente queimada de bolo.

PONTUAÇÃO **78**

BLAIR ATHOL 1981, engarrafado em 1997, Cask Strength Limited Bottling, 55,5% vol.

Está ficando difícil de encontrar.

COR Vermelho-alaranjado intenso, brilhante.

AROMA Amadeirado e defumado, mas apetitoso.

CORPO Médio, firme, macio.

PALADAR Delicioso, toffee puro. Firme, levemente mastigável. Melado preto pronunciado. Vivo. Toque de banana, laranja e limão. Tênue fragrância defumada.

FINAL Gengibre. Carvalho torrado.

PONTUAÇÃO **78**

ENGARRAFAMENTO INDEPENDENTE

BLAIR ATHOL 30 anos, destilado em 1997, engarrafado em 2008, barril nº 5.543, Duncan Taylor, 54,3% vol.

COR Âmbar.

AROMA Agradável e floral, frutas cítricas frescas. Caramelo e defumado suaves.

CORPO Encorpado e redondo.

PALADAR Intenso. Toffee quebradiço e carvalho com especiarias. A caminho de um fudge.

FINAL Duração média. Frutas secas, especiarias.

PONTUAÇÃO **78**

BOWMORE

PRODUTOR Morrison Bowmore Distillers Ltd.
REGIÃO Islay DISTRITO Lochindaal
ENDEREÇO Bowmore, Islay, Argyll, PA34 7JS
TEL. 01496 810441 SITE www.bowmore.com VC

NOMES EVOCATIVOS como Dawn, Darkest, Voyage e Legend acentuam o aspecto idílico do local. Embora pequeno, o vilarejo de Bowmore é a "capital" de Islay, no ponto em que o rio Laggan deságua no Lochindaal. Nas extremidades de uma charneca, tem uma igreja redonda no alto do morro que dá para o porto.

A destilaria, fundada em 1779, está em ótimas condições – mas não deve ser confundida com a escola local, que tem telhado tipo pagode. Tanto na geografia quanto no paladar, os whiskies de Bowmore estão a meio caminho dos malts intensos da costa sul e o extremo suave do norte. Seu caráter é um enigma, e degustadores sentem dificuldade em desvendar sua complexidade. A água vem das rochas tingidas pelo ferro e capta um tanto da turfa ao fluir rumo a Laggan, passando por musgos, samambaias e um bambuzal até chegar à destilaria. Enquanto a turfa na parte alta da ilha é cheia de raízes, a de Bowmore é arenosa.

A companhia faz seu próprio malting, e a turfa é partida antes de ser acesa para produzir mais fumaça do que calor. O malt é turfado por menos tempo do que de costume para os whiskies mais intensos de Islay. Até 30% da bebida envelhece em barris de xerez. A destilaria está mais exposta do que as outras aos ventos ocidentais, portanto pode haver mais ozônio na complexa mistura de aromas e sabores.

ESTILO DA CASA Defumado, com notas de folhas (samambaia?) e ar marítimo. Os mais novos para antes do jantar, os mais velhos para depois.

LANÇAMENTOS SEM DECLARAÇÃO DE IDADE

BOWMORE **Legend, 40% vol.**

Uma versão leve e jovem, identificada em alguns mercados como oito anos.

COR Ouro-intenso.

AROMA Firme, turfado, defumado, muito atraente.

CORPO Ligeiramente penetrante.

PALADAR Sabores bem singulares, equilibrados com categoria: folhas, samambaia, turfa, um toque de ferro. Ocultam uma doçura telúrica. Um whisky fresco, jovem, sem álcool pronunciado.

FINAL Doce, depois salgado.

PONTUAÇÃO **80**

BOWMORE **Surf, 43% vol.**

Atualmente, exclusivo para lojas duty free.

COR Ouro-brilhante.

AROMA Fresco, fumaça de turfa.

CORPO Leve, porém macio.

PALADAR Leve, seco, com um toque de nozes maltadas. Um Bowmore suave e macio, para iniciação. Parece bem manso no início, com toques de biscoito maltado, sem perder a característica de lavanda, samambaia, fumaça fragrante e ar marítimo, que emergem gradualmente. Um dos Bowmores mais doces.

FINAL Defumado e doce. Com água, aparece a nota salgada; amendoim torrado com mel.

PONTUAÇÃO **78**

BOWMORE **Dawn, envelhecido em barris de Porto Ruby, 51,5% vol.**

COR Âmbar-rosado muito interessante.

AROMA Fumaça fuliginosa.

CORPO Suave, texturado, leve toffee.

PALADAR Defumado e frutado. Vívido.

FINAL Folhas, turfa. Ligeiramente mastigável.

PONTUAÇÃO **83**

BOWMORE **Voyage, Port Casked, 56% vol.**

COR Laranja-intenso.

AROMA Menos obviamente defumado. Mais perfumado e seco.

CORPO Menos toffee do que a maioria dos whiskies envelhecidos em barris de Porto.

PALADAR Macio. Leve na língua. Desenvolve o sabor frutado.

FINAL Vívido. Fresco no início, mas esquenta depois, revelando sal.

PONTUAÇÃO **84**

BOWMORE **Cask Strength, 56% vol.**

Mistura (vatting) de whiskies com cerca de 15 anos.

COR Ouro-solar, amarelado.

AROMA Ar marítimo. Óleo de cereais. Nozes. Doçura maltada. Perfumado.

CORPO Médio, substancial, macio.

PALADAR Terra seca. Alguns degustadores falaram em "lã molhada". Outros, ácido carbólico. Vívido. Os sabores não combinaram tão bem.

FINAL Casca de laranja. Folhas. Samambaia. Turfado.

PONTUAÇÃO **81**

BOWMORE **12 anos, 40% vol.**

COR Âmbar-médio.

AROMA Limão-siciliano, mel e leve salgado.

CORPO Médio.

PALADAR Defumado e cítrico, seguido de notas de cacau.

FINAL Prolongado, com balas duras, chocolate ao leite e turfa adocicada.

PONTUAÇÃO **82**

BOWMORE **Enigma, 12 anos, 40% vol.**

Exclusivo para lojas duty free.

COR Bronze-intenso.

AROMA Turfa reticente, xerez, mel e malt.

CORPO Um pouco untuoso.

PALADAR Fruta doce e xerez, seguido de fumaça e notas de limão-siciliano.

FINAL Longo e harmonioso. Turfa doce e notas salgadas.

PONTUAÇÃO **83**

BOWMORE **Mariner, 15 anos, 43% vol.**

Exclusivo para lojas duty free.

COR Cobre.

AROMA Cacau e toffee, com um fundo de fumaça de turfa.

CORPO Macio.

PALADAR Maçã cozida e ruibarbo, com chocolate amargo e carvalho.

FINAL Prolongado, com gengibre, chocolate amargo e uma pitada de sal.

PONTUAÇÃO **81**

BOWMORE **Darkest, 15 anos, 43% vol.**

Envelhecido nos três últimos anos em barris de xerez oloroso.

COR Bronze-intenso.

AROMA Chocolate amargo, baunilha com fumaça e xerez.

CORPO Viscoso.

PALADAR Rico, notas escuras: xerez antigo, chocolate amargo, melado, fumaça.

FINAL Toffee e frutas secas. Robusto, apetitoso.

PONTUAÇÃO **84**

BOWMORE **17 anos, 43% vol.**

Exclusivo para lojas duty free.

COR Ouro-intenso.

AROMA Toffee, fruta madura, turfa delicada.

CORPO Médio a encorpado.

PALADAR Frutas frescas, malt cremoso e fumaça.

FINAL Longo e quente, com permanência de fumaça picante.

PONTUAÇÃO **87**

BOWMORE 18 anos, 43% vol.

COR Mogno.

AROMA Frutas com gengibre, turfa sutil, além de um fundo de xerez.

CORPO Redondo.

PALADAR Inicialmente floral, com xerez e compota de frutas. Complexo.

FINAL Longo. Nozes, com turfa persistente.

PONTUAÇÃO **87**

BOWMORE 25 anos, 43% vol.

COR Mogno-escuro.

AROMA Rico, com xerez doce e um toque de fumaça.

CORPO Encorpado.

PALADAR Frutas perfumadas, toffee e xerez.
Insinuação de turfa e taninos de carvalho.

FINAL Longo, com chocolate amargo, nozes e carvalho suave, queimado.

PONTUAÇÃO **88**

ALGUNS ENGARRAFAMENTOS INDEPENDENTES

BOWMORE 13 anos, destilado em 1995, engarrafado em 2008, barril nº 419, The Single Malts of Scotland, 56,4% vol.

COR Âmbar-intenso.

AROMA Xerez médio, couro gasto e tabaco para cachimbo. Ligeiramente carnal.

CORPO Encorpado.

PALADAR Rico, macio, turfa doce e pimenta.

FINAL Frutas cítricas e pólvora. Bem longo.

PONTUAÇÃO **86**

BOWMORE, 1989, Dewar Rattray, barril nº 7.914, 51,9% vol.

COR Ouro-médio.

AROMA Fresco, com sal, resina e malt. Um pouco de frutas cítricas.

CORPO Redondo.

PALADAR Doce e intenso, depois especiarias e notas marítimas e de fumaça.

FINAL Longo e picante, com um toque de sal marinho.

PONTUAÇÃO **82**

BOWMORE 1987, Berry's Own Selection, 48,8% vol.

COR Ouro-claro.

AROMA Flor de macieira, frutas cítricas, peixe defumado, tabaco.

CORPO Médio. Ligeiramente untuoso.

PALADAR Agradável influência recíproca de urze, fumaça de turfa e maçã madura.

FINAL Toffee quebradiço. Seco. Pimenta.

PONTUAÇÃO **86**

BOWMORE 26 anos, destilado em 1982, engarrafado em 2008, barril nº 85.031, Duncan Taylor, linha Rare Auld, 52,1% vol.

COR Ouro-brilhante.

AROMA Radiante, cremoso, sorvete de limão-siciliano.

CORPO Rico.

PALADAR Kiwi, xerez, urze queimada. Bem equilibrado.

FINAL Longo e macio, com notas cítricas.

PONTUAÇÃO **84**

BOWMORE 40 anos, destilado em 1966, engarrafado em 2006, Duncan Taylor, 43,2% vol.

COR Âmbar.

AROMA Laranja intensa. Semelhante a um licor.

CORPO Viscoso.

PALADAR Inicialmente, a laranja sentida no nariz – agora laranja sanguínea –, mas logo afirmativo, e o carvalho com toques de borracha toma conta. Também turfa apimentada.

FINAL Um toque de carvalho velho, amargo, com brava resposta da laranja. Fascinante!

PONTUAÇÃO **85**

BRAEVAL

PRODUTOR Chivas Brothers (Pernod Ricard)
REGIÃO Terras Altas DISTRITO Speyside (Livet)
ENDEREÇO Chapeltown, Ballindalloch, Banffshire, AB37 9JS
TEL. 01542 783200

A REABERTURA DA BRAEVAL em 2008 foi mais uma boa notícia para a indústria escocesa de whisky, embora alguns não tenham comemorado muito em Dalwhinnie. Sua reivindicação de ser a destilaria em funcionamento no lugar mais alto do país caiu por terra.

A destilaria original chamava-se Braes de Glenlivet, quando os whiskies descritos aqui foram destilados. O nome tem o mérito de vincular a destilaria a seu vizinho e padrinho – mas dificultava a tentativa dos donos de dissuadir outras companhias de tratar Glenlivet como região ou estilo. O nome atual tem uma origem ainda mais antiga. Brae, em gaélico escocês, significa "encosta do morro". Próxima de uma cadeia de montanhas, a destilaria fica ao lado de um riacho que deságua no rio Livet. Apesar do nome romântico e da aparência simpática de mosteiro, trata-se de uma destilaria moderna, construída entre 1973 e 1978. Pode ser operada por uma única pessoa, ou mesmo remotamente, da destilaria Glenlivet, que lhe deu origem. O whisky Braeval entra no blend do Chivas Regal, entre outros.

ESTILO DA CASA Leve, doce, com toques de mel e final agradável.

BRAES OF GLENLIVET 1975, Connoisseurs Choice, 40% vol.

COR Ouro bem claro, esverdeado.

AROMA Fragrante. Baunilha.

CORPO Dança na língua.

PALADAR Floral. Herbáceo. Muito apetitoso.

FINAL Levemente seco. Entusiasma.

PONTUAÇÃO **77**

BRAEVAL 10 anos, Old Malt Cask, 50% vol.

COR Limão-siciliano.

AROMA Floral. Ranúnculo. Limão-siciliano. Toffee macio.

CORPO Médio. Cremoso. Doce.

PALADAR Lustra-móveis. Mel. Limpo e doce. Um toque de especiarias.

FINAL Médio, doce, instigante.

PONTUAÇÃO **75**

BRAEVAL 10 anos, Provenance, 46% vol.

COR Ouro-claro.

AROMA Anis. Pernod. Pepino e alface.

CORPO Encorpado e cremoso. Denso na boca.

PALADAR Mais anis. Baunilha. Doce.

FINAL Bem curto. Agradável. Termina em especiarias apimentadas.

PONTUAÇÃO **74**

BRAEVAL 12 anos, Old Malt Cask, 50% vol.

COR Marrom como ameixa seca.

AROMA Ameixa. Traços de fumaça e enxofre (porém agradável). Cassis.

CORPO Cremoso e encorpado.

PALADAR Frutas ao xerez no começo. Um pouco de turfa. Estranha mistura de frutas vermelhas velhas e frutas cítricas frescas.

FINAL Longo, com xerez e turfa.

PONTUAÇÃO **81**

BRUICHLADDICH

PRODUTOR Bruichladdich Distillery Co. Ltd.
REGIÃO Islay DISTRITO Loch Indaal
ENDEREÇO Bruichladdich, Islay, Argyll, PA49 7UN
TEL. 01496 850221 SITE www.bruichladdich.com
E-MAIL laddie@bruichladdich.com VC

Os moradores das ilhas levaram os filhos nos ombros para que testemunhassem o momento histórico. Eles lotaram a costa de Islay para ver a reabertura da Bruichladdich em 2001. O único avião programado para pousar naquela manhã, trazendo mais convidados, atrasara. As pessoas à beira-mar olhavam para o céu. Teriam esperado mais dez anos; uma hora não era nada. Amantes do Bruichladdich chegaram de Londres, Seattle e Tóquio. Derramaram lágrimas de alegria durante o ceilidh, uma festa escocesa informal, e aplaudiram a queima de fogos à meia-noite.

Os novos proprietários, liderados por Mark Reyner, herdaram um estoque grande de whisky envelhecido, além de uma variedade enorme de barris de xerez e bourbon em diversos estágios de amadurecimento em primeiro, segundo e terceiro uso. Como resultado, Jim McEwan, veterano destilador de Islay, dedicou os anos seguintes a criar uma ampla variedade de estilos de whisky. Alguns leves e delicados, outros mais robustos, e, embora a destilaria não seja conhecida por produzir o típico whisky à moda de Islay, não faltaram experiências com turfa marcante. Um dos produtos passa por quatro destilações.

O whisky da casa há muito combina o sabor leve, porém marcante, do malt, com sugestões de maracujá, algas marinhas e sal. McEwan inclui mais fruta e alguma doçura, dando a todos os whiskies mais vida e definição. Essas qualidades são destacadas pelo uso da água da própria destilaria na redução do teor alcoólico e pela recusa em realizar filtragem a frio. Essas mudanças de procedimento se tornaram possíveis graças à instalação da unidade de engarrafamento, em 2003. Bruichladdich foi, portanto, a terceira destilaria a ter sua própria linha de engarrafamento no local (as outras são a Springbank e a Glenfiddich/Balvenie).

Quando Bruichladdich reabriu, McEwan imediatamente ajustou os alambiques para que produzissem uma bebida de acordo com as exigências da destilaria. O whisky continuaria sendo leve e médio, em teor de turfa. Dois novos tipos foram acrescentados, com mais turfa.

Bruichladdich (pronuncia-se como "brook laddie") situa-se na costa norte de Lochindaal. Os novos donos promoveram o apelido "The Laddie" e lançaram rótulos azuis para combinar com a pintura da destilaria. A água nasce em pedra ferrosa e flui suave pela turfa. Ao contrário de outras destilarias de Islay, Bruichladdich fica separada do loch marinho por uma estradinha costeira tranquila.

A destilaria, fundada em 1881 e reformada em 1886, permanece praticamente igual, apesar da ampliação de 1975. Toda a bebida envelhece num depósito da ilha, em Bruichladdich, ou no que resta da destilaria de Lochindaal, em Port Charlotte, o vilarejo mais próximo. Alguns engarrafadores independentes de Bruichladdich chamaram seu whisky de Lochindaal.

Bruichladdich começou a engarrafar seu whisky intenso em turfa sob o nome de Port Charlotte, e o whisky mais impregnado de turfa – informalmente conhecido como The Best, um whisky notável mesmo para o alto padrão da ilha – de Octomore, nome de outra destilaria tradicional de Port Charlotte. Parte da destilaria sobreviveu como fazenda Octomore, residência do guarda-farol, bombeiro e salva-vidas de Port Charlotte. Também foi um dos tocadores de gaita de foles na reinauguração de Bruichladdich. No final de 2008, a destilaria superou mais uma marca, quando lançou um malt inteiramente composto de whiskies destilados após a reabertura em 2001.

ESTILO DA CASA Leve e médio, muito firme, notas de maracujá, salgado, especiarias (macis?). Gostoso de beber. Aperitivo.

EDIÇÕES COM DECLARAÇÃO DE IDADE E VINTAGES DATADOS

BRUICHLADDICH **10 anos, 46% vol.**

COR Ouro-brilhante esverdeado.

AROMA Fresco. Limpo. "Ar marítimo" muito sutil. Flores silvestres e dunas. Remete a um piquenique na praia.

CORPO Acetinado.

PALADAR Frutas vermelhas. Maracujá. Quase efervescente. O Bruichladdich mais frutado.

FINAL Os sabores se combinam, depois um arrepio. Penetrante.

PONTUAÇÃO **82**

BRUICHLADDICH **Oloroso Finish, 10 anos, destilado em 1998, 46% vol.**

COR Marrom-intenso dourado.

AROMA Suave, toffee de maçã, abacaxi, frutas vermelhas doces.

CORPO Encorpado, cremoso, rico e doce.

PALADAR Pêssego, melão suave, frutas doces em lata. Encorpado.

FINAL Bem prolongado. Deliciosa mistura de sabores doces, frutados e de sorvete de especiarias.

PONTUAÇÃO **87**

BRUICHLADDICH **Manzanilla Finish, 10 anos, destilado em 1998, 46% vol.**

COR Marrom (nozes).

AROMA Doce e excitante, tangerina suave, cacau.

CORPO Suave e redondo, meio rico, equilibrado.

PALADAR Melhor que o aroma. Estimulante, com frutas intensas, nozes, tablete de chocolate, favo de mel.

FINAL Relativamente curto, mas suave, macio e agradável.

PONTUAÇÃO **73**

BRUICHLADDICH 12 anos, 46% vol.

COR Mel.

AROMA Muito fresco e puro. Cítricos, pera, baunilha, frutas doces.

CORPO Deliciosamente suave, doce e denso na boca.

PALADAR Muito puro e refrescante. Salada de frutas exóticas doces. Baunilha.

FINAL No geral, suave, com mel e um toque delicado de pimenta. Imaculado.

PONTUAÇÃO **80**

BRUICHLADDICH 15 anos, Birkdale, 46% vol.

COR Feno maduro amarelo.

AROMA Terroso, com raízes, palha molhada e um toque de turfa.

CORPO Untuoso. Bem denso. Formigante.

PALADAR Intrigante mistura de cevada pura, uva e frutas verdes, com toques terrosos estilo Terras Altas e depois alguns taninos e especiarias.

FINAL Médio, picante, dando lugar a madeira e alguma adstringência.

PONTUAÇÃO **68**

BRUICHLADDICH 16 anos, Bourbon/Latour, 46% vol.

COR Amarelo-ouro claro.

AROMA Sorvete de baunilha, melão suave, abacaxi, frutas amarelas doces.

CORPO Doce, cremoso, equilibrado.

PALADAR Baunilha, frutas amarelas macias, depois um toque adstringente do carvalho e uma dose de especiarias e taninos. Muito bem equilibrado.

FINAL Bem prolongado, com harmonia entre as frutas frescas, especiarias e o toque de carvalho e turfa.

PONTUAÇÃO **80**

BRUICHLADDICH 16 anos, Bourbon/Margaux, 46% vol.

COR Laranja com tons rosados leves.

AROMA Vinho, com uma nota inesperada de raízes. Frutas tardias.

CORPO Não muito afirmativo. Redondo e macio. Leve.

PALADAR Agradável, mas não muito imponente. Uva, água de rosas, taninos secos.

FINAL Seco e médio, com especiarias.

PONTUAÇÃO **68**

BRUICHLADDICH **35 anos, Legacy series, 40,7% vol.**

COR Ouro-alaranjado intenso.

AROMA Nougat, baunilha, compotas, notas de bourbon.

CORPO Médio e suave.

PALADAR Limão-siciliano e sorvete de limão. Ligeiro condimento frutado. Confronto entre taninos secos e doçura juvenil.

FINAL Tímido, quase soberbo, mas longo e intenso no xerez, com pimenta no final.

PONTUAÇÃO **79**

BRUICHLADDICH **40 anos, 40% vol.**

COR Ouro-amarelo.

AROMA Doce de abacaxi, sorvete de frutas, baunilha, balas mastigáveis.

CORPO Médio, doce e agradável.

PALADAR Muita baunilha, abacaxi, pera, melão, frutas tropicais.

FINAL Muita fruta e açúcar, além de taninos secos e especiarias.

PONTUAÇÃO **90**

ENGARRAFAMENTOS SEM DECLARAÇÃO DE IDADE

BRUICHLADDICH **Waves, 46% vol.**

COR Bronze-amarelado claro.

AROMA Rico, intenso, algas marinhas e turfa costeira. Peixe defumado.

CORPO Untuoso. Médio. Turfado.

PALADAR Equilíbrio espetacular entre grãos, defumado e frutas doces, intensas. A doçura vence os fenóis.

FINAL Em dois tempos, doce e turfado. Impecável. Bem prolongado. Delicioso.

PONTUAÇÃO **86**

BRUICHLADDICH **Peat, 46% vol.**

COR Laranja-intenso.

AROMA Rico. Costa marinha, brasa de carvão, turfa, peixe queimado.

CORPO Untuoso, mas agradavelmente suave e redondo.

PALADAR Pera doce e suco de damasco sobre um fundo suave de fumaça. Um toque de turfa irregular. Bem equilibrado.

FINAL Suave, doce, defumado. Adorável.

PONTUAÇÃO ***83***

BRUICHLADDICH **3D, Third Dimension, 46% vol.**

COR Amarelo-areia claro.

AROMA Típico da costa, com algas marinhas, ar salgado, fumaça de churrasqueira e turfa.

CORPO Médio a encorpado, agradável, um tanto untuoso.

PALADAR Frutas verdes, como kiwi ou gooseberry, numa deliciosa onda de turfa, seguida de um final também frutado, doce.

FINAL Bem prolongado. Especiarias. Formigante.

PONTUAÇÃO ***83***

BRUICHLADDICH **Laddie, 2001, 46% vol.**

COR Latão.

AROMA Comida chinesa: broto de feijão cozido, cebola, soja; mofado.

CORPO Firme e estruturado. Médio a encorpado.

PALADAR Alcoólico, condimentado, quase floral, com um toque de turfa e equilíbrio de especiarias. Salada verde com molho picante. Muito diferente dos outros da mesma destilaria.

FINAL Agradável, mas curto, com um floreio final de turfa.

PONTUAÇÃO ***71***

BRUICHLADDICH Infinity, 52,5% vol.

COR Mel-dourado.

AROMA Costa de Islay. Praia no inverno. Úmido, com algas marinhas e sal.

CORPO Suave, médio a encorpado, doce e redondo.

PALADAR Como mastigar frutas exóticas enlatadas enquanto se fuma. Uma maravilhosa integração entre turfa defumada e uma deliciosa doçura.

FINAL Permanência longa de fumaça e doçura. Muito interessante.

PONTUAÇÃO **89**

BRUICHLADDICH Yellow Submarine, 46% vol.

COR Ouro-alaranjado.

AROMA Mel, melão suave, compota de ameixa. Doce.

CORPO Suave, redondo, médio a encorpado.

PALADAR Banana não madura, malte puro, melão e depois especiarias (pimenta).

FINAL Médio, com frutas, especiarias e final condimentado.

PONTUAÇÃO **70**

BRUICHLADDICH Redder Still, 50,4% vol.

COR Geleia de laranja com tons avermelhados.

AROMA Alcoólico, dente-de-leão e bardana. Parte florista, parte cabeleireiro. Refresco de cassis.

CORPO Rico, encorpado e denso na boca.

PALADAR Intenso, rico, impecável. Frutas tropicais, cítricos doces, cassis.

FINAL Longo, limpo e muito apetitoso.

PONTUAÇÃO **87**

BRUICHLADDICH Blacker Still, 50,7% vol.

COR Marrom, como ameixa seca.

AROMA Desafiador. Suco de ameixa seca, groselha seca, especiarias da despensa e vegetais molhados.

CORPO Muito encorpado, agressivo e denso na boca.

PALADAR Encorpado e xerez, com duas intensificações de fruta madura e uma dose boa de taninos, sugerindo idade avançada. Estilo japonês. Tudo em máximo volume.

FINAL Frutas secas doces e especiarias, mas bem equilibrado e completamente irresistível.

PONTUAÇÃO **92**

EDIÇÕES PORT CHARLOTTE E OCTOMORE

BRUICHLADDICH **Port Charlotte PC 6, 61% vol.**

COR Laranja-intenso.

AROMA Alcatrão intenso, algas marinhas, costeiro, rico.

CORPO Bem encorpado, mas suave. Deliciosamente untuoso.

PALADAR Frutas macias, turfa, algas, fumaça de churrasqueira. Redondo.

FINAL Prolongado, mas suave, equilíbrio entre fumaça e fruta.

PONTUAÇÃO ***89***

BRUICHLADDICH **Port Charlotte PC 7, 60,5% vol.**

COR Amarelo-alaranjado.

AROMA Madeira úmida mofada, depois fósforo e turfa doce. Sutil e contido.

CORPO Encorpado, penetrante, untuoso e intenso.

PALADAR Carvão, turfa intensa com alcatrão, depois frutas doces. Morango.

FINAL Prolongado, impressionante. Deliciosa combinação de doçura e fumaça.

PONTUAÇÃO ***90***

BRUICHLADDICH **Octomore, 63,5% vol.**

COR Amarelo-claro.

AROMA Um clássico de Islay com néon: peixe na brasa, algas, praia, fumaça.

CORPO Untuoso, intenso e denso na boca.

PALADAR Precisa de água e é ainda mais impressionante por isso. Muito doce e turfado. Carvão. Gotas de limão-siciliano sobre truta na brasa.

FINAL Prolongado e persistente. Impecável, equilíbrio perfeito entre fruta, fumaça e especiarias apimentadas.

PONTUAÇÃO ***93***

BUNNAHABHAIN

PRODUTOR Burn Stewart Distillers plc
REGIÃO Islay DISTRITO North Shore
ENDEREÇO Port Askaig, Islay, Argyll, PA46 7RP
TEL. 01496 840646 SITE www.blackbottle.com
E-MAIL enquiries@burnstewartdistillers.com VC

UMA VIDA NOVA para o esquivo Bunnahabhain marcou definitivamente o renascimento de Islay no novo milênio. Esquivo? Bunnahabhain é a mais escondida das destilarias de Islay, o nome aparentemente mais difícil de se pronunciar ("boona'hhavn"), além de ser o whisky mais delicado. Até mesmo seus novos donos formam o menor grupo no ramo, desde 2003. Bunnahabhain compõe, com as destilarias de Tobermory e Deanston, o grupo Burn Stewart, muito conhecido no Extremo Oriente pelos blends Scottish Leader. Com a aquisição de Bunnahabhain, Burn Stewart também levou o blend cult Black Bottle, que contém malts de todas as destilarias de Islay. Na época da compra, Stewart entrou para o grupo que produz a vodca superpremium Belvedere e tem como inesperado carro-chefe os Angostura Bitters.

A destilaria Bunnahabhain era bem conservada pelos antigos donos, Edrington, mas tanto a produção quanto a comercialização das bebidas eram esporádicas. O estoque diminuiu – uma situação nada confortável para um whisky cujo rótulo traz as palavras do hino de Islay, "Lar Ocidental". Apesar de sua delicadeza, o Bunnahabhain apresenta um toque da personalidade marítima de Islay.

A destilaria, ampliada em 1963, foi construída em 1881. Situa-se em torno de um pátio, numa angra remota. Fizeram ali uma calçada para evitar que os carros dos visitantes caíssem no mar. Um sino de navio, resgatado de um naufrágio próximo, foi pendurado na parede. Era usado antigamente para chamar o diretor em sua casa, quando a presença dele se fazia necessária. A água da destilaria nasce em pedra calcária e, como segue em canos até a destilaria, não passa pela turfa. Os alambiques são grandes, no estilo chamado de "cebola" pela indústria.

ESTILO DA CASA Fresco, adocicado, com nozes, ervas e sal. Aperitivo.

BUNNAHABHAIN 12 anos, 43% vol.

COR Ouro.

AROMA Acintosamente fresco. Doce. Fragrância de ar marítimo.

CORPO Leve a médio; firme.

PALADAR Puro, suave, com uma doçura de nozes e malt.

FINAL Desenvolvimento pleno dos sabores. Refrescante.

PONTUAÇÃO **77**

BUNNAHABHAIN 14 anos, 52,6% vol.

Engarrafado para Feis Ile, em 2006. Envelhecido em barris de Pedro Ximénez.

COR Âmbar-médio.

AROMA Potente e doce, damasco, banana, especiarias e castanha-do-pará.

CORPO Cremoso.

PALADAR Doce, com especiarias. Estilo Porto.

FINAL Prolongado e seco. Gengibre e taninos.

PONTUAÇÃO **79**

BUNNAHABHAIN 18 anos, 43% vol.

COR Âmbar-claro, com tons dourados.

AROMA Xerez, especiarias, maçã madura, marshmallow.

CORPO Médio a encorpado.

PALADAR Seco, com nozes e uma pitada de pimenta.

FINAL Frutas carameladas, xerez e carvalho seco.

PONTUAÇÃO **82**

BUNNAHABHAIN 21 anos, 1986 vintage, 46,7% vol.

Engarrafado para Feis Ile, em 2008.

COR Marrom-castanho.

AROMA Bolo de frutas úmido, xerez, equilibrado pelo sal.

CORPO Redondo.

PALADAR Nozes, xerez, malt e carvalho delicado.

FINAL Prolongado, picante e seco, com um toque salgado.

PONTUAÇÃO **83**

BUNNAHABHAIN 25 anos, 43% vol.

COR Âmbar-médio, com tons dourados.

AROMA Floral, com uma pitada de sal.

CORPO Médio a encorpado.

PALADAR Sal de leve, equilibrado pelo xerez, com maçã e creme.

FINAL Médio a prolongado. Depois xerez e cacau.

PONTUAÇÃO **84**

BUNNAHABHAIN 34 anos, 1968, 43,5% vol.

COR Ouro-claro.

AROMA Sedutoramente floral, frutado e rico em xerez.

CORPO Médio.

PALADAR Menos intenso do que o esperado. Taninos que dão lugar a chiclete de bola.

FINAL Frutas e taninos em disputa.

PONTUAÇÃO **78**

BUNNAHABHAIN 40 anos, 1963, 42,9% vol.

COR Ouro-claro.

AROMA Xerez doce, frutas frescas e noz-moscada.

CORPO Médio a encorpado.

PALADAR Complexo e complacente. Laranja, pimenta e especiarias.

FINAL Prolongado, com toque de sal.

PONTUAÇÃO **83**

BUNNAHABHAIN Auld Acquaintance Hogmanay Edition, 1968, garrafa nº 1 de 2.000, 43,8% vol.

Também engarrafado depois como Bunnahabhain 32 anos.

COR Laranja-acetinada, com tons rosados.

AROMA Bolo Dundee úmido e rico. Nozes torradas. Sal. Brisa marinha.

CORPO Cremoso.

PALADAR Leite maltado. Chocolate. Não é enjoativo. Bem equilibrado.

FINAL Cacau em pó.

COMENTÁRIO Um dia brilhante e ensolarado de inverno; uma longa caminhada à beira-mar no final da tarde; biscoito de aveia e queijo; bolo Dundee; uma dose ao crepúsculo. Ainda um Bunnahabhain inegável, embora diferente dos outros. Outros ensaios assim, por favor.

PONTUAÇÃO **86**

BUNNAHABHAIN Darach Ur, 46,3% vol.

Exclusivo para lojas duty free internacionais.

COR Âmbar-brilhante.

AROMA Carvalho fresco, especiarias e pinhão.

CORPO Firme.

PALADAR Frutas cítricas, baunilha picante, cravo e canela.

FINAL Médio. Gengibre. Seco.

PONTUAÇÃO **82**

ALGUNS ENGARRAFAMENTOS INDEPENDENTES

BUNNAHABHAIN 28 anos, destilado em 1979, engarrafado em 2008; barril nº 18.831, Single Malts of Scotland, 46% vol.

COR Ouro-claro.

AROMA Levemente perfumado, fresco para a idade, com cevada madura e toffee macio.

CORPO Redondo.

PALADAR Especiarias variadas, torta de maçã, amêndoas.

FINAL Mais perfume, violetas de parma e carvalho amanteigado.

PONTUAÇÃO **82**

BUNNAHABHAIN 31 anos, destilado em 1976, engarrafado em 2008; barril nº 6.223, Dewar Rattray, 49,1% vol.

COR Âmbar-médio.

AROMA Malt picante, sal e um toque fresco de limão-siciliano.

CORPO Macio.

PALADAR Seco, nozes, xerez, especiarias; progressivamente apimentado.

FINAL Prolongado, pimenta, carvalho.

PONTUAÇÃO **79**

BUNNAHABHAIN 38 anos, destilado em 1970, engarrafado em 2008; barril nº 4.075, Duncan Taylor, 40,2% vol.

COR Ouro.

AROMA Suave e fragrante, com fundo de toffee duro e leves aromas marítimos.

CORPO Bem firme.

PALADAR Especiarias e sal, frutas cítricas, cacau em pó, chocolate ao leite, frutas e nozes.

FINAL Prolongado, com carvalho e chocolate ao leite agradáveis.

PONTUAÇÃO **82**

CAOL ILA

PRODUTOR Diageo
REGIÃO Islay DISTRITO North shore
ENDEREÇO Port Askaig, Islay, Argyll, PA46 7RL
TEL. 01496 302760 Distillery has shop
SITE www.discovering-distilleries.com/www.malts.com

No festival de Islay de 2002, três variedades de Caol Ila foram lançadas como parte de uma nova linha chamada "Hidden Malts", da proprietária da destilaria, a Diageo. A empresa anunciou ainda que os Hidden Malts sairiam também de outras três destilarias Diageo: Clynelish, Glen Elgin e Glen Ord. O lançamento de Caol Ila numa edição oficial – de forma pública, insinuando que seria o carro-chefe da nova linha – confirmou finalmente que de oculta ela não tinha nada. Os malts foram amplamente comercializados e apreciados nos últimos anos.

O nome, pronunciado "cul-ila", significa "angra de Islay". A palavra "caol", do gaélico, é mais conhecida com a grafia "kyle". A destilaria situa-se numa pequena enseada perto de Port Askaig. As janelas panorâmicas da sala dos alambiques dão vista para o Sound of Islay, que a balsa atravessa para chegar à ilha vizinha de Jura. A melhor vista é da balsa.

A fachada, dos anos 1970, começa a ser aceita como um clássico da época. Dentro, a destilaria é funcional e atraente: o tanque de brassagem ("lauter tun") tem cobertura de cobre; detalhes em latão; os destiladores de maceração ("wash stills") parecem cebolas achatadas; o alambique tem formato de pera; os tanques de fermentação ("washbacks") são de pinho do Oregon. Algumas das estruturas datam de 1879, e a destilaria foi fundada em 1846.

Atrás da destilaria, um barranco coberto de fúcsia, dedaleira e rosas silvestres vai até o loch turfado onde a água se acumula, salgada e mineral, pois brota da rocha calcária. Como é uma destilaria moderna e bem equipada, produzindo whisky para diversos blends, Caol Ila usa teores variados de turfa. Isso fica claro nos engarrafamentos independentes.

ESTILO DA CASA Untuoso, como uma azeitona; zimbro; frutas; ésteres. Um aperitivo maravilhoso.

CAOL ILA 12 anos, 43% vol.

COR Vinho verde.

AROMA Suave. Zimbro. Hortelã. Relva. Grama queimada.

CORPO Ligeiramente untuoso. Simultaneamente tranquilizante e apetitoso.

PALADAR Sabores bem desenvolvidos. Especiarias. Baunilha, noz-moscada, mostarda. Complexo. Sabores se combinam com delicadeza.

FINAL Bem prolongado.

PONTUAÇÃO **83**

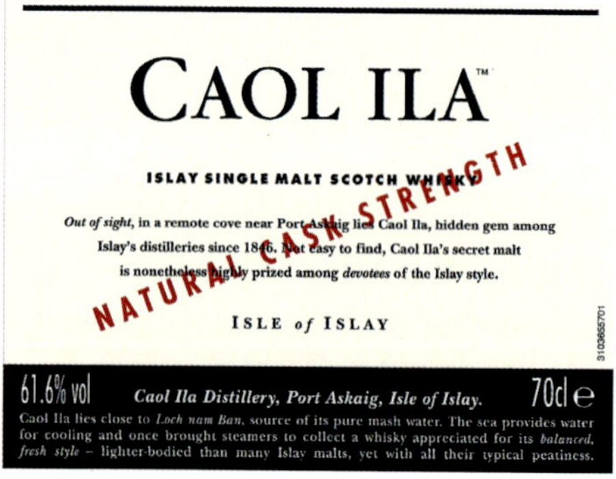

CAOL ILA Cask Strength, 55% vol.

COR Extraordinariamente claro. Vinho branco.

AROMA Intenso. Fumaça escocesa. Coco. Grapefruit.

PALADAR Uma interação vívida de sabores, com doçura de malt, ésteres frutados e secura de pimenta. Perfumado, com sugestões de tomilho.

FINAL Os sabores se unem num final empolgante, com o álcool em segundo plano.

PONTUAÇÃO **85**

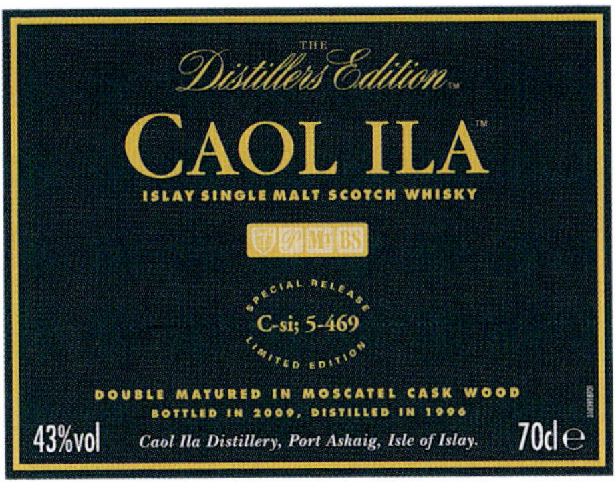

CAOL ILA 1995, edição do destilador, duplamente maturado, engarrafado em 2007, 43% vol.

Envelhecido em barris de moscatel.

COR Ouro-brilhante.

AROMA Fumaça de turfa adocicada, cravos, frutas frescas suculentas.

CORPO Macio.

PALADAR Inicialmente bem suave, depois sal, fruta e turfa picante.

FINAL Quente. Especiarias torradas.

PONTUAÇÃO **83**

CAOL ILA 18 anos, 43% vol.

COR Xerez fino num dia ensolarado.

AROMA Fragrante. Mentol. Pronunciadamente vegetal. Nozes. Baunilha.

CORPO Firme. Muito maior.

PALADAR Mais expressivo e afirmativo. Mais doce. Folhas. Verduras de primavera. Amêndoas piladas. Raízes, cedro.

FINAL Poderosas reverberações de um whisky notável.

PONTUAÇÃO **86**

CAOL ILA 25 anos, Cask Strength, destilado em 1979, 58,4% vol.

COR Ouro-médio.

AROMA Especiarias e turfa, com terra quente.

CORPO Médio e untuoso.

PALADAR Doçura contrabalançada pelo limão-siciliano, pimenta e azeitona.

FINAL Prolongado e seco, com cinza de fogueira, atadura de gaze e frutos do mar.

PONTUAÇÃO **84**

CAOL ILA 8 anos, 64,2% vol.

Edições especiais 2008.

COR Ouro-claro.

AROMA Caramelo condimentado e compota de maçãs com creme.

CORPO Leve e ligeiramente untuoso.

PALADAR Herbáceo, com fumaça e notas de frutas frescas que dão equilíbrio.

FINAL Curto e médio, seco e herbáceo.

PONTUAÇÃO **82**

ALGUNS ENGARRAFAMENTOS INDEPENDENTES QUE SÃO DIFÍCEIS DE ENCONTRAR ATUALMENTE

CAOL ILA 1981, engarrafado em 1997, edição limitada com teor de álcool do barril, 63,8% vol.

COR Amarelo-cítrico brilhante.

AROMA Fumaça fragrante de turfa, zimbro, algas marinhas. Muito apetitoso.

CORPO Firme, untuoso.

PALADAR Assumidamente untuoso, com zimbro. Depois uma onda de turfa seca. Muito seco.

FINAL Maravilhosamente prolongado e quente.

PONTUAÇÃO **82**

CAOL ILA 20 anos, engarrafado em 1996, 57,86% vol.

Edição de aniversário – 150 anos.

COR Laranja.

AROMA Algas marinhas doces. Zimbro. Pinhão.

CORPO Médio, macio, redondo.

PALADAR Imensamente complexo e original. Nozes, algas marinhas apetitosas, sal. Sabores se combinam perfeitamente. Muito equilibrado.

FINAL Xerez, carvalho queimado, algas marinhas, casca de limão-siciliano, pimenta.

PONTUAÇÃO **85**

ALGUNS ENGARRAFAMENTOS INDEPENDENTES

CAOL ILA **18 anos, Scotch Malt Whisky Society, 53.126, 56,7% vol.**

COR Âmbar-claro, com reflexos dourados.

AROMA Salmoura, fumaça de turfa, um toque de pescado. Tecido elástico. Doçura equilibrada.

CORPO Macio.

PALADAR Defumado, doce e rico, com coco e notas marítimas no final, sal marinho e especiarias.

FINAL Prolongado e quente.

PONTUAÇÃO **84**

CAOL ILA **27 anos, destilado em 1981, engarrafado em 2008, barril nº 2.932, Duncan Taylor, Rare Auld Range, 53,8% vol.**

COR Ouro-médio.

AROMA Tweed úmido, turfa e um toque leve de iodo.

CORPO Robusto.

PALADAR Limão-siciliano e taiti. Notas fortes de turfa. Pimenta e gengibre.

FINAL Médio a prolongado. Mais turfa, ligeiramente untuoso e perfumado.

PONTUAÇÃO **83**

CI1 **Elements of Islay, Speciality Drinks Co., 60,8% vol.**

COR Amarelo-claro.

AROMA Limão-siciliano adocicado excitante. Fumaça. Melão. Pedaços de abacaxi.

CORPO Untuoso, encorpado, rico, defumado.

PALADAR Frutas amarelas. Bombons de limão-siciliano em cinza de fogueira. Defumado. Redondo. Melão bem maduro.

FINAL Prolongado, untuoso, defumado, com cítricos e depois especiarias. Turfa e permanência de especiarias.

PONTUAÇÃO **84**

CAPERDONICH

PRODUTOR Chivas Brothers
REGIÃO Terras Altas DISTRITO Speyside (Rothes)
ENDEREÇO Rothes, Morayshire, AB38 7BN

CAPERDONICH FOI DESATIVADA EM 2002, e não há planos de reabri-la no momento. É a sócia menos conhecida da Glen Grant – as duas destilarias pertencem ao mesmo grupo e ficam frente a frente, bastando atravessar a rua, na cidade de Rothes, especializada em whisky. Caperdonich, fundada em 1898, foi reconstruída em 1965 e ampliada em 1967. Seu nome indicaria uma "fonte secreta". Desde o início serviu de apoio para Glen Grant. Quando jovens, os malts das duas destilarias são leves e fragrantes em bouquet, com corpo médio e sabor de nozes.

O Caperdonich talvez seja um pouquinho mais frutado, ligeiramente mais defumado e também entra no blend do Chivas Regal. O grupo Chivas adotou um controle rigoroso de seus malts durante os últimos anos em que pertenceu ao grupo canadense Seagram. A política se manteve depois da aquisição pela francesa Pernod Ricard. Não há edições oficiais do Caperdonich, e os engarrafamentos independentes costumam sair dos estoques mais antigos.

ESTILO DA CASA Frutas secas, grãos, torrada. Café da manhã? Depois do jantar?

CAPERDONICH **Envelhecido 40 anos, Old Malt Cask, 42,9% vol.**

COR Ouro-intenso.

AROMA Rico e pleno. Laranja e mandarina. Geleia suave. Favo de mel.

CORPO Médio, doce e encorpado.

PALADAR Frutas silvestres. Geleia de laranja sanguínea. Embate entre frutas e madeira apimentada.

FINAL Muito prolongado e picante. Notas fortes de carvalho.

PONTUAÇÃO **79**

CAPERDONICH **11 anos, Provenance, 46% vol.**

COR Amarelo-claro.

AROMA Torta Banoffee. Milkshake de banana. Chocolate ao leite.

CORPO Ralo, sem personalidade.

PALADAR Doce. Hortelã. Cevada picante. Um toque cítrico.

FINAL Curto e doce.

PONTUAÇÃO **65**

CARDHU/CARDOW

PRODUTOR Diageo
REGIÃO Terras Altas DISTRITO Speyside
ENDEREÇO Aberlour, Banffshire, AB38 7RY
TEL. 01340 872555 SITE www.discovering-distilleries.com VC

ALGUNS ANOS ATRÁS, Cardhu ganhou fama, por razões equivocadas, quando a Diageo acrescentou dois malts de sua linha ao Cardhu Single Malt e o rebatizou de Cardhu Pure, numa tentativa de estender a duração dos estoques para matar a sede dos apreciadores da bebida na Espanha, onde desfruta de uma popularidade enorme. A atitude provocou indignação, e a Diageo recuou, mas o impacto levou a uma mudança nas regras da Scotch Whisky Association.

A reputação da Cardow deriva de vários fatores. A destilaria deu à indústria uma família dinástica, os Cummings, e contribuiu duas vezes para a tradição das mulheres fortes como chefes de destilaria. Helen Cummings destilava ilegalmente na fazenda da família. Sua nora, Elizabeth, legalizou a destilaria, que passou a produzir malt whisky como componente importante dos blends Johnnie Walker.

A destilaria foi fundada como Cardow (em gaélico, "rocha negra", por conta de um ponto próximo do rio Spey). Uma grafia alternativa, "Cardhu", que reflete melhor a pronúncia, foi adotada quando a destilaria passou a promover seu single malt. O whisky, leve e fácil de beber, foi lançado para competir com os malts populares na época inicial do interesse dos consumidores.

Fez sucesso modesto no Reino Unido, mas conseguiu vendas formidáveis nos novos mercados para malts, como França e Espanha. Neste último país, a distinção entre malts e blends parece ser mais importante ao consumidor do que o tempo de envelhecimento. Cardhu ficou no mesmo patamar que o blend Chivas Regal, ambos com 12 anos. O gosto dos espanhóis por whisky escocês é tão grande que o sucesso do Cardhu naquele mercado fez dele o malt que mais cresce em vendas no mundo, superando a capacidade de produção da destilaria.

ESTILO DA CASA Na forma original: leve, macio, delicado; um malt fácil de beber. Em idades avançadas são mais ricos, com toffee intenso; com frequência acompanham bem sobremesas.

CARDHU 12 anos, 40% vol.

COR Clara.

AROMA Leve, apetitoso, com notas de ameixa e um toque sutil de fumaça.

CORPO Leve e macio.

PALADAR Leve a médio, com ênfase na doçura do malt e na baunilha.

FINAL Doçura prolongada, mas também secura redonda e traços de turfa.

PONTUAÇÃO **72**

CARDHU Special Cask Reserve, barril CSCR.07.06, 40% vol.

COR Ouro-intenso.

AROMA Rico, com malt e fruta macia.

CORPO Médio.

PALADAR Doce, com forragem, chocolate ao leite com laranja.

FINAL Especiarias, carvalho doce.

PONTUAÇÃO **78**

CARDHU Managers' Choice, destilado em 1997, engarrafado em 2009, 58,3% vol.

COR Amarelo-claro.

AROMA Limão-siciliano e taiti. Cevada pura. Cristalino e fresco.

CORPO Médio a encorpado, untuoso, denso.

PALADAR Hortelã. Melão. Uma onda tardia de pimenta.

FINAL Alongado. Especiarias.

PONTUAÇÃO **78**

CLYNELISH

PRODUTOR Diageo

REGIÃO Terras Altas DISTRITO Terras Altas do Norte

ENDEREÇO Brora, Sutherland, KW9 6LR

TEL. 01408 623003

SITE www.discovering-distilleries.com/www.malts.com VC

A FAMA DE CULT passou a marcar em anos recentes a destilaria Clynelish, bem como sua predecessora e vizinha, Brora, que dominam o trecho médio das Terras Altas setentrionais.

O apelo de seus malts reside parcialmente em aromas e sabores marítimos. Os céticos podem questionar o teor de sal dos malts costeiros, mas algumas edições de Brora e Clunelish dificultam a negação dessa característica. São os mais marítimos entre malts da costa leste; no interior, a oeste, têm apenas Springbank como rival.

Por um tempo, os sabores acentuados de Clynelish e Brora foram reforçados pelo uso de malts com muita turfa. Apreciadores de Clynelish procuram identificar os destilados do período. Uma preocupação similar tenta distinguir os malts produzidos na destilaria Brora dos destilados de Clynelish.

As duas destilarias vizinhas ficam numa encosta bem-cuidada, perto do campo de golfe e da área de pesca de Brora. Dão para a estrada costeira que segue para o norte, até a ponta mais extrema do território escocês.

A mais antiga das duas destilarias foi construída em 1819 pelo duque de Sutherland para usar o grão cultivado por seus meeiros. A destilaria era conhecida originalmente como Clynelish; a primeira sílaba rima com "wine", a segunda, com "leash". O nome significa "encosta ajardinada". Depois de um século e meio, uma nova Clynelish surgiu, em 1967-68, mas a demanda justificava que as duas destilarias operassem juntas por algum tempo. Ficaram conhecidas como Clynelish 1 e Clynelish 2. A mais antiga, rebatizada de Brora, funcionou esporadicamente até 1983.

Brora é uma destilaria tradicional do século XIX, feita de pedra local (hoje coberta de trepadeiras), com pagode. Os destiladores de Clynelish observam o mundo através de janelas que vão do chão ao teto, no esquema clássico do período, com fonte para suavizar a fachada.

Em seu interior, o alambique tem suas peculiaridades, e os tanques para cabeça e cauda desempenham um papel importante. O resultado é um whisky untuoso, com sabor de cera de abelha – outra característica original dessa destilaria.

Durante vários anos, esse malt robusto, incomparável, existiu somente na versão 12 anos, com um rótulo encantadoramente amador, de Ainslie e Heilbron, uma subsidiária da DCL, cujos blends recebiam nomes igualmente charmosos. O Real McTavish é um bom exemplo. Desde a era da United Distillers e da Diageo, a Brora e a Clynelish se mostram antológicas. As edições saíram pelas séries Flora e Fauna, Rare Malts, Cask Strength Limited Editions, Hidden Malts e também nos Special Releases.

ESTILO DA CASA Algas marinhas, especiarias. Mostarda. Uma sugestão é degustá-lo com sanduíche de rosbife.

CLYNELISH, 14 anos, Hidden Malts, 46% vol.

Substitui a edição Flora e Fauna, mais intensa em algas marinhas.

COR Laranja claro brilhante.

AROMA Fragrante. Um passeio por dunas.

CORPO Firme, untuoso e sedutoramente defumado.

PALADAR Toque firme de sabores puros. Coentro. Laranja. Seco. Especiarias. Destaque para a mostarda.

FINAL As especiarias se tornam mais perfumadas e exóticas. Satisfaz sem saciar.

PONTUAÇÃO **81**

CLYNELISH 1991, 15 anos, Distillers Edition, 46% vol.

COR Ouro-alaranjado.

AROMA Rico. Nozes. Laranjas. Bolo Madeira.

CORPO Encorpado. Intenso. Cremoso. Rico.

PALADAR Uma onda salgada turfada. Intenso, quase oleoso. Depois, frutas fragrantes. Parte industrial, parte jardim florido. Dominante e dramático.

FINAL Rico, intenso, lembra licor, mesmo salgado.

PONTUAÇÃO **81**

ENGARRAFAMENTOS DOS MALTS DE BRORA

BRORA 30 anos, 52,4% vol.

COR Marrom-dourado profundo.

AROMA Meio caminho entre a floricultura e a banca de frutas. Deliciosamente frutado, com toques de especiarias e turfa. Defumado.

CORPO Rico. Encorpado. Muito afirmativo.

PALADAR Cativante. Equilíbrio perfeito de pimenta, turfa, laranjas grandes e sal. Carvalho abundante.

FINAL Perfeitamente equilibrado, com turfa, frutas e pimentas.

PONTUAÇÃO **94**

BRORA 25 anos, Special Release 2008, 56,3% vol.

COR Mel-transparente.

AROMA Perfumado. Limão-siciliano. Cera de assoalho. Biscoitos.

CORPO Rico, intenso e cremoso.

PALADAR Hortelã. Anis. Frutas verdes Carvalho, especiarias e notas de fumaça.

FINAL Prolongado, intenso e apimentado.

PONTUAÇÃO **88**

BRORA 30 anos, Special Release 2006, 55,7% vol.

COR Laranja.

AROMA Aparas de lápis. Frutas amarelas doces. Turfa alcatroada.

CORPO Rico, cremoso e potente.

PALADAR Alcaçuz. Muita turfa. Especiarias em pó. Entusiasmante.

FINAL Prolongado, intenso, turfado e apimentado.

PONTUAÇÃO **90**

BRORA 30 anos, Special Release 2005, 56,3% vol.

COR Laranja-intenso.

AROMA Estilo de Islay. Algas marinhas, alcatrão e turfa.

CORPO Médio.

PALADAR Anis, depois alcaçuz vermelho. Maçã e pera. Depois turfa e alcatrão, embora evoluído e redondo.

FINAL Em duas partes: fruta, que desaparece depressa; depois fumaça, alcatrão e especiarias.

PONTUAÇÃO **85**

ENGARRAFAMENTOS INDEPENDENTES DOS MALTS DE CLYNELISH E BRORA

CLYNELISH 11 anos, Provenance, 46% vol.

COR Palha-clara.

AROMA Melão. Grapefruit. Abacaxi. Formigante.

CORPO Médio a encorpado e untuoso.

PALADAR Cevada penetrante. Turfa terrosa. Bem doce. Pimenta.

FINAL Condimentado. Bem prolongado.

PONTUAÇÃO **64**

CLYNELISH 1993, engarrafado em 2008, Berry's Own Selection, 46% vol.

COR Limão-siciliano amarelo.

AROMA Maçã cozida. Casca de castanha-da-índia. Baunilha. Agudo e límpido.

CORPO Médio a encorpado. Condimentado.

PALADAR Frutas verdes penetrantes, laranja. Amêndoa. Caroço de maçã. Claro e refrescante. Um toque de hortelã.

FINAL Prolongado e puro, com um toque de pimenta, hortelã e carvalho.

PONTUAÇÃO **82**

CLYNELISH 16 anos, Duncan Taylor, N.C.2, 46% vol.

COR Limão-siciliano amarelo.

AROMA Toffee. Flores frescas. Perfume de grama.

CORPO Cremoso e encorpado.

PALADAR Açúcar de cevada e laranja. Baunilha. Quase mastigável.

FINAL Bem prolongado. Frutado. Um toque de pimenta depois.

PONTUAÇÃO **82**

CLYNELISH 17 anos, Chieftains, 46% vol.

COR Bronze.

AROMA Butterscotch e baunilha no início. Depois kiwi e cunquate.

CORPO Médio. Doce. Cremoso.

PALADAR Refrescante. Xarope de fruta Del Monte. Bolo confeitado. Casca de banana.

FINAL Médio, com fruta e especiarias doces demoradas.

PONTUAÇÃO **88**

CLYNELISH 34 anos, Single Malts of Scotland, 50,5% vol.

COR Ouro-alaranjado.

AROMA Ótima mistura de mel, frutas cítricas e carvalho.

CORPO Suave. Cremoso, fresco e intenso.

PALADAR Suave. Mel, com limão-siciliano penetrante e pêssego muito maduro no começo; depois carvalho, sem exagero.

FINAL Médio, mel e carvalho. Especiarias prolongadas. Alguns taninos.

PONTUAÇÃO **86**

BRORA 1982, Connoisseurs Choice, 43% vol.

COR Amarelo-claro.

AROMA Antigripal com sabor de limão-siciliano e fumaça intensa.

CORPO Rico. Intenso. Untuoso.

PALADAR Cevada intensa, meio adocicada. Cítricos. Turfa.

FINAL Prolongado. Doce. Limão-siciliano e turfa.

PONTUAÇÃO **83**

BRORA 27 anos, barril nº 1.427, Duncan Taylor, 53,8% vol.

COR Limão-siciliano amarelo.

AROMA Casca de limão-siciliano. Puro. Traços de turfa e mel.

CORPO Doce. Untuoso. Encorpado.

PALADAR Barra de cereais. Favo de mel. Suave e doce. Cevada intensa.

FINAL Muito agradável. Cevada com mel. Muito puro. Traços de taninos. Bem frutado.

PONTUAÇÃO **89**

COLEBURN

PRODUTOR Diageo
REGIÃO Terras Altas DISTRITO Speyside (Lossie)
ENDEREÇO Longmorn by Elgin, Moray, IV38 8GN

OS BLENDS dos whiskies pioneiros se apoiavam intensamente no malt desta destilaria. Coleburn foi construída durante o boom dos anos 1890. Fechou na crise de 1980, um ano antes de os proprietários (DCL) entrarem para a United Distillers, que por sua vez acabou incorporada pela Diageo. A destilaria Coleburn não produz desde 1992 e não deve voltar à ativa. Surgem propostas esporádicas de aproveitar o local para outros usos. Seu whisky, de qualquer maneira, sempre se destinou aos blends, e não à carreira solo. Um vintage Rare Malt é tão agradável quanto qualquer Coleburn engarrafado em décadas recentes.

ESTILO DA CASA Seco, frutado. Como aperitivo.

COLEBURN 1981, Connoisseurs Choice, 43% vol.

COR Mel-dourado.

AROMA Sutil. Tinta a óleo. Arbustos em área rochosa. Horta.

CORPO Médio a encorpado. Doce.

PALADAR Pimenta. Açúcar de cevada, com limão-siciliano e suco de limão-taiti diluído. Depois sal e pimenta. Traços de carvalho.

FINAL Bem prolongado e condimentado.

PONTUAÇÃO **67**

CONVALMORE

PRODUTOR William Grant & Sons Ltd.
REGIÃO Terras Altas DISTRITO Speyside (Dufftown)
ENDEREÇO Dufftown, Banffshire, AB55 4BD

Os pagodes de Dufftown formam um conjunto impressionante na paisagem, e Convalmore é um dos mais notáveis. Infelizmente, a destilaria não funciona mais.

Durante grande parte de sua vida, Convalmore forneceu malt whisky para os blends Buchanan e Black & White. A destilaria, construída em 1870, sofreu sérios danos em um incêndio, foi reformada em 1910 e modernizada em 1964-65. Algumas décadas depois, os donos na época, a DCL, a desativaram. Seus sucessores, a Diageo, ainda conservam o direito de lançar edições de Convalmore de seu estoque, no entanto a maioria dos lançamentos sai de engarrafadores independentes. Em 1992, as instalações foram adquiridas por William Grant & Sons, donos da Glenfiddich e Balvenie, nas proximidades, mas só a usam para envelhecimento.

ESTILO DA CASA Malt, xarope, frutas, com intensidade. Para depois do jantar.

CONVALMORE **1984, Connoisseurs Choice, 43% vol.**

COR Laranja-claro.

AROMA Atadura plástica. Um toque de toffee. Traços cítricos.

CORPO Doce e cremoso.

PALADAR Fruta doce e menta. Frutas verdes. Maçã. Um toque de especiarias. Base intensa de cevada.

FINAL Médio. Saboroso. Balanceado.

PONTUAÇÃO **75**

CONVALMORE **32 anos, Old Malt Cask, 48% vol.**

COR Latão-alaranjado.

AROMA Limão-siciliano e limão-taiti. Sorvete de laranja.

CORPO Médio e doce.

PALADAR Laranja sanguínea. Limão-siciliano amargo. Baunilha, depois especiarias. Surpreendentemente fresco e vivo para a idade.

FINAL Bem prolongado, cítrico, fechando com pimenta.

PONTUAÇÃO **83**

CRAGGANMORE

PRODUTOR Diageo
REGIÃO Terras Altas DISTRITO Speyside
ENDEREÇO Ballindalloch, Banffshire, AB37 9AB TEL. 01479 8747000
SITE www.discovering-distilleries.com/www.malts.com

EDIÇÕES ESPECIAIS NOS ANOS RECENTES demonstraram o quanto o malt whisky é complexo e especial. Apesar de constar entre os seis escolhidos para a série Classic Malt, este Speyside espetacular ainda não se tornou conhecido como deveria. A destilaria, fundada em 1869-70, é atraente, escondida numa depressão na parte alta do Spey. A água, de fontes próximas, alimenta os alambiques de formato inusitado, com o topo chato. Esses dois elementos constituem fatores importantes na complexidade deste malt. A versão costumeira, envelhecida em barris de xerez, e alguns engarrafamentos independentes proporcionam deleite quase igual. Cragganmore entra como componente dos blends Old Parr.

ESTILO DA CASA Austero, aromático, de uma secura pétrea. Para depois do jantar.

CRAGGANMORE 12 anos, 40% vol.

COR Dourado.

AROMA O mais complexo de todos os malts. Incrivelmente fragrante e delicado, com notas adocicadas de grama cortada e ervas (tomilho?).

CORPO Leve a médio, embora muito firme e macio.

PALADAR Delicado, puro; uma variedade enorme de notas herbáceas e florais.

FINAL Prolongado.

PONTUAÇÃO **90**

CRAGGANMORE **1984, Double Matured, 40% vol.**

Envelhecimento final em barris de Porto Ruby.

COR Âmbar-claro.

AROMA Mel de urze. Aromático. Cera de abelha. Estopa.

CORPO Firme e macio. Mais encorpado do que o 12 anos.

PALADAR Floral. Flor de laranjeira. Laranja doce. Cereja. Porto.

FINAL Floral, com secura equilibrada. Quente. Reconfortante.

COMENTÁRIO Connoisseurs talvez sintam falta da austeridade do original ou vão apreciar os complementos frutados e a doçura do vinho.

PONTUAÇÃO **90**

CRAGGANMORE **Distillers Edition, 40% vol.**

COR Marrom-dourado intenso.

AROMA Café. Baunilha intensa. Ameixa seca. Frutas em compota. Passas cozidas.

CORPO Rico e redondo. Suave e delicado.

PALADAR Suave e doce. Pêssego. Frutas macias. Um toque de fumaça. Frutas silvestres. Evolui.

FINAL Médio porém muito agradável, redondo e equilibrado. Complexo e cativante.

PONTUAÇÃO **90**

ALGUNS ENGARRAFAMENTOS INDEPENDENTES

CRAGGANMORE 1993

barril nº 1.910, Duncan Taylor, 59,8% vol.

COR Verde-claro amarelado.

AROMA Frutado. Vegetal. Um toque cítrico. Melancia.

CORPO Doce e cremoso.

PALADAR Adocicado e vigoroso. Frutas verdes. Melão. Anis.

FINAL Bem prolongado, com anis e pimenta.

PONTUAÇÃO **72**

CRAGGANMORE **15 anos, Duthies, 46% vol.**

COR Palha.

AROMA Sutil e contido. Uva fresca. Frutas puras suculentas. Doce.

CORPO Suave, cremoso e encorpado.

PALADAR Balas de limão-siciliano. Cremoso e doce. Fresco. Frutas exóticas em lata.

FINAL Médio a prolongado. Limão-siciliano e refresco de limão-taiti. Redondo.

PONTUAÇÃO **86**

CRAIGELLACHIE

PRODUTOR John Dewar & Sons Ltd. (Bacardi)
REGIÃO Terras Altas DISTRITO Speyside
ENDEREÇO Craigellachie, Banffshire, AB38 9ST
TEL. 01340 872971

O VILAREJO DE CRAIGELLACHIE – entre Dufftown, Aberlour e Rothes – situa-se no centro da região das destilarias de Speyside. Também fica aqui a Speyside Cooperage (tanoaria). O Fiddich se encontra com o Spey no local, e este último tem uma ponte projetada pelo famoso engenheiro escocês Thomas Telford. Craigellachie, fundada em 1891 e reformada em 1965, se pronuncia "Craig-ella-ki", com "i" curto.

O whisky de Craigellachie teve um perfil muito discreto quando era controlado pela Diageo; talvez venha a ser redescoberto sob o comando da Dewar's, que comercializou um 14 anos por algum tempo.

ESTILO DA CASA Doce, frutado, com nozes e malt. Para depois do jantar.

CRAIGELLACHIE 14 anos, Flora e Fauna, 43% vol.

COR Ouro-velho.

AROMA Fragrante. Ligeiramente defumado. Muito malt e cevada triturada.

CORPO Médio.

PALADAR Começa doce, com xarope e malt, dando lugar a nozes, depois fica bem frutado, com presença de laranja amarga.

FINAL Laranja. Levemente defumado. Aromático e quente.

PONTUAÇÃO **75**

DAILUAINE

PRODUTOR Diageo
REGIÃO Terras Altas DISTRITO Speyside
ENDEREÇO Carron, Aberlour, Banffshire, AB38 7RE
TEL. 01340 872500

Entre a famosa montanha Ben Rinnes e o rio Spey, no vilarejo de Carron, não muito distante de Aberlour, a destilaria Dailuaine ("Da-lu-ein") se esconde numa depressão do terreno. Seu nome significa "vale verde" e descreve adequadamente a paisagem. Fundada em 1852, foi reformada em muitas ocasiões.

Esta era uma das destilarias ao longo do vale do Spey que possuíam seu próprio ramal ferroviário para funcionários e visitantes – e como meio de transporte, para receber cevada ou malt e despachar whisky. Um trecho pequeno da linha de Speyside ainda circula, para turistas e visitantes, na estação de esqui de Aviemore; a locomotiva a vapor de Dailuaine trafegou por ela durante algum tempo, mas hoje está guardada e bem preservada em Aberfeldy, destilaria que antes pertencia ao mesmo grupo. Grande parte da estrada que sobe a montanha foi preservada para caminhadas e leva o nome de Speyside Way. O whisky de Dailuaine compõe há muito os blends do Johnnie Walker. Foi lançado como single malt na série Flora e Fauna, em 1991, e depois como Cask Strength Limited Edition.

ESTILO DA CASA Fortemente maltado, frutado, fragrante. Para depois do jantar.

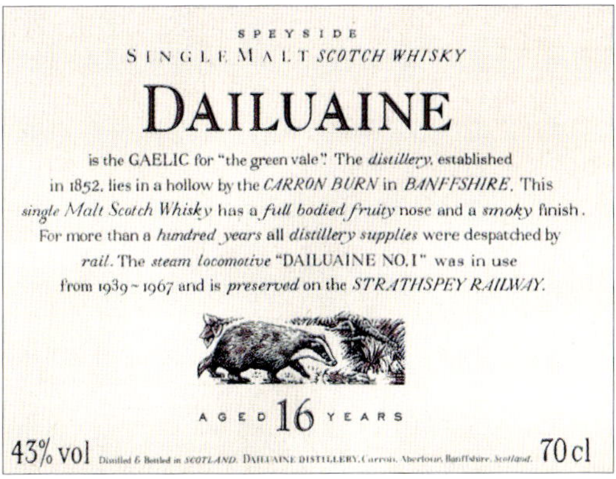

DAILUAINE 16 anos, Flora e Fauna, 43% vol.

COR Âmbar-avermelhado enfático.

AROMA Xerez seco. Perfumado.

CORPO Médio a encorpado. Macio.

PALADAR Xerez, com açúcar de cevada maltada, equilibrado por cedro seco ou fundo de carvalho.

FINAL Xerez, macio, aconchegante. Prolongado.

PONTUAÇÃO **76**

ALGUNS ENGARRAFAMENTOS INDEPENDENTES

DAILUAINE 9 anos, Provenance, 46% vol.

COR Ouro-intenso.

AROMA Caramelo suave. Toffee de banana.

CORPO Encorpado, cremoso e agradável.

PALADAR Toffee doce de banana primeiro. Depois, malt triturado, mastigável. Final de açúcar de confeiteiro.

FINAL Prolongado. Como glacê de bolo.

PONTUAÇÃO **77**

DAILUAINE 13 anos, 1993
Connoisseurs Choice, 43% vol.

COR Ouro-claro.

AROMA Contido. Sutil. Floral. Perfumado.

CORPO Médio a encorpado, doce e bem untuoso.

PALADAR Cevada pura e doce. Frutas verdes. Gooseberry. Um toque de especiarias.

FINAL Bem curto e condimentado.

PONTUAÇÃO **73**

DAILUAINE 14 anos, Duncan Taylor, N.C.2, 46% vol.

COR Amarelo-palha.

AROMA Prado primaveril. Floral. Limão-siciliano.

CORPO Melão. Rico e doce.

PALADAR Sorvete de limão-siciliano. Suco de grapefruit. Refrescante.

FINAL Curto e condimentado.

PONTUAÇÃO **70**

DALLAS DHU

PRODUTOR DCL
REGIÃO Terras Altas DISTRITO Speyside (Findhorn)
ENDEREÇO Forres, Morayshire, IV36 2RR
TEL. 01309 676548 VC

O NOME SIGNIFICA "vale da água preta". Nesta Dallas há um povoado bem menor do que seu descendente direto no Texas (cidade batizada em homenagem ao ex-vice-presidente dos EUA, George Mifflin Dallas, que seria de origem escocesa). A destilaria de Dallas Dhu foi fundada em 1899. Apesar de um incêndio em 1939, não sofreu grandes mudanças. Recentemente, seu whisky passou a fazer parte dos blends e vattings de Benmore, e como Dallar Mhor single malt.

A destilaria fechou em 1983 e reabriu ao público em 1988, sob a égide da Diretoria dos Prédios e Monumentos Históricos Escoceses. Não há planos de reativar a produção, mas os últimos lotes continuam no mercado, em lançamentos independentes.

ESTILO DA CASA Sedoso, com mel e toques de chocolate. Para depois do jantar.

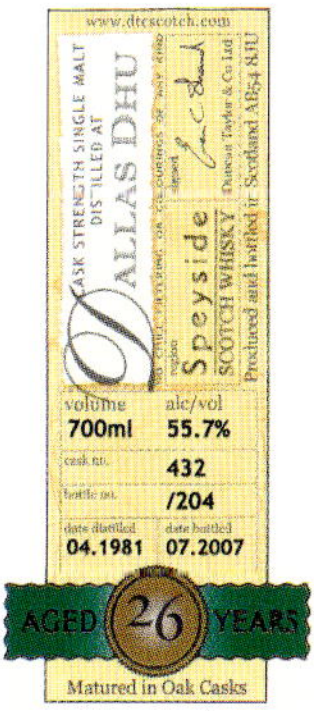

DALLAS DHU 26 anos, 1981, Duncan Taylor, 55,8% vol.

COR Amarelo-claro.

AROMA Casca de limão e sorvete de limão. Soda limonada. Sais de banho.

CORPO Médio a encorpado e agradável.

PALADAR Mel. Baunilha. Cevada. Frutas cítricas. Límpido e refrescante. Jovial para a idade. Pimenta no final.

FINAL Deliciosa mistura de fruta, cevada e especiarias. Prolongado.

PONTUAÇÃO **86**

DALMORE

PRODUTOR Whyte and Mackay Ltd.
REGIÃO Terras Altas DISTRITO Terras Altas do Norte
ENDEREÇO Alness, Morayshire, IV17 0UT
TEL. 01349 882362 SITE www.dalmoredistillery.co.uk

O PREÇO RECORDE PARA UMA GARRAFA DE WHISKY foi atingido em 2002, em leilão, quando um apreciador anônimo pagou cerca de US$ 38 mil por uma garrafa de Dalmore single malt 62 anos. Os recordes existem para ser quebrados, mas o resultado veio bem a tempo de valorizar a destilaria, que recentemente retornara a mãos escocesas. A venda recorde ocorreu na McTear's de Glasgow, uma casa de leilões. Com o passar dos anos, foi quebrado várias vezes, como no caso recente de um butt de xerez da Gonzalez Biass.

O responsável pelos vattings e blendings de Whyte and Mackay, Richard Patterson, é um pragmático da indústria. Deve ter comemorado com um charuto. Uma de suas criações, o Dalmore Gran Reserva, whisky intenso, é o acompanhamento ideal para um charuto cubano. Não

seria difícil imaginar os charutos de alta qualidade que ele fuma em seu escritório com paredes forradas de madeira, em Dalmore. Os painéis de carvalho antes decoravam um estande de tiro.

Dalmore, que teria sido fundada em 1839, pertenceu a uma família local distinta, os Mackenzies, amigos de James Whyte e de Charles Mackay, que criaram um nome famoso entre os blends escoceses. Depois, o proprietário foi a Jim Beam, do Kentucky. A diretoria adquiriu as destilarias escocesas da Jim Beam, promoveu a recuperação da marca Whyte and Mackay e vendeu a empresa em 2007 para o UB Group, sediado na Índia.

Dalmore possui uma sala de destilação incomum. Os alambiques de redestilação possuem uma câmara cônica no alto, e o destilado é resfriado ao passar por um tubo com água ("water jacket"), outra característica original. Há dois pares de destiladores, idênticos na forma, mas de tamanhos diferentes. Os depósitos ficam na beira do firth de Cromarty. Cerca de 85% do whisky é maturado em barris de bourbon, em sua maioria de primeiro uso, e o resto, em barris de oloroso doce e amontillado. Mas a mistura final se faz num butt de xerez.

ESTILO DA CASA Rico, saboroso, com geleia de laranja. Para depois do jantar.

DALMORE 12 anos, 40% vol.

COR Ouro-velho.

AROMA Calda de baunilha tipo fudge, geleia de laranja amarga em ponto de fio forte e um toque de couro.

CORPO Macio e aveludado.

PALADAR Xerez e especiarias, com notas delicadas de cítricos.

FINAL Médio, com gengibre, laranja amarga e um toque de baunilha.

PONTUAÇÃO **81**

DALMORE 15 anos, 40% vol.

COR Cobre novo.

AROMA Generoso. Doce. Toffee, xerez médio e laranjas maduras.

CORPO Médio, firme. Malt exuberante e um toque seco de nozes e gengibre.

PALADAR Especiarias natalinas e xerez.

FINAL Bem prolongado, com nozes e uma nota final de baunilha.

PONTUAÇÃO **83**

DALMORE Gran Reserva, 40% vol.

Conhecido antes como Cigar Malt, o malt para acompanhar charutos. Combinação de whiskies Dalmore de 10 a 20 anos, com predominância da faixa média.

COR Laranja-escuro.

AROMA Fumaça leve. Sugestões de chocolate amargo e creme de laranja.

CORPO Firme.

PALADAR Rico, redondo. Um toque de manteiga ao rum, depois mais seco e firme. Bala toffee dura. Toque de açúcar queimado. Leve fumaça. Não é enjoativo. Com um charuto, serve mais como complemento do que como contraste.

FINAL Leve, defumado, casca de árvores, amêndoas torradas, seco. Ganha pontos por originalidade e equilíbrio.

PONTUAÇÃO **81**

DALMORE 1263 King Alexander III, 40% vol.

Envelhecido em butts de oloroso vintage e Madeira, barris de bourbon vintage e barricas de Cabernet Sauvignon.

COR Âmbar-intenso.

AROMA Amêndoas, frutas silvestres, toffee duro e um leve toque de melado.

CORPO Firme.

PALADAR Complexo, com xerez e frutinhas frescas, ameixa, baunilha e toffee.

FINAL Cassis e um sinal de melado. Duradouro.

PONTUAÇÃO **83**

DALMORE 1973,
Chateau Haut Marbuzet Cabernet Sauvignon, 40% vol.

COR Rubi com reflexos ambarinos.

AROMA Polpa de uva, ameixa seca e calda. Depois, frutas macias e mel.

CORPO Médio, redondo.

PALADAR Bem cítrico, amoras, alcaçuz e vinho tinto frutado.

FINAL Prolongado, com especiarias. Ameixa e frutas vermelhas persistentes.

PONTUAÇÃO **83**

DALMORE 1974, 42% vol.

COR Ouro-âmbar profundo.

AROMA Laranja ao chocolate, banana, xerez doce e fundo de café.

CORPO Intenso e macio.

PALADAR Complexo, laranja, chocolate amargo, nozes e xerez antigo.

FINAL Prolongado e frutado. Suavemente seco.

PONTUAÇÃO **85**

DALMORE 40 anos, 40% vol.

COR Âmbar-intenso.

AROMA Clássico Dalmore: laranja, notas de pudim de frutas, fundo de carvalho.

CORPO Intenso e redondo.

PALADAR Toffee duro e chocolate amargo se combinam com laranja picante e amêndoas.

FINAL Prolongado e bem doce. Um toque de alcaçuz.

PONTUAÇÃO **84**

DALMORE **50 anos, 52,6% vol.**

Engarrafamentos ocasionais. Alguns continham parcelas de whiskies muito antigos, datados até de 1868. A alegria está no prazer de degustar um pouco de história. Um whisky assim tem mais memória do que musculatura. Disponível no Sheraton Hotel de Edimburgo.

COR Castanho.

AROMA Espantoso: ainda se pode discernir a fruta. Perfumado, como carvalho encerado. Rapidamente passa a fumaça surpreendentemente fresca e carvalho.

CORPO Perdeu um pouco de corpulência com o tempo, mas ainda tem certa substância.

PALADAR Laranja, branco do limão-siciliano, cassis em flor, seiva, carvalho, fumaça.

FINAL Carvalho queimado caramelizado.

PONTUAÇÃO **85**

DALMORE **62 anos, 40,5% vol.**

COR Carvalho-escuro.

AROMA Fumaça de castanha americana. Algarobeira. Tronco de macieira. Muito apetitoso.

CORPO Untuosidade de cera de abelha.

PALADAR Laranja. Hortelã. Mentol. Tabaco de cachimbo. Os intensos sabores Dalmore se acomodaram numa harmoniosa maturidade.

FINAL Suave. Surpreendente falta de adstringência da madeira. Percebe-se até certa doçura.

PONTUAÇÃO **86**

UM ENGARRAFAMENTO INDEPENDENTE

DALMORE **18 anos, destilado em 1990, engarrafado em 2009, barril nº 7.329, Duncan Taylor, 56,7% vol.**

COR Ouro, com reflexos acobreados.

AROMA Herbáceo, bem seco, com nozes.

CORPO Rico.

PALADAR Encorpado e intensamente doce. Bombons de frutas e amêndoas glaçadas, com uma pontada de especiarias.

FINAL Prolongado, acabando em pastilhas de frutas.

PONTUAÇÃO **80**

DALWHINNIE

PRODUTOR Diageo
REGIÃO Terras Altas DISTRITO Speyside
ENDEREÇO Dalwhinnie, Inverness-shire, PH19 1AB
TEL. 01540 672219
SITE www.discovering-distilleries.com/www.malts.com

Uma das destilarias mais altas da Escócia, que fica a 326m, Dalwhinnie tem os montes Monadhlaith de um lado e a floresta de Atholl, os montes Cairngorms e os Grampianos do outro. Seu nome em gaélico quer dizer "ponto de encontro". O vilarejo de mesmo nome situa-se no cruzamento de duas antigas rotas de gado que vinham do oeste e do norte, rumando para o Terras Baixas Centrais. Muito whisky contrabandeado passou por aquele caminho. A destilaria se chamava Strathspey quando abriu, em 1897.

ESTILO DA CASA Ligeiramente turfado. Grama cortada e mel de urze. Sabores límpidos em um fundo muito suave. Aperitivo.

DALWHINNIE 15 anos, 43% vol.

COR Ouro-brilhante.

AROMA Muito aromático, seco, levemente fenólico, com um toque de turfa.

CORPO Firme, algo untuoso.

PALADAR Notavelmente macio; desenvolvimento duradouro dos sabores. Aromático, as notas de mel de urze dão vez a grama cortada e doçura de malt, que se intensifica até que o sabor de turfa se sobressai.

FINAL Um longo crescendo.

PONTUAÇÃO ***76***

DALWHINNIE 15 anos,
Edição Friends of the Classic Malts, 56,9% vol.

COR Ouro-claro.

AROMA Difícil de definir: enxofre, goiaba, creme de coco. Álcool.

CORPO Leve e delicado.

PALADAR Delicado, embora apresente mais intensidade do que o aroma sugere. Frutas tropicais.

FINAL Fresco. Carvalho.

PONTUAÇÃO **70**

DALWHINNIE 1980, Double Matured, 43% vol.

Envelhecimento final em oloroso.

COR Dourado de sol a bronze.

AROMA Xerez oloroso, alcaçuz. Raízes e grama.

CORPO Firme, redondo.

PALADAR Bem doce, começando com toffee. Mel. Limão-siciliano. Longo desenvolvimento de sabores, com turfa, grama cortada, baunilha e carvalho novo. Bela combinação e equilíbrio. A doçura do xerez parece acentuar, por contraste, a costumeira turfa leve do Dalwhinnie.

FINAL Bem prolongado. Grama cortada, turfa, fumaça, carvalho.

PONTUAÇÃO **79**

DALWHINNIE 1990, Distillers Edition, 43% vol.

COR Laranja-acobreado.

AROMA Mel. Muitas frutas cítricas. Um pouco de tangerina e mandarina. Intenso e rico.

CORPO Doce. Suave. Melado.

PALADAR Mel. Cevada suculenta. Chocolate ao leite. Depois especiarias e pimenta. Turfa.

FINAL Bem prolongado. Mistura de mel, especiarias e turfa. Equilibrado e agradável.

PONTUAÇÃO **86**

DEANSTON

PRODUTOR Burn Stewart Distillers plc
REGIÃO Terras Altas DISTRITO Terras Altas do Leste
ENDEREÇO Deanston, próximo a Doune, Perthshire, FK16 6AG
TEL. 01786 841422 SITE www.burnstewartdistillers.com
enquiries@burnstewartdistillers.com

A CIDADE DE DOUNE ficou conhecida no século XVII pela manufatura de pistolas: algumas delas foram usadas contra as forças espanholas. Depois, o império contra-atacou. A companhia de bebidas de Trinidad, Angostura, adquiriu a Burn Stewart, dona da destilaria localizada em Deanston. A destilaria exibe uma história interessante. Fica numa antiga fábrica de algodão, projetada por Richard Arkwright em 1785 e ampliada em 1836. As máquinas eram movidas pelas águas do rio Teith. O suprimento de boa água deve ter contribuído para a decisão de transformar o prédio em destilaria numa época em que a indústria do whisky prosperava.

A destilaria Deanston foi inaugurada com esse nome em 1965-66, e o depósito de teto em arco passou a servir para envelhecimento. A destilaria prosperou durante os anos 1970, mas fechou durante as crises dos anos 1980. Na época, pertencia à Invergordon. Com o crescimento do interesse por single malts no final dos anos 1980 e início dos anos 1990, a Deanston foi adquirida pela responsável pelos blends, a Burn Stewart, e um número maior de versões deste agradável whisky chegou ao mercado.

ESTILO DA CASA Leve, ligeiramente untuoso, nozes, evoluindo para uma notável doçura de malt fresco. Revigorante.

DEANSTON 12 anos, 46,3% vol.

COR Ouro-velho.

AROMA Fresco e frutado, com malt e mel.

CORPO Médio.

PALADAR Cravo, gengibre, mel e malt.

FINAL Prolongado, bem seco e agradavelmente herbáceo.

PONTUAÇÃO **75**

DEANSTON 12 anos, 40% vol.

Exclusivo para Marks & Spencer.

COR Ouro-claro.

AROMA Feno recém-cortado, cevada, toffee, mel e carvalho novo.

CORPO Macio.

PALADAR Doce, com baunilha, mel e especiarias.

FINAL Médio em duração, com especiarias, carvalho agradável e cravo.

PONTUAÇÃO **73**

DEANSTON 30 anos, 46,7% vol.

Envelhecimento final em barril de xerez oloroso.

COR Ouro-médio.

AROMA Caramelo, amêndoas e laranja ao chocolate.

CORPO Firme.

PALADAR Intenso e frutado, com evolução em carvalho verde.

FINAL Médio a prolongado. Nozes.

PONTUAÇÃO **75**

DUFFTOWN

PRODUTOR Diageo
REGIÃO Terras Altas DISTRITO Speyside (Dufftown)
ENDEREÇO Dufftown, Keith, Banffshire, AB55 4BR
TEL. 01340 822100 SITE www.malts.com

O CONDE DE FIFE, James Duff, construiu uma formosa cidadezinha de pedra no alto de uma colina, em 1817. O nome se pronuncia "duff-ton". Dufftown encontra-se na confluência dos rios Fiddich e Dullan, no caminho para Spey. Há seis destilarias de malt ativas no local; de outras duas restam apenas os prédios, e não se espera que voltem a funcionar. A nona, Pittyvaich, foi demolida recentemente.

Só uma das destilarias usa Dufftown como nome. Esta e a Pittyvaich, sua vizinha extinta, pertenciam à Bell's até a companhia ser adquirida pela United Distillers, hoje Diageo. O prédio de pedra que abriga a Dufftown era um moinho de cereais até 1896, quando então surgiu ali um alambique, e houve duas ampliações nos anos 1970. Trata-se hoje de uma das maiores destilarias da Diageo, e grande parte de sua produção vai para o Bell's, o blend mais vendido no Reino Unido.

ESTILO DA CASA Aromático, seco, intenso no malt. Aperitivo.

SINGLETON OF DUFFTOWN, 40% vol.

COR Ouro-intenso.

AROMA Vegetal. Raízes. Toffee. Fraco.

CORPO Pouco afirmativo. Inofensivo.

PALADAR Estranho, não impressiona. Doce, com um pouco de cevada e fruta, mas reduzido. Sem graça.

FINAL Médio e picante.

PONTUAÇÃO **64**

UM ENGARRAFAMENTO INDEPENDENTE

DUFFTOWN 1976, AD Rattray, 55,4% vol.

COR Limão-siciliano amarelo.

AROMA Flores em vaso. Grama recém-cortada. Rahat lokum (doce turco).

CORPO Doce e cremoso.

PALADAR Doce. Limão-taiti. Um toque de anis. Salsão. Cevada.

FINAL Médio. Raízes, um pouco de carvalho e especiarias.

PONTUAÇÃO **75**

EDRADOUR

PRODUTOR Signatory Vintage Scotch Whisky Co. Ltd.
REGIÃO Terras Altas DISTRITO Terras Altas do Leste
ENDEREÇO Pitlochry, Perthshire, PH16 5JP TEL. 01796 472095
SITE www.edradour.co.uk E-MAIL info@edradour.fsbusiness.co.uk

A MENOR DESTILARIA DO PAÍS voltou a mãos escocesas independentes em 2002. Edradour é uma destilaria comercial que opera em escala artesanal, numa fazenda, usando equipamento muito antigo, aberto, cujo funcionamento é fácil de entender – um bônus para o visitante. Fica perto da estância turística de Pitlochry, com acesso fácil a Edimburgo e Glasgow. A mudança de proprietários de Edradour foi recebida com amplo otimismo.

Ao lado de Aberlour, destilaria de Speyside de porte bem maior, Edradour foi por alguns anos um posto avançado da Pernod Ricard na Escócia. Com a aquisição das dez destilarias de Chivas Brothers, os franceses ficaram com excesso de unidades. Eles cuidavam bem de Edradour, mas uma destilaria pequena como ela se beneficiaria com um comando individual. Foi então vendida para Andrew Symington, o ousado fundador da engarrafadora independente Signatory. Uma ampla gama de edições de Edradour surgiu em seguida, entre as quais single cask (barril único), variantes de cask strength (com o teor alcoólico do barril) e numerosos rótulos com diferentes "acabamentos" em madeira, enquanto o destilado Edradour mais carregado de turfa saía com o nome de Ballechin.

Edradour gosta de traçar sua história a partir do início da produção de whisky legal no planalto, em 1825, embora acredite-se que a destilaria presente tenha sido fundada em 1837. Ela se localiza no povoado de Balnauld, acima de Pitlochry.

ESTILO DA CASA Especiarias. Hortelã. Creme. Para depois do jantar.

EDRADOUR **10 anos, 40% vol.**

COR Ouro-velho.

AROMA Floral, com baunilha, caramelo e notas sutis de terra.

CORPO Macio.

PALADAR Rico, doce, picante e frutado.

FINAL Prolongado e doce.

PONTUAÇÃO **81**

EDRADOUR **10 anos, 1998, sem filtragem a frio, 46% vol.**

COR Ouro com reflexos âmbar.

AROMA Geleia de laranja doce, flores recém-cortadas, caramelo, leve alcaçuz.

CORPO Macio e redondo.

PALADAR Butterscotch, especiarias, pimenta suave.

FINAL Médio a prolongado; especiarias.

PONTUAÇÃO **83**

EDRADOUR **12 anos, 1995, barril nº 460, 57,2% vol.**

COR Âmbar-médio.

AROMA Nougat, laranjas maduras e passas brancas (sultanas).

CORPO Ligeiramente untuoso e encorpado.

PALADAR Malt, especiarias, frutas secas e um toque de couro.

FINAL Prolongado, com um pouco de gengibre.

PONTUAÇÃO **84**

EDRADOUR **2003, envelhecido em barris de Porto, 46% vol.**

Lançado em agosto de 2008.

COR Bronze, com reflexos rosados.

AROMA Claro e fragrante, com cerejas e outras frutas vermelhas.

CORPO Médio.

PALADAR Frutado, com abacaxi e vinho tinto.

FINAL Prolongado, com um pouco de geleia de framboesa defumada.

PONTUAÇÃO **83**

EDRADOUR 10 anos, 1997, direto do barril, envelhecimento final em barris de vinho D'Yquem, 57,7% vol.

COR Ouro-claro.

AROMA Meio doce, com damascos e nougat.

CORPO Redondo.

PALADAR Doce, com laranja ao chocolate, amêndoas e café solúvel.

FINAL Prolongado, com especiarias e nozes.

PONTUAÇÃO **83**

EDRADOUR 10 anos, 1998, direto do barril, envelhecimento final em barris de xerez, barril nº 325, 58,1% vol.

COR Âmbar-brilhante.

AROMA Ligeiramente mentolado. Xerez médio.

CORPO Rico.

PALADAR Encorpado e redondo. Intenso, coriáceo, com sabores de xerez frutado.

FINAL Médio a prolongado. Passas brancas, couro e especiarias.

PONTUAÇÃO **84**

EDRADOUR 10 anos, 1998, direto do barril, envelhecimento final em barris de vinho Sassicaia, 58,1% vol.

COR Rosê.

AROMA Rico, aromático e cremoso.

CORPO Médio.

PALADAR Suave, com frutas vermelhas, creme tipo custard e notas de chocolate ao leite.

FINAL O chocolate amarga de leve, e as especiarias se manifestam.

PONTUAÇÃO **83**

EDRADOUR 11 anos, 1997, direto do barril, envelhecimento final em barris de Moscatel, 58,3% vol.

COR Âmbar com reflexos dourados.

AROMA Lustra-móveis, limão-siciliano cristalizado e pimenta.

CORPO Suave e redondo.

PALADAR Bem seco. Notas de frutas. Levemente herbáceo.

FINAL Médio, seco.

PONTUAÇÃO **81**

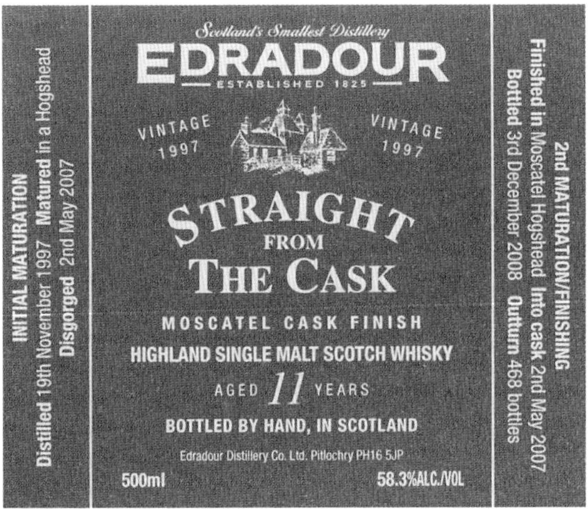

EDRADOUR 12 anos, 1996, direto do barril, envelhecimento final em barris de vinho Madeira, 56,7% vol.

COR Ouro-claro.

AROMA Passas, cera e frutas cítricas.

CORPO Exuberante.

PALADAR Toffee macio e canela.

FINAL Prolongado, com intensificação do gengibre e notas apimentadas.

PONTUAÇÃO **82**

EDRADOUR 12 anos, 1995, direto do barril, envelhecimento final em barris de Chardonnay, 56,9% vol.

COR Âmbar.

AROMA Denso e aromático. Ameixa seca, couro e fumaça suave.

CORPO Médio a encorpado.

PALADAR Ênfase no sabor frutado; desenvolvimento com especiarias.

FINAL Prolongado, com leve condimento (borracha).

PONTUAÇÃO **81**

EDRADOUR 12 anos, 1996, direto do barril, envelhecimento final em barris de Porto, 57% vol.

COR Ouro-claro com reflexos de cobre.

AROMA Bem frutado, com vinho doce, almiscarado.

CORPO Viscoso.

PALADAR Rico, com gengibre e notas posteriores de confeitaria.

FINAL Longo e apimentado.

PONTUAÇÃO **82**

EDRADOUR 25 anos, 1983, envelhecimento final em barris de Porto, 52,5% vol.

COR Cobre-brilhante.

AROMA Suave e maduro. Cerejas, sultanas, um sopro de fumaça.

CORPO Bem encorpado.

PALADAR Frutado e intenso, depois alcaçuz suave.

FINAL Passas e carvalho ligeiramente amargo.

PONTUAÇÃO **82**

EDRADOUR 2006, Ballechin, Discovery Series, Burgundy, 46% vol.

COR Ouro-velho.

AROMA Turfa suave, morangos. Depois, notas de nozes e carvão.

CORPO Redondo.

PALADAR Fumaça de turfa bem condimentada. Muito seco, depois cassis e toffee.

FINAL Médio em duração, com malt e turfa persistentes.

PONTUAÇÃO **81**

EDRADOUR 2007, Ballechin, Discovery Series, Madeira, 46% vol.

COR Ouro-claro.

AROMA Estábulo, flores secas, carvão e fundo de turfa.

CORPO Suave.

PALADAR Levemente herbáceo, com amêndoas, turfa discreta e farinha de aveia.

FINAL Médio a prolongado, turfa doce, terminando em páprica.

PONTUAÇÃO **82**

EDRADOUR 2008, Ballechin, Discovery Series, Porto, 46% vol.

COR Ouro-claro.

AROMA Um pouco de iodo, nozes, turfa condimentada e frutas vermelhas.

CORPO Médio e sedoso.

PALADAR Damascos e gengibre, com um toque cremoso.

FINAL Especiarias, depois turfa.

PONTUAÇÃO **84**

FETTERCAIRN

PRODUTOR Whyte and Mackay Ltd.
REGIÃO Terras Altas DISTRITO Terras Altas do Leste
ENDEREÇO Distillery Road, Fettercairn, perto de Laurencekirk, Kincardineshire, AB30 1YE TEL. 01561 340244

A PROPRIEDADE DA FAMÍLIA GLADSTONE, que deu à rainha Vitória seu famoso primeiro-ministro, abriga também a Fettercairn. Esta formosa destilaria de cor creme encontra-se no meio dos campos cultivados, na periferia do vilarejo de atraentes chalés georgianos que lhe deram o nome. Fundada em 1824, a Fettercairn incorporou a data aos rótulos de seus whiskies. Um malt chamado Fettercairn 1824, com 12 anos, foi lançado para substituir a edição anterior, com dez anos, engarrafada em 2001. É interessante observar que depois se seguiram diversas edições limitadas "da casa" deste single malt, negligenciado com frequência.

ESTILO DA CASA Levemente terroso, com nozes.
Para servir a um convidado, como aperitivo.

FETTERCAIRN 1824, 12 anos, 40% vol.

COR Âmbar-claro, com reflexos dourados.

AROMA Fresco e leve. Caramelo e traços de turfa.

CORPO Médio.

PALADAR Médio a seco, com nozes. Toffee perfumado.

FINAL Duração média. Especiarias e turfa sutil. Ligeiramente metálico.

PONTUAÇÃO **77**

FETTERCAIRN Barril de carvalho branco norte-americano, 15 anos, 62,6% vol.

COR Ouro-brilhante.

AROMA Notas florais atraentes, baunilha e mel.

CORPO Médio, sedoso.

PALADAR Bem equilibrado. Toffee, avelã e marzipã.

FINAL Médio em duração, mel persistente, especiarias.

PONTUAÇÃO **78**

FETTERCAIRN Barril de carvalho espanhol, 15 anos, 64% vol.

COR Carvalho-escuro.

AROMA Malt, caramelo, especiarias e açúcar demerara.

CORPO Encorpado.

PALADAR Xerez intenso, notas de mel e alcaçuz. Depois, especiarias e pimenta.

FINAL Médio a prolongado. Seco, com notas de chocolate amargo.

PONTUAÇÃO

FETTERCAIRN 23 anos, Cask Strength, 52% vol.

COR Mogno.

AROMA Rico, com xerez escuro, frutas em compota, especiarias e melado.

CORPO Encorpado.

PALADAR Doce e frutado. Nozes e toffee defumado.

FINAL Seca rapidamente. Nozes, um toque de alcaçuz e carvalho.

PONTUAÇÃO **78**

UM ENGARRAFAMENTO INDEPENDENTE

FETTERCAIRN 1992, Gordon & MacPhail, 46% vol.

COR Ouro-claro, com reflexos cor de cobre.

AROMA Inicialmente vegetal. Nozes e xerez sutil.

CORPO Macio.

PALADAR Malt, avelãs, cedro e especiarias.

FINAL Seco, com carvalho suave e notas de especiarias.

PONTUAÇÃO **74**

GLEN ALBYN

PRODUTOR DCL
REGIÃO Terras Altas DISTRITO Speyside (Inverness)
LOCAL DA ANTIGA DESTILARIA Telford Street, Inverness, Inverness-shire, IV3 5LD

UMA LOJA DE COMPUTADORES e outra de utensílios domésticos ocupam o local em Inverness onde antes funcionava Glen Albyn, uma destilaria de 140 anos, fundada pelo prefeito da cidade que muitos consideram a capital das Terras Altas. Antes da destilaria havia ali uma fábrica de cerveja. Resta apenas um pequeno pub, The Caley. O terreno acompanha um dos grandes feitos da engenharia escocesa, o canal Caledonian, um sonho de James Watt e Thomas Telford. O canal vai do Mar do Norte ao Atlântico, unindo o Loch Ness com uma série de outros lagos do Great Glen (também conhecido, conforme o ponto, como Glen Albyn ou Glen Mor, More ou Mhor). Existe um pub Glen Albyn em Inverness, sem vínculo com a destilaria. Albyn é uma variação de Albion ou Alba, nomes que um dia se aplicaram à Escócia, especialmente às Terras Altas.

As lojas ainda não abafaram a individualidade, o prazer sensual e o orgulho escocês proporcionado por uma destilaria local. Ainda resta o whisky, mas por quanto tempo?

ESTILO DA CASA Leve. Frutado, seco, com nozes. Aperitivo.

GLEN ALBYN **29 anos, Glenkeir Treasures, 56,5% vol.**

208 garrafas.

COR Bronze-profundo.

AROMA Vegetal. Alcachofra. Pepino. Verde.

CORPO Surpreendentemente intenso após sentir o aroma.

PALADAR Mel intenso. Especiarias amadeiradas.
Algum anis. Cevada cristalizada.

FINAL Médio, agradável e redondo.

PONTUAÇÃO **85**

GLEN ALBYN **1979, 29 anos, Rarest of the Rare, 53,2% vol.**

COR Limão-siciliano com tons esverdeados.

AROMA Leve. Floral. Limão-taiti e siciliano.
Um toque de especiarias.

CORPO Rico, encorpado e cremoso.

PALADAR Suave e intenso. Doce, muito rico. Bem límpido e redondo.
Sabor marcante de cevada. Especiarias doces.

FINAL Médio. Doce. Viscoso.

PONTUAÇÃO **83**

GLEN ALBYN **1975, Gordon & MacPhail, 46% vol.**

COR Ouro-claro com reflexos cor de cobre.

AROMA Frutas cítricas, caramelo amanteigado, fumaça.

CORPO Macio.

PALADAR Um pouco de turfa com malt condimentado.

FINAL A cremosidade da fruta persiste.

PONTUAÇÃO **74**

GLEN ELGIN

PRODUTOR Diageo
REGIÃO Terras Altas DISTRITO Speyside (Lossie)
ENDEREÇO Longmorn, Elgin, Morayshire, IV30 3SL
TEL. 01343 862000

GLEN ELGIN CONTA COM UM PEQUENO, mas aguerrido, grupo de fãs que acreditam que o whisky merece mais destaque como single malt. A edição de 16 anos, com teor alcoólico do barril, ajudou bastante na defesa da bebida. Seguiu-se um engarrafamento na série "hidden malts", faz alguns anos, muito respeitado e apreciado.

A destilaria em si nunca esteve escondida, mas passou anos estreitamente associada ao nome White Horse, em consequência de sua contribuição ao blend. A destilaria Glen Elgin é bem visível da estrada principal que passa pela cidade de mesmo nome. Embora tenha pouco mais de um século, a fachada data de 1964 e reflete o estilo clássico da DCL para o período.

Quando o rio Lossie se aproxima da cidade de Elgin, ele passa por oito destilarias em poucos quilômetros. Em Elgin vale a pena visitar a loja de whisky Gordon & MacPhail, bem como as ruínas da catedral do século XIII.

ESTILO DA CASA Mel e tangerina.
Como revigorante ou após o jantar.

GLEN ELGIN 12 anos, Hidden Malts, 43% vol.

COR Ouro-intenso.

AROMA Frutado e floral. Mel de urze. Pêssegos cozidos com especiarias. Toque de café em grão.

CORPO Leve, mas firme.

PALADAR Fresco e vivo, com gengibre. Um toque de mandarina.

FINAL Seco. Especiarias.

PONTUAÇÃO **77**

GLEN ELGIN 16 anos, 58,5% vol.

COR Marrom-dourado.

AROMA Amora, mirtilo, um toque de xerez. Pinheiro?

CORPO Encorpado, cremoso, denso na boca.

PALADAR Intenso, com xerez. Anis, depois carvalho vigoroso. Ameixa seca e cassis. Madeira.

FINAL Intenso, afirmativo. Especiarias e frutas escuras. Chocolate amargo. Seco.

PONTUAÇÃO **84**

GLEN ELGIN Centenary, 19 anos, 60% vol.

Garrafa 297 de 750 para comemorar a primeira destilação, em 1 de maio de 1900.

COR Âmbar-claro, com tons rosados.

AROMA Florado, mel de urze, com notas de especiarias, cedro e carvalho.

CORPO Texturado.

PALADAR Mel quente. Laranja azeda. Nozes torradas. Bem redondo. Elegante.

FINAL Fragrante. Prolongado e cremoso. Fumaça delicada.

PONTUAÇÃO **82**

GLEN ELGIN 32 anos, destilado em 1971, lançamento especial de 2003, 42,3% vol.

COR Ouro-intenso.

AROMA Fragrante. Cedro. Mel. Sedutor.

CORPO Macio, rico, denso na língua.

PALADAR Límpido, doce. Um toque de laranja azeda. Mel de urze intenso. Grão de cereal. Crocante. Um whisky adorável.

FINAL Gentilmente seco. Biscoito amanteigado.

PONTUAÇÃO **81**

GLEN ELGIN Managers' Choice, destilado em 1998, engarrafado em 2009, 61,1% vol.

Maturado em barris de carvalho europeu recuperados.

COR Ouro-outonal, com reflexos cor de cobre.

AROMA Lustra-móveis e toffee duro. Passas, ameixas secas, especiarias.

CORPO Macio.

PALADAR Laranja e pêssego, depois gengibre e pimenta-preta.

FINAL Seco, com alcaçuz.

PONTUAÇÃO **79**

ALGUNS ENGARRAFAMENTOS INDEPENDENTES

GLEN ELGIN 1991, Duncan Taylor, N.C.2, 46% vol.

COR Ouro-alaranjado. AROMA Xerez, enxofre e fruta. CORPO Complexo e afirmativo. PALADAR Confuso. Fumaça e fruta intensa. Agressivo, evolui. FINAL Prolongado e industrial. PONTUAÇÃO 72

GLEN ELGIN 16 anos, Old Malt Cask, 50% vol.

COR Latão. AROMA Toffee. Gengibre. Torta de limão-taiti. CORPO Límpido. Agradável. Equilibrado. Doce. PALADAR Límpido e doce. Pêssego e damasco. Especiarias. FINAL Agradável e doce. PONTUAÇÃO 70

GLEN GARIOCH

PRODUTOR Morrison Bowmore Distillers Ltd.
REGIÃO Terras Altas DISTRITO Terras Altas do Leste
ENDEREÇO Oldmeldrum, Inverurie, Aberdeenshire, AB51 0ES
TEL. 01651 873450 SITE www.glengarioch.com VC

GLEN GARIOCH É UMA DAS GEMAS ocultas da Escócia. Ou esquecida. Pertence à Morrison Bowmore, que dá preferência a Bowmore e, mais recentemente, a Auchentoshan. Em termos de sabor, Glen Garioch chega a confundir. Sua ênfase histórica na turfa tem sido menos óbvia em anos recentes, mas edições turfadas de Glen Garioch ainda existem no mercado. A destilaria possui um centro de visitantes agradável e recente, e vale a pena o pequeno desvio de rota para quem vai de Aberdeen ao coração de Speyside. A destilaria certamente tem uma bela história.

Primeiro, por sua antiguidade. Um anúncio em *The Aberdeen Journal*, de 1875, refere-se a uma destilaria autorizada a funcionar no local. Isso a torna oficialmente a mais antiga destilaria da Escócia. Em segundo lugar, destaca-se sua localização. O glen (vale) produz a melhor cevada escocesa – e essa é uma das poucas destilarias que ainda faz sua própria maltagem. Finalmente, há a questão da turfa. Quando a destilaria foi adquirida pelos atuais proprietários, em 1970, o mestre de maltagem, treinado em Islay, tinha a mão relativamente pesada em se tratando de turfa. O resultado era um whisky ao "estilo antigo", com sabor de fumaça, que a região das Terras Altas (Speyside) esquecera em larga medida. Um Highlander defumado revivido pode se tornar popular, numa época em que os whiskies das ilhas tomaram a iniciativa para si.

A produção parou em 1995, mas a destilação foi retomada em 1997. A construção em pedra, encimada por um relógio que poderia enfeitar um edifício municipal, dá para a vila de Oldmeldrum, na estrada de Aberdeen para Banff.

ESTILO DA CASA Ligeiramente turfado, floral, fragrante, condimentado. Aperitivo, quando mais jovem. Digestivo, se for envelhecido.

GLEN GARIOCH Highland Tradition, 40% vol.

COR Ouro.

AROMA Atraente, maltado. Fresco, casca de mandarina. Simples e charmoso.

CORPO Leve.

PALADAR Fresco e direto. Frutas vermelhas frescas. Malt.

FINAL Curto, mas refrescante.

PONTUAÇÃO **75**

GLEN GARIOCH 8 anos, 40% vol.

COR Ouro-intenso.

AROMA Folhas no outono, grama, um toque de turfa.

CORPO Médio, macio.

PALADAR Malt inicial. Amanteigado, mas puro. Depois, nozes, sabores vívidos.

FINAL Onda final de gengibre, mel e urze.

PONTUAÇÃO **76**

GLEN GARIOCH 10 anos, 40% vol.

COR Ouro.

AROMA Aromático e cítrico. Glacê de limão-siciliano, pêssego em lata, farelo de cereais. Tapete novo. Mais seco com água.

CORPO Redondo, mas fresco.

PALADAR Cereal, com uma nota cremosa para contrabalançar o malt firme.

FINAL Nozes. Curto.

PONTUAÇÃO **75**

GLEN GARIOCH 12 anos, 40% vol.

Destinado ao mercado asiático.

COR Bronze.

AROMA Fragrante, com turfa e folha. Um toque de oloroso seco?

CORPO Médio. Firme.

PALADAR Integra a doçura do mel de urze com a secura da fumaça de turfa.

FINAL Ecos dos dois elementos. Curto e quente.

PONTUAÇÃO **77**

GLEN GARIOCH 15 anos, 43% vol.

COR Ouro-intenso.

AROMA Predominância de turfa terrosa. Fumaça oleosa. Muito aromático.

CORPO Médio. Rico.

PALADAR Desenvolvimento bem gradual, de malt, alcaçuz, notas de raízes, urze, flores, fumaça perfumada. Encorpado, com personalidade.

FINAL Bem alongado, com especiarias. Quente.

PONTUAÇÃO **79**

GLEN GARIOCH 12 anos, 40% vol.

Edição especial para o National Trust (Patrimônio Histórico) da Escócia.

COR Ouro-intenso.

AROMA Pão, passas, malt, certa doçura. Chocolate.

CORPO Médio.

PALADAR O farelo de cereais fornece uma base fresca. Frutas secas com certa densidade. Para almoço.

FINAL Palheiro de feno.

PONTUAÇÃO **75**

ENGARRAFAMENTOS INDEPENDENTES

GLEN GARIOCH 20 anos, destilado em 1988, engarrafado em 2009, barril nº 1.558, Duncan Taylor, 54,4% vol.

COR Bronze-médio.

AROMA Perfumado, melão maduro, caramelo, couro e canela.

CORPO Encorpado.

PALADAR Intenso carvalho apimentado, com fundo de frutas suculentas.

FINAL Médio em duração. Relativamente quente.

PONTUAÇÃO **76**

GLEN GARIOCH 12 anos, Provenance, 46% vol.

COR Limão-siciliano amarelo-claro.

AROMA Tímido. Tinta a óleo. Caroço de limão-siciliano. Poeira.

CORPO Médio e doce.

PALADAR Untuoso. Discreto. Toques de especiarias. Cansado.

FINAL Médio e doce.

PONTUAÇÃO **64**

GLEN GARIOCH 16 anos, Old Malt Cask, 50% vol.

COR Ouro-intenso.

AROMA Maçã com especiarias. Um pouco de turfa. Frutas vermelhas ao xerez.

CORPO Cremoso e encorpado.

PALADAR Pêssego e damasco, depois um fundo rico em turfa.

FINAL Turfado, especiarias. Meio longo e frutado.

PONTUAÇÃO **82**

GLEN GRANT

PRODUTOR Campari Group
REGIÃO Terras Altas DISTRITO Speyside (Rothes)
ENDEREÇO Rothes, Morayshire, AB38 7BS TEL. 01340 832118

UM SOFISTICADO SUCESSO NA ITÁLIA, um clássico vitoriano na Escócia. Glen Grant era o único single malt em muitos bares de Glasgow a Gênova na época em que fora das Terras Altas poucos conheciam esse tipo de whisky. A destilaria, fundada em 1840 por John e James Grant, conquistou rapidamente uma reputação de boa qualidade. O político local proeminente James Grant desempenhou um papel fundamental para levar as ferrovias até a região, e elas, por sua vez, distribuíam seu produto. A sede com torres, o frontão triangular no estilo "barão escocês" e a destilaria delimitam um pátio pequeno. O filho de James Grant, major das forças armadas, trouxe plantas de suas viagens à Índia e à África para criar um jardim no vale atrás da destilaria. Em 1995, o jardim restaurado foi aberto aos visitantes.

Durante a maior parte de sua história, Glen Grant conquistou renome como single malt, em versões engarrafadas pelos negociantes. Vintages antigos ainda podem ser adquiridos, com a indicação dos engarrafadores (Gordon & MacPhail) em letras miúdas, no rótulo. Glen Grant é muito valorizado pelos blenders e há muito entra na composição do Chivas Regal. De fato, a destilaria e a marca já pertenceram à Chivas, mas em 2006 a Campari, companhia italiana, a adquiriu, incentivando uma série interessante de single casks, vintages e outros lançamentos em edição limitada.

ESTILO DA CASA Herbáceo, com toques de avelã. Quando mais jovem, funciona como aperitivo; mais idade e influência de xerez o tornam um bom malt para depois do jantar.

GLEN GRANT 5 anos, 40% vol.

COR Bem claro, como vinho branco.

AROMA Leve. Frutado seco. Alcoólico.

CORPO Leve. Ligeiramente pegajoso, quase uma resina.

PALADAR Alcoólico. Aguardente de pera.

FINAL Frutado e curto.

PONTUAÇÃO **65**

GLEN GRANT Single Malt, sem declaração de idade, 40% vol.

COR Ouro.

AROMA Frutado, floral, nozes e levemente alcoólico.

CORPO Leve, mas firme.

PALADAR Seco. Um pouco adstringente no início. Depois, suave, com nozes.

FINAL Herbáceo.

PONTUAÇÃO **74**

GLEN GRANT 10 anos, 43% vol.

COR Ouro-intenso.

AROMA Também seco, embora mais suave, com alguma doçura.

CORPO Leve a médio, sem interferência óbvia de xerez.

PALADAR Ligeiramente doce no início. Depois bem seco, com nozes.

FINAL Bem seco, com notas herbáceas.

PONTUAÇÃO **76**

GLEN GRANT Cask Strength, 15 anos, 59,9% vol.

O primeiro Glen Grant oficial de barril único, com teor alcoólico do barril; 378 garrafas.

COR Âmbar, com reflexos dourados.

AROMA Bem seco e frutado, com um toque de malt.

CORPO Médio.

PALADAR Rico e frutado, com pêssego, açúcar de cevada, gengibre e pimenta.

FINAL Médio a prolongado, com persistência de especiarias e permanência de frutas frescas.

PONTUAÇÃO **83**

GLEN GRANT 1992 Cellar Reserve, 46% vol.

COR Ouro-claro.

AROMA Meio doce, com pera quase madura. Leve urze.

CORPO Redondo.

PALADAR Frutas e malt fresco. Depois, nozes.

FINAL Médio em duração, com avelãs e gengibre.

PONTUAÇÃO **81**

ALGUNS ENGARRAFAMENTOS INDEPENDENTES

GLEN GRANT 11 anos, destilado em 1995, Dewar Rattray, 59,9% vol.

COR Ouro-brilhante.

AROMA No início, um tanto alcoólico. Leveduras, amêndoas e pimenta-preta.

CORPO Bem encorpado.

PALADAR Relativamente seco, com nozes e especiarias. Mais pimenta-preta.

FINAL Austero.

PONTUAÇÃO **74**

GLEN GRANT 13 anos, Duthie's, 46% vol.

COR Ouro, com reflexos bronze.

AROMA Levedura, cereal e perfume. Notas de grama.

CORPO Leve.

PALADAR Malt delicado, amêndoas e peras.

FINAL Curto e direto.

PONTUAÇÃO **77**

GLEN GRANT 1973, Berry's Own Selection, 46% vol.

COR Bronze-brilhante.

AROMA Mel, baunilha, xerez doce, laranja com fondant de chocolate.

CORPO Macio.

PALADAR Bem frutado: laranjas, nozes e especiarias. Defumado leve ao xerez.

FINAL Prolongado, com gengibre, carvalho e nozes.

PONTUAÇÃO **83**

GLEN GRANT 36 anos, destilado em 1972, engarrafado em 2009, barril nº 8.948, Duncan Taylor, 46,2% vol.

COR Ouro-claro.

AROMA Talco, rosas e notas profundas de vinho Madeira.

CORPO Sedoso.

PALADAR Mais seco, com mais nozes do que o aroma; notas florais e de pêssego.

FINAL Médio em duração, com gengibre e damasco.

PONTUAÇÃO **82**

GLEN MHOR

PRODUTOR DCL

REGIÃO Terras Altas DISTRITO Speyside (Inverness)

LOCAL DA ANTIGA DESTILARIA Telford Street, Inverness, Inverness-shire, IV3 5LU

Os puristas empregam a pronúncia gaélica, "Glen Vawr", rimando com "law" em inglês. Na destilaria, construída em 1892 e demolida em 1986, o poeta, romancista e pioneiro autor sobre whisky, Neil Gunn, trabalhou como fiscal ("exciseman"). Em seu livro, *Scotch missed*, Brian Townsend conta que Gunn foi inspirado por Glen Mhor quando deixou escapar a observação de que "até um homem ter a sorte de topar com um malt perfeitamente maduro, ele não saberá o que de fato é um whisky". Mesmo na época de Gunn, o Glen Mhor já existia como single malt, e os barris restantes ainda chegam aos engarrafadores independentes.

ESTILO DA CASA Aromático. Doce. Com sobremesa ou depois do jantar.

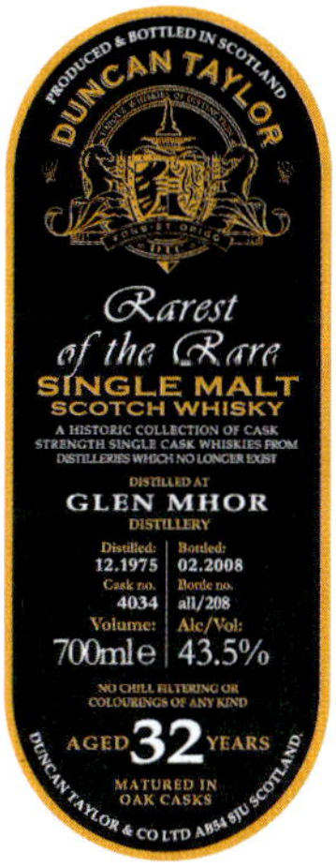

GLEN MHOR 32 anos, 1975, Rarest of the Rare, 40,5% vol.

COR Mel-dourado.

AROMA Delicado. Colônia perfumada. Talco.

CORPO Insubstancial e escasso.

PALADAR Frutas macias. Banana e polpa de laranja. Depois, uma onda de carvalho e pimenta.

FINAL Amargo e amadeirado.

PONTUAÇÃO **65**

GLEN MORAY

PRODUTOR La Martiniquaise
REGIÃO Terras Altas DISTRITO Speyside (Lossie)
ENDEREÇO Bruceland Road, Elgin, Morayshire, IV30 1YE
TEL. 01343 542577 SITE www.glenmoray.com

A NOTA DE VINHO que alguns encontram no Glen Moray é uma característica da casa que precede o entusiasmo da destilaria pelo envelhecimento final em barris de vinho, como os do vale do Rhône. Os primeiros envelhecimentos com Chardonnay e Chenin Blanc datam de 1999 e pareciam voltados a socialites. O uso de barris de vinho branco foi uma inovação no ramo. Até sua compra em 2008 pela companhia La Martiniquaise, sediada na França, Glen Moray pertencia aos donos da destilaria Glenmorangie, mais ao norte, que lançaram a ideia dos finais em "vinho", usando tintos, Portos e Madeiras.

Os nomes similares das duas destilarias antecedem o dono único. Por coincidência adicional, ambas haviam sido cervejarias. Glen Moray foi convertida em destilaria em 1897, ao ser adquirida por Macdonald & Muir (que mais tarde se tornou Glenmorangie), e ampliada em 1958. Seus whiskies são admirados, mas nunca se destacaram como glamourosos. Hoje em dia, passam por uma mudança de posicionamento: saias em vez de kilts – a destilaria antes adotava latas para presente com as cores dos regimentos das Terras Altas. A destilaria, bem-cuidada, fica em terreno pantanoso, perto do rio Lossie, nas imediações de Elgin.

ESTILO DA CASA Grama e notas de cevada. Aperitivo.

GLEN MORAY 8 anos, 43% vol.

Disponível principalmente na Itália.

COR Dourado bem claro e acetinado.

AROMA Fresco e macio. Doce, com um toque tardio de turfa oleosa.

CORPO Muito leve, mas macio e untuoso.

PALADAR Muito leve. Untuoso. Lembra gim.

FINAL Leve toque de cereal em grão. Depois, um calor bem leve, defumado.

PONTUAÇÃO **71**

GLEN MORAY Single Speyside Malt, sem declaração de idade, 40% vol.

Seis a dez anos em barris de bourbon, depois "suavizado" em Chardonnay.

COR Dourado bem claro.

AROMA Fresco, aromático, frutado. Como uma uva com casca. Uma insinuação de banana. Um toque muito leve de mar.

CORPO Muito macio, texturado.

PALADAR Melancia. Banana. Chocolate branco. Levemente cremoso. Biscoito amanteigado.

FINAL Casca de uva. Caroço de maçã. Feno. Grãos de cereais. Levemente seco, muito fresco.

PONTUAÇÃO **78**

GLEN MORAY 12 anos, 40% vol.

"Suavizado" em barris de Chenin Blanc.

COR Amarelo bem suave.

AROMA Pera. Nozes. Carvalho novo.

CORPO Macio, untuoso. Cera de abelha. Mel.

PALADAR Pera ao creme. Depois, vivaz, com frutado de pêssego. Hortelã.

FINAL Passas. Um tanto resinoso. Carvalho novo. Quente, reconfortante.

PONTUAÇÃO **76**

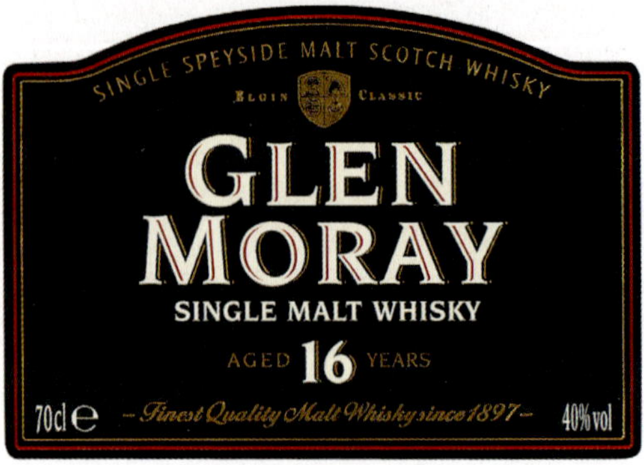

GLEN MORAY 16 anos, 40% vol.

COR Ouro-velho.

AROMA Muito aromático. Toques de cravo. Maçã, taninos.

CORPO Macio e bem firme.

PALADAR Mais afirmativo. Toffee, maçã, carvalho.

FINAL Prolongado. Toques de turfa. Grama. Folhas, resina. Apimentado.

PONTUAÇÃO **76**

GLEN MORAY 30 anos, 43% vol.

COR Ouro-brilhante.

AROMA Floral e elegante, com baunilha, noz-moscada e um pouco de fumaça no fundo.

CORPO Médio, untuoso.

PALADAR Frutado, com especiarias, lavanda, eucalipto, nozes e baunilha.

FINAL Médio a prolongado, com carvalho sutil, tâmaras e baunilha cremosa.

PONTUAÇÃO **79**

GLEN MORAY 1991, Mountain Oak Malt, The Final Release, 58,6% vol.

Maturado numa seleção única de barris de carvalho da montanha requeimado, da América do Norte.

COR Âmbar profundo.

AROMA Toffee mastigável, pastilhas de laranja, noz-moscada e baunilha. Um toque de hortelã.

CORPO Firme.

PALADAR Pera, abacaxi, fudge mole. Depois avelãs, melado e gengibre.

FINAL Prolongado, com tabaco, gengibre e um toque de pimenta.

PONTUAÇÃO **80**

ALGUMAS EDIÇÕES VINTAGE DE GLEN MORAY

GLEN MORAY 1974, envelhecido em barris de Porto, edição limitada, engarrafado em 1997

COR Ouro-intenso.

AROMA Adorável complexidade perfumada.

CORPO Mais rico do que nas outras versões.

PALADAR Óleo de cereais, novamente. Nozes torradas com mel.

FINAL Também perfumado. Amêndoas glaçadas.

Um malt de extraordinária delicadeza para depois do jantar.

Belo equilíbrio da personalidade da destilaria com o Porto.

PONTUAÇÃO **80**

GLEN MORAY 1973, 43% vol.

COR Ouro-claro, com tons de verde.

AROMA Muito doce, mesmo assim extraordinariamente puro.

CORPO Muito macio.

PALADAR Bem complexo, com notável desenvolvimento de sabores doces (cevada, malt e chocolate), além de delicadas notas de especiarias.

FINAL Leve doçura, leve turfa. Prolongado e permanente, com ondas de sabor.

PONTUAÇÃO **78**

GLEN MORAY 1966, 43% vol.

COR Âmbar-sólido.

AROMA Nozes, sucos, carvalho, mas fresco.

CORPO Macio, suave.

PALADAR Secura de noz, doçura de malt, um toque de grama turfada. Bem equilibrado e redondo. Um malt confiante, elegante.

FINAL Doce e seco, com vitória deste último. Toques de seiva de carvalho. Uma curiosa nota de especiarias no final.

PONTUAÇÃO **80**

GLEN MORAY 1959, engarrafado em 1999, 48,4% vol.

COR Âmbar-intenso.

AROMA Bolo de frutas molhado no xerez.

CORPO Muito cremoso.

PALADAR Rico. Bolo de frutas. Secura de groselha queimada. Nozes intensas, com desenvolvimento de amêndoas e marzipã.

FINAL Secura leve, de nozes. Mastigável. Prolongado. Depois, um toque de carvalho queimado.

PONTUAÇÃO **79**

GLEN ORD

PRODUTOR Diageo
REGIÃO Terras Altas DISTRITO Terras Altas do Norte
ENDEREÇO Muir of Ord, Ross-shire, IV6 7UJ TEL. 01463 872004
SITE www.discovering-distilleries.com/www.malts.com

O LANÇAMENTO DE UM "Hidden Malt" 12 anos da Glen Ord, em 2003, foi muito bem recebido; deixou, porém, uma questão no ar. Por que foi escondido, afinal? Por que obrigaram a destilaria a brincar de esconde-esconde por tantos anos? Sob diferentes direções, o whisky ocupou inúmeras posições no portfólio de marketing. Recebeu nomes diversos: Glenordie, Ordie, Ord, Muir of Ord. A mais recente adição à lista, Singleton of Glen Ord, é uma versão com mais barris de xerez do que o normal, voltada ao mercado asiático, Taiwan em particular, onde se aprecia muito o paladar do xerez. O 12 anos original tem sido cada vez mais difícil de encontrar no mercado europeu.

A destilaria situa-se num vilarejo chamado Muir of Ord ("o charco perto do morro"), a oeste e norte de Inverness. Naquela região se fazia o Ferintosh, o primeiro whisky a ficar famoso. Glen Ord também faz sua própria maltagem (do tipo tambor). A destilaria e os maltings dão para os campos de cevada de Black Isle.

ESTILO DA CASA Saboroso, com toques de rosa, especiarias (canela?) e malt, com final seco. Para depois do jantar.

GLEN ORD 12 anos, Hidden Malt, 43% vol.

COR Ouro-intenso.

AROMA Fresco. Terra arada, narciso. Resina. Passas brancas. Malt. Um toque de enxofre.

CORPO Médio, firme.

PALADAR Grama seca, canela, depois toffee. Quente.

FINAL Malte e carvalho.

PONTUAÇÃO **78**

SINGLETON OF GLEN ORD 12 anos, 40% vol.

Envelhecido em barris de xerez e bourbon.

COR Ouro-rico.

AROMA Floral, xerez doce, marzipã, ameixa madura e pêssego.

CORPO Macio e redondo.

PALADAR Encorpado, maltado, acessível, com xerez, canela e avelãs.

FINAL No início, pastilha para tosse, seguida de fruta macia, pétalas de rosas e taninos suaves de carvalho.

PONTUAÇÃO ***82***

GLEN ORD 1974, 23 anos, Rare Malts, 60,8% vol.

COR Prímula bem clara.

AROMA Muito fresco, afirmativo. Folhas, um pouco de turfa. Fumaça fragrante.

CORPO Cheio, macio, ligeiramente viscoso.

PALADAR Malte, nozes, passas, gengibre, casca de limão-siciliano, rosas.

FINAL Especiarias, flores, turfa.

PONTUAÇÃO ***78***

GLEN ORD 18 anos, Old Malt Cask, 50% vol.

COR Amarelo-esverdeado.

AROMA Toffee de banana. Baunilha.

CORPO Médio, macio e doce.

PALADAR Menta. Maçã doce. Melão. Agradável.

FINAL Bem doce e frutado, depois especiarias.

PONTUAÇÃO ***81***

GLEN SCOTIA

PRODUTOR Loch Lomond Distillery Co. Ltd.
REGIÃO Campbeltown
ENDEREÇO 12 High Street, Campbeltown, Argyll, PA28 6DS
TEL. 01586 552288 *Visitas só com reserva*
E-MAIL mail@lochlomonddistillery.com

AO LADO DE GLENGYLE E SPRINGBANK, Glen Scotia é um dos poucos sobreviventes da região de malt whisky de Campbeltown, e a destilaria sofreu nas últimas décadas, com períodos de silêncio e falta de investimento.

Apesar de um projeto de renovação ambicioso, de 1979 a 1982, a produção tem sido relativamente esporádica desde então. Sob o controle da companhia Loch Lomond, Glen Scotia atualmente destila cerca de 100 mil litros por ano, meros 15% de sua capacidade total.

Em 2005, uma edição 12 anos foi lançada para substituir a anterior, com 14 anos. Dá a impressão de que os atuais proprietários estão prestando mais atenção à seleção dos barris, um tanto descuidada em épocas anteriores.

Fundada em 1832, Glen Scotia é conhecida por mais de uma manifestação do espírito: consta que seria assombrada por um antigo dono, que se afogou no loch de Campbeltown.

ESTILO DA CASA Fresco, salgado. Como aperitivo ou com alimentos salgados.

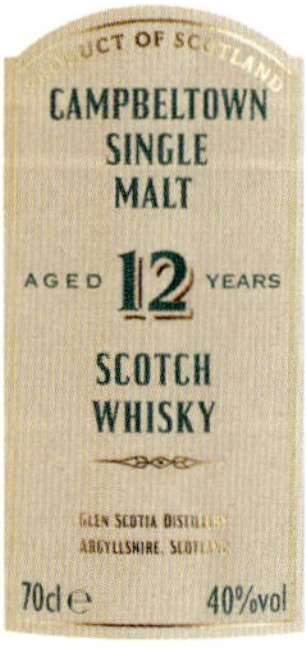

GLEN SCOTIA 12 anos, 40% vol.

COR Ouro.

AROMA Fumaça de turfa frutada e malt amanteigado. Ligeiramente marítimo.

CORPO Untuoso.

PALADAR Doce, resinoso, com fumaça e nozes.

FINAL Médio a prolongado, com persistência de fumaça e especiarias.

PONTUAÇÃO **80**

ENGARRAFAMENTOS INDEPENDENTES

A qualidade dos engarrafamentos independentes costuma variar, pois os bons barris escassearam.

GLEN SCOTIA 15 anos, Old Malt Cask, 50% vol.

COR Marrom-escuro com sedimentos. AROMA Como mofado. Equipamento de críquete molhado. Folhas molhadas amassadas. CORPO Fino. Penetrante. Seco. PALADAR Noz queimada. Taninos. Chili. Pimenta seca. FINAL Esquisito. Amargo. Amadeirado. PONTUAÇÃO 66

GLEN SCOTIA 16 anos, Scotch Malt Whisky Society (93.33), 64,3% vol.

COR Ouro-claro. AROMA Complexo. Pera madura, caramelo e salmoura. CORPO Levemente untuoso. PALADAR Maçã e fumaça de fogueira. Com adição de água, surge pólvora. FINAL Prolongado, com nozes e gengibre. PONTUAÇÃO 86

GLEN SCOTIA 16 anos, 1992, Berry's Own Selection, 55,7% vol.

COR Ouro-escuro. AROMA Inicial de urze, mel. Depois, emerge melado escuro, ameixa-de-damasco e pimenta. Ligeiramente medicinal. CORPO Viscoso. PALADAR Encorpado e alcoólico, caramelo e um toque de canela. FINAL Médio a prolongado. Pêssego maduro, cravos e carvalho com especiarias. PONTUAÇÃO 84

GLEN SCOTIA 17 anos, Duthie's, 46% vol.

COR Ouro-claro. AROMA Bem comportado, com malt delicadamente condimentado e tangerina. CORPO Levemente untuoso. PALADAR Frutado, depois caramelo. FINAL Especiarias, secura lenta. PONTUAÇÃO 80

GLEN SPEY

PRODUTOR Diageo
REGIÃO Terras Altas DISTRITO Speyside (Rothes)
ENDEREÇO Rothes, Aberlour, Banffshire, AB38 7AU
TEL. 01340 882000

DATADO DOS ANOS 1880, Glen Spey situa-se em Rother. Grande parte de seu whisky se destina ao blend de um aristocrático negociante de vinhos e destilados de St. James's, em Londres (por coincidência, a vizinha Glenrothes segue um caminho paralelo). No caso de Glen Spey, o negociante é Justerini & Brooks, que comercializa o blend J&B.

Giacomo Justerini era italiano, de Bolonha. Emigrou para a Grã-Bretanha por causa de uma cantora de ópera, Margherita Bellion, em 1749. O romance, ao que consta, não deu certo, mas Justerini passou a trabalhar na Grã-Bretanha, fazendo licores. Em 1779, vendia whisky escocês. Brooks entrou depois como sócio da firma. O empreendimento fez parte da Gilbeys por algum tempo, quando houve um Glen Spey 8 anos com notas de nozes e grama.

ESTILO DA CASA Leve, grama, nozes. Aperitivo.

GLEN SPEY 12 anos, Flora e Fauna, 43% vol.

COR Ouro-intenso.

AROMA Malte (biscoitos rich tea). Poeira. Cunquate. Folhas. Hortelã.

CORPO Médio. Untuoso.

PALADAR Vivaz. Começa intensamente doce, com leves notas cítricas, depois se torna seco.

FINAL Fresco. Casca de limão-siciliano. Seiva.

PONTUAÇÃO *75*

GLEN SPEY 17 anos, Old Malt Cask, 50% vol.

COR Amarelo-esverdeado.

AROMA Doce. Toffee. Bourbon. Baunilha. Chiclete de hortelã.

CORPO Macio, amplo na boca.

PALADAR Vivaz. Alcaçuz vermelho. Pêssego. Fruta macia. Banana. Menta. Depois, taninos.

FINAL Encorpado, firme e doce, com notas de madeira e especiarias.

PONTUAÇÃO *69*

GLENALLACHIE

PRODUTOR Chivas Brothers (Pernod Ricard)

REGIÃO Terras Altas DISTRITO Speyside

ENDEREÇO Aberlour, Banffshire, AB38 9LR TEL. 01340 871315

Os verdadeiros amantes do whisky querem experimentar todos, e, embora Glenallachie (pronuncia-se "gle-na-le-ci") desfrute de modesta fama, constitui um bom exemplo de um Speysider sutil, delicado e floral.

A destilaria, construída em 1967, dedicava-se basicamente a fornecer malte para os blends de Mackinlay. Foi temporariamente desativada no final dos anos 1980, depois adquirida e reaberta pela Campbell Distillers, no fim da década. Sua água vem de uma fonte no Ben Rinnes, nas cercanias de sua colega famosa, Aberlour. Apesar da proximidade, a água das duas destilarias é diferente; consequentemente, o whisky também. Glenallachie, é mais leve, ácido, seco e delicado; Aberlour é rico, sensual, doce, maltado.

ESTILO DA CASA Puro, sutil, delicado. Aperitivo.

GLENALLACHIE 12 anos, 40% vol.

A edição Mackinlay é difícil de encontrar atualmente.

COR Muito clara.

AROMA Toque de turfa. Fragrante. Ligeiramente maltado.

CORPO Leve, porém firme.

PALADAR Adoravelmente puro, macio e delicado.

FINAL Começa doce e desenvolve um final prolongado, aromático. Uma boa opção para antes do jantar.

PONTUAÇÃO **75**

GLENALLACHIE Cask Strength Edition, 18 anos, destilado em 1989, engarrafado em 2008, lote GA 18.005, 57,1% vol.

COR Mogno-escuro com tons avermelhados.

AROMA Cravo, cardamomo, couro.

CORPO Encorpado, mastigável.

PALADAR Xerez intenso, com cravo. Pudim de frutas com presença de especiarias, passas e tâmaras. A água abre e acentua o cravo.

FINAL Prolongado. Cravo, couro, um pouquinho de tabaco e um traço de enxofre que não chega a desagradar.

COMENTÁRIO Envelhecido em butts de xerez de primeiro uso, é espetacular para apreciadores de xerez, embora isso mascare qualidades sutis da destilaria.

PONTUAÇÃO **85**

GLENALLACHIE 12 anos, Provenance, 46% vol.

COR Limão-siciliano claro.

AROMA Puro. Bala de frutas doces. (Lima?)

CORPO Agradável. Médio e neutro.

PALADAR Frutas amarelas. Baunilha suave. Doce e fresco.

FINAL Médio e doce. Um toque de noz-moscada. Agradável.

PONTUAÇÃO **69**

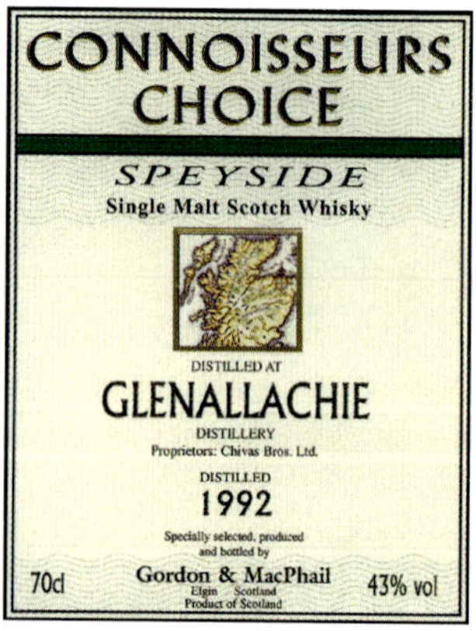

GLENALLACHIE 1992, Connoisseurs Choice, 43% vol.

COR Ouro-claro.

AROMA Limão-siciliano amanteigado. Um fundo forte de turfa.

CORPO Médio a encorpado.

PALADAR Débil. Cevada pura e gengibre. Um pouco de maçã verde. Traços de taninos. Pouca profundidade.

FINAL Médio a prolongado, com maçã e um toque de pimenta.

PONTUAÇÃO **63**

GLENBURGIE

PRODUTOR Chivas Brothers (Pernod Ricard)
REGIÃO Terras Altas DISTRITO Speyside (Findhorn)
ENDEREÇO Forres, Morayshire, IV36 0QX TEL. 01343 850258

GLENBURGIE NÃO É MUITO CONHECIDA por seus whiskies, e os malts raramente são engarrafados. Mas a destilaria cresceu nos últimos anos e hoje apresenta um desempenho notável, criando um whisky destinado basicamente ao Ballantine's, blend que conheceu sucesso considerável sob o comando da Pernod Ricard. Glenburgie é uma destilaria de ponta e produz mais de 4 milhões de litros anuais de destilados. Entre os admiradores do whisky frutado e herbáceo da Glenburgie, encontra-se o escritor Maurice Walsh, cujo conto "The Quiet Man" tornou-se filme, estrelado por John Wayne e Maureen O'Hara. Assim como Robert Burns e Neil Gunn, Walsh tinha um emprego "diurno" de fiscal, em seu caso, na Glenburgie. Uma demonstração mais técnica e menos romântica do valor dessa destilaria está em seu segundo malt whisky.

A história da destilaria começou em 1810, e ela está no lugar atual desde 1829, na bacia do Findhorn, em Alves, entre Forres e Elgin. Passou por uma ampliação depois da Segunda Guerra, num momento em que os estoques de whisky baixaram. Na época, algumas destilarias da Allied receberam alambiques adicionais de formato diferente, para ampliar a linha de produtos. Esses alambiques "Lomond", com pescoço em forma de coluna, produzem um malt mais untuoso e frutado. O whisky dos Lomond da Glenburgie recebeu o nome de Willie Craig, um dos diretores da empresa. Os alambiques foram removidos no início dos anos 1980, mas o Glencraig ainda pode ser encontrado em edições independentes.

ESTILO DA CASA Untuoso, frutado, herbáceo. Aperitivo.

GLENBURGIE 15 anos, 46% vol.

COR Ouro-brilhante.

AROMA Doçura atraente. Fragrante. Pralina. Um toque de casca de laranja.

CORPO Médio, firme.

PALADAR Redondo, aveludado. Afirmativo. Frutado, com toffee.

FINAL Seco. Folhas. Toque de alcaçuz.

PONTUAÇÃO **76**

GLENBURGIE Cask Strength Edition, 15 anos, destilado em 1992, engarrafado em 2007, lote GB 15.001, 58,8% vol.

COR Ouro-velho empoeirado.

AROMA Doce, travoso. Pimenta-da-jamaica e pecãs. Toque de casca de laranja. Traços de eucalipto, extraídos graças a algumas gotas de água. (Vagem madura?)

CORPO Mastigável, denso na boca.

PALADAR Vegetação. Especiarias. Pinheiro.

FINAL Prolongado e seco, com notas de laranja.

PONTUAÇÃO **84**

UM ENGARRAFAMENTO INDEPENDENTE DE GLENCRAIG

GLENCRAIG 1974, 34 anos, Rarest of the Rare, 40,3% vol.

COR Amarelo com tons esverdeados.

AROMA Traços de menta. Borracha de lápis. Geleia de fruta. Doce. Puro.

CORPO Bem leve e suave.

PALADAR Muito puro. Sem defeitos ou imperfeições do barril. Cevada doce. Traços de limão-siciliano e grapefruit.

FINAL Médio, doce e frutado.

PONTUAÇÃO **82**

GLENCADAM

PRODUTOR Angus Dundee Distillers plc
REGIÃO Terras Altas DISTRITO Terras Altas do Leste
ENDEREÇO Brechin, Angus, DD9 7PA TEL. 01356 622217

GLENCADAM É UM WHISKY EXCELENTE E CREMOSO, feito com malt sem turfa. Apropriadamente, a maior parte da produção da destilaria tem ido para o Cream of the Barley, originalmente um blend de Dundee, hoje muito popular em Belfast.

A pequena e formosa destilaria, em Brechin, fundada em 1825, foi modernizada em 1959. A água branda corre por incríveis 48km de tubulações, desde o Loch Lee, no alto de Glen Esk. Como a vizinha North Port fechou, Glencadam tornou-se a única sobrevivente naquele trecho da costa. A destilaria foi adquirida em 2003 por Angus Dundee, da Allied Domecq.

Glencadam utiliza principalmente barris de bourbon de primeiro uso e enche somente alguns butts de xerez por ano. Isso torna o novo lançamento, um 25 anos, uma edição muito especial.

ESTILO DA CASA Cremoso, com sugestão de frutas silvestres. Com sobremesa ou depois do jantar.

GLENCADAM 10 anos, 46% vol.

COR Ouro-claro.

AROMA Morango e baunilha.

CORPO Moderadamente robusto.

PALADAR Cremoso, com um toque de frutas silvestres, talvez cassis.

FINAL Traços de especiarias.

PONTUAÇÃO **73**

GLENCADAM 15 anos, 46% vol.

A edição antiga.

COR Ouro-velho.

AROMA Perfumado. Floral, elegante. Frutas vermelhas maduras. Pudim de ameixa, pêssego Melba.

CORPO Encorpado, sedoso.

PALADAR Macio, denso na boca. Cremoso. Iogurte de morango. Redondo.

FINAL Um pouco tímido, mas doce e gratificante.

PONTUAÇÃO **73**

GLENCADAM **15 anos, 46% vol.**

COR Dourado.

AROMA Especiarias, com toques de frutas silvestres.

CORPO Moderadamente encorpado e macio.

PALADAR Carvalho e frutas silvestres, com uma nota de sal grosso. Carvalho intenso. Morango com traços de baunilha e especiarias.

FINAL Carvalho prolongado com especiarias.

PONTUAÇÃO **76**

GLENCADAM **25 anos, 46% vol.**

COR Mogno-claro, com tons avermelhados.

AROMA Xerez intenso, cassis, frutas silvestres, cravo, couro. Complexo e instigante.

CORPO Denso na boca. Quente.

PALADAR Couro intenso, cardamomo, frutas escuras, tâmaras, passas com uma pitada de pimenta. Especiarias e frutas – um pudim de frutas. O xerez é bem equilibrado e complexo. Espetacular.

FINAL Torta de morango, cassis, baunilha e tabaco. Prolongado, com agradável persistência.

PONTUAÇÃO **86**

DOIS ENGARRAFAMENTOS INDEPENDENTES

GLENCADAM **11 anos, Provenance, 46% vol.**

COR Ouro-líquido.

AROMA Mentol. Turfa. Ameixa.

CORPO Fraco, sem personalidade.

PALADAR Amargo. Fuligem. Especiarias. Penetrante.

FINAL Curto.

PONTUAÇÃO **63**

GLENCADAM **17 anos, Dewar Rattray Cask Collection, barril de bourbon nº 5.990, destilado em 2 de outubro de 1990, engarrafado em 17 de março de 2008, 58,4% vol.**

COR Ouro-claro.

AROMA Açúcar mascavo, laranja.

CORPO Encorpado, levemente untuoso.

PALADAR Laranja, cookies amanteigados. Um traço de especiarias e carvalho.

FINAL Casca de laranja e muita pimenta-preta.

PONTUAÇÃO **75**

GLENDRONACH

PRODUTOR Benriach Distillery Company
REGIÃO Terras Altas DISTRITO Speyside (Deveron)
ENDEREÇO Forgue, by Huntly, Aberdeenshire, AB54 6DB
TEL. 01466 730202 VC

O RECENTE INTERESSE POR WHISKY garantiu a curiosidade em torno das vendas potenciais de qualquer destilaria, e isso foi provado quando os donos de Glendronach, da produtora Pernod Ricard, colocaram o produto no mercado, depois de herdá-lo quando a Allied se dissolveu, e não conseguiram encontrar um lugar para ele no portfólio da companhia.

Os novos donos são da mesma equipe que recuperou magnificamente o nome e os produtos Benriach. Liderados pelo impecável Billy Walker, dedicaram-se a devolver esta destilaria a sua sensacional glória impregnada de xerez.

A produção de Glendronach reiniciou-se em 2002, e os proprietários na época anunciaram planos para um 12 anos de estilo novo. Se será lançado nos próximos quatro ou cinco anos ainda é duvidoso, mas, se isso ocorrer, haverá mais um whisky na lista de edições da destilaria com essa idade.

Com o passar dos anos, o Glendronach 12 teve uma série de diferentes estilos. A certa altura, havia uma agradável escolha entre "The Original" (segundo uso, predomínio de bourbon) e uma versão rotulada de "100% maturado em barris de xerez". Os dois foram substituídos pelo "Traditional", que tentou somar todas essas virtudes. Problemas de estoque levaram à troca pelo 15 anos, que também se tornou difícil de encontrar no mercado.

A destilaria tem um bom estoque, e Walker procurou aumentá-lo com sucesso. Proclamou a sua intenção de resgatar a reputação de Glendronach com whiskies intensos, com muito xerez, o que ocorreu com os primeiros lançamentos no novo regime. Ele pretende transferir parte do estoque dos barris de bourbon para outros de xerez, também.

Os whiskies são muito apreciados pelos fãs do malt, e o local em si desperta também afeição. No interior da fértil região produtora de cevada de Aberdeenshire, o glen de Dronac Burn esconde quase inteiramente o conjunto de prédios que forma a destilaria – embora seja difícil ocultar o pagode. Os floor maltings ainda não foram retomados, mas tudo indica que o serão.

A destilaria possui uma mansão própria, jardins de flores e horta de temperos, como se fosse uma pequena propriedade rural em atividade (Domaine Dronac?).

O quinto duque de Gordon, responsável pela legalização da destilação nas Terras Altas nos anos 1820, teria encorajado os fazendeiros locais a construir essa destilaria. Mais tarde, ela passou às mãos da família de William Grant (donos da Glenfiddich) e, em 1960, foi adquirida para ajudar a fornecer o fundo de malt do conhecido blend Teacher's.

ESTILO DA CASA Macio e intenso, com uma presença provocante de malt doce e seco. Destaque no xerez. Para depois do jantar.

GLENDRONACH 12 anos, 40% vol.

COR Bege-escuro.

AROMA Toffee com hortelã. Baunilha. Xerez. Notas de vinho e frutas silvestres.

CORPO Médio.

PALADAR Suco de amora e mirtilo. Apimentado. Doçura não enjoativa, um fundo de turfa das Terras Altas.

FINAL Médio, picante e turfado.

PONTUAÇÃO **70**

GLENDRONACH 15 anos, 40% vol.

100% maturado em barris de xerez; saiu de linha.

COR Âmbar-intenso.

AROMA Doce, com xerez e passas, equilibrado por carvalho encerado e fumaça de turfa adocicada, fragrante.

CORPO Rico e macio.

PALADAR Carvalho. Malte seco. Toffee crocante. Amanteigado.

FINAL Toffee de alcaçuz, notas de xerez.

PONTUAÇÃO **79**

GLENDRONACH 15 anos, 46% vol.

Lançado em 2009.

COR Marrom-acastanhado.

AROMA Intenso. Xerez. Café de chicória, figo fresco, notas florais. Magnífico, com pitadas de enxofre.

CORPO Doce, intenso e ousado.

PALADAR Doce, bolo de frutas, seguido de uma onda de pimenta, taninos secos e fumaça de ameixa. Complexo e intenso. Evolui bem.

FINAL Ameixa, com pimenta e turfa. Prolongado.

PONTUAÇÃO **90**

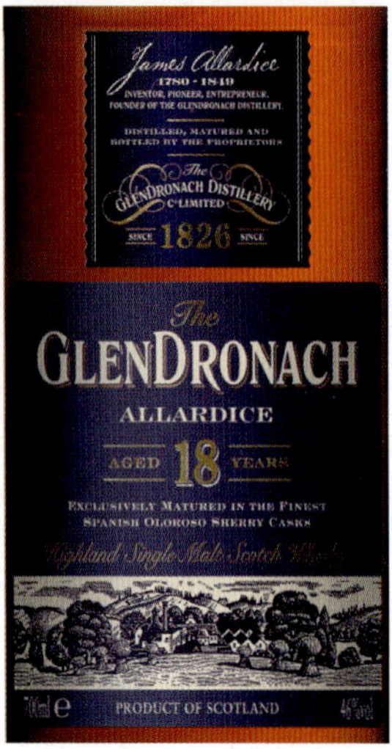

GLENDRONACH **18 anos, 46% vol.**

Lançado em 2009.

COR Bronze-intenso.

AROMA Terra, raízes. Enxofre. Despensa antiga.

CORPO Cremoso e suave.

PALADAR Rico, com frutas vermelhas firmes, com destaque para a ameixa. Alguma adstringência dos taninos, pitadas de turfa e mentol. Ousado.

FINAL Xerez e turfa no fundo, com especiarias. Prolongado e duradouro.

PONTUAÇÃO **84**

GLENDRONACH **33 anos, 40% vol.**

COR Marrom-acastanhado escuro.

AROMA Seiva fresca, damasco, passas, licor de café escuro, Kahlua.

CORPO Médio a encorpado e cremoso.

PALADAR Muito intenso para o teor alcoólico, com sabores abundantes de pêssego doce e damasco. Pimenta-doce, taninos secos. Brando e redondo.

FINAL Prolongado, mas macio e doce, equilibrado e atraente.

PONTUAÇÃO **88**

UM ENGARRAFAMENTO INDEPENDENTE

GLENDRONACH **1975, ECS 326, Duncan Taylor, 54,1% vol.**

COR Ouro-intenso e mel. AROMA Amora, framboesa e cassis bem maduros. Notas profundas de laranja. Encorpado e frutado. CORPO Rico, encorpado e intenso em xerez. PALADAR Anis. Hortelã. Adstringente. Groselha vermelha. Brando e redondo. FINAL Prolongado, frutado e seco. PONTUAÇÃO 87

GLENDULLAN

PRODUTOR Diageo

REGIÃO Terras Altas DISTRITO Speyside (Dufftown)

ENDEREÇO Dufftown, Banffshire, AB55 4DJ

TEL. 01340 822100

ESTA DESTILARIA, FUNDADA EM 1897-98, teve seu momento de glória, principalmente por conta de seu whisky do início dos anos 1900, quando era fornecido ao rei Eduardo VII, honra proclamada em seus barris. Hoje, Glendullan tem o maior volume de produção entre as destilarias da Diageo, apesar do nome, tão injustamente parecido com "dull one" (sem graça). A referência é o rio Dullan, que passa por Dufftown.

ESTILO DA CASA Perfumado, frutado, seco, com chili, untuoso, potente.

SINGLETON OF GLENDULLAN 12 anos, 40% vol.

COR Âmbar, com reflexos dourados.

AROMA Xerez fragrante, fundo de cereais, maçã e sutil toque de especiarias.

CORPO Bem encorpado.

PALADAR Xerez, caramelo, rico, toffee duro, avelãs.

FINAL Médio em duração. Especiarias e passas.

PONTUAÇÃO **77**

GLENDULLAN 12 anos, Flora e Fauna, 43% vol.

COR Quase branco, com um toque de ouro.

AROMA Leve, maltado, seco. Toque de fruta.

CORPO Um começo duro, depois sedoso.

PALADAR Começa seco, torna-se amanteigado, maltado, com nozes e frutas.

FINAL Extraordinariamente aromático e prolongado.

PONTUAÇÃO **75**

GLENESK/HILLSIDE

PRODUTOR DCL
REGIÃO Terras Altas DISTRITO Terras Altas do Leste
LOCAL DA ANTIGA DESTILARIA Kinnaber Road, Hillside, Montrose, Angus, DD10 9EP

NA DESEMBOCADURA DO RIO SOUTH ESK, em Montrose, localiza-se Glenesk. Com o passar dos anos, uma série confusa de nomes identificou o estabelecimento, empregando vários prefixos para a palavra Esk. Durante certo tempo, foi também conhecido como Hillside. A destilaria começou como processadora de linho, sendo convertida para a fabricação de malt whisky em 1897. Posteriormente, passou a elaborar somente whisky de outros grãos. Sua carreira foi intermitente.

Em meados dos anos 1960 até 1980, forneceu produto para o blend Vat 69, feito por William Sanderson, do grupo DCL, e mais tarde, United Distilleries. Por algum tempo surgiram edições de um Glenesk 12 anos, hoje dificílimo de encontrar. Ele se destacava pelo sabor de malt seco, fresco, macio e aromático. Nos anos recentes saíram diversos engarrafamentos com o nome de Hillside, na série Rare Malts. A destilaria fechou as portas em 1985. Suas instalações para maltagem, relativamente modernas, foram vendidas e ainda operam num terreno vizinho.

ESTILO DA CASA Fresco, macio e seco. Aperitivo.

GLEN ESK 17 anos, 1981, Duncan Taylor, 54,4% vol.

COR Laranja com tons de gengibre.

AROMA Mofado. Gooseberry. Cítrico. Camp Coffee.

CORPO Doce e cremoso.

PALADAR Melhor do que o aroma. Doce. Morango em lata. Traços de turfa.

FINAL Doce, intenso e terral.

PONTUAÇÃO *71*

GLEN ESK 24 anos, Duncan Taylor, 52,1% vol.

COR Ouro-intenso.

AROMA Frutinhas saborosas. Traços de enxofre e fumaça. Intrigante.

CORPO Cremoso e macio.

PALADAR Damasco. Frutas vermelhas. Salada de frutas. Suave, mas intenso.

FINAL Encorpado e frutado, com retrogosto agradável.

PONTUAÇÃO *83*

GLENFARCLAS

PRODUTOR J. & G. Grant
REGIÃO Terras Altas DISTRITO Speyside
ENDEREÇO Ballindalloch, Banffshire, AB37 9BD TEL. 01807 500257
SITE www.glenfarclas.co.uk E-MAIL enquiries@glenfarclas.co.uk VC

COM A ENTRADA DA SEXTA GERAÇÃO da família no negócio, as perspectivas são ótimas para essa destilaria totalmente independente. Os whiskies Glenfarclas se destacam entre os Speysiders pela qualidade, embora não sejam tão conhecidos como concorrentes semelhantes da mesma região. O rio Spey fica a cerca de 1,5km de Glenfarclas ("vale da grama verde"). A destilaria, perto do vilarejo de Marypark, localiza-se atrás de morros cobertos de urze que se elevam na direção de Ben Rinnes, de onde sai a água utilizada em sua produção. A cevada cresce em torno do local.

A destilaria pertence a uma companhia familiar, J. & G. Grant. Não existe relação de parentesco (talvez bem distante, se houver) com outras empresas de whisky que usam o nome Grant, e os donos não possuem outras destilarias ou engarrafadoras. A origem de Glenfarclas remonta a 1836, e a mesma família a dirige desde 1865. Embora alguns prédios datem do período, o salão de recepção tem painéis tirados de um transatlântico, o equipamento é moderno e os alambiques são os maiores de Speyside.

ESTILO DA CASA Potente, complexo, com malt e xerez. Para depois do jantar.

GLENFARCLAS 105, sem declaração de idade, 60% vol.

Conhecido como 105º, com oito a dez anos. Uma versão bem jovem para um malt tão potente, que ganha pontos pela firme e intensa individualidade.

COR Ouro-intenso a bronze.

AROMA Robusto. Butterscotch (manteiga e açúcar mascavo) e passas.

CORPO Encorpado, pesado.

PALADAR Muito doce. Um néctar rico, com certa secura de mel.

FINAL Prolongado, alcoólico por conta do teor. Redondo.

PONTUAÇÃO **88**

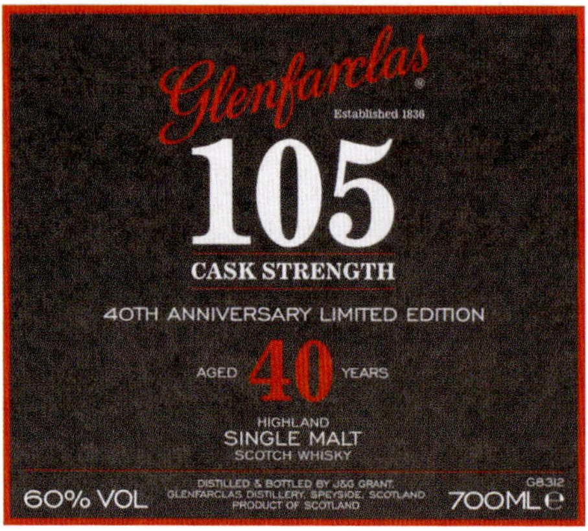

GLENFARCLAS 105, 40 anos, 60% vol.

COR Âmbar-intenso.

AROMA Forte. Xerez e marzipã, depois notas florais e de caramelo.

CORPO Redondo.

PALADAR Xerez seco, passas, nozes e pimenta-da-jamaica.

FINAL Seca devagar, com especiarias, alcaçuz e toques de fumo de cachimbo.

PONTUAÇÃO **89**

GLENFARCLAS 10 anos, 40% vol.

Elegante e muito seco para um Glenfarclas.

COR Ouro-intenso.

AROMA Potente, com doçura de xerez e nozes. Fumaça no fundo.

CORPO Caracteristicamente firme.

PALADAR Início fresco e seco; com o desenvolvimento, os sabores se manifestam.

FINAL Doce e prolongado.

PONTUAÇÃO **86**

GLENFARCLAS 12 anos, 43% vol.

Para muitos apreciadores, o mais familiar de Glenfarclas.

COR Bronze.

AROMA Mais seco do que o 10 anos, com um ataque intenso, rápido.

CORPO Firme, levemente untuoso.

PALADAR Abundância de sabores, com notas de fumaça de turfa.

FINAL Prolongado, com notas de carvalho, apesar da pouca idade.

PONTUAÇÃO **87**

GLENFARCLAS 15 anos, 46% vol.

Muitos entusiastas acham que essa idade demonstra plenamente a complexidade do malt. Sem dúvida, o mais equilibrado dos Glenfarclas.

COR Âmbar.

AROMA Abundância de xerez, carvalho e malt, com um toque de fumaça – todos os elementos de um bouquet adorável, variado.

CORPO Firme, redondo.

PALADAR Afirmativo, todos os elementos se combinam graciosamente.

FINAL Prolongado e macio.

PONTUAÇÃO **88**

GLENFARCLAS 21 anos, 43% vol.

COR Âmbar.

AROMA Mais xerez. Manteiga. Frutado, com predomínio de passas brancas. Suco de limão-siciliano doce sobre panquecas. Muita fumaça, uma pitada de carvalho. Todos os sabores se manifestam lentamente.

CORPO Intenso. Firme.

PALADAR Imenso desenvolvimento de sabores. Passas, especiarias, gengibre.

FINAL Notavelmente prolongado, com muito xerez. Depois, doce e perfumado.

PONTUAÇÃO **89**

GLENFARCLAS 25 anos, 43% vol.

Mais de tudo. Talvez um pouco amadeirado para os puristas, mas um malt precioso.

COR Âmbar-escuro.

AROMA Pungente, com seiva.

CORPO Intenso, com a textura um pouco seca.

PALADAR Os sabores se mesclam intensamente, e o whisky parece relutar em revelar seus segredos de imediato. O desenvolvimento do sabor é lento, insistente. Todos os componentes emergem gradualmente, num ambiente mais seco.

FINAL Prolongado, com carvalho e seiva. Pontos extras por respeito à idiossincrasia da idade.

PONTUAÇÃO **88**

GLENFARCLAS 1973, barril nº 2.578, 457 garrafas, 58,8% vol.

COR Âmbar-brilhante.

AROMA Bem fresco e frutado. Cítricos e baunilha defumada.

CORPO Médio a encorpado.

PALADAR Pêssego e malt. Fundo de xerez e fumaça.

FINAL Médio. Depois seca, revelando carvalho com especiarias.

PONTUAÇÃO **89**

GLENFARCLAS 1974, barril nº 5.786, 555 garrafas, 60,8% vol.

COR Ouro-intenso.

AROMA Leve para um Glenfarclas.

CORPO Médio. Bem firme.

PALADAR Direto. Baunilha, cera, mel, laranja.

FINAL Médio em duração, apimentado e seco.

PONTUAÇÃO **86**

GLENFARCLAS 1977, barril nº 61, 582 garrafas, 59% vol.

COR Ouro-brilhante.

AROMA Fresco e doce. Mel.

CORPO Macio.

PALADAR Doce, com especiarias.

FINAL Curto e levemente apimentado.

PONTUAÇÃO **85**

GLENFARCLAS 1980, barril nº 1.942, 681 garrafas, 50,1% vol.

COR Ouro-claro.

AROMA Frutas cítricas e estofamento de couro muito gasto.

CORPO Médio.

PALADAR Macio e bem frutado. Pêssego e abacaxi.

FINAL Médio a prolongado, com permanência de frutas frescas.

PONTUAÇÃO **88**

GLENFARCLAS 1985, barril nº 2.826, 329 garrafas, 46,3% vol.

COR Ouro-intenso.

AROMA Delicado, com toffee, xerez e passas brancas.

CORPO Firme.

PALADAR Gracioso, muito gostoso de beber. Frutas frescas doces e nozes.

FINAL Prolongado, com xerez doce, passas e um toque de alcaçuz.

PONTUAÇÃO **88**

GLENFARCLAS 1988, barril nº 7.033, 572 garrafas, 56,3% vol.

COR Ouro com reflexos âmbar.

AROMA Doce. Confeitaria, xerez e baunilha.

CORPO Macio.

PALADAR Equilibrado e amanteigado, com xerez e especiarias (noz-moscada).

FINAL Desenvolvimento de baunilha, intensamente frutado.

PONTUAÇÃO **89**

GLENFARCLAS 1989, barril nº 11.721, 600 garrafas, 60% vol.

COR Âmbar-brilhante.

AROMA Poderoso, com toffee de melado e toque de fumaça. Depois, floral.

CORPO Encorpado.

PALADAR Sabores intensos de cassis, framboesa, xerez e alcaçuz.

FINAL Prolongado, seco, com nozes.

PONTUAÇÃO **88**

GLENFARCLAS 1992, barril nº 264, 669 garrafas, 55,5% vol.

COR Bronze-claro.

AROMA Inicial de bolo Madeira. Depois mais frutado, com um sopro de fumaça.

CORPO Redondo.

PALADAR Especiarias (baunilha) e coquetel de frutas.

FINAL Prolongado. Muito delicado.

PONTUAÇÃO **88**

GLENFARCLAS 1994, barril nº 2.935, 628 garrafas, 59,6% vol.

COR Ouro-médio.

AROMA Especiarias amanteigadas, xerez doce e baunilha.

CORPO Médio e fresco.

PALADAR Xerez, compota de frutas e um fundo herbáceo.

FINAL Prolongado, com xerez dando vez ao caramelo.

PONTUAÇÃO **89**

Das edições posteriores, de 2008:

GLENFARCLAS 1952, barril nº 1.713, 96 garrafas, 47,3% vol.

Incomum para Glenfarclas, envelhecimento em barril grande (hogshead) puro.

COR Ouro-claro.

AROMA Fresco para a idade, com marzipã e avelãs.

CORPO Médio. Bem firme.

PALADAR Mistura complexa de doçura, acidez e fumaça.

FINAL Médio, com notas penetrantes de fumaça e acidez.

PONTUAÇÃO **84**

GLENFARCLAS 1960, barril nº 1.768, 152 garrafas, 44,6% vol.

COR Âmbar-escuro.

AROMA Destaque para a fragrância, com couro e xerez doce.

CORPO Sedutor e abundante.

PALADAR Macio e defumado, depois nozes e ligeira acidez.

FINAL Prolongado. Muitos taninos.

PONTUAÇÃO **85**

GLENFARCLAS 1961, barril nº 1.322, 150 garrafas, 52,2% vol.

COR Cobre escuro.

AROMA Especiarias suaves, couro, nozes recém-quebradas.

CORPO Médio a encorpado.

PALADAR Notas fortes de xerez, fumaça de fogueira e especiarias.

FINAL Prolongado, com secura sutil progressiva.

PONTUAÇÃO **86**

GLENFARCLAS 1962, barril nº 2.647, 161 garrafas, 52% vol.

COR Rubi.

AROMA Frutado e muito vivo para a idade.

CORPO Redondo.

PALADAR Predomínio de xerez seco e alcaçuz.

FINAL Encorpado e tânico.

PONTUAÇÃO **84**

GLENFARCLAS 1979, barril nº 2.216, 171 garrafas, 50,6% vol.

Envelhecido em barril grande (hogshead) puro.

COR Ouro-âmbar.

AROMA Frutado e floral, com permanência de cera de abelha.

CORPO Cremoso.

PALADAR Fácil de beber. Coquetel de frutas e xerez.

FINAL Médio, bem equilibrado.

PONTUAÇÃO **88**

GLENFARCLAS 1987, barril nº 3.826, 633 garrafas, 53,2% vol.

COR Ouro-médio.

AROMA Pêssego e creme. Fundo de bolo (pão de ló) de melado.

CORPO Médio. Firme.

PALADAR Muito intenso, com frutas e especiarias.

FINAL Carvalho, gengibre, fundo de melão e cerejas glaçadas.

PONTUAÇÃO **86**

UM ENGARRAFAMENTO INDEPENDENTE

GLENFARCLAS 41 anos,

Scotch Malt Whisky Society, 1.141, 48,1% vol.

COR Âmbar.

AROMA Encorpado e floral, com lavanda e caramelo.

CORPO Rico.

PALADAR Compota de frutas e especiarias.
Depois algodão-doce, antes de certa acidez.

FINAL Curto a médio. Carvalho seco e um tanto de fumaça,
depois um retrogosto amanteigado.

PONTUAÇÃO **86**

GLENFIDDICH

PRODUTOR William Grant & Sons Ltd.
REGIÃO Terras Altas DISTRITO Speyside (Dufftown)
ENDEREÇO Dufftown, Banffshire, AB55 4DH
TEL. 01340 820373 SITE www.glenfiddich.com

MALDITO SEJA AQUELE QUE subestimar a melhor destilaria de malt, a William Grant, e seus donos. Tem sido amplamente aceito que a qualidade do whisky desta destilaria vem melhorando cada vez mais e que uma série de vintages lançados demonstrou que Glenfiddich consegue se equiparar aos melhores whiskies que a Escócia pode oferecer. Inovações, como o maravilhoso blended malt Monkey Shoulder, mostram que a família não deitou nos louros da tradição.

A destilaria Glenfiddich encontra-se na beira do riacho de mesmo nome, em Dufftown. O nome Fiddich indica que o rio corre pelo vale dos cervos. Daí é que vem a imagem emblemática da empresa que ilustra o rótulo.

A destilaria de justificada fama, fundada em 1886-87, continua sendo controlada pela família original. Trata-se de uma empresa relativamente pequena, que enfrentou uma concorrência intensa das grandes companhias durante o boom econômico após a Segunda Guerra Mundial. Em vez de fornecer whisky para blends dos gigantes, os donos decidiram em 1963 ampliar a disponibilidade de seu produto, como single malt. A indústria, dominada na época pelos blends, considerou a iniciativa ridícula. A noção predominante rezava que os single malts eram por demais intensos, saborosos e complexos para ingleses e outros estrangeiros.

O espírito independente serviu de exemplo, e sem ele poucos concorrentes teriam ousado oferecer single malts ao mercado. Apreciadores do gênero têm uma dívida de gratidão com Glenfiddich. O pioneirismo lançou as bases para o sucesso da marca. Sua boa sorte foi, sem dúvida, reforçada por ser um dos whiskies mais fáceis de beber, entre os malts.

Apreciadores de malts prontos a desafios encontrarão complexidade bem maior nas versões mais envelhecidas, inclusive a maturada por 15 anos e depois combinada no sistema de solera.

A destilaria Glenfiddich tem personalidade marcante. Grande parte da estrutura original, em pedra cinza e cor de mel, foi esplendidamente conservada, e o estilo se manteve nos numerosos prédios novos. Glenfiddich também abriu caminho no setor ao inaugurar um centro para visitantes. Alguns argumentam que isso atende mais aos turistas do que aos puristas, mas nenhum visitante daquela região das Terras Altas pode passar direto por ali. Os alambiques são pequenos, e o whisky costuma ser envelhecido em "carvalho puro" (barris de bourbon), embora cerca de 10% vá para barris de xerez. O whisky maturado em diferentes madeiras é combinado no carvalho puro.

Ao lado do terreno da Glenfiddich, William Grant possui ainda a Balvenie (fundada em 1892) e um pequeno local para maltagem (floor maltings), além das destilarias de malt de Kininvie (1990). Kininvie é pouco mais do que um equipamento básico de destilação. Seu malt rico e cremoso vai para os blends da Grant's e nunca foi engarrafado como single. Em outros pontos da Escócia, a empresa possui a destilaria de grãos Girvan e uma nova destilaria de malt, Ailsa Bay, inaugurada no final de 2008.

ESTILO DA CASA Quando jovem, seco, frutado, para aperitivo; mais maduro, apresenta passas e chocolate, sendo mais adequado para depois do jantar.

GLENFIDDICH Special Reserve, 12 anos, 40% vol.

COR Dourado mais intenso do que costumava ser. Tons esverdeados suaves.

AROMA Fresco, mas adocicado. Apetitoso, frutado, com pera. Grama molhada.

CORPO Despojado. Macio. Malt untuoso.

PALADAR Malte doce. Chocolate branco.
Bom desenvolvimento de sabores. Avelãs torradas.

FINAL Sugestão fragrante de fumaça de turfa.

PONTUAÇÃO **77**

GLENFIDDICH Caoran Reserve, 12 anos, 40% vol.

Caoran, em gaélico, refere-se às brasas de uma fogueira de turfa. Um fundo seco, delicado e defumado resulta do uso de barris que antes continham whisky turfado da ilha de Islay.

COR Ouro-intenso.

AROMA Toffee de melado, ligeiramente queimado. Achas de cedro doce em fogo lento.

CORPO Leve a médio. Untuoso. Perfumado.

PALADAR Chocolate branco. Sorvete tipo cassata. Licor Strega.

FINAL Wafer de chocolate. Caramelo escuro. Álcool gentilmente quente.

PONTUAÇÃO **82**

GLENFIDDICH Solera Reserve, 15 anos, 40% vol.

COR Ouro-brilhante.

AROMA Chocolate. Torrada. Toque de turfa.

CORPO Leve e muito macio.

PALADAR Suave. Sedoso. Chocolate branco. Pera ao creme. Cardamomo.

FINAL Cremoso. Um toque de gengibre.

PONTUAÇÃO **81**

GLENFIDDICH **18 anos, 40% vol.**

Uma parte do whisky desta versão é mais antiga do que a idade indicada no rótulo, com uma tendência leve para o xerez de primeiro uso (butts em vez de hogsheads, feitos de carvalho espanhol, e não americano) e depósitos tradicionais de piso de terra batida.

COR Ouro-velho.

AROMA Rico.

CORPO Macio.

PALADAR Suave e redondo, macio e contido. Ganha pontos pela sofisticação e pela presença de xerez.

FINAL Nozes. Um toque floral de turfa.

PONTUAÇÃO ***78***

GLENFIDDICH **21 anos, 40% vol.**

COR Bronze com tons de mel intenso.

AROMA Cevada pura, balas, adesivo de modelismo, escritório novo, lustra-móveis de limão-siciliano sobre madeira envernizada.

CORPO Leve, sem agressividade, macio e bem cremoso.

PALADAR Limão-siciliano e mel, malte puro e doce, um pouco de hortelã, traços de carvalho, especiarias e taninos.

FINAL Médio, doce, cítrico, bem picante e condimentado.

PONTUAÇÃO ***76***

GLENFIDDICH 21 anos, Gran Reserva, 40% vol.

COR Damasco.

AROMA Torrada. Biscoito. Petit fours. Aroma de bombom.

CORPO Macio. Levemente cremoso.

PALADAR Flan de baunilha. Café cubano doce.

FINAL Suculento. Um toque de frutas tropicais secas.

PONTUAÇÃO **86**

GLENFIDDICH 30 anos, 43% vol.

COR Ouro-intenso, com tons mais escuros.

AROMA Notas de xerez, frutas, chocolate e gengibre.

CORPO Macio. Encorpado. Alguma viscosidade.

PALADAR Mais xerez, passas, chocolate, gengibre. Sensual.

FINAL Calmo, com notas de chocolate e secura de gengibre.

PONTUAÇÃO **86**

GLENFIDDICH **Rare Collection 40 anos, 43,6% vol.**

COR Castanho, com tons esverdeados.

AROMA Reticente. Castanha, frutas velhas, tênue.

CORPO Macio, cremoso, moderado.

PALADAR Suave e sutil, com uma dose grande de anis, mel e melão. Sem adstringência. Incrivelmente refinado e elegante.

FINAL Médio e muito macio, redondo e equilibrado. Uma bela obra de arte.

PONTUAÇÃO **92**

GLENFIDDICH **50 anos, 43% vol.**

COR Âmbar-dourado.

AROMA Surpreendentemente alcoólico. Geleia de grapefruit. Melão. Limão-siciliano.

CORPO Leve e delicado.

PALADAR Geleia de laranja, depois frutas. Traços de carvalho e turfa.

FINAL Prolongado, puro e frutado, toque de carvalho e especiarias.

PONTUAÇÃO **88**

GLENFIDDICH **1983, barril nº 10.888, 53,4% vol.**

Exclusivo para Dubai.

COR Mogno-escuro profundo.

AROMA Nozes, poeira, xerez intenso. Bolo de frutas, com maçã e canela.

CORPO Rico, cremoso e denso na boca.

PALADAR Começa suave, com frutas; depois anis, pimenta-doce e carvalho.

FINAL Ameixa seca, xerez, taninos e pimenta.

PONTUAÇÃO **81**

GLENFIDDICH Vintage Reserve, 1975, barril nº 287, 51,1% vol.

COR Marrom-terra esverdeado.

AROMA Terra, raízes. Depois, alcachofra e frutas cítricas.

CORPO Rico, intenso e untuoso.

PALADAR Uvas, groselhas, ameixa seca, anis, pêssego suave e pera.

FINAL Médio e macio, com ataque suave de taninos bem no final.

PONTUAÇÃO **81**

GLENFIDDICH Vintage Reserve, 1976, barril nº 516, 52,1% vol.

COR Bronze-claro.

AROMA Cera de abelha; frutas doces cristalizadas; pêssego, pera; baunilha.

CORPO Doce e cremoso. Perfeitamente equilibrado.

PALADAR Cevada doce impecável. Frutas. Equilíbrio entre acidez e doçura.

FINAL Macio como algodão, com um toque agradável de pimenta.

PONTUAÇÃO **85**

GLENFIDDICH Vintage Reserve, 1977, barril nº 4.414, 54,4% vol.

COR Marrom-dourado.

AROMA Venerável. Suco de frutas tropicais. Banana, toffee, fudge.

CORPO Redondo, macio, suave.

PALADAR Mel, com frutas macias de início, depois uma onda penetrante de grapefruit e limão-siciliano. Ao fim, um ataque de pimenta e carvalho.

FINAL Prolongado e persistente, com cacau, chili e chocolate amargo.

PONTUAÇÃO **87**

ALGUNS GLENFIDDICHS VINTAGES

1974 No aroma: torta saída do forno. Pera fresca ao molho butterscotch. O paladar sugere chocolate ao leite. Chocolate com limão, depois creme de menta. O final lembra licor, mas é também pungente. PONTUAÇÃO 83

1973 Aroma suave, "caixa de bombom". Corpo macio, sedoso. Na boca, sugere tâmaras e chocolate. Equilibrado, com final de cacau. PONTUAÇÃO 87

1967 Leve doçura no aroma. (Sorvete de coco? Nougat?) Hortelã no paladar. Ligeiramente arenoso. Chá de menta marroquino. PONTUAÇÃO 82

1965 Aroma de suflê de chocolate. Paladar médio, com doçura de xarope. Chocolate intenso no final. PONTUAÇÃO 86

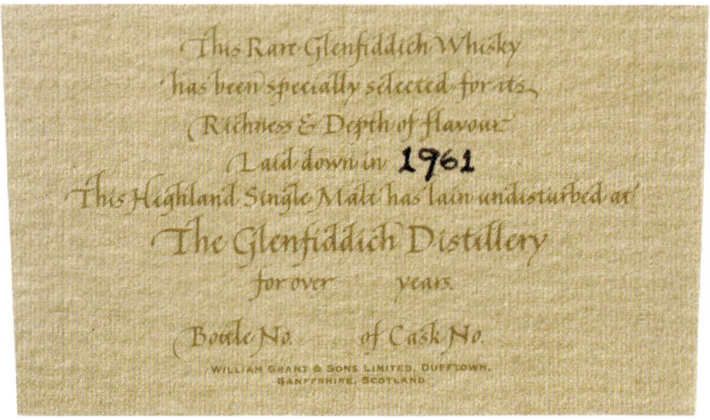

1961, 43,2% vol. Fragrância suave de agulhas de pinheiro, cipreste, árvore em vaso, grama, turfa, defumado muito leve. O paladar tem chocolate amargo, tempero de laranja e fudge de limão. Equilibrado primorosamente. PONTUAÇÃO 92

GLENFIDDICH **Classic, sem declaração de idade, 43% vol.**

Essa versão deixou de ser engarrafada, mas ainda pode ser encontrada.

COR Ouro-claro.

AROMA Mais suave. Malte seco, casca de pera, leve xerez, traços de fumaça.

CORPO Firme, leve.

PALADAR Macio. Secura do malt contrabalançada pela doçura contida, com leve defumado. Sabores bem combinados.

FINAL Macio, seco.

PONTUAÇÃO **76**

GLENGLASSAUGH

PRODUTOR Scaent Group
REGIÃO Terras Altas DISTRITO Speyside (Deveron)
ENDEREÇO Portsoy, Banffshire, AB45 2SQ

A AQUISIÇÃO, A REFORMA E A REABERTURA da destilaria Glenglassaugh, depois de 22 anos fechada, foram pontos altos do recente boom do malt whisky. E uma surpresa: os novos donos são o Scaent Group, companhia holandesa com investimentos substanciais na Escandinávia, que se destacaram no mercado de energia antes de diversificar para uma ampla gama de setores, inclusive varejo e imóveis.

Com o passar dos anos, a negligência, os ladrões e as condições climáticas severas da região prejudicaram a graciosa destilaria costeira, e os novos proprietários tiveram muito trabalho para colocá-la em funcionamento outra vez. Porém, fizeram isso em pouco tempo e recomeçaram a destilar no final de 2008.

Resta pouquíssimo estoque da antiga Glenglassaugh, e nos próximos anos ele será lançado em edições limitadas. Nesse meio tempo, a nova produção segue sob a supervisão de Stuart Nickerson, destilador experiente que foi nomeado diretor-executivo.

Glenglassaugh é um malt costeiro, produzido perto de Portsoy, entre as desembocaduras dos rios Spey e Deveron. O whisky tem um sabor original e entrou em blends altamente respeitados, como o Famous Grouse e o Cutty Sark, no passado.

Tudo aponta para um futuro brilhante. Vamos torcer para que os novos donos usem a prainha da destilaria para eventos e churrascos, para comemorar a volta da produção naquele local privilegiado.

ESTILO DA CASA Malte e grama. Revigorante e refrescante.

GLENGLASSAUGH, sem declaração de idade, 40% vol.

Nessa versão, engarrafada por Highland Distillers, consta a idade de 12 anos em alguns rótulos. Hoje é difícil de ser encontrado.

COR Ouro.

AROMA Linho fresco.

CORPO Leve, mas firme e macio.

PALADAR Grama, adocicado.

FINAL Suave, levemente seco.

PONTUAÇÃO **76**

GLENGLASSAUGH 21 anos, 46% vol.

COR Ouro-intenso, quente, reluzente.

AROMA Doce: bolo de baunilha, balas de limão-siciliano.

CORPO Médio a encorpado.

PALADAR Laranja e outros cítricos. Cevada pura. Canela doce. Um pouco de hortelã. Um toque tardio de especiarias e carvalho. Boa combinação.

FINAL Bem curto, com frutas amarelas e traços de taninos e pimenta. Bem arrumado e elegante.

PONTUAÇÃO **82**

GLENGLASSAUGH 30 anos, 55,1% vol.

COR Ouro-mel claro.

AROMA Geleia de laranja, ameixa, compota de frutas. Doce.

CORPO Rico, encorpado, denso na boca.

PALADAR Sorvete de fruta. Abacaxi, depois carvalho penetrante, taninos e pimenta. Tudo equilibrado e agradável.

FINAL Redondo, prolongado, frutado e amadeirado.

PONTUAÇÃO **90**

GLENGLASSAUGH 40 anos, 44,8% vol.

COR Marrom-intenso com tons avermelhados.

AROMA Ameixa, bolo de frutas, frutas vermelhas escuras.

CORPO Surpreendentemente suave. Fudge. Equilibrado.

PALADAR Toffee cremoso, cevada, envolto em notas de nozes. Bolo de frutas, frutas silvestres. Depois, taninos adstringentes e especiarias (pimenta chili).

FINAL Muito prolongado e digno, com madeira e ameixa no conjunto.

PONTUAÇÃO **87**

GLENGLASSAUGH 1973, Vintage Reserve, The Family Silver, 40% vol.

Difícil de encontrar atualmente, item de interesse de colecionadores.

COR Ouro-velho profundo.

AROMA Linho fresco engomado. Ar marítimo.

CORPO Leve a médio. Firme, macio.

PALADAR Macio, com grama. Ligeiramente coriáceo e untuoso.

FINAL Semente de linhaça. Reconfortante. Acalentador.

PONTUAÇÃO **78**

UM ENGARRAFAMENTO INDEPENDENTE

GLENGLASSAUGH 30 anos, Single Malts of Scotland, 49,8% vol.

COR Marrom como ameixa-preta.

AROMA Café de chicória. Kahlua. Mofado.

CORPO Médio a encorpado.

PALADAR Laranja e limão-siciliano. Notas de anis e chiclete. Frutas secas intensas.

FINAL Prolongado, instigante, intenso, com ameixa.

PONTUAÇÃO **79**

GLENGOYNE

PRODUTOR Ian Macleod Distillers Ltd.
REGIÃO Terras Altas DISTRITO Terras Altas (Sudoeste)
ENDEREÇO Dumgoyne (Glasgow), Stirlingshire, G63 9LV
TEL. 01360 550254 SITE www.glengoyne.com
E-MAIL reception@glengoyne.com

GLENGOYNE TEM SE DESTACADO como a outra destilaria de Glasgow, nos anos recentes. O esforço de marketing valorizou a proximidade com a cidade, e foram tomadas medidas diversas para oferecer aos visitantes uma ampla gama de experiências, assim como uma variedade cada vez maior e eclética de malts. Embora nunca tenha sido uma destilaria famosa, ocupa um local privilegiado, dos mais belos da região (com direito até a cachoeira), a meros 20km de Glasgow. Consta que a destilaria iniciou seus trabalhos em 1833.

Considera-se atualmente que a ênfase no malt sem turfa pode ter gerado uma imagem negativa e, quem sabe, técnica demais para o consumidor leigo. Não que a postura seja exclusiva de Glengoyne. Mas, se insistirem no tema na comunicação futura, deveriam fazê-lo num contexto mais positivo: que a ausência da turfa revela o verdadeiro sabor do malte. E Glengoyne possui o sabor puro e cremoso do malte.

ESTILO DA CASA Fácil de beber, com intenso sabor de malte. Revigorante, com sobremesas ou depois do jantar.

GLENGOYNE **10 anos, 40% vol.**

COR Amarelo-ouro.

AROMA Frutado, fresco e bem suave (maçãs vermelhas inglesas tipo Cox?), com secura rica em malte, xerez bem leve e um toque suculento de carvalho.

CORPO Leve a médio. Macio, redondo.

PALADAR Puro, com grama, frutas e mais notas de maçã. Saboroso e muito agradável.

FINAL Ainda doce, mas seca aos poucos. Puro, apetitoso.

PONTUAÇÃO **74**

O Glengoyne 12 anos, 43% vol., hoje bem difícil de encontrar, é muito similar ao 10 anos. Tem um pouquinho a mais de tudo. PONTUAÇÃO 75

GLENGOYNE **12 anos, Cask Strength, 57,2% vol.**

COR Ouro-amarelo claro.

AROMA Maçã verde. Um toque de enxofre. Cevada e traço de amêndoas.

CORPO Médio, untuoso.

PALADAR Especiarias penetrantes e pimenta. Abrasivo, mas puro, com cevada cristalizada irrompendo e um pouco de frutas azedas.

FINAL Médio, condimentado com especiarias.

PONTUAÇÃO **68**

GLENGOYNE **15 anos, Scottish Oak, 43% vol.**

COR Laranja-intenso.

AROMA Especiarias picantes, cassis vivaz. Terra, condimentos.

CORPO Encorpado, rico, agradável.

PALADAR Cevada doce, raízes e fraco. Ameixa verde e notas fortes de especiarias.

FINAL Médio a prolongado. Açúcar e especiarias. Condimentado.

PONTUAÇÃO **74**

GLENGOYNE **16 anos, European Hogshead, 52,3% vol.**

COR Amarelo-intenso.

AROMA Gengibre, cevada, palha fresca. Puro.

CORPO Encorpado, untuoso, denso na boca.

PALADAR Gengibre cristalizado, corpulento, cevada pura e depois grande quantidade de carvalho, alcaçuz. Caramelo e especiarias picantes.

FINAL Prolongado e venerável, com notas salgadas e picantes.

PONTUAÇÃO **73**

GLENGOYNE **17 anos, 43% vol.**

COR Ouro-intenso, com tons alaranjados.

AROMA Quente e seco. Malte e frutas. Xerez, cedro e carvalho novo.

CORPO Médio, bem firme e macio.

PALADAR Sabores intensos, ricos. Malte, frutas (toques de maçã), nozes, cedro, mais carvalho. Maduro, sofisticado.

FINAL Prolongado, com algum xerez.

PONTUAÇÃO **78**

GLENGOYNE **Billy's Choice, 18 anos, Amontillado, nº 1.202, 54,1% vol.**

COR Marrom-intenso.

AROMA Doce. Pêssego maduro, ameixa, uva, especiarias e carvalho.

CORPO Rico, dominante, pesado.

PALADAR Ataque de xerez, com notas de ameixa fresca e seca, frutas vermelhas e adstringência das especiarias e taninos de carvalho. Áspero.

FINAL Longo e demorado, com xerez e notas perceptíveis de madeira.

PONTUAÇÃO **83**

GLENGOYNE **Robbie's Choice, 18 anos, Ruby Port Hogshead, nº 328, 55,1% vol.**

COR Marrom-crepúsculo alaranjado.

AROMA Castanha, cortiça úmida, cogumelos, tâmaras, couro molhado.

CORPO Redondo, cheio, denso na boca.

PALADAR Frutas maduras, cítricos e depois madeira, chocolate e pimenta.

FINAL Prolongado, com chili, carvalho, resíduo de ameixa e adstringência.

PONTUAÇÃO **79**

GLENGOYNE 19 anos, barril de xerez de refil, nº 1.227, 58,3% vol.

COR Amarelo-manteiga intenso.

AROMA Vinho tinto, jarro de doces, cevada doce e cremosa, uva. Nozes, com notas de xerez.

CORPO Encorpado e equilibrado.

PALADAR Intenso e adstringente. Frutas silvestres, raiz de alcaçuz, alcaçuz vermelho. Mastigável.

FINAL Encorpado, denso na boca, rico e agradável.

PONTUAÇÃO **86**

GLENGOYNE 19 anos, Hogshead de xerez oloroso, nº 1.200, 53,4% vol.

COR Mogno-intenso com nuances de marrom-esverdeado.

AROMA Cogumelo e terra intensos. Chicória. Raízes e vegetais.

CORPO Denso na boca, intenso.

PALADAR No início, frutas cítricas e ameixa. Seco e bem áspero. Muitos taninos. Cogumelos. Laranja amarga.

FINAL Médio e atípico: condimentado, intenso, bem seco.

PONTUAÇÃO **78**

GLENGOYNE 21 anos, 43% vol.

Uma edição bem equilibrada.

COR Ouro-intenso, com tons escuros de laranja.

AROMA Fragrante. Toques de maçã, carvalho e terra.

CORPO Firme, macio.

PALADAR Malte bem firme. Cremosidade seca. Frutas puras (notas de laranja) e carvalho.

FINAL Creme. Favas de baunilha. Canela.

PONTUAÇÃO **79**

GLENGOYNE 21 anos, xerez, 43% vol.

COR Marrom-dourado intenso.

AROMA Passas, pudim de ameixa, cevada, uva.

CORPO Rico e encorpado.

PALADAR Bolo de frutas, frutas secas, geleia de grapefruit, ondas de carvalho e especiarias.

FINAL Prolongado. Oscilação entre frutas vermelhas, mel e taninos.

PONTUAÇÃO **82**

GLENGOYNE 21 anos, Butt nº 629, 53% vol.

COR Marrom como castanha-da-índia.

AROMA Ameixa seca, ameixa madura, vinho xerez canônico.

CORPO Encorpado, denso na boca, rico.

PALADAR Frutas vermelhas no centro, rodeadas de carvalho e especiarias apimentadas. Ousado. Alguma laranja.

FINAL Prolongado, com madeiras e especiarias.

PONTUAÇÃO **76**

GLENGOYNE Ronnie's Choice, 22 anos, bourbon, 53,6% vol.

COR Castanho-intenso.

AROMA Baunilha, açúcar-cande, creme de morango, baunilha.

CORPO Médio. Untuoso.

PALADAR Primeiro, mel doce e baunilha; depois, pêssego em calda e damasco. Finalmente, madeira suave e agradável.

FINAL Bem prolongado, com fruta macia, pimenta-doce e uma aspereza curiosa.

PONTUAÇÃO **83**

GLENGOYNE 30 anos, 50% vol.

Uma interessante versão em carvalho.

COR De ouro-intenso, brilhante, a bronze.

AROMA Carvalho encerado.

CORPO Médio a encorpado. Redondo.

PALADAR Macio, complexo. Toques de maçã e laranja. Especiarias secas.

FINAL Firme, seco. Toque de carvalho queimado.

PONTUAÇÃO **79**

GLENGOYNE Burnfoot, 40% vol.

Para lojas duty free.

COR Laranja-intenso, quase como fogo.

AROMA Refinado, floral, pão-de-ló recém-saído do forno, frutas leves.

CORPO Confortável e leve.

PALADAR Bem fresco e limpo. Frutas verdes jovens e picantes, uva, gengibre e cevada, notas condimentadas.

FINAL Médio e condimentado.

PONTUAÇÃO **63**

GLENGYLE

PRODUTOR Mitchell's Glengyle Ltd.
REGIÃO Campbeltown
ENDEREÇO Glengyle Street, Campbeltown, Argyll PA28 6EX
TEL. 01586 552009 SITE www.kilkerran.com
E-MAIL info@kilkerran.com

A DESTILARIA GLENGYLE ORIGINAL foi fundada em 1872-73 por William Mitchell, que antes era sócio da Springbank, com seu irmão John. Contudo, os anos de recessão após a Primeira Guerra foram particularmente severos com a indústria da destilação em Campbeltown, e Glengyle fechou em 1925, seis anos depois de mudar de mãos.

Os prédios da destilaria serviram depois de sede ao Clube do Rifle Miniatura de Campbeltown, até que os irmãos Bloch, donos da destilaria Glen Scotia, adquiriram a propriedade em 1941, com a intenção de retomar as atividades. A Segunda Guerra Mundial atrapalhou seus planos. Em 1951, Campbell Henderson solicitou permissão para reformar e reabrir Glengyle como destilaria, mas esse projeto também fracassou.

Em 2000, finalmente, o supervisor de Springbank, Hedley Wright – descendente da família Mitchell que construiu Springbank e Glengyle –, formou a Mitchell's Glenglyle Ltd. para comprar os terrenos e construções e reformar tudo. Novos equipamentos foram encomendados, apesar de os dois alambiques, que haviam sido adaptados e instalados antes, proviessem da destilaria de malt Ben Wyvis, localizada no complexo destilador de grãos de Invergordon.

A produção de Glengyle começou em março de 2004, o que a tornou a primeira destilaria do milênio e a primeira a abrir em Campbeltown em 125 anos. O single malt ali produzido será engarrafado como Kilkerran, um nome que Glengyle registrara para um blended malt.

KILKERRAN 4 anos, 58,6% vol.

Disponível de um barril do destilado de 2004, em The Tasting Room, em Springbank.

COR Ouro-claro.

AROMA Delicado, com malte leve, pêssego maduro e abacaxi.

CORPO Médio. Ligeiramente untuoso.

PALADAR Frutas cítricas, creme, especiarias diversas.

FINAL Gengibre prolongado.

PONTUAÇÃO **86**

GLENKINCHIE

PRODUTOR Diageo

REGIÃO Terras Baixas DISTRITO Terras Baixas do Leste

ENDEREÇO Pencaitland, Tranent, East Lothian, EH34 5ET

TEL. 01875 342005

SITE www.discovering-distilleries.com/www.malts.com VC

SEGUNDO O RÓTULO, "O malt de Edimburgo". A destilaria se destaca na paisagem, bem visível a 25km da capital escocesa, perto do vilarejo de Pencaitland. Sua origem remonta no mínimo a uma fazenda dos anos 1820 e 1830, na região de cultivo de cevada no glen (vale) do burn (riacho) Kinchie. Nasce nas colinas verdejantes de Lammermuir, que tornam a água meio dura – isto é, com uma concentração relativamente alta de cálcio –, e flui até as estâncias balneárias, onde o firth de Forth encontra o mar.

Nos anos 1940 e 1950, o diretor da destilaria criava gado premiado, alimentado com grão descartado. Esporas-bravas e rosas cresciam no jardim em frente ao escritório do diretor, e a destilaria tinha até campo gramado. Os prédios se assemelham aos lanifícios de Borders. Por boa parte da história da destilaria, a produção ia para os blends Haig. Em 1988-89, lançaram um single na série Classic Malts e, em 1997, acrescentaram um whisky envelhecido em barris de amontillado. No mesmo ano, foi aberto um novo centro para visitantes. Entre os itens expostos, destacava-se uma destilaria em miniatura de 75 anos, feita pela firma Basset-Lowke, mais conhecida pelos modelos reduzidos de locomotivas a vapor.

ESTILO DA CASA Início floral, sabores complexos, final seco. Revigorante, especialmente após uma caminhada nas montanhas.

GLENKINCHIE 10 anos, 43% vol.

Deixou de ser produzido e foi substituído pelo 12 anos.

COR Ouro.

AROMA Levemente aromático. Erva-cidreira. Limão-siciliano doce. Melão.

CORPO Leve e redondo.

PALADAR Macio, condimentado. Canela e açúcar demerara, depois gengibre. Seco. Uma combinação extraordinária.

FINAL Fragrante, com especiarias e carvalho seco.

PONTUAÇÃO **76**

GLENKINCHIE 12 anos, 43% vol.

O novo padrão na linha da Glenkinchie.

COR Ouro-claro.

AROMA Grama e grãos, seguido de carvalho discreto, mas presente. Ganha força com o tempo: notas delicadas de nozes e amêndoas e um sopro de flores silvestres. Um toque de mel e notas de laranja, além de mingau de aveia. (Um malt para o café da manhã?) Fumaça bem tênue.

CORPO Leve e afirmativo.

PALADAR Simplesmente doce e frutado (compota de maçã); mais uma vez o carvalho adequado lhe dá sustentação. Equilibrado.

FINAL Médio a prolongado, com mais grama.

PONTUAÇÃO **79**

GLENKINCHIE 1986, Distillers Edition, Double Matured, 43% vol.

Final da maturação em barris de xerez amontillado.

COR Ouro-intenso.

AROMA Levemente floral, com aroma de carvalho encerado. Limão-siciliano doce. Especiarias.

CORPO Bem redondo.

PALADAR O amontillado parece reforçar a interação entre doce e seco. Primeiro aparecem açúcar mascavo e manteiga, depois, de repente, nozes secas e um toque salgado surpreendente.

FINAL Doce, espantosamente prolongado e calmante.

PONTUAÇÃO **79**

GLENKINCHIE 1989, Distillers Edition, Double Matured, 43% vol.

Final da maturação em barris de xerez amontillado.

COR Âmbar-claro.

AROMA Xerez médio com uma nota herbácea; nozes, figos e especiarias.

CORPO Macio e redondo.

PALADAR Inicialmente doce, com xerez e especiarias, depois seco, com nozes.

FINAL Seca aos poucos, com fumaça sutil até surgir o retrogosto amanteigado.

PONTUAÇÃO **81**

GLENKINCHIE 1991, Distillers Edition, Double Matured, 43% vol.

Final da maturação em barris de xerez amontillado.

COR Âmbar, com reflexos dourados.

AROMA Amêndoas ao xerez, caramelo, ervas e uma pitada de pimenta.

CORPO Bem firme.

PALADAR Xerez picante e malte, depois cítricos.

FINAL Médio em duração, seco, com nozes. Leve nota de turfa.

PONTUAÇÃO **80**

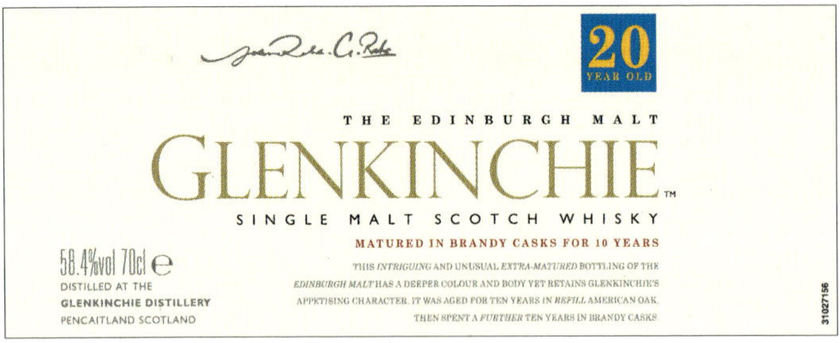

GLENKINCHIE 20 anos, 58,4% vol.

Envelhecido dez anos em barris de brandy.

COR Ouro-velho.

AROMA Rico e doce. Frutas vermelhas e bombons. Depois, nozes.

CORPO Médio, firme.

PALADAR Especiarias, carvalho, gengibre e toffee macio. Mais frutas vermelhas.

FINAL Médio em duração, muito condimentado, com um toque de conhaque.

PONTUAÇÃO **82**

GLENLIVET

PRODUTOR Chivas Brothers (Pernod Ricard)
REGIÃO Terras Altas DISTRITO Speyside (Livet)
ENDEREÇO Ballindalloch, Banffshire, AB37 9DB
TEL. 01340 821720 SITE www.theglenlivet.com

O MAIS FAMOSO GLEN (VALE) PRODUTOR DE WHISKY na Escócia é o de um riacho chamado Livet, tributário do Spey. Trata-se da destilaria mais escondida nas montanhas, entre os distritos destiladores. Sua água nasce no granito e frequentemente corre por baixo da terra durante vários quilômetros. O cenário montanhoso também ajuda, com o clima que os mestres destiladores apreciam. Durante a destilação, os condensadores funcionam melhor se esfriados com água gelada, em clima compatível. Os malt whiskies feitos na área tendem à leveza, sendo muito puros, florais, sutis e elegantes.

A fama de Livet também possui origens históricas, no período em que os Highlanders só podiam destilar em escala doméstica. A justificativa usada era a falta de grãos, mas por trás estavam disputas políticas. Na época, aquele vale relativamente remoto nas montanhas ganhou fama de local de destilação clandestina. Depois da legalização, em 1824, o lendário destilado "de Glenlivet" passou a ser muito procurado por negociantes das cidades ao sul.

Destiladores a uma distância enorme do glen usaram a alusão geográfica, como se fosse sinônimo de Speyside em geral, mas a prática encontra-se em declínio, pois o interesse crescente nos single malts leva muito em conta a questão da origem. Braeval é a destilaria mais alta do glen, antes conhecida como Braes de Glenlivet, e produzia um whisky com sabor de mel, vigoroso. Um pouco abaixo situa-se Tamnavulin, que faz um malt notável, leve (embora o de Tomintoul, do outro lado das montanhas, no vale vizinho de Avon, seja mais leve em termos de paladar).

Porém, só uma destilaria aqui recebeu permissão para se intitular Glenlivet. Foi a primeira a se legalizar e hoje desfruta de reputação internacional. O artigo definido se torna ainda mais restrito por aparecer apenas nas edições oficiais da destilaria. Essas garrafas trazem a indicação "Destilado por George & J. G. Smith" em letras miúdas, na base do rótulo, com os nomes do pai e do filho que fundaram a empresa original.

A palavra gaélica *gobha*, que se pronuncia "gau", quer dizer "ferreiro" (Smith). Alega-se que a família Gow apoiou o Bonnie Prince Charlie e, depois, considerou politicamente mais adequado mudar o nome para Smith, mas a explicação tem sido muito questionada. Seja qual for o caso, quando a legalização dos destiladores foi proposta pelo duque de Gordon, um de seus colonos, George Smith, que já fabricava whisky clandestinamente, foi o primeiro a solicitar a licença. Seu filho, John Gordon Smith, o ajudava e o sucedeu. Os Smith abandonaram dois locais próximos onde já destilavam e em 1858 se instalaram no ponto atual, Minmore, perto de onde os rios Livet e Avon se encontram. A destilaria situa-se no local em que o vale relvado começa a subir em direção às montanhas. Em 1880, o nome exclusivo "Glenlivet" foi concedido por decisão judicial. A companhia permaneceu independente até 1953, quando passou aos mesmos donos da Glen Grant. Nos anos 1960, Gordon & MacPhail adquiriram uma considerável quantidade de whisky, o que levou a uma série de engarrafamentos. Havia whiskies muito antigos e alguns vintages, identificados como George & J. G. Smith's Glenlivet Whisky.

Por ser o single malt mais vendido no imenso mercado americano, o Glenlivet pode ser considerado comum, mas é um whisky com estrutura e complexidade. Destilado com água ligeiramente dura, apresenta uma nota suave de turfa. Cerca de um terço dos barris usados contiveram xerez em algum momento, embora a proporção de primeiro uso seja consideravelmente menor.

ESTILO DA CASA Floral, frutado, com pêssego. Aperitivo.

GLENLIVET 12 anos, 40% vol.

COR Ouro-claro.

AROMA Destaque para o perfume floral; puro e macio.

CORPO Leve a médio. Firme. Macio.

PALADAR Floral, com pêssego e notas de baunilha. Um equilíbrio delicado.

FINAL Contido, prolongado, suavemente quente.

PONTUAÇÃO **85**

GLENLIVET 12 anos, American Oak Finish, 40% vol.

COR Amarelo-profundo, reflexivo.

AROMA O típico bouquet de pêssego parece se acentuar.

CORPO Firme. Médio a encorpado. Muito macio.

PALADAR Rico e frutado, com mais fumaça de turfa do que de costume. Pêssego cozido.

FINAL Sabores cremosos. Baunilha. Um toque amargo de grama queimada.

PONTUAÇÃO **85**

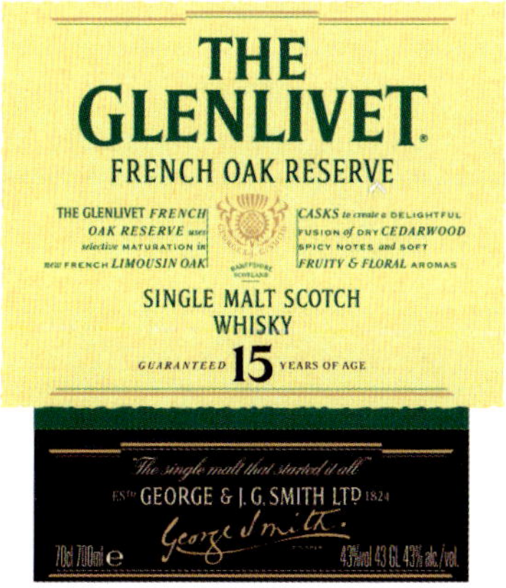

GLENLIVET 15 anos, French Oak Reserve, 40% vol.

COR Latão-antigo.

AROMA Doce, rico. Mel e baunilha, com caramelo. Marzipã forte. Mais complexo do que o esperado.

CORPO Médio. Macio.

PALADAR Carvalho com amêndoas torradas e baunilha.

FINAL Amêndoas torradas, nozes sortidas e carvalho.

PONTUAÇÃO **86**

GLENLIVET **Nadurra, 16 anos, engarrafado em 23 de junho de 2006, lote 0606A, 57,2% vol.**

COR Ouro-intenso.

AROMA Erva-cidreira doce, maltada, com um toque de caramelo.

CORPO Moderadamente quente. Amanteigado.

PALADAR Baunilha e carvalho, com traços de pimenta e especiarias. Seco.

FINAL Prolongado e seco, com um toque de baunilha. A água realça a doçura e as nozes.

PONTUAÇÃO **88**

GLENLIVET **Cask Strength Edition, 16 anos, destilado em 1990, engarrafado em 2006, lote GL 16.006, 57,9% vol.**

COR Ouro-claro.

AROMA Caqui, baunilha, carvalho recém-cortado. Frutado. A água acentua a fruta.

CORPO Médio a encorpado. Ligeiramente untuoso.

PALADAR Carvalho, baunilha, canela. A água ajuda a equilibrar, arredondando a baunilha, as frutas e os leves sinais de canela.

FINAL Prolongado. Apimentado.

PONTUAÇÃO **89**

GLENLIVET **18 anos, 43% vol.**

COR De ouro-intenso a âmbar.

AROMA Elementos maravilhosamente combinados. Forte aroma floral, um toque bem sutil de turfa fresca. Alguma doçura e um toque de xerez no carvalho. Atraente.

CORPO Firme. Macio.

PALADAR Floral e doce no início, depois desenvolve sabor de caroço de pêssego.

FINAL Seco, apetitoso. Muito prolongado, com interação de sabores doces e azedos.

PONTUAÇÃO **87**

GLENLIVET Archive, 21 anos, 43% vol.

COR De ouro-intenso a bronze.

AROMA Vivaz. Frutado. Turfado.

CORPO Muito firme e macio.

PALADAR Malte de cereal leve e puro. Depois, sabores tostados, de nozes. Óleo de laranja. Uma doçura de macaron.

FINAL Grama doce. Fragrância de fumaça.

PONTUAÇÃO **85**

GLENLIVET 25 anos, 43% vol.

COR Âmbar-escuro.

AROMA Rico, frutado; ondas de maçã cozida, canela, pecã e geleia de laranja; uma pitada de tabaco. Sensacional.

CORPO Médio.

PALADAR Pimenta vermelha, canela, notas de baunilha.

FINAL Persistência de canela e nozes. Seco e quente.

PONTUAÇÃO **88**

ALGUNS ENGARRAFAMENTOS INDEPENDENTES

GLENLIVET 1975, Celtic Heartlands, 51,2% vol.

AROMA Toffee. Melão fresco. Frutas exóticas. CORPO Penetrante e afirmativo. PALADAR Caroço de maçã. Pimenta. Folhas verdes. Adstringente. FINAL Médio, penetrante e condimentado. PONTUAÇÃO 66

GLENLIVET 30 anos, Glenkeir Treasures

AROMA Mofado. Confuso. Com tempo e água, maçã verde e fruta verde. CORPO Untuoso. Denso na boca. Encorpado. PALADAR Puro e doce. Maçã e pera frescas. Malte suculento. FINAL Médio a doce, com notas de maçã. PONTUAÇÃO 82

GLENLOCHY

PRODUTOR DCL/UDV

REGIÃO Terras Altas DISTRITO Terras Altas do Oeste

LOCAL DA ANTIGA DESTILARIA North Road, Fort William, Inverness-shire, PH33 6TQ

O LOCHY É UM RIO que passa pela cidade de Fort William, no sopé do Ben Nevis. Além da destilaria de malt Ben Nevis, que continua funcionando a pleno vapor, Fort William teve por muitos anos outra destilaria, chamada Glenlochy. Ela foi construída no final do século XIX, entre 1898 e 1900, tendo mudado muito pouco nas décadas da primeira metade do século XX. Passou ao controle da DLC em 1953, perdeu o ramal ferroviário nos anos 1970 e foi fechada em 1983. O equipamento se foi há muito, e o local hoje é usado como escritório de uma firma que não é do ramo.

Um degustador sofisticado identificou o sabor geograficamente preciso de haxixe libanês numa edição de Glenlochy da Scotch Malt Whisky Society em meados dos anos 1990. A fumaça é menos óbvia em algumas edições nas quais a madeira parece cansada, mas emergem notas de oxidação e éster. Em 1995, a United Distillers lançou uma edição na série Rare Malts e, no ano seguinte, outra semelhante.

ESTILO DA CASA Turfado, frutado, cremoso. Com sobremesa ou durante uma leitura.

GLENLOCHY 27 anos, Rarest of the Rare, 54,8% vol.

COR Gengibre.

AROMA Bombom de chocolate e limão-taiti. Bala de abacaxi. Camp Coffee.

CORPO Suave e doce.

PALADAR Açúcar de cevada. Balas de laranja. Biscoito de gengibre. Depois, notas de carvalho. Baunilha.

FINAL Doce e condimentado, mas redondo e bem equilibrado. Impressionante.

PONTUAÇÃO **88**

GLENLOSSIE

PRODUTOR Diageo
REGIÃO Terras Altas DISTRITO Speyside (Lossie)
ENDEREÇO By Elgin, Morayshire, IV30 3SF
TEL. 01343 862000

RESPEITADA NA INDÚSTRIA (este whisky um dia já foi importante na composição dos blends Haig), a destilaria tem um perfil bem discreto entre os apreciadores de malts. Uma edição da Flora e Fauna no início dos anos 1990 o apresentou, criando interesse por parte dos especialistas, e desde então há edições da Signatory & Hart.

A destilaria, no vale do Lossie, ao sul de Elgin, construída em 1876, passou por uma reconstrução 20 anos depois e ampliação em 1962. Ao lado fica a destilaria de Mannochmore, construída em 1971.

ESTILO DA CASA Floral, puro, com grama e malte. Aperitivo.

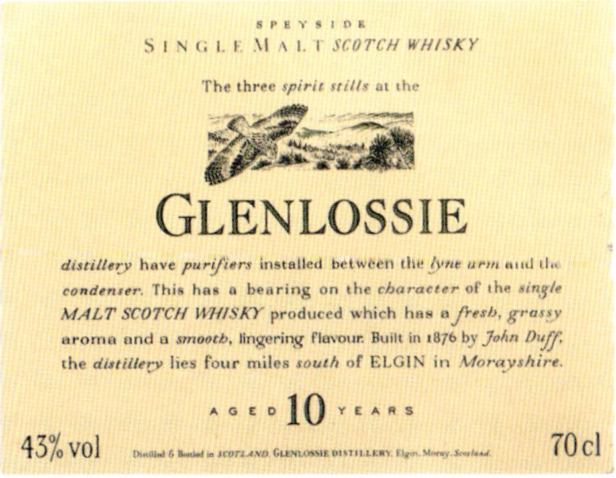

GLENLOSSIE 10 anos, Flora e Fauna, 43% vol.

COR Xerez-fino.

AROMA Fresco. Grama, urze, sândalo.

CORPO Leve a médio. Suave, macio.

PALADAR Maltado no início, depois uma variedade de notas adocicadas, perfumadas e condimentadas.

FINAL Especiarias.

PONTUAÇÃO **76**

GLENMORANGIE

PRODUTOR Glenmorangie plc
REGIÃO Terras Altas DISTRITO Terras Altas do Norte
ENDEREÇO Tain, Ross-shire, IV19 1PZ
TEL. 01862 892477 SITE www.glenmorangie.com
E-MAIL visitors@glenmorangieplc.co.uk

Continua sendo o malt whisky mais vendido na Escócia; ainda divide opiniões por sua devoção ao envelhecimento em barris diversos (o que ofende alguns puristas). De todo modo, a companhia é muito respeitada e admirada. Glenmorangie iniciou as edições "oficiais" com o teor alcoólico do barril, no começo dos anos 1990. Na metade da década passou a introduzir diferentes acabamentos, de variações do xerez, como o fino, a vinhos Madeira, Porto e franceses. Depois, apresentou também vatting com carvalho virgem americano.

A companhia seleciona suas árvores nas montanhas Ozark do Missouri, cura a madeira ao ar livre (em vez de usar fornos) e empresta os barris por quatro anos à destilaria da Jack Daniels em Lynchburg, no Tennessee. Um acordo similar existia com Heaven Hill, em Bardstown, no Kentucky, até a destilaria de Bourbon perder uma quantidade considerável de madeira num incêndio. A política de madeira de Glenmorangie está entre as mais desenvolvidas da indústria. Não é à toa que o responsável por seu desenvolvimento, Bill Lumsden, ostente o título de Diretor de Destilarias e Maturação.

Desde 2004, Glenmorangie pertence à companhia francesa de produtos de luxo LVMH, e sua produção foi aumentada em 50% em 2008, com o acréscimo de quatro novos alambiques. A destilaria fica perto de Tain, uma linda cidade de arenito. A cidade e a destilaria se situam na costa, a 65km de Inverness. Saindo da A9, a estradinha particular passa por uma variedade de árvores e por uma represa no formato de reservatório de moinho. Dali pode-se avistar as águas do firth de Dornocsh.

A água utilizada brota nos morros de arenito e flui pela urze e pelos trevos antes de emergir num lago arenoso a cerca de 600m da destilaria. O arenito sem dúvida contribui para a firmeza do corpo do whisky, e as flores, para seu famoso perfume. (Uma perfumaria francesa identificou 26 aromas, entre os quais amêndoa, bergamota, canela, verbena, baunilha e hortelã-silvestre. Mais recentemente, uma companhia de fragrâncias de Nova York encontrou apenas 22.)

ESTILO DA CASA Cremoso, com folhas. Revigorante ou com sobremesas.

GLENMORANGIE Original, 10 anos, 40% vol.

Lançado em 2007, substitui a versão 10 anos, anterior.

COR Ouro-velho.

AROMA Floral, com frutas frescas, butterscotch e toffee.

CORPO Sedoso.

PALADAR Mais toffee do que o predecessor.
Nozes, com laranja fresca e limão-siciliano.

FINAL Médio em duração, com desenvolvimento de especiarias e gengibre.

PONTUAÇÃO **81**

WHISKIES COM MATURAÇÃO EXTRA

GLENMORANGIE Nectar d'Or, 46% vol.

Substituição da edição Sauternes Wood Finish. Maturado adicionalmente em barricas de vinho francês, após um mínimo de dez anos em barris de bourbon.

COR Ouro-limão.

AROMA Vinhos de sobremesa, mel, frutas macias e especiarias.

CORPO Médio.

PALADAR Passas brancas e tâmaras, bolo de gengibre, creme tipo custard, equilibrados por notas de limão-siciliano.

FINAL Prolongado e condimentado, depois frutas cítricas.

PONTUAÇÃO **87**

GLENMORANGIE **Quinta Ruban, 46% vol.**

Substituição da edição anterior de Port Wood Finish. Maturado adicionalmente em pipas de Porto, após um mínimo de dez anos em barris de bourbon.

COR Cobre-rosado.

AROMA Rico e frutado. Chocolate com menta e nozes.

CORPO Macio, sedoso.

PALADAR Intenso, levemente apimentado. Açúcar de cevada e chocolate ao leite.

FINAL Prolongado e reconfortante. Laranja com chocolate amargo.

PONTUAÇÃO **86**

GLENMORANGIE **Lasanta, 46% vol.**

Substituição do Sherry Wood Finish anterior. Maturado adicionalmente em barris de xerez oloroso, após um mínimo de dez anos em barris de bourbon.

COR Ouro meio escuro.

AROMA Doce e viscoso, com canela e gengibre.

CORPO Médio e macio.

PALADAR Malte e especiarias, com calda de baunilha, nozes e passas.

FINAL Seca lentamente, com persistência de gengibre, carvalho e um toque de cacau.

PONTUAÇÃO **86**

GLENMORANGIE **18 anos, 43% vol.**

COR Âmbar-intenso avermelhado.

AROMA Baunilha, hortelã, nozes. Seiva e carvalho.

CORPO Médio, macio, corpulento.

PALADAR Doce como biscoito no início, depois mais nozes e especiarias.

FINAL Aromático, com nozes e leve carvalho.

PONTUAÇÃO **81**

GLENMORANGIE 25 anos, 43% vol.

Principalmente para o mercado Ásia-Pacífico.

COR Carvalho encerado escuro.

AROMA Uma loja antiga, com móveis de carvalho encerado, couro e latão.

CORPO Intenso. Evasivo.

PALADAR Bolo. Cera de abelha. Untuoso. Interessante.

FINAL Demorado, com especiarias e gengibre.

PONTUAÇÃO **80**

OUTRAS VARIAÇÕES

GLENMORANGIE Astar, 57,3% vol.

Envelhecido em barris das montanhas Ozark do Missouri, usados para maturar whiskey do Tennessee por quatro anos antes de ser enchido com Glenmorangie recém-destilado.

COR Ouro com reflexos esverdeados.

AROMA Fresco e vivaz. Baunilha, madeira recém-cortada, creme caramelizado.

CORPO Redondo e macio.

PALADAR Bem floral, com notas de cera que se tornam mais ricas e condimentadas. Pêssego suculento.

FINAL Prolongado e cremoso.

PONTUAÇÃO **84**

GLENMORANGIE Signet, 46% vol.

Produzido com adição de "malte chocolate", usa whiskies que foram maturados em barris de diversos tipos por até 35 anos.

COR Cobre.

AROMA Frutas intensas, geleia de laranja, bordo, xerez, carvalho, especiarias.

CORPO Sedoso.

PALADAR Frutado e enérgico, com chocolate amargo, baunilha e um toque de couro.

FINAL Médio em duração. Baunilha e gengibre.

PONTUAÇÃO **88**

GLENMORANGIE Margaux Cask Finish, 1987, 46% vol.

Após 17 anos de maturação em hogsheads de bourbon, foi transferido para barricas de vinho da casa Margaux, da região francesa de Bordeaux.

COR Âmbar, com reflexos alaranjados.

AROMA Vinho tinto condimentado e laranjas, com notas fragrantes de confeitaria.

CORPO Bem macio.

PALADAR Frutas vermelhas, canela e gengibre. Depois, nougat.

FINAL Suculento. Permanência de frutas e especiarias.

PONTUAÇÃO **88**

ALGUMAS EDIÇÕES LIMITADAS VINTAGE

GLENMORANGIE 1979, engarrafado em 1995, 40% vol.

COR Ouro limão-siciliano.

AROMA Leve, fragrante. Um toque de turfa. Leve fumaça. Muito apetitoso.

CORPO Surpreendentemente rico.

PALADAR Maravilhosamente equilibrado. Malte, alguma manteiga, depois especiarias e sal. Sabores muito vivos.

FINAL Suave e acalentador.

PONTUAÇÃO **84**

GLENMORANGIE 1977, 21 anos, 43% vol.

COR Ouro-brilhante esverdeado.

AROMA Baunilha, carvalho e especiarias. Depois turfa de grama e um sopro surpreendentemente enfático de brisa marinha.

CORPO Leve, mas macio e firme. Ligeiramente untuoso.

PALADAR Doce e suculento. O carvalho fresco se combina com nozes típicas e consegue suplantar as especiarias.

FINAL Novamente leve turfa; a secura rápida e defumada acrescenta uma conclusão apetitosa.

PONTUAÇÃO **84**

GLENMORANGIE 1975, Vintage, 54,2% vol.

COR Âmbar-intenso.

AROMA Toffee escocês. Fudge em caixa de bombom.

CORPO Leve, firme, esquivo.

PALADAR Malte firme. Uma expressão intensa do malte. Desenvolvimento notável de sabores. O malte dá lugar à manteiga, depois notas de limão-siciliano e torrada queimada. Trata-se de um whisky confiante, cerebral.

FINAL Seco, perfeitamente equilibrado. Quando parece que vai acabar, vem uma onda tardia de sal e especiarias.

PONTUAÇÃO **85**

GLENMORANGIE 1972, barril nº 1.740, barril nº 66, 1993, 46% vol.

COR Ouro muito intenso.

AROMA Levemente turfado e floral. Depois bastante especiarias. Muita canela.

CORPO Leve a médio, mas macio e texturado.

PALADAR Muita noz. Grama. Seco. Abundância de sabores frescos.

FINAL Turfa. Grama. Hortelã. Sal. Leve areia ou pedra. Seco, mas leve. Crocante, como biscoito cream cracker.

PONTUAÇÃO **85**

ALGUNS WOOD FINISHES MAIS ANTIGOS

GLENMORANGIE Port Wood Finish, 43% vol.

Lançado sem declaração de idade, mas tipicamente envelhecido por 12 anos em barris de bourbon e mais dois em pipas de Porto. Regimes similares para outros finais.

COR Laranja com tons rosados.

AROMA Intensamente frutado e vinhoso.

CORPO Muito suave e macio.

PALADAR O Porto parece revelar notas de butterscotch. Também acrescenta toques doces de vinho e combina bem com as especiarias do Glenmorangie.

FINAL Ameno, soporífero, relaxante. Sem a menor pressa de ir embora.

PONTUAÇÃO **87**

GLENMORANGIE Madeira Wood Finish, 43% vol.

COR Ouro-profundo com tons de limão-siciliano.

AROMA Doce. Especiarias. Bolo.

CORPO Macio, mas se torna quase arenoso ao secar na língua.

PALADAR Inusitadamente amanteigado. No início, doçura de açúcar de cevada, toffee, bolo, mastigável. Depois, nozes e sementes, ao secar. Canela e especiarias. Instigante interação das personalidades do Madeira e da destilaria.

FINAL Curto e doce. Alguma quentura de rum.

PONTUAÇÃO **86**

GLENMORANGIE Sherry Wood Finish, 43% vol.

O xerez é oloroso e seco.

COR Ouro-escuro.

AROMA Nozes. Seco. Turfa leve. Ar marítimo.

CORPO Macio e curvilíneo.

PALADAR Voluptuoso. Prolongado, com desenvolvimento demorado da doçura de açúcar de cevada que quase sufoca a personalidade da destilaria.

FINAL Alcaçuz. Raiz. Depois, sal contido.

PONTUAÇÃO **85**

GLENMORANGIE Burgundy Wood Finish, 43% vol.

COR Bronze-intenso.

AROMA Torrado.

CORPO Intenso. Macio. Viscoso.

PALADAR Adocicado. Muito frutado. Vinhoso. Fácil de beber.

FINAL Presente no fundo e emergindo gradualmente, surge o equilíbrio entre torrado e carvalho.

PONTUAÇÃO **83**

EDIÇÕES LIMITADAS DE WOOD FINISHES

(Quando indicado, inteiramente envelhecido na madeira citada).

GLENMORANGIE Tain L'Hermitage (vinho da região do Rhône), lançado em 1995, 43% vol.

COR Laranja-elegante.

AROMA Bem frutado e doce.

CORPO Cremoso.

PALADAR Toffee puro e baunilha, desenvolvendo notas de nozes e notável secura frutada. Muito prolongado.

FINAL Espantosamente fino e vinhoso. Pleno de sabores frutados, vinhosos e especiarias. Muito enérgico.

PONTUAÇÃO **88**

GLENMORANGIE Claret Wood Finish, Released 1997, 43% vol.

COR Âmbar-alaranjado.

AROMA Fragrante. Um sopro de brisa do mar. Cedro.

CORPO Firme e denso na boca.

PALADAR Início seco de cedro. Tâmaras em caixa. Depois passas leves. Prolongado desenvolvimento de notas de especiarias.

FINAL Seco, com leve biscoito doce, coco e perfume de frutas.

PONTUAÇÃO **87**

UM ENGARRAFAMENTO INDEPENDENTE

GLENMORANGIE 13 anos, Scotch Malt Whisky Society, 125,18, 56,9% vol.

COR Âmbar-claro

AROMA Chocolate ao leite sabor laranja. Fundo suave de fumaça.

CORPO Sedutor.

PALADAR Mais chocolate amargo do que no aroma. Frutas carameladas.

FINAL Prolongado, cremoso e sedutor.

PONTUAÇÃO **85**

GLENROTHES

PRODUTOR Edrington Group
REGIÃO Terras Altas DISTRITO Speyside (Rothes)
ENDEREÇO Burnside Street, Rothes, Aberlour, AB38 7AA

O MAIS ARISTOCRÁTICO dos negociantes de vinhos e destilados de Londres, a Berry Brothers & Rudd, tem proclamado o Glenrothes (apresentado com grafias diferentes, em uma ou duas palavras) como o malt da casa. A empresa é responsável pelas principais edições de Glenrothes, que são sempre vintages datados, com rótulo parcialmente "escrito a mão".

Em 2002, a companhia introduziu sua linha de whiskies de outras destilarias, sob a rubrica "Berrys' Own Selection". Isso reflete a revalorização dos melhores whiskies escoceses. Representa também um retorno à tradição. Antigamente, muitos comerciantes respeitados de vinhos, tanto da Inglaterra quanto da Escócia, vendiam suas próprias edições de single malts, além de misturá-los aos blends da casa. O whisky nobre e discreto da Glenrothes tem sido componente tradicional do Cutty Sark, blend da Berry's de fama internacional, um favorito do gênero. A destilaria, fundada em 1878, é uma das cinco existentes na cidadezinha de Rothes.

A firma dos Berrys, fundada em 1690, vendia chá, mantimentos e vinho. O Cutty Sark foi lançado nos anos 1920. Seu nome homenageia o navio Cutty Sark, um clipper rápido para transporte de chá, construído na Escócia. Tanto Glenrothes quanto Cutty Sark são vendidos na imponente sede de 1730 da Berrys, em St. James's, Londres, e também nas lojas da companhia no aeroporto de Heathrow.

ESTILO DA CASA Perfumado, doce, com frutas e especiarias. Complexo. Para depois do jantar.

GLENROTHES Select Reserve, 43% vol.

COR Palha-clara, com leves tons de verde.

AROMA Leve, mas complexo, com cassis, baunilha, laranja e sorvete de frutas.

CORPO Médio a encorpado. Agradável.

PALADAR Xerez, frutas secas, equilibrados com especiarias.

FINAL Macio, doce, com ameixa seca e especiarias.

PONTUAÇÃO **75**

GLENROTHES 1998, 43% vol.

COR Laranja-intenso.

AROMA Toffee. Baunilha. Laranja sanguínea. Limão-siciliano passado.

CORPO Macio e cremoso.

PALADAR Notas intensas de laranja. Bala de goma. Traços de carvalho. No final, canela e noz-moscada.

FINAL Médio, intenso e frutado, com um toque de taninos e especiarias.

PONTUAÇÃO **81**

GLENROTHES 1994, 43% vol.

COR Ouro-intenso.

AROMA Lustra-móveis, detergente de limão. Rico, doce.

CORPO Rico, doce, untuoso, denso na boca.

PALADAR Puro, fresco, frutas amarelas, caramelo, intenso.

FINAL Médio a prolongado, doce e frutado.

PONTUAÇÃO **80**

GLENROTHES 1992, 43% vol.

COR Laranja-mel dourada.

AROMA Leve e floral, com toque de poeira de frutas.

CORPO Encorpado, untuoso, doce.

PALADAR Alcaçuz, melão, limão-siciliano e abacaxi.

FINAL Encorpado, com muita fruta e especiarias.

PONTUAÇÃO **76**

GLENROTHES 1991, 43% vol.

COR Bronze-castanho.

AROMA Toffee suave, groselha vermelha e preta, sorvete de baunilha.

CORPO Rico, macio, agradável.

PALADAR Frutas vermelhas e um toque de taninos que contrasta com a fruta doce.

FINAL Médio, redondo, bem equilibrado e prazeroso.

PONTUAÇÃO **86**

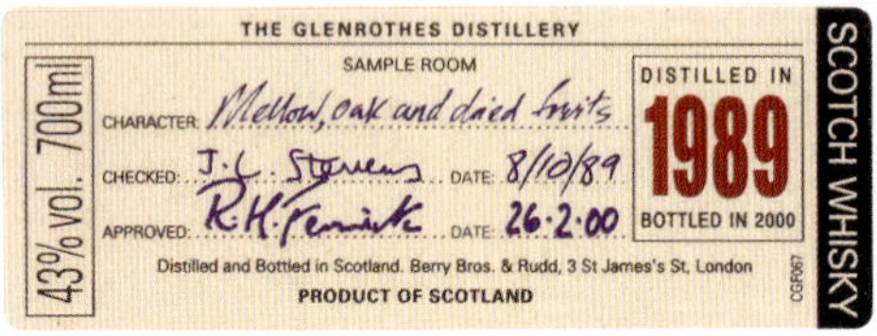

GLENROTHES 1989, 43% vol.

COR Ouro-velho.

AROMA Sugestão sutil de alcaçuz macio, como nos doces Pontefract.

CORPO Generoso. Complacente.

PALADAR Mais ênfase no alcaçuz. Raiz de alcaçuz. Desenvolvimento de sabores suculentos, de dar água na boca. Anis. Coco.

FINAL Tranquilizante, relaxante.

PONTUAÇÃO **82**

GLENROTHES 1988, 43% vol.

COR Marrom-castanho profundo.

AROMA Carvalho. Damasco. Pêssego. Pimenta. Rico e complexo.

CORPO Rico e cremoso.

PALADAR Laranja. Taninos. Frutas amarelas. Depois mais seco, com traços de carvalho, bem balanceado.

FINAL Prolongado, frutado, com carvalho.

PONTUAÇÃO **88**

GLENROTHES 1985, 43% vol.

COR Marrom-claro.

AROMA Terra, condimentos, castanha, caroço de maçã, traços de fumaça.

CORPO Encorpado, rico, macio.

PALADAR Rico, frutas macias ao mel, turfa suave, mel queimado, madeira.

FINAL Mescla de sabores esplendidamente combinados. Doce, macio e redondo.

PONTUAÇÃO **87**

GLENROTHES 1984, 43% vol.

COR Ouro-claro.

AROMA Seiva de madeira, frutas delicadas, baunilha.

CORPO Encorpado, redondo e quente.

PALADAR Sorvete de baunilha, açúcar de cevada. Depois, carvalho e especiarias.

FINAL Especiarias. Doce; de médio a prolongado.

PONTUAÇÃO **83**

GLENROTHES 1981, 43% vol.

COR Marrom-claro, com tons esverdeados

AROMA Curioso. Comida chinesa. Broto de feijão cozido. Cana-de-açúcar. Sutil.

CORPO Ralo, muito penetrante e seco.

PALADAR Amadeirado. Damasco seco. No início bem doce, em seguida neutro e depois pimenta intensa.

FINAL Muito prolongado, com taninos e especiarias intensas.

PONTUAÇÃO **69**

GLENROTHES 1978, 43% vol.

COR Marrom-castanho intenso.

AROMA Terra, castanha-de-água, sorvete de frutas, fresco e puro.

CORPO Encorpado, convincente, cremoso.

PALADAR Deslumbrantemente doce e redondo, com baunilha, anis, alcaçuz, ameixa, pêssego e depois um toque de carvalho e especiarias.

FINAL Bem equilibrado, duradouro e agradável.

PONTUAÇÃO **90**

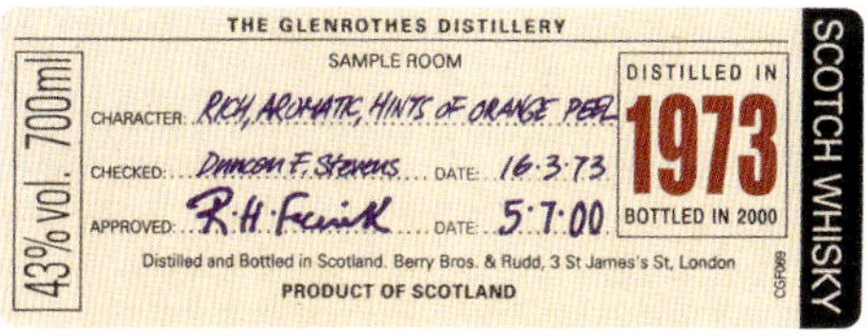

GLENROTHES 1973, 43% vol.

COR Âmbar.

AROMA Urze e frutas doces, especiarias, flores, maçã, ameixa seca e noz-moscada.

CORPO Macio, sutil e rico.

PALADAR Camadas de laranja. Baunilha, especiarias e passas juntas. Taninos finos.

FINAL Nozes. Persistente. O Glenrothes quintessencial.

PONTUAÇÃO **90**

GLENROTHES 1972, 43% vol.

COR Marrom-escuro intenso.

AROMA Raízes, terra. Vegetais chineses cozidos.

CORPO Cremoso, encorpado e cremoso.

PALADAR Doce e frutado, com alcaçuz e baunilha, adstringente e condimentado.

FINAL Prolongado. Equilibrado. Frutas doces, especiarias e taninos.

PONTUAÇÃO **88**

GLENROTHES 1971, 41% vol.

COR Cobre, com um toque verde.

AROMA Tabaco doce, alcaçuz, frutas, pimenta.

CORPO Generoso, suave. Rico, antigo e elegante.

PALADAR Cedro, anis, pastilha para tosse. Gentilmente quente.

FINAL Prolongado, complexo, sofisticado.

PONTUAÇÃO **87**

GLENROTHES Robur Reserve, 40% vol.

COR Limão-siciliano claro.

AROMA Variado e forte, com mel, damasco e casca de limão-doce.

CORPO Macio, redondo, cremoso.

PALADAR Cevada pura, melão, cítricos e um toque de especiarias.

FINAL Bem curto, com notas de frutas cítricas.

PONTUAÇÃO **68**

GLENROTHES 25 anos, 43% vol.

COR Bronze-intenso.

AROMA Frutas cristalizadas, bala de hortelã, toques de laranja e limão.

CORPO Encorpado, cremoso, rico e doce.

PALADAR Frutas tropicais (manga), depois especiarias doces e um final delicado e atraente em madeira.

FINAL Bem equilibrado e longo, com frutas doces, especiarias e taninos.

PONTUAÇÃO **93**

GLENROTHES 30 anos, 43% vol.

COR Marrom-castanho intenso.

AROMA Cogumelos, folhas molhadas, depois se abre lentamente, com frutas ao xerez e notas cítricas.

CORPO Encorpado, cremoso e doce.

PALADAR Especiarias, sorvete de limão, anis, menta.

FINAL Prolongado, intenso e afirmativo.

PONTUAÇÃO **88**

GLENROTHES 1967, Berrys' Own Selection, 46,3% vol.

COR Ouro-velho.

AROMA Leve, ligeiro. Cogumelos, madeira seca, frutas cozidas. Cinza.

CORPO Intenso, suave.

PALADAR Complexo. Muito desenvolvimento de sabores. Abundância de flores e especiarias.

FINAL Prolongado, floral.

PONTUAÇÃO **85**

GLENROTHES 1966, Berrys' Own Selection, 52,8% vol.

COR Mogno.

AROMA Escuro, com madeira, figo e nozes. Bolo ao Madeira. Grãos de café.

CORPO Seco.

PALADAR Ligeiramente tânico. Bom equilíbrio entre notas de especiarias e frutas secas.

FINAL Prolongado, seco.

PONTUAÇÃO **82**

GLENROTHES John Ramsay Legacy 46,7% vol.

COR Castanho-rico alaranjado.

AROMA Antigo e venerável. Frutas vermelhas. Casca de frutas secas. Cacau.

CORPO Suave e aveludado. Cremoso.

PALADAR Baunilha. Cacau. Laranja e outras frutas amarelas. Depois, apimentado de especiarias e carvalho. Bem equilibrado.

FINAL Prolongado e satisfatório, com especiarias.

PONTUAÇÃO **91**

ALGUNS ENGARRAFAMENTOS INDEPENDENTES

GLENROTHES 1970, 38 anos, barril nº 10.577, Duncan Taylor Rare Auld Series, 42,3% vol.

COR Laranja-escuro. AROMA Grapefruit. Tangerina. Melão com mel. CORPO Médio, balanceado. PALADAR Maçã. Pera. Frutas amarelas, equilibradas por um toque de pimenta. Muito fresco para a idade. FINAL Médio, frutado e seco. Equilibrado e agradável. PONTUAÇÃO 87

GLENROTHES 1969, 39 anos, Lonarch, 42,7% vol.

COR Marrom-alaranjado intenso. AROMA Maçã cozida, depois uma tigela de frutas verdes frescas. CORPO Encorpado, intenso e rico. PALADAR Caroço de maçã. Toque de noz-moscada e canela. Depois, pimenta. FINAL Rico, bem prolongado, misturando fruta e pimenta. PONTUAÇÃO 87

GLENTAUCHERS

PRODUTOR Chivas Brothers (Pernod Ricard)
REGIÃO Terras Altas DISTRITO Speyside
ENDEREÇO Mulben, Keith, Banffshire, AB5 2YL
TEL. 01542 860272

GLENTAUCHERS, FUNDADA EM 1898, foi reconstruída em 1965. Ela não possui centro para visitantes e lança poucas edições, portanto seus méritos atraem pouca atenção. Vizinha de Auchroisk, situa-se no campo, perto do vilarejo de Mulben, entre duas cidades destiladoras, Rothes e Keith.

Quando a Pernod Ricard adquiriu a Allied Domecq, em 2005, a Chivas Brothers assumiu o controle da destilaria.

ESTILO DA CASA Secura de cravo, doçura de malte. Reconfortante.

GLENTAUCHERS 14 anos, James MacArthur, 58,5% vol.

COR Ouro-claro.

AROMA Uva intensa. Fumaça. Um pouco de enxofre. Salada verde.

CORPO Encorpado e untuoso.

PALADAR Melhor que o aroma. Doce, rico, com melão macio.

FINAL Médio e frutado. Um toque de taninos no final.

PONTUAÇÃO **69**

GLENTAUCHERS 15 anos, Dun Bheagan, 43% vol.

COR Amarelo-claro.

AROMA Toffee de banana. Melancia. Ruibarbo.

CORPO Doce, médio a encorpado.

PALADAR Doce, viscoso. Toques de taninos e adstringência no final.

FINAL Curto e doce.

PONTUAÇÃO **64**

GLENTAUCHERS 1990, 17 anos, Duncan Taylor, 51,6% vol.

COR Verde-claro amarelado.

AROMA Fresco e vegetal. Ruibarbo. Gooseberry. Raízes.

CORPO Rico, intenso e denso na boca.

PALADAR Forte, com anis e marzipã no começo, depois muita fruta verde e especiarias. Puro e equilibrado, com a quantidade certa de taninos.

FINAL Agradável, redondo e balanceado, com longa permanência.

PONTUAÇÃO **88**

GLENTURRET

PRODUTOR Edrington Group
REGIÃO Terras Altas DISTRITO Terras Altas do Leste
ENDEREÇO Crieff, Perthshire, PH7 4HA TEL. 01764 656565
SITE www.famousgrouse.co.uk

UMA DESTILARIA ou uma "experiência"? Glenturret é, sem dúvida, uma destilaria: a mais visitável, uma das menores e candidata à mais antiga da Escócia, escondida num pequeno vale, a uma hora de carro de Edimburgo e Glasgow. Esses atributos se mostraram irresistíveis para os donos do Edrington Group, que a tornaram seu principal centro de visitação. Como seu produto mais vendido é o Famous Grouse, o blend foi associado à destilaria.

Uma visita a Glenturret, graças ao marketing, virou Famous Grouse Experience. O visitante passa por uma série de experiências imaginativas e cativantes, graças ao uso de alta tecnologia, embora isso tudo pareça meio deslocado ali: uma destilaria das mais rústicas e tradicionais. Consta que um pouco de Glenturret entra na "receita" do Famous Grouse. Considerando-se o porte da destilaria e as vendas do Grouse, deve ser uma pequena quantidade. O novo papel de Glenturret levou à racionalização da linha, antes muito extensa e contraditória.

Glenturret também possui um restaurante que serve pratos escoceses (não é preciso fazer reserva para o almoço; no jantar, atende apenas a grupos). Embora o famoso gato Towser hoje cace ratos no céu, ele ficou eternizado com uma estátua. Entretanto, não há monumentos para suas

supostas 28.899 vítimas (quem as documentou com tanta precisão para o livro Guinness de recordes?).

A destilaria situa-se nas margens do rio Turret, perto de Crieff, em Perthshire. Existem registros de fabricação de whisky nas imediações pelo menos desde 1717, e alguns prédios datam de 1775. A destilaria foi desmontada nos anos 1920, depois ressuscitada em 1959 por um famoso entusiasta do whisky, James Fairlie. Foi adquirida em 1981 pela Cointreau, a empresa francesa de licores, e passou a fazer parte da Highland Distillers (hoje Edrington) em 1990.

ESTILO DA CASA Seco, fresco, floral, com nozes. Quando jovem, para aperitivo; envelhecido, para depois do jantar.

GLENTURRET 10 anos, 40% vol.

COR Ouro-claro esverdeado.

AROMA Nastúrcio. Pesado. Doce.

CORPO Leve. Parece evaporar.

PALADAR Chlorodyne (medicamento à base de ópio, canabinoides e clorofórmio). Pastilhas para tosse. Toffee.

FINAL Menta. Calmante.

PONTUAÇÃO **76**

GLENTURRET 1987, 54,8% vol.

COR Ouro-claro.

AROMA Cativante. Baunilha, frésia, malte fresco.

CORPO Leve.

PALADAR Doce e maltado. Tangerina, flores cortadas. Ótimo equilíbrio. A madeira surge no retrogosto.

FINAL Claro, com nozes.

PONTUAÇÃO **85**

UM ENGARRAFAMENTO INDEPENDENTE

GLENTURRET 14 anos, James MacArthur, 56,9% vol.

COR Limão-siciliano amarelo.

AROMA Pecã. Butterscotch. Banana madura demais.

CORPO Macio, doce e encorpado. Cremoso.

PALADAR Cevada doce pura. Bombons de limão-siciliano. Uma pitada de pimenta, um toque de hortelã.

FINAL Médio e agradável, com um toque de chili.

PONTUAÇÃO **79**

GLENUGIE

PRODUTOR Whitbread/Long John
REGIÃO Terras Altas DISTRITO Terras Altas do Leste
LOCAL DA ANTIGA DESTILARIA Peterhead, Aberdeenshire, AB42 0XY

O DISTRITO CENTRAL DA costa leste perdeu todas as destilarias. Esta situa-se perto das ruínas de uma vila de pescadores, nas imediações de Peterhead, onde o rio Ugie chega ao mar. O local incorpora restos de um moinho de vento. Destila-se ali desde os anos 1830, e os edifícios que sobreviveram são dos anos 1970.

A companhia cervejeira Whitbread, dona da destilaria desde 1970, gradualmente afastou-se da produção de destilados durante os anos 1980, quando a indústria do whisky sofreu uma de suas crises cíclicas. As instalações industriais de Aberdeen foram ocupadas por pequenas firmas de engenharia a serviço da exploração do petróleo, e este foi também o destino de Glenugie em 1982-83. Removeram o equipamento para fazer whisky. Ainda resta um pouco de estoque, e surgem alguns engarrafamentos, cada vez mais raros, conforme o tempo passa.

ESTILO DA CASA Floral e resinoso. Poderia ser medicinal. Para se tomar na hora de dormir.

GLENUGIE 26 anos, Old & Rare, 58% vol.

COR Laranja-intenso.

AROMA Cortiça seca. Poeira. Broto de feijão cozido. Frutas secas.

CORPO Encorpado, rico, denso na boca.

PALADAR Xerez rico. Frutas vermelhas. Carvalho agradável. Bolo de frutas.

FINAL Merece respeito. Bem macio. Taninos leves. Venerável.

PONTUAÇÃO **76**

GLENURY ROYAL

PRODUTOR DCL
REGIÃO Terras Altas DISTRITO Terras Altas do Leste
LOCAL DA ANTIGA DESTILARIA Stonehaven, Kincardineshire, AB3 2PY

FUNDADA EM 1825, Glenury Royal situava-se na costa leste da Escócia, ao sul de Aberdeen. A água vinha do rio Cowie, e o nome da destilaria derivava do vale que se estendia pelo distrito de Ury. Seu fundador, capitão Robert Barclay, foi um atleta que ganhou fama por um feito inusitado: foi o primeiro homem a caminhar 1.600km (mil milhas) sem parar. Atuou ainda como membro do Parlamento local. Barclay tinha uma amiga na corte, a quem se referia maliciosamente como "sra. Windsor", e graças a sua influência, ele recebeu do rei William IV a autorização para chamá-lo de "Royal". Era um malt excelente, a julgar pelas edições recentes. Com a destilaria desativada em 1985, o terreno foi vendido para a construção de um condomínio.

ESTILO DA CASA Aromático, condimentado, frutado. Com um livro, na cama.

GLENURY 1953, 50 anos, 42,8% vol.

COR Laranja-escuro.

AROMA Fumaça. Casca de castanha queimada.

CORPO Rico, macio, luxurioso.

PALADAR Bombons de chocolate com licor. Chocolate amargo recheado de café, cereja ou até licor de menta.

FINAL Secura de seiva e carvalho.

PONTUAÇÃO **89**

ENGARRAFAMENTOS INDEPENDENTES

GLENURY ROYAL 1984, Gordon & MacPhail, 43% vol.

COR Cobre-brilhante. AROMA Complexo. Rico, com xerez, figo, ameixa, fumaça e couro. CORPO Sedoso. PALADAR Encorpado e frutado, com especiarias, suculento, com malte ligeiramente defumado. FINAL Pastilhas de frutas. Um toque de alcaçuz com a água. PONTUAÇÃO 84

GLENURY ROYAL 1984, 23 anos, Rarest of the Rare, 49,3% vol.

COR Ouro. AROMA Creme de limão. Toque de sorvete. CORPO Ralo. PALADAR Água mineral com sabor de limão-siciliano. Doce, elegante. Traço tênue de pimenta. FINAL Curto e cítrico. Bem agradável. PONTUAÇÃO 72

HIGHLAND PARK

PRODUTOR Edrington Group
REGIÃO Terras Altas ILHA Orkney
ENDEREÇO Kirkwall, Orkney, KW15 1SU TEL. 01856 874619
SITE www.highlandpark.co.uk

ESTA GRANDE DESTILARIA DE ORKNEY é hoje a única insular do Edrington Group, após a venda de Bunnahabhain, em Islay. Provavelmente a ideia era destacar Highland Park como o malt das ilhas do grupo e opor a originalidade de Orkney ao de Islay, muito na moda. Os fãs podem esperar uma série de lançamentos de Highland Park: o rótulo enfatiza a personalidade jovem e a urze da turfa de Orkney; a beleza simples da maltagem na própria destilaria; os alambiques enormes, bulbosos; os ventos que sopram sal na costa. Até agora não aconteceu muita coisa, mas sem dúvida acontecerá.

Highland Park é o mais abrangente no mundo do malt whisky. Tem um estilo insular inegável, mas combina todos os elementos de um clássico single malt: fumaça (com seu toque peculiar de urze e mel), malte intenso e redondo, macio, saboroso, com final prolongado.

O interesse pela mais setentrional das destilarias escocesas continua alto, com o lançamento de algumas edições especiais limitadas.

ESTILO DA CASA Defumado, com sabores intensos. Aos 18 ou 25 anos, com sobremesas ou charutos. Vintages mais antigos, para beber deitado na cama.

HIGHLAND PARK 12 anos, 40% vol.

COR Âmbar.

AROMA Fumaça, doçura de "fogueira no quintal". Urze, malt, um toque de xerez.

CORPO Médio, excepcionalmente macio.

PALADAR Suculento. Secura defumada. Doçura de mel de urze e malte.

FINAL Provocante, delicioso, com urze.

PONTUAÇÃO **90**

HIGHLAND PARK 15 anos, 40% vol.

COR Âmbar.

AROMA Denso e doce. Damasco prensado, pera madura. Amêndoa tostada, castanha de faia.

CORPO Mastigável.

PALADAR Bom equilíbrio entre frutas carameladas, mel e fumaça de urze. Pleno na boca. Fudge. Malte.

FINAL Toffee de melado.

PONTUAÇÃO **87**

HIGHLAND PARK **16 anos, 40% vol.**

COR Ouro-intenso.

AROMA Contido, com mel, alguma nota de laranja, banana e cítricos doces.

CORPO Macio, doce e suave; redondo e equilibrado.

PALADAR Mel seguido de uma combinação equilibrada de turfa e carvalho, depois bala de laranja e traços de turfa.

FINAL Suco de fruta. Laranja, turfa e fumaça. Surpreendentemente delicado e curto.

PONTUAÇÃO ***78***

HIGHLAND PARK **18 anos, 43% vol.**

COR Ouro-claro.

AROMA Quente, destaque para floral. Mel de urze, carvalho fresco, seiva, turfa, fragrância defumada. Muito aromático e apetitoso.

CORPO Bem macio, firme e redondo.

PALADAR Levemente salgado. Folhas (de parreira?), pinole. Desenvolvimento notável de sabores: mel, nozes, canela, gengibre seco.

FINAL Especiarias. Bem seco. Carvalho, fumaça, acalentador.

PONTUAÇÃO ***92***

HIGHLAND PARK 25 anos, 50,7% vol.

COR Âmbar a cobre.

AROMA Imensa complexidade. Rum e passas. Especiarias "natalinas", urze seca, fumaça leve.

CORPO Extenso.

PALADAR Maduro, com equilíbrio perfeito. Chocolate. Carvalho e nozes. Taninos finos. Leve fumaça.

FINAL Prolongado e sutil, com laranja amarga e limão-siciliano perfumado.

PONTUAÇÃO **95**

HIGHLAND PARK 25 anos, 48% vol.

O mais recente engarrafamento com essa idade.

COR Ouro-rico intenso.

AROMA Delicado. Grapefruit. Remédio para gripe sabor limão.

CORPO Macio e suave; não muito afirmativo.

PALADAR Primeiro, mel suave, com cevada, laranja e frutas doces; depois, uma dose grande de especiarias, carvalho e turfa.

FINAL Médio, rico e condimentado, com um choque intrigante entre as frutas doces e o mel com as especiarias penetrantes.

PONTUAÇÃO **85**

HIGHLAND PARK 1977, **Bicentenary Vintage Reserve, 43% vol.**

COR Noz-clara.

AROMA Carvalho encerado. Estofamento de couro.

CORPO Firme, rico, acetinado.

PALADAR Hortelã. Cremoso. Tangerina Satsuma. Casca de laranja. Sabor de cereja preta. Chocolate amargo. Espantosa complexidade e permanência. Muito potente. Longo desenvolvimento de sabores secos.

FINAL Violetas. Persistência floral, com sabores perfumados.

PONTUAÇÃO **94**

HIGHLAND PARK 40 anos, 48% vol.

COR Mogno-escuro com tons esverdeados.

AROMA Respeitável. Néctar suave, velas perfumadas e cítricos doces.

CORPO Sedoso, suave, doce e pleno.

PALADAR Mistura inesperada e complexa de frutas exóticas, cozidas e viscosas, com mel, limão-siciliano e turfa.

FINAL A clássica batalha de Highland Park entre turfa, carvalho, fruta e especiarias. Prolongado.

PONTUAÇÃO **91**

UM ENGARRAFAMENTO INDEPENDENTE

HIGHLAND PARK 21 anos, Duncan Taylor, 53,3% vol.

COR Amarelo-intenso.

AROMA Limão-siciliano, cítricos. Melão doce. Pedaços de abacaxi.

CORPO Brando, suave e doce.

PALADAR Macio e doce. Melão. Grapefruit doce. Pimenta-doce suave. Limpo e apetitoso.

FINAL Prolongado, doce e frutado. Sem defeitos. Um toque de mel.

PONTUAÇÃO **90**

IMPERIAL

PRODUTOR Allied Distillers Ltd.
REGIÃO Terras Altas DISTRITO Speyside
ENDEREÇO Carron, Morayshire, AB34 7QP

APRECIADORES DE MALTS, ansiosos para experimentar esse Speysider pouco considerado e raramente engarrafado, passaram a desfrutar nos últimos anos a oportunidade de saciar seu desejo, graças a uma série de engarrafamentos independentes.

A destilaria Imperial de Carron, na margem oposta do rio que banha Dailuaine, mantém vínculos históricos com a empresa. Fundada em 1897 e ampliada em 1965, fechou em 1985, mas foi reaberta pela Allied em 1989, depois novamente fechada em 1998. Os alambiques enormes da Imperial dificultam um uso flexível. "Ou fazem um monte de Imperial ou nem uma gota", comentou um observador.

ESTILO DA CASA Intenso e defumado (em geral doce).
Depois do jantar ou na hora de ir para a cama.

IMPERIAL 15 anos, Special Distillery Bottlings, 46% vol.

COR Ouro-acetinado. Levemente turvo.

AROMA Torta de limão-siciliano e merengue. Torta de limão Key. Não só o recheio de fruta, como também a massa. Levemente farinhento, poeirento. Um toque de adega.

CORPO Ralo, mas macio. Desaparece gradualmente.

PALADAR Casca de limão-siciliano. Limão-siciliano doce, cada vez mais intenso, depois seco. Redondo, depois de acrescentar água.

FINAL Gentilmente seco. Leve sugestão de secura defumada.

PONTUAÇÃO **71**

IMPERIAL 13 anos, Duncan Taylor N.C.2, 46% vol.

COR Amarelo-claro.

AROMA Abacaxi em conserva. Bala de frutas. Puro. Baunilha. Flores.

CORPO Macio e bem equilibrado.

PALADAR Cevada doce. Frutas frescas saborosas. Um pouco de especiarias.

FINAL Rico e picante.

PONTUAÇÃO **80**

IMPERIAL 1990, 18 anos, barril nº 354, Duncan Taylor, 51,9% vol.

COR Ouro-mel.

AROMA Menta. Limão. Refrescante e puro.

CORPO Suave, agradável e redondo.

PALADAR Doce. Grapefruit e limão. Suave e agradável. Salada de frutas viscosa.

FINAL Curto e doce, com um toque suave de madeira.

PONTUAÇÃO **83**

IMPERIAL 1990, 18 anos, Duncan Taylor, 55% vol.

COR Laranja-intenso.

AROMA Melão em lata. Frutas exóticas. Cerejas glaçadas. Baunilha. Doce e puro.

CORPO Encorpado, doce, equilibrado.

PALADAR Encorpado e frutado. Frutas exóticas, equilibradas pelas notas de especiarias.

FINAL Médio, com açúcar e especiarias, muito apetitoso. Delicioso e equilibrado.

PONTUAÇÃO **90**

INCHGOWER

PRODUTOR Diageo

REGIÃO Terras Altas DISTRITO Speyside

ENDEREÇO Buckie, Banffshire, AB56 2AB TEL. 01542 836700

POSSUI UM SABOR MAIS PARECIDO com o dos malts costeiros do que com um Speysider. É as duas coisas, pois a destilaria fica na costa, perto da cidade pesqueira de Buckie, mas próxima à desembocadura do rio Spey. Se o paladar espera um Speyside típico, floral e elegante, esse whisky pode ser intenso ou mesmo adstringente, por causa do sal. Com o tempo, vicia. A destilaria de Inchgower, construída em 1871, foi ampliada em 1966. Seu whisky é um elemento importante no blend Bell.

ESTILO DA CASA Seco, salgado. Revigorante ou aperitivo.

INCHGOWER 14 anos, Fauna e Flora, 43% vol.

COR Ouro-claro.

AROMA Especiarias quase achocolatadas, depois notas doces de alga marinha comestível. No final, um sopro de ar marítimo salgado. No geral, seco e complexo.

CORPO Leve a médio. Macio.

PALADAR Começa doce e maltado, apresenta notável desenvolvimento de sabores e termina seco e salgado.

FINAL Bem salgado, permanece na língua por um bom tempo, agradável.

PONTUAÇÃO **76**

INCHGOWER 14 anos, Old Malt Cask, 50% vol.

COR Marrom-mel intenso.

AROMA Calda de bordo. Baunilha. Butterscotch.

CORPO Rico e aveludado.

PALADAR Melão e outras frutas macias amarelas. Alguns taninos.

FINAL Médio, doce e amadeirado.

PONTUAÇÃO **67**

INCHGOWER 1992, 15 anos, N.C.2, 46% vol.

COR Amarelo bem claro.

AROMA Prado relvado. Cítricos levemente picantes. Contido.

CORPO Médio, puro e doce.

PALADAR Cevada maltada pura, simples e agradável. Toque tardio de pimenta.

FINAL Pimenta, com alguma fruta e um agradável retrogosto de cevada.

PONTUAÇÃO **69**

INCHGOWER 21 anos, Old Malt Cask, 50% vol.

COR Ouro-intenso.

AROMA Salada de frutas. Encorpado. Baunilha. Favo de mel.

CORPO Macio e agradável.

PALADAR No início, frutas macias. Pêssego. Limão. Depois de um tempo, os taninos e as especiarias dominam.

FINAL Pungente. Sal e pimenta. Médio.

PONTUAÇÃO **74**

INCHGOWER 34 anos, Single Malts of Scotland, 61,2% vol.

COR Ouro-claro.

AROMA Puro e límpido. Menta. Cassis. Surpreendentemente fresco e apetitoso.

CORPO Encorpado, denso na boca, picante.

PALADAR Melão com mel. Uva. Cevada rica, suculenta. Depois uma onda intensa de pimenta e carvalho.

FINAL Prolongado, com muitas especiarias e taninos.

PONTUAÇÃO **76**

INVERLEVEN

PRODUTOR Allied Distillers Ltd.
REGIÃO Terras Baixas DISTRITO Terras Baixas do Oeste
ENDEREÇO 2 Glasgow Road, Dumbarton, Dunbartonshire, G82 1ND

UM MARCO DA PAISAGEM desapareceu quando o complexo da destilaria Ballantine foi demolido em Dumbarton, em 2002. O prédio dos anos 1930 erguia-se feito um castelo onde o rio Leven deságua no estuário de Clyde. Por muitos anos, a unidade operou com destilador de coluna para fazer whisky de grãos e dois alambiques que produziam malts para os blends Ballantines. Uma das destilarias de malt, a Inverleven, tinha alambiques convencionais. A outra produzia um whisky mais pesado, ao estilo de Lomond. A produção de malt cessou em 1991-92, e mais dois Lowlanders cederam às Terras Altas e às ilhas.

ESTILO DA CASA Perfumado, frutado, untuoso. Com uma salada de verão, quando jovem; com nozes no Natal, quando envelhecido.

INVERLEVEN 1979, 28 anos, Rarest of the Rare, 57% vol.

COR Amarelo-intenso.

AROMA Delicioso. Toffee de banana. Grapefruit doce. Pera madura, com um pouco de fumaça de tabaco de cachimbo.

CORPO Encorpado, rico e doce.

PALADAR Anis. Pera em lata. Marzipã. Compota de frutas. Puro, equilibrado.

FINAL Melão e pera. Especiarias apimentadas. Médio a prolongado.

PONTUAÇÃO ***89***

JURA

PRODUTOR Whyte and Mackay Ltd.
REGIÃO Terras Altas ILHA Jura
ENDEREÇO Craighouse, Jura, Argyll, PA60 7XT
TEL. 01496 820240 SITE www.isleofjura.com

Os visitantes de Islay costumam fazer a travessia até Jura. As duas ilhas, de tão próximas, costumam ser vistas como uma só. Mas Islay possui sete destilarias e Jura, apenas uma. Enquanto de Islay saem whiskies bem potentes, o de Jura é delicado – embora ganhe força com a idade. Sob nova direção, a destilaria vem se mostrando mais ativa na introdução de novos produtos e no marketing.

Dois extraordinários lançamentos jovens, com três e quatro anos, foram feitos para o mercado japonês. Ambos mostraram potencial considerável. O mais jovem era puro, maltado e potente, com ótimos sabores marítimos. A versão menos jovem mostrou terra, flores e frutas. No mercado britânico, Superstition é um whisky mais doce, rico e maduro, mas parece meio suspeito, como a história do marketing para ele.

A primeira destilaria do lugar parece ter sido fundada em 1810, aproximadamente, e reconstruída em 1876. Embora alguns prédios daquela época ainda continuem sendo usados, a destilaria atual foi erguida no final dos anos 1950 e início de 1960 e ampliada nos anos 1970.

O nome Jura deriva da palavra norueguesa para cervo. Estes animais são mais numerosos do que os habitantes da ilha – em média, há 55 deles a cada 1 1km. Jura possui cerca de 225 moradores, sendo o mais famoso deles George Orwell. Ele veio para cá por precisar de um local saudável e tranquilo para escrever o romance *1984*. Um whisky batizado em sua homenagem ampliou a gama de Jura em 2003.

ESTILO DA CASA Pinho, ligeiramente untuoso, suave, salgado. Aperitivo.

ISLE OF JURA **Superstition, sem declaração de idade, 45% vol.**

COR Bronze-acetinado.

AROMA Fumaça de turfa bem suave. Alguma doçura de xerez. Feno doce.

CORPO Macio. Ceráceo.

PALADAR Pinheiro, mel. Desenvolve cremosidade adocicada. Abre-se bem devagar.

FINAL Salgado, surpreendente.

PONTUAÇÃO **80**

ISLE OF JURA **10 anos, 40% vol.**

COR Ouro-brilhante.

AROMA Untuoso, com toques de pinheiro, terra e sal. Seco.

CORPO Leve, ligeiramente untuoso, macio.

PALADAR Adocicado, aos poucos libera um pouco do sal e da secura da ilha.

FINAL Alguma doçura de malte, com um toque salgado.

PONTUAÇÃO **72**

ISLE OF JURA **Legacy 10 anos, 40% vol.**

O vatting dessa versão apresenta também malts bem mais velhos.

COR Âmbar.

AROMA Nozes, com uma ligeira nota metálica. Sacos de aniagem de grama e farinha, massa crescendo.

PALADAR Firme, com samambaia doce. Fresco e puro. Para o almoço.

FINAL Um pouco de suco de frutas, depois malte.

PONTUAÇÃO **70**

ISLE OF JURA, **16 anos, 40% vol.**

COR Ouro intenso a bronze.

AROMA Pinheiros recém-cortados. Samambaia. Chão de floresta.

CORPO Leve, firme, untuoso e cremoso. Seca depois.

PALADAR Coentro. Laranja. Geleia de ruibarbo. Pão doce com manteiga.

FINAL Salgado.

PONTUAÇÃO **77**

ISLE OF JURA **Orwell, 42% vol.**

COR Ouro.

AROMA Bastante madeira e picante, no início. Brejo de urze, marinha. Musgo.

CORPO Seco.

PALADAR Amplo, com leve fumaça permanente, lutando contra a doçura central de tangerina. Certa complexidade.

FINAL Nozes.

PONTUAÇÃO **78**

ISLE OF JURA **21 anos, 43% vol.**

COR Laranja-claro.

AROMA Cedro. Depois, frutado e tropical. Abacaxi, pêssego, papaia, melão.

CORPO Sedutor.

PALADAR Carvalho. Frutas, com ênfase progressiva em laranja. Tabaco doce.

FINAL Fruta macia. Acidez refrescante.

PONTUAÇÃO **80**

ISLE OF JURA **18 anos**

COR Mel âmbar dourado.

AROMA Fresco, com pinheiros e um toque de marzipã. Xerez e fumaça.

CORPO Médio.

PALADAR Bem seco. Nozes, toffee de menta e desenvolvimento de xerez oloroso.

FINAL Bem prolongado; xerez sutil. Alcaçuz e gengibre por último.

PONTUAÇÃO **79**

ISLE OF JURA **Elements Earth**

Destilado de malte intensamente turfado.

COR Laranja-médio.

AROMA Turfa suave, fumaça de fogueira, vegetação úmida, terra fresca, um toque de canela.

CORPO Ceráceo.

PALADAR Enérgico, com especiarias, um pouco de sal, gengibre, turfa fumegante e frutas cítricas frescas.

FINAL Médio, frutado, intensamente condimentado.

PONTUAÇÃO **79**

ISLE OF JURA **Elements Fire**

Envelhecimento final em barris de bourbon requeimados.

COR Bronze.

AROMA Flores, toffee mastigável, baunilha e frutas cítricas.

CORPO Sedoso e encorpado.

PALADAR Baunilha, mel, frutas secas e especiarias suaves.

FINAL Especiarias, baunilha e persistência de chocolate ao leite.

PONTUAÇÃO **81**

ISLE OF JURA **Elements Air**

Amadurecido em barris espanhóis de manzanilla curados ao ar livre.

COR Ouro-claro.

AROMA Fragrante, com xerez, nozes e bolo de frutas. Toques marinhos e cítricos.

CORPO Firme.

PALADAR Bem seco, chocolate amargo, sal, xerez.

FINAL Nozes, com carvalho molhado.

PONTUAÇÃO **79**

ISLE OF JURA **Elements Water**

Feito com a água do antigo Loch a'Bhaile Mhargaidh de Jura, que ajudaria a prolongar a vida.

COR Bronze-claro.

AROMA Floral. Depois xerez, geleia de laranja e marzipã. Um toque de fumaça.

CORPO Médio, levemente untuoso.

PALADAR Xerez, laranja, avelãs, café.

FINAL Xerez, café de Java, carvalho seco.

PONTUAÇÃO **81**

ISLE OF JURA **1974, 44,5% vol.**

COR Cobre.

AROMA Fresco, com ozônio, canela e frutas secas.

CORPO Médio, macio.

PALADAR Frutado, com laranjas, marzipã, mel e especiarias intensas.

FINAL Caramelo e leve fumaça.

PONTUAÇÃO **81**

ISLE OF JURA **40 anos, 46% vol.**

COR Âmbar-dourado.

AROMA Inicialmente, desodorizador de pinho, avelã e marzipã.

CORPO Médio, sedoso.

PALADAR Nozes, especiarias, com alcaçuz e uma pitada de canela. Complexo.

FINAL Seco, com carvalho e xerez oloroso.

PONTUAÇÃO **81**

UM ENGARRAFAMENTO INDEPENDENTE

ISLE OF JURA **1992, Gordon & MacPhail, 43% vol.**

COR Amarelo-claro

AROMA No início, ligeiramente terroso, com aroma de feno na sequência.

CORPO Macio e leve.

PALADAR Salada de frutas, malte e especiarias.

FINAL Seco e suavemente apimentado.

PONTUAÇÃO **80**

KILCHOMAN

PRODUTOR Kilchoman Distillery Company
REGIÃO Islay DISTRITO Machir Bay
ENDEREÇO Rockside Farm, Bruichladdich, Islay, PA49 7UT
TEL. 01496 850011 SITE www.kilchomandistillery.com

NA SEMANA EM QUE UMA INUNDAÇÃO forçou centenas de pessoas a abandonar suas casas no leste da Escócia e tempestades torrenciais causaram destruição no oeste, Islay era abençoada com sol. A ilha se preparava para receber mais um membro de sua comunidade.

Não é todo dia que uma destilaria lança seu primeiro whisky – no caso de Islay, a bem da verdade, era a primeira vez que isso acontecia em mais de 120 anos. No estilo tradicional, numa cerimônia carregada de emoção, o malt foi apresentado e servido a um grande número de convidados, entre os quais representantes de todas as destilarias de Islay.

Kilchoman se considera uma destilaria de fazenda e hoje é a mais ocidental produtora de whisky, localizada alguns quilômetros a noroeste de Bruichladdich. Destilaria pequena e tradicional, usa cevada cultivada no local e turfa retirada da região. O whisky é característico de Islay em termos de sabor, com notas intensas e adocicadas de turfa.

KILCHOMAN 3 anos, Inaugural Release, 46% vol.

COR Ouro-claro.

AROMA Turfa. Fumaça de fogueira. Fresco. Vinhoso. Frutas verdes.

CORPO Rico e untuoso.

PALADAR Penetrante, com frutas cítricas. Fresco. Chocolate amargo. Fumaça de carvão intensa. Industrial.

FINAL Médio, macio, com muita turfa.

PONTUAÇÃO **84**

KNOCKANDO

PRODUTOR Diageo
REGIÃO Terras Altas DISTRITO Speyside
ENDEREÇO Knockando, Aberlour, Banffshire, AB38 7RT
TEL. 01340 882000

OUVIA-SE FALAR MAIS nesse whisky – na Grã-Bretanha, pelo menos – quando ele era o malt mais promovido do portfólio da IDV, antes da fusão que criou a Diageo em 1997.

Knockando faz parte do pequeno grupo de malts especialmente influentes nos blends J&B (Justerini & Brooks – ver Glen Spey). É um malt sofisticado, com uma política de lançamentos bem elaborada. O conceito defende o engarrafamento quando o malt está maduro, e não após um período específico.

Uma estação não difere dramaticamente das outras, embora haja diferenças muito sutis. Com a maturação, o whisky adquire complexidade e notas de xerez.

A água para a produção desse whisky nasce no granito e flui pela turfa. O nome da destilaria, que se pronuncia "no-kan-do" (ou "du"), soa cômico aos ouvidos ingleses, e sua tradução perfeitamente sensata é "pequeno morro preto". Knockando se esconde num desvão das montanhas e dá para o rio Spey, num lugar perfeito para a pesca do salmão. A destilaria foi fundada em 1898.

ESTILO DA CASA Elegante, com sugestão de frutas silvestres. Aperitivo.

KNOCKANDO 12 anos, destilado em 1996, 43% vol.

COR Ouro-claro.

AROMA Sutil e complexo. Uva. Grama. Cevada.

CORPO Leve, não muito potente.

PALADAR Fruta azeda e caroço de maçã, depois cevada intensa. Centro firme e untuoso, depois uma onda forte de especiarias.

FINAL Prolongado, com especiarias.

PONTUAÇÃO **77**

KNOCKANDO 18 anos, 1980, 43% vol.

Disponível principalmente nos Estados Unidos.

COR Ouro-médio.

AROMA Biscoito amanteigado. Amêndoas. Bom equilíbrio tardio de limão.

CORPO Cremoso. Redondo. Muito macio.

PALADAR Nozes, especiarias. Seco. Sabores bem combinados.

FINAL Frutas maduras, erva-cidreira e turfa suave. Muito apetitoso.

PONTUAÇÃO **78**

KNOCKANDO 1989, 43% vol.

COR Ouro-brilhante.

AROMA Fraco, adocicado, com grama e turfa. Erva-cidreira. Marshmallow. Biscoito amanteigado.

CORPO Leve e macio.

PALADAR Suave, cremoso. Traços de mel. Framboesa. Casca de limão-siciliano.

FINAL Nozes, secura de toffee. Agradavelmente apetitoso.

PONTUAÇÃO **76**

UM ENGARRAFAMENTO INDEPENDENTE

KNOCKANDO 1980, 28 anos, Duncan Taylor, 46,7% vol.

COR Amarelo-palha.

AROMA Frutas amarelas. Bala de limão.

CORPO Suave e redondo.

PALADAR Sutil, com evolução. Puro e doce. Mistura leve e agradável de frutas. Depois, algumas especiarias.

FINAL Médio e frutado, depois uma onda intensa de especiarias.

PONTUAÇÃO **83**

KNOCKDHU

PRODUTOR Inver House Distillers Ltd.
REGIÃO Terras Altas DISTRITO Speyside (Isla/Deveron)
ENDEREÇO Knock by Huntly, Aberdeenshire, AB5 5LJ
SITE www.inverhouse.com E-MAIL enquiries@inverhouse.com

KNOCKDHU É A VERSÃO INGLESA para a expressão gaélica *Cnoc Bubh*, que significa "pequeno morro preto". Como a Diageo tem uma destilaria chamada Knockando, Inver House preferiu usar o nome An Cnoc em seus produtos, para evitar confusão. É o gaélico para "o morro". Provavelmente ninguém pensou em confusão de nomes quando as duas destilarias foram fundadas nos anos 1890, pois seu propósito original era produzir whiskies para blends, e não single malts.

Knockdhu, construída em 1894 para fornecer malt para os blends Haig, fechou em 1983. Só depois da aquisição pelos atuais proprietários e da reinauguração passou a comercializar edições especiais em pequena escala, a partir de 1990. Elas se tornaram mais comuns em anos recentes, e a marca foi recuperada. O nome An Cnoc ficou consagrado com essas edições.

ESTILO DA CASA Cremoso e frutado. (Um malt para sobremesa?)

AN CNOC 12 anos, 40% vol.

COR Amarelo com tons esverdeados.

AROMA Pimenta. Poeira. Fumaça de carvão. Cevada fresca, pura, recém-cortada.

CORPO Médio e rico.

PALADAR Cevada doce. Muito puro. Herbáceo. Depois, gradualmente, especiarias e frutas, num crescendo.

FINAL Bem prolongado, com muitas especiarias e frutas (melão macio).

PONTUAÇÃO **80**

AN CNOC 16 anos, 46% vol.

COR Amarelo-intenso alaranjado.

AROMA Bala de abacaxi. Cevada cristalizada. Prado fresco. Confeitaria. Notas de bourbon.

CORPO Rico, encorpado e doce.

PALADAR Cevada doce. Mel. Frutas amarelas e laranja intensas. Depois, uma onda suave e agradável de carvalho e especiarias.

FINAL Prolongado, rico, doce, com especiarias.

PONTUAÇÃO **85**

AN CNOC 1994, 46% vol.

COR Bronze-intenso.

AROMA Puro, com gengibre cristalizado. Balas. Cítricos doces.

CORPO Médio, puro e refrescante.

PALADAR Bem doce e palatável. Frutas. Muitas especiarias doces. Baunilha. Muito apetitoso.

FINAL Doce, puro, prolongado, com especiarias.

PONTUAÇÃO **83**

AN CNOC 1975, 50% vol.

COR Laranja-dourado intenso.

AROMA Sutil. Limão-siciliano e taiti, mel, casca de fruta, saquinho de balas, baunilha.

CORPO Redondo, médio a encorpado; doce e acolhedor.

PALADAR Macio e redondo, com mel e frutas doces. Bem equilibrado, com cevada mastigável e um toque de madeira e fumaça.

FINAL Doce, com mínimos sinais da idade; um toque sutil de taninos e especiarias. No geral, agradável e suave.

PONTUAÇÃO **83**

LAGAVULIN

PRODUTOR Diageo
REGIÃO Islay DISTRITO South Shore
ENDEREÇO Port Ellen, Islay, Argyll, PA42 7DZ TEL. 01496 302730
SITE www.discovering-distilleries.com/www.malts.com

EM ANOS RECENTES, LAGAVULIN perdeu a posição de single malt mais vendido de Islay, em grande parte pela falta de estoque de malt 16 anos, resultado da destilaria só operar dois dias por semana, nos anos 1980. Atualmente, trabalha 24 horas por dia, sete dias por semana, para atender à demanda. Estudaram a possibilidade de acrescentar mais um par de alambiques, mas concluíram que isso poderia "prejudicar a integridade" da destilaria, cuja manutenção é impecável.

Lagavulin é mais seco e se destaca pelo ataque mais potente do que qualquer outro whisky disponível, embora nos últimos anos não seja tão brutal. O lançamento em 1997-98 de uma versão identificada pelo envelhecimento final em barris de xerez Pedro Ximénez despertou grande interesse. Como o mais robusto dos whiskies conviveria com o xerez mais encorpado? Um cancelaria o outro, de modo que fosse mais brando no final? Ou eles se combinariam para se reforçarem? Nenhuma das anteriores. Os dois elementos são como dois pesos-pesados trocando golpes durante um clinch.

A água chega por um regato turbulento e, sem dúvida, absorve muita turfa no caminho. O mar bate nos galpões de envelhecimento da destilaria, que tem seu próprio cais.

Lagavulin (pronuncia-se "la-ga-vú-lin") significa "o pequeno vale onde fica o moinho". Consta que dez destilarias ilícitas ocupavam aquela baía em meados dos anos 1700. A história de Lagavulin remonta a 1816.

ESTILO DA CASA Seco, defumado, complexo. Como revigorante ou à noite.

LAGAVULIN 12 anos, Cask Strength, Special Release 2003, 57,8% vol.

COR Inusitadamente claro. Vinho verde.

AROMA Fumaça deliciosa, delicada, embora muito fraca para um Lagavulin. Um toque floral.

CORPO Bem leve.

PALADAR Marshmallow. Biscoitos de farinha integral. Chá assam.

FINAL Defumado. Um pouco da turfa que se espera de um Lagavulin. Ligeiramente frutado. Quente. Firme. Prolongado.

PONTUAÇÃO **91**

LAGAVULIN 12 anos, destilado em 1995, 48% vol.

Envelhecido em barris de carvalho e engarrafado para Friends of the Classic Malts.

COR Laranja.

AROMA Peixe defumado, especiarias e notas de cevada doce.

CORPO Redondo.

PALADAR Encorpado, frutado e doce, com laranjas cozidas, toffee duro e fumaça de turfa.

FINAL Médio em duração, com caramelo e cinza de fogo de turfa.

PONTUAÇÃO **91**

LAGAVULIN 12 anos, Special Releases, 2008, 56,4% vol.

COR Ouro-claro com reflexos de cobre.

AROMA Suave e amanteigado, com fumaça de turfa frutada, peixe grelhado e uma pitada de baunilha.

CORPO Médio. Agradavelmente untuoso.

PALADAR Bem defumado. Malte doce e avelãs.

FINAL Prolongado, com cinzas e permanência de turfa doce.

PONTUAÇÃO **92**

LAGAVULIN 16 anos, 43% vol.

COR Âmbar intenso.

AROMA Borrifos marinhos, fumaça de turfa. Pinica o fundo do nariz.

CORPO Encorpado, macio, muito firme.

PALADAR Secura de turfa, como chá-verde chinês (gunpowder tea). Conforme o paladar se desenvolve, torna-se untuoso, com uma nota de grama e, particularmente, notas salgadas.

FINAL Fogo de turfa. Quente.

PONTUAÇÃO **95**

LAGAVULIN 1979, dupla maturação, Distillers Edition, 43% vol.

Envelhecimento final em barris de xerez Pedro Ximénez.

COR Arenito laranja.

AROMA Ataque fresco, com notas de turfa, alcatrão, enxofre e sal, suavizados por cera de abelha.

CORPO Encorpado. Viscoso.

PALADAR Rico e extremamente doce, depois defumado. Torna-se medicinal e acaba em algas marinhas.

FINAL Pimenta, sal, areia. O que perde em personalidade da destilaria ganha ao acrescentar uma nova dimensão para sua originalidade.

PONTUAÇÃO **95**

LAGAVULIN 1989, Distillers Edition, dupla maturação, engarrafado em 2005, 43% vol.

Envelhecimento final em barris de xerez Pedro Ximénez.

COR Âmbar intenso com reflexos laranja.

AROMA Defumado, com um pouco de peixe, além de notas fortes de xerez, fruta cozida e passas.

CORPO Encorpado.

PALADAR Um casamento clássico da fumaça de turfa de Islay com o xerez espanhol.

FINAL Prolongado, suavemente defumado, com especiarias suaves. Bem balanceado.

PONTUAÇÃO **95**

LAPHROAIG

PRODUTOR Beam Global
REGIÃO Islay DISTRITO South Shore
ENDEREÇO Port Ellen, Islay, Argyll, PA42 7DU
TEL 01496 302418 SITE www.laphroaig.com

EIS O MAIS MEDICINAL dos malts. "Ame ou odeie", dizia um dos slogans para divulgação do Laphroaig. Remete a gaze hospitalar? Faz lembrar antisséptico bucal? Fenol? A ideia é essa mesma: a personalidade de Islay, com intensidade de algas marinhas e iodo.

Muitos acham que o famoso ataque do Laphroaig diminuiu nos últimos anos, revelando um pouco mais da doçura do malte. Mas continua sendo um whisky de forte personalidade, encorpado e untuoso. Uma nova versão do malt, parcialmente maturado em barris de 57 litros, recuperou parte da intensidade que os apreciadores procuram. A destilaria possui sua própria reserva de turfa em Islay e um dique no rio Kilbride, floor maltings na destilaria e alambiques relativamente pequenos. Seus depósitos de maturação ficam de frente para o mar.

A destilaria foi construída nos anos 1820 pela família Johnston. Em 1847, o fundador faleceu ao cair dentro de um barril de whisky. No final dos anos 1950 e início dos 1960, a destilaria pertenceu a uma mulher, a srta. Bessie Williamson – uma senhora encantadora, a julgar pelo retrato na parede. O ambiente romântico das instalações tornaram a destilaria popular para casamentos, e ela serve como salão comunitário do vilarejo. Pertence atualmente à Beam Global, sendo administrada por uma equipe dedicada que deve garantir a ela um futuro brilhante.

ESTILO DA CASA Medicinal. Para antes de dormir.

LAPHROAIG **Quarter Cask, 48% vol.**

COR Ouro-intenso.

AROMA Rústico. Casa de barcos. Fumaça industrial e alcatrão. Suco de limão-siciliano. Intenso.

CORPO Rico, untuoso. Encorpado, de encher a boca.

PALADAR Um toque defumado que vai da cevada doce até fruta madura, passando por turfa intensa e algas marinhas.

FINAL Prolongado, perfeitamente equilibrado, com turfa e fumaça ricas, intensas. Um clássico Laphroaig.

PONTUAÇÃO **91**

LAPHROAIG **10 anos**

Duas versões comercializadas, com 40% e 43%. A mais forte é um pouco mais encorpada.

COR Ouro-intenso, refrativo.

AROMA Medicinal, fenólico. Algas marinhas. Uma doçura de éster (gooseberry?).

CORPO Médio, untuoso.

PALADAR Algas marinhas, sal, óleo.

FINAL Redondo e bem seco.

PONTUAÇÃO **86**

LAPHROAIG **10 anos, Cask Strength, 57,3% vol.**

COR Ouro bem forte.

AROMA Seco, com fenol tipo "corda alcatroada".

CORPO Médio, com certa viscosidade de xarope.

PALADAR Algas marinhas. Tão salgado quanto doce. Alcatroado.

FINAL Medicinal. Alcatrão, fenol, turfa, terra. Um whisky maravilhosamente complexo.

PONTUAÇÃO **88**

LAPHROAIG **15 anos, 43% vol.**

COR Âmbar-claro.

AROMA Fenol, alcatrão, enxofre.

CORPO Médio a encorpado, untuoso e ameno.

PALADAR Um ardiloso momento de doçura e relva, seguido de uma explosão de enxofre, turfa queimada e intensidade de Islay.

FINAL Redondo, seco, longo e quente.

PONTUAÇÃO **89**

LAPHROAIG **18 anos, 48% vol.**

COR Laranja-ouro brilhante.

AROMA Salmoura com uma brisa marinha. Corda engraxada. Estrada asfaltada quente quando chove.

CORPO Encorpado untuoso.

PALADAR Máquina a vapor industrial. Alcaçuz vermelho. Filé apimentado numa churrasqueira com madeira de castanheira. Amplo e sério.

FINAL Prolongado, com turfa tomando a boca, depois permanência de alcaçuz e castanha.

PONTUAÇÃO **93**

LAPHROAIG **25 anos, 50,9% vol.**

COR Ouro-mel.

AROMA Uva, terra, laticínio, lavanderia. Um Laphroaig improvável.

CORPO Médio, ralo, condimentado.

PALADAR Uva. Segurelha. Adstringência da madeira, algumas notas cítricas, frutas verdes, cacau, chocolate amargo e toques de turfa.

FINAL A inconfundível turfa finalmente surge – antes tarde do que nunca. Cacau e fruta.

PONTUAÇÃO **73**

LAPHROAIG **27 anos, 57,4% vol.**

COR Castanha-da-índia com tons vermelhos de ameixa.

AROMA Rico e profundo, pétalas de rosas escuras, frutas secas, terra, vinho tinto.

CORPO Intenso e encorpado. Venerável, atraente, provocante.

PALADAR Duas explosões orais pelo preço de uma. Montanhas de xerez, ameixas cozidas e frutas contra a fumaça e a turfa intensas. Taninos e especiarias servem de condutor.

FINAL Prolongado, intenso, com ameixa seca e fumaça. Inesquecível.

PONTUAÇÃO **95**

LAPHROAIG 30 anos, engarrafado em novembro de 1997, 43% vol.

Engarrafado a partir de 123 butts de xerez marcados com a indicação SS Great Auk; acredita-se que seja o navio no qual vieram de Jerez, há mais de três décadas.

COR Laranja-escuro.

AROMA Suave. Carvalho encerado. Fumaça fragrante. Rosas. Notas de limão-siciliano.

CORPO Encorpado, cremoso.

PALADAR Espantosamente fresco. Amêndoas torradas. Algas marinhas comestíveis. Sarça. Fumaça.

FINAL Almiscarado. Agridoce. Muito bem equilibrado para a idade avançada.

PONTUAÇÃO **90**

LAPHROAIG 40 anos, 42,3% vol.

COR Ouro-velho.

AROMA Urze e sálvia. Fumaça muito sutil no fundo.

CORPO Macio.

PALADAR Sabores concentrados. Menos iodo do que o habitual. Mais pimenta. Inusitado, porém muito vivo e apetitoso. Notas florais.

FINAL Bastante fumaça. Complexo.

PONTUAÇÃO **88**

DOIS ENGARRAFAMENTOS INDEPENDENTES

LAPHROAIG 1987, Duncan Taylor, 53,2% vol.

COR Laranja-intenso.

AROMA Muita turfa. Melado. Costela agridoce.

CORPO Untuoso e encorpado.

PALADAR Truta grelhada. Sal. Casca de limão-siciliano. Fumaça de churrasqueira. Turfa.

FINAL Médio, equilíbrio entre frutas e fumaça.

PONTUAÇÃO **87**

LP1, Elements of Islay, Speciality Drinks, 58,8% vol.

COR Amarelo-claro latão.

AROMA Clássico Laphroaig. Arenque bem defumado. Fumaça industrial. Máquinas a vapor. Turfa suja.

CORPO Rico, cítrico e denso na boca.

PALADAR Amplo. Cítricos e turfa. Muitas frutas azedas. Alcatrão. Cacau.

FINAL Muita turfa, peixe e fumaça.

PONTUAÇÃO **88**

LINKWOOD

PRODUTOR Diageo

REGIÃO Terras Altas ILHA Speyside (Lossie)

ENDEREÇO Elgin, Morayshire, IV30 3RD TEL. 01343 862000

UMA RESERVA NATURAL SECRETA ou uma destilaria? O whisky apropriadamente floral de Speyside vem sendo cada vez mais apreciado, a julgar pela profusão de edições independentes.

A represa que fornece água para resfriamento abriga patos e marrecos e é lar sazonal de alvéolas, batuíras, cisnes brancos e lontras. Nos 4ha do sítio, a urtiga atrai feiticeiras e borboletas; as flores atraem cucos de bico laranja; as campânulas seduzem as abelhas.

A destilaria foi fundada em 1821. A mais antiga das casas de destilação, do prédio original, continua a ser usada durante alguns meses do ano. Produz um whisky um pouco mais pesado do que o do alambique maior, construído nos anos 1960 e ampliado em 1970.

ESTILO DA CASA Floral. (Água de rosas? Cereja?) Delicioso com bolo de frutas.

LINKWOOD 12 anos, Flora e Fauna, 43% vol.

COR Prímula-intensa.

AROMA Notavelmente floral, com pétalas. Ranúnculo amarelo. Grama. Fragrante.

CORPO Médio, redondo, ligeiramente viscoso.

PALADAR Começa lentamente, mas apresenta uma evolução prolongada com marzipã, rosa e doce frescor. Vale experimentar.

FINAL Perfumado e seco. Casca de limão-siciliano.

PONTUAÇÃO **82**

LINKWOOD 1975, 26 anos, Rare Malt, 56,1% vol.

Um whisky adorável, como costuma ocorrer com os Linkwoods.

COR Ouro-claro brilhante.

AROMA Como uma caminhada por um pântano cheio de turfa num dia fresco. Fragrante.

CORPO Leve a médio. Viscoso.

PALADAR Começa com uma doçura levemente defumada, como a superfície de um crème brûlée. Passa a uma doçura viscosa de torta de melado.

FINAL Especiarias doces, florais. Quente. Extraordinária duração.

PONTUAÇÃO **84**

LINKWOOD 1974, 30 anos, Rare Malts, 54,9% vol.

COR Ouro.

AROMA Carvalho e toques de rosas, baunilha e gengibre. Depois casca de maçã e folhas de hortelã. Belo início, mas não muito expressivo.

CORPO Doce e encorpado.

PALADAR Início doce, com laranja; um pouco mais expressivo. Um pouco de creme custard, melão maduro e laranja cristalizada.

FINAL Torna-se apimentado (carvalho) e condimentado (cravos), especialmente no final. Muito bom, mas não chega a emocionar.

PONTUAÇÃO **85**

LINKWOOD Managers' Choice, destilado em 1996, engarrafado em 2009, 58,2% vol.

COR Ouro-mel.

AROMA Frutas macias. Barra de cereais. Mel. Notas florais e leve pimenta.

CORPO Macio e encorpado.

PALADAR Sabores intensos de pêssego e damasco. Um pouco de chocolate ao leite, taninos e depois especiarias.

FINAL Mais penetrante e condimentado do que no paladar, mas não desagradável.

PONTUAÇÃO **82**

UM ENGARRAFAMENTO INDEPENDENTE

LINKWOOD 11 anos, Dun Bheagan, 46% vol.

COR Marrom-dourado intenso. AROMA Flores frescas. Especiarias. Mel. CORPO Médio e rico. PALADAR Doce e condimentado. Frutas verdes. Traços de anis e chili doce. Inteiramente suave e agradável. FINAL Médio. Doce. Maçã e pera. PONTUAÇÃO 82

LITTLEMILL

PRODUTOR Loch Lomond Distillery Co. Ltd.
REGIÃO Terras Baixas DISTRITO Terras Baixas do Oeste
ENDEREÇO Bowling, Dunbartonshire, G60 5BG
TEL. 01389 752781 E-MAIL mail@lochlomonddistillery.com

ATÉ OS ANOS 1930, Littlemill seguia a prática de tripla destilação das Terras Baixas. Os prédios que sobreviveram datam pelo menos de 1817, mas parecem mais antigos. Acreditava-se que Littlemill datava de 1772, mas evidências recentes indicam que já destilava em 1750. Portanto, trata-se de mais uma entre diversas destilarias que se consideram a mais antiga da Escócia, cada qual com uma justificativa um pouco diferente.

ESTILO DA CASA Maciez de marshmallow.
Revigorante. Com sobremesas.

LITTLEMILL 16 anos, Old Malt Cask, 50% vol.

COR Mel-claro.

AROMA Raiz. Flores recém-cortadas. Estufa de plantas. Pepino. Cebolinha.

CORPO Doce e agradável. Comportado.

PALADAR Alguns elementos cítricos. Bem doce e condimentado. Adstringente.

FINAL Curto e doce. Muito agradável.

PONTUAÇÃO *65*

LOCH LOMOND

PRODUTOR Loch Lomond Distillery Co. Ltd.

REGIÃO Terras Altas DISTRITO Terras Altas do Oeste

ENDEREÇO Lomond Estate, Alexandria, Dunbartonshire, G83 0TL

TEL. 01389 752781 SITE www.lochlomonddistillery.com

E-MAIL mail@lochlomonddistillery.com

A TRANSFORMAÇÃO VEM ACONTECENDO de maneira gradual neste estabelecimento. O passado industrial do prédio (onde era a mais antiga fábrica de automóveis da Grã-Bretanha e uma tinturaria) não deixou sinais. O local foi reformado para abrigar uma destilaria funcional e complexa. Possui três pares de alambiques, com visíveis diferenças. Dois deles são equipados com colunas de retificação. São similares aos alambiques de Lomond (o nome é uma coincidência), antes usados pela vizinha Ballantine. Esses destiladores, operados de maneiras diversas, podem produzir pelo menos meia dúzia de malts diferentes. Alguns deles são engarrafados como single malts, mas a destilaria foi projetada para produzir componentes para seus próprios blends. Loch Lomond possui ainda um destilador contínuo de cinco colunas.

A destilaria situa-se numa área industrial, às margens do rio Leven, que liga Clyde e Loch Lomond. O nome Loch Lomond é usado num single malt e num "single blend" (isto é, com malts e destilado de grãos da mesma destilaria). Outros malts, como Inchmurrin, recebem nomes das ilhas do Loch e outros lugares de interesse.

Quatro dos malts não costumam ser engarrafados como singles. A lista inclui Glen Douglas e os cada vez mais intensos em turfa Craiglodge, Inchmoan e Croftengea. Graças ao interesse crescente pelos malts turfados, este último deve ser engarrafado em breve. Experimentado ainda durante a maturação, aos sete anos, possui um aroma doce, untuoso, defumado; um paladar de fogueira, com sugestões de madeira de fruta, sarça e fumaça de carvalho; o final é prolongado.

O padrão de negócios inusitado de Loch Lomond data de sua aquisição em 1987 pela atacadista de whisky Glen Catrine. A empresa começou como rede de lojas. No início eram armazéns com licença para vender bebida. A destilaria de Loch Lomond, antes nas mãos de uma companhia americana, Barton Brands, foi inaugurada durante os anos 1960.

ESTILO DA CASA Loch Lomond: nozes. Revigorante. Inchmurrin: frutado. Aperitivo. Old Rhosdhu: pinheiro. Calmante.

LOCH LOMOND, sem declaração de idade, 40% vol.

COR Ouro-brilhante.

AROMA Torrada saída do forno. Biscoitos wafer com recheio de gengibre.

CORPO Algodão-doce.

PALADAR Açúcar em pó. Doce turco (Rahat Lokum). Pistache. Banana.

FINAL Leve, mas longo. Secura equilibrada de limão.

PONTUAÇÃO **70**

LOCH LOMOND 16 anos, Scotch Malt Whisky Society, nº 122,19, 50,1% vol.

COR Amarelo-manteiga.

AROMA Mel e remédio para gripe, sabor limão. Giz. Baunilha. Fumaça e turfa. Intrigante.

CORPO Doce e cremoso.

PALADAR Turfado e doce, em medidas iguais. Mastigável, carnal. Açúcar de cevada intenso, turfa integrada e frutas amarelas. Incomum, mas bem encorpado e saboroso.

FINAL Muito atraente. Bem longo, com turfa e especiarias.

PONTUAÇÃO **88**

LOCH LOMOND 1966, 44% vol.

COR Dourado.

AROMA Sândalo, feno quente.

CORPO Leve e ralo.

PALADAR Verde. Pistache. Amêndoas glaçadas. Intensa doçura.

FINAL Arenoso. Abrasivo.

PONTUAÇÃO **66**

INCHMURRIN **10 anos, 40% vol.**

COR Damasco-claro.

AROMA Frutas tropicais. Melancia. Água de flor de laranjeira.

CORPO Agradavelmente untuoso.

PALADAR Sabor bem suave no começo, com desenvolvimento. Melão honeydew com gengibre.

FINAL Especiarias. Quente, prolongado, reconfortante.

PONTUAÇÃO **70**

OLD RHOSDHU, **sem declaração de idade, 40% vol.**

Mínimo de cinco anos.

COR Âmbar.

AROMA Aromático. Um malt luxurioso, para beber no banho.

CORPO Leve a médio. Macio, untuoso.

PALADAR Seco, perfumado, com especiarias. Sabores intensos.

FINAL (Gaultéria?) Talvez não combine com sauna.

PONTUAÇÃO **65**

LONGMORN

PRODUTOR Chivas Brothers (Pernod Ricard)
REGIÃO Terras Altas DISTRITO Speyside (Lossie)
ENDEREÇO Elgin, Morayshire, IV30 3SJ TEL. 01542 783042

LONGMORN É UM DOS MALTS MAIS FINOS de Speyside, apreciado pelos conhecedores, embora pouco famoso. Admirado pela complexidade, apresenta uma combinação de maciez e caráter intenso, desde o bouquet enérgico até o final prolongado. Sua fama se deve ao sabor de malte (grão de cevada), cera de abelha e frutas (éster).

A destilaria, construída em 1894-95, tem uma roda d'água desativada e uma máquina a vapor que ainda funciona. Grande parte do equipamento é bem tradicional, inclusive o de brassagem (steel's mash mixer), e caixas de controle (spirit safes) impressionantes. Ao lado da destilaria há um ramal desativado da ferrovia de Longmorn.

ESTILO DA CASA De encher a boca, maltado, complexo. Versátil, delicioso antes do jantar e muito bom com sobremesas.

LONGMORN 15 anos, 45% vol.

COR Ouro intenso.

AROMA Intenso, levemente untuoso. Malte de cevada. Notas florais e frutadas.

CORPO Macio, redondo, médio a encorpado.

PALADAR Bem expressivo, fresco, puro, com sabor de malte (grão de cevada). Sugestão de casca de ameixa.

FINAL Tangerina, nozes. Depois, pimenta. Apetitoso. Muito prolongado.

PONTUAÇÃO **87**

LONGMORN 16 anos, 48% vol.

COR Ouro-intenso. Leves tons esverdeados.

AROMA Encorpado, doce e intenso no malte, com mel e toques de frutas (maçã?). Adorável.

CORPO Forte, amplo, dominante.

PALADAR Intenso, um malt afirmativo.

FINAL Aveia, nozes. Depois, pimenta. Prolongado.

COMENTÁRIO A adição de algumas gotas de água suaviza o aroma, permitindo mais fruta no aroma e no sabor. Continua encorpado, mas a água libera as notas ocultas de frutas e flores, trazendo de volta as tangerinas no final.

PONTUAÇÃO **85**

LONGMORN Cask Strength Edition, 17 anos, destilado em 1991, engarrafado em 2008, LM 17.005, 49,4% vol.

COR Ouro-escuro intenso.

AROMA Forte. Doce, frutado, com notas de mel e baunilha, talvez crème brûlée. Cedro e maçãs Jonathan. A água revela notas de xarope de bordo.

CORPO Encorpado, sedoso, ligeiramente untuoso.

PALADAR Mel doce e baunilha. O carvalho aparece, mas em segundo plano.

FINAL Longo, apimentado.

PONTUAÇÃO **88**

UM ENGARRAFAMENTO INDEPENDENTE

LONGMORN 1996, Berry's Own Selection, 56,7% vol.

COR Limão-siciliano claro com um toque esverdeado. AROMA Floral. Cera de abelha. Mel de acácia. Gooseberry. Pé de ruibarbo. Refresco de limão. CORPO Rico e untuoso. PALADAR Adoravelmente puro, picante como sorvete de frutas. Limpa o paladar. Pomelo rosado. Frutas verdes. FINAL Prolongado, com maçã verde persistente e retrogosto apimentado. PONTUAÇÃO 86

MACALLAN

PRODUTOR Edrington Group
REGIÃO Terras Altas DISTRITO Speyside
ENDEREÇO Aberlour, Banffshire, AB38 9RX
TEL. 01340 872280 SITE www.themacallan.com

FORTE E COM UMA COR MARCANTE, Macallan é o mais conhecido de Speyside – e procura novos desafios constantemente. Em uma de suas iniciativas, a empresa colecionou e adquiriu em leilões garrafas de seus próprios whiskies, desde os anos 1800.

Um Macallan 1874, adquirido pela empresa por US$ 6.000, inspirou uma corajosa tentativa de reproduzir suas características, fazendo um vatting dos estoques existentes. O segredo parecia ser uma tendência à madeira de xerez fino, em vez do oloroso seco preferido atualmente. Havia barris suficientes de xerez fino nos depósitos da Macallan, e uma réplica convincente do 1874 foi produzida. Na época, parecia que o exercício seria único, mas outras três réplicas de whiskies foram criadas.

Não foi necessário reproduzir os Macallan da primeira metade do século XX, pois havia estoque suficiente. Alguns desses whiskies, designados como Exceptional Single Casks, foram lançados um a um, recentemente. Desde os anos 1920, ficou caro guardar quantidades generosas. Muitos whiskies continuam no barril, e uma parte foi engarrafada, para evitar que o teor alcoólico ficasse abaixo do mínimo exigido por lei. Um hogshead rendeu apenas 40 garrafas; o mais generoso atingiu 548.

A empresa decidiu criar uma linha de whiskies "very old", estabelecendo como critério o envelhecimento mínimo por 30 anos. Nem todos os anos estavam representados nos depósitos, mas a cronologia era surpreendentemente abrangente. O mestre destilador da época, David Robertson, e o preparador de whisky Bob Dalgarno testaram cerca de 600 barris, selecionando um ou dois de cada ano, para edições vintage. Quando não havia estoque de determinado ano, a Macallan readquiriu barris e até caixas de garrafas, de negociantes e colecionadores. A série, lançada em 2003, saiu com a rubrica "Fine & Rare" e estilo próprio nas garrafas, além de destacar a data do vintage no rótulo. A série incluiu garrafas tiradas do estoque ou compradas de volta; toda a bebida foi novamente engarrafada, manualmente, com o teor alcoólico do barril. Os preços variavam de US$ 33 mil, para a garrafa mais cara, a US$ 110, pela miniatura mais barata. O lançamento inicial chegou a 10 mil garrafas, avaliadas em cerca de US$ 23 milhões . Os whiskies podem ser adquiridos de varejistas especializados, na página da Macallan ou na loja da destilaria. Alguns bares vendem esses whiskies, invariavelmente, a preços altíssimos.

Enquanto isso, mudanças significativas no mercado afetaram a capacidade da Macallan de atender à demanda mundial, e a reação da Edrington, proprietária da marca, foi agressiva. O alto custo dos barris de xerez e a procura crescente por whiskies envelhecidos em barris de xerez, principalmente na Ásia, em especial em Taiwan, deram à Macallan uma oportunidade lucrativa. Em outros territórios, como a Europa, a empresa reagiu ao que considerou uma tendência aos whiskies em estilo mais leve, lançando a linha Fine Oak, uma série envelhecida em barris de bourbon e xerez. Esses whiskies alcançaram popularidade, ganharam muitos prêmios e atraíram uma nova geração de apreciadores para o Macallan. Para alguns, a ênfase menor no xerez permitiu que a alta qualidade do malt Macallan se manifestasse melhor. Mas a troca do xerez gerou controvérsia em mercados tradicionais. Em 2009, a Edrington passou a concentrar a comercialização dos whiskies com mais xerez nos novos territórios, enquanto enfatizava a série Fine Oak na Europa. É provável que as versões tradicionais em xerez sejam descontinuadas em alguns mercados.

Nenhum rótulo tem a magia de Macallan, para os colecionadores. O nome vem da igreja de Macallan, hoje em ruínas, na área de Easter Elchies, que dá para a ponte Telford sobre o Spey, em Craigellachie. Consta que um fazendeiro já produzia whisky ali, usando sua própria cevada, nos anos 1700. Macallan tornou-se uma destilaria legal assim que isso se tornou possível, em 1824. Em 1998, a fazenda voltou a produzir, cultivando cevada Golden Promise, embora a quantidade seja pequena para as necessidades da Macallan. A antiga sede da fazenda foi restaurada e hoje é atração para os visitantes.

A Macallan contribui há muito com sua fama para blends diversos, com destaque para o Famous Grouse. Em 1968-69, a companhia resolveu que os single malts seriam um fator importante no futuro. O caráter do Macallan dependeu sempre da cevada Golden Promise, mas essa variedade escocesa estava cada vez mais difícil de encontrar. O cultivo diminuiu drasticamente, pois a Golden Promise rende uma quantidade relativamente pequena de grãos aos agricultores. O rendimento na destilação também é pouco, em termos de quantidade, mas seus sabores nucíferos, sedosos e untuosos são deliciosos. Até 1994, aproximadamente, a Macallan usava só Golden Promise. Desde então, uma boa colheita e uma produção reduzida de whisky, em determinados anos, tornaram isso possível, mas em outros momentos sua participação no total de grãos caiu para 30-25%, enquanto variedades como Chariot e Optic entravam com o grosso dos grãos na mistura.

MACALLAN 15 anos, 43% vol.

Difícil de encontrar.

COR Âmbar-médio.

AROMA Essa idade é a que melhor exprime a fruta (éster) do Macallan.

CORPO Encorpado, muito macio.

PALADAR Toffee. Frutas e especiarias suaves. Toque de turfa. Falta um pouco de profundidade.

FINAL Grama. Turfa leve.

PONTUAÇÃO **92**

MACALLAN 25 anos, 43% vol.

COR Vermelho-âmbar.

AROMA Nessa idade, a fumaça se manifesta intensamente, engolfando todos os aromas que apareceram antes.

CORPO Encorpado, firme, redondo.

PALADAR A fumaça acentua a complexidade.

FINAL Seco, complexo, muito prolongado.

PONTUAÇÃO **95**

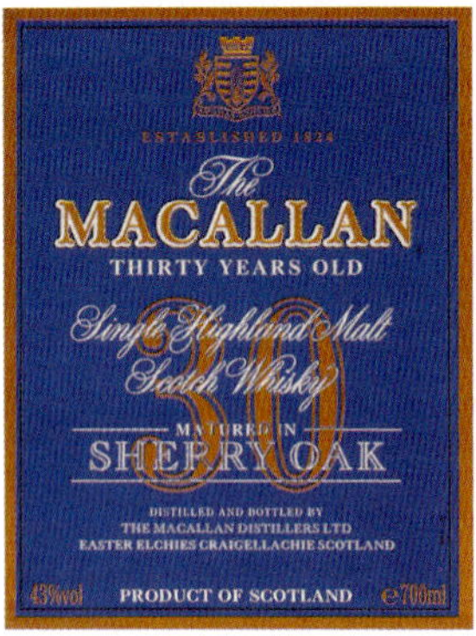

MACALLAN 30 anos, 43% vol.

COR Laranja-intenso.

AROMA Essa idade destaca melhor a contribuição do próprio carvalho (resina). Lembra carvalho encerado. Leve pinho, aromas florais de lustra-móveis. Casca cerácea de tangerinas frescas. Casca de laranja.

CORPO Médio a encorpado.

PALADAR Apesar da idade, sem a agressividade do carvalho ou a intensidade do xerez. Sabores combinados com perfeição. Seu grande apelo é a maturidade branda. Complexo. Apenas um toque de fumaça.

FINAL Seco, quente, ameno, mas desaparece depressa.

PONTUAÇÃO **95**

OS MACALLAN 18 ANOS

Quase todos os anos a Macallan lança um whisky 18 anos com 43% vol., no qual os apreciadores de malt encontram a mais vigorosa interação entre o éster e a maturação em oloroso seco. Eles são combinados para manter o caráter da marca, mas, inevitavelmente, variam um pouco. Os cinco exemplos a seguir, todos com 18 anos, receberam pontuação individual.

1984 Cor atraente, marrom-alaranjado intenso. Apetitoso, mas rico, com aroma de carvalho e passas. Corpo delicado. Os sabores se manifestam e são intensos. Notas de perfume. Calda de chocolate. Malte no meio. Fresco, ágil, com especiarias (gengibre) no final. PONTUAÇÃO 94

1983 Um tanto mais escuro e avermelhado. Aromas de seiva. Gengibre e especiarias imediatos. Mais seco e resinoso. Ataque mais duro. Pode ser bem áspero e robusto. PONTUAÇÃO 93

1982 Laranja-escuro intenso. Aroma frutado, com toffee. Doce. Mais toffee e chocolate no paladar. Cera de abelha. Folhas. (Coentro?) Final de pimenta chili. PONTUAÇÃO 94

1981 Âmbar-intenso, brilhante. O mais claro da série. Aromas e sabores tão bem combinados que se torna difícil distingui-los. Macio, afável. Como uma pessoa que responde perguntas com brevidade condescendente, para insinuar um conhecimento superior. O whisky, no final, apresenta especiarias e uma secura de carvalho agradável. PONTUAÇÃO 93

1980 Bronze-intenso. O mais escuro da série. Perfumado, com aroma de especiarias, destacando a canela. Untuoso. Macio. Toffee. Depois, mais apimentado. PONTUAÇÃO 92

COLECIONÁVEIS

1978 Cor âmbar-alaranjado forte; bouquet intenso, com alguma turfa; médio a encorpado, macio; muito redondo e completo, com destaque para xerez doce e nozes; firme, macio, seco, com final quente.

1977 Mais escuro e vermelho; xerez e frutas contidas no aroma; caráter de malt amanteigado; mais doce, com xerez no final.

1976 Cor laranja-intensa, brilhante; aroma de turfa e carvalho; firme e macio; sabores persistentes de grama, turfa e carvalho.

1975 Mais cor laranja; erva-cidreira picante e turfa no aroma; no paladar, calvados fresco e suculento e flor de groselha; fresco, com carvalho no final.

1974 Tons avermelhados; magnífico equilíbrio entre turfa e malte no aroma; malte, xerez, doce, depois éster e perfume; doçura e especiarias no final.

1973 Âmbar-intenso, brilhante; bem perfumado; sabores intensos; no final, prolongado e lento, seiva de carvalho e especiarias (baunilha).

1972 Laranja-intenso; aroma de carvalho e turfa; muito macio; equilíbrio entre turfa e xarope de malte; seco, com certa adstringência no final.

1971 Laranja-brilhante; aroma suave, convidativo; perfumado, untuoso; doçura de xerez.

1970 Âmbar-laranja intenso; aroma de xerez pronunciado; notavelmente complexo; final longo, com baunilha e carvalho.

1969 Âmbar, porém mais claro do que o normal; turfa e malte no aroma; nozes, xarope, doçura; um pouco de turfa no final. Uma edição contida.

1968 Cor de damasco; aroma de fudge e nozes; leve no paladar; ligeiramente viscoso; toffee e especiarias suaves no final.

1967 Cor marrom-alaranjado; especiarias, aroma quase de menta; caráter amanteigado do malt; final com melão e turfa de grama.

1966 Engarrafado "prematuramente". A edição desse ano era um whisky com 17 anos (assim rotulado, claro). Cor marrom-alaranjado; turfa e especiarias no aroma; macio, untuoso, com nozes; turfa bem contida no final.

1965 Marrom-avermelhado; aroma de nozes e xerez; anis, alcaçuz; final picante, untuoso.

1964 Cor laranja-médio; belo equilíbrio entre turfa e malte no aroma; na boca, levemente frutado, com queda no desenvolvimento; nozes e doçura de xerez no final.

1963 Cor laranja-refrativo; leve aroma de carvalho; leve, doce, com xerez e final em cedro.

GRAN RESERVA

Essa série apresenta whiskies de 18 anos, envelhecidos em barris de xerez primeiro uso, a 40% vol.

1982

COR Castanho.

AROMA Fenólico, com carvalho, mas apetitoso. Uma insinuação de cravos.

CORPO Viril, firme, macio.

PALADAR Sabores extraordinariamente fortes. Inicialmente, remete mais ao Porto do que ao xerez. Depois, sugestão de Pedro Ximénez. Alcatrão, porém mais doce do que defumado. Xarope para tosse. Alcaçuz.

FINAL Reconfortante. Quente. Prolongado.

PONTUAÇÃO **95**

1981

COR Vermelho-mogno.

AROMA Madeira recém-cortada. Aromas de serraria.

CORPO Viscoso, mas leve.

PALADAR Similar, embora mais leve, com sabores menos complexos.

FINAL Seco. Ligeiramente amadeirado e adstringente.

PONTUAÇÃO **94**

1979, engarrafado em 1997

COR Castanho característico.

AROMA Xerez rico, no início. Depois, nozes maltadas. Passas, tâmaras. E, finalmente, floral.

CORPO Viril, untuoso.

PALADAR Muito seco. Corpulento, geleia de laranja amarga e gengibre sobre torrada escura. Depois, amanteigado, viscoso, com malte dando lugar a nozes e doçura de xerez. Para os amantes de whiskies com carvalho fortíssimo.

FINAL Frutado. Passas. Quente.

PONTUAÇÃO **95**

EDIÇÕES DE RÉPLICAS

Nenhuma das variedades atuais de cevada existia no século XIX, e o malt era, no geral, bem mais turfado. O formato dos tonéis de brassagem (mash tuns) e resfriadores de fermentação (mash coolers) era diferente, usavam fermento de cervejeiro e os alambiques eram aquecidos com carvão vegetal ou mineral. Usavam barris de xerez, um tanto aleatoriamente. As garrafas do século XIX que foram abertas para servir de modelo para essas réplicas eram de whiskies que, em alguns aspectos, tinham um sabor muito similar ao dos Macallans atuais (embora fossem surpreendentemente mais delicados). Em particular, os ésteres de fruta pareciam muito semelhantes. Isso sustenta a noção de que a localização e o microclima de uma destilaria desempenham papel fundamental no sabor. Para tentar reproduzir as características individuais de cada garrafa, muitos barris foram testados. Para "recriar" o de 1861, cerca de 17.500 barris foram experimentados, e 28, aproveitados.

1876, 40,6% vol.

Essa é a data do vintage mais "recente" da série, além de ser a útima réplica criada entre as quatro abordadas aqui. Parece um pouco mais leve em corpo e paladar do que os outros três.

COR Ouro-escuro e quente.

AROMA Especiarias e poeira. Mel.

CORPO Firme.

PALADAR Doçura intensa o começo. Depois perfume. Limão-siciliano. Anis. Um pouco de secura de quinino.

FINAL Um toque de carvalho.

PONTUAÇÃO **94**

1874, 45% vol.

Os whiskies desta réplica tinham um envelhecimento médio de pouco menos de 18 anos, e pelo menos um barril com 26 anos. A chave foi a longa maturação em barris de xerez fino.

COR Laranja.

AROMA Bolo de gengibre. Alcaravia. Sementes de cominho.

CORPO Médio. Firme. Macio.

PALADAR Seco, com notas suaves de laranja. Especiarias. Anis. Erva-cidreira. O mais esterificado dos Macallans potentes. Turfa sutil.

FINAL Potente. Seco. Só uma pitada de amargo.

PONTUAÇÃO **95**

1861, 42,7% vol.

O original tinha um caráter pronunciado de carvalho e xerez, abundante em ésteres picantes.

COR Bronze.

AROMA Especiarias. Biscoito de aveia amanteigado. Xarope. Água de rosas. Creme tipo custard.

CORPO Reconfortante. Viscoso.

PALADAR Doçura concentrada. Perfume. Anis. Frutas discretas. Limão-siciliano. Deliciosa presença de xerez. Muita profundidade nos sabores.

FINAL Secura de torrada. Seiva de carvalho. Prolongado.

PONTUAÇÃO **95**

1841, 41,7% vol.

Acredita-se que o original tenha sido engarrafado com seis a dez anos e mantinha o notável frescor quando foi aberto, mais de 150 anos depois. Deve ter sido um dos primeiros whiskies engarrafados. Em 1841, o whisky ainda era vendido em barris.

COR Ouro-brilhante.

AROMA Muito fresco. Calda tipo fudge com essência de baunilha e pistache.

CORPO Sedoso.

PALADAR Apetitoso. Doce, sem ser enjoativo. Leve, fresco, com notas delicadas de mel de flor de laranjeira.

FINAL Acidez bem leve que resulta em equilíbrio com a secura.

PONTUAÇÃO **96**

SÉRIE EXCEPTIONAL SINGLE CASK

1981, ESC I, Fino Sherry Butt, engarrafado em 1999, 56% vol.

COR Castanho a cereja.

AROMA Chocolate com menta. Xerez. Ligeiramente vinhoso. Carvalho.

CORPO Firme, macio. Denso. Açúcar demerara.

PALADAR Wafer. Malte fresco. Toffee. Frutas silvestres. Carvalho.

FINAL Peculiar. Quente. Muito carvalho, beirando a adstringência.

PONTUAÇÃO **92**

1980, ESC II, Sherry Butt, barril nº 4.063, 59,3% vol.

COR Cobre-escuro.

AROMA Vinho Madeira. Toque de motor a explosão quente e óleo do cárter.

CORPO Médio.

PALADAR Toffee duro de melado. Um momento rápido de doçura, depois sabores queimados, como de castanha torrada num braseiro.

FINAL Quente.

PONTUAÇÃO **90**

1980, ESC III, Sherry Butt, barril nº 17.937, 51% vol.

Principalmente para o mercado suíço.

COR Âmbar-rosado. Mais claro, nessa edição.

AROMA Crème brûlée. Frutado. Abacaxi.

CORPO Médio. Luxuriosamente macio.

PALADAR Doce. Pudim de caramelo. Ésteres de fruta. Maçã. Cereja.

FINAL Secura de café. Agridoce. Digestivo.

PONTUAÇÃO **92**

1990, ESC IV, Sherry Butt, barril nº 24.680, 57,4% vol.

COR Âmbar-escuro. Tons de granada (pedra).

AROMA Defumado. Torrado. Malte.

CORPO Intenso. Firme. Macio.

PALADAR Malte e fruta, com um ataque ligeiro de fumaça (ou seria carvalho queimado?).

FINAL Levemente medicinal.

PONTUAÇÃO **91**

VAREJO INTERNACIONAL

Os whiskies dessa série estão disponíveis em lojas de aeroportos, terminais de navios, a bordo de algumas aeronaves e em estabelecimentos duty free.

MACALLAN 10 anos, 57% vol. (100º proof)

COR Âmbar-intenso atraente.

AROMA Muito bem combinados, redondos, com xerez. Carvalho. Resina. O mais leve traço de turfa. Groselha em flor. Violetas. Toque suave de álcool.

CORPO Firme, macio.

PALADAR Destaque para o xerez. Fundo firme de malte. Fruta restrita. Muito intenso.

FINAL Xerez, fumaça, álcool.

PONTUAÇÃO **89**

MACALLAN Elegancia, 1990, 40% vol.

COR De ouro-intenso a bronze-claro.

AROMA Fresco. Especiarias. Sorvete de gengibre.

CORPO Macio e leve.

PALADAR Começo contido. Sutil desenvolvimento de sabores. Despojado. Ligeiramente cremoso. Uma sugestão de leite maltado. Alguma doçura concentrada.

FINAL Sorvete de passas ao rum.

PONTUAÇÃO **80**

AS SÉRIES DAS DÉCADAS

Alguns apreciadores serão atraídos pelos rótulos vistosos e muito apropriados. Como as edições de réplicas, esses whiskies procuram reproduzir os sabores do passado, usando o estoque disponível para os vattings. Os lançamentos iniciais, feitos com a intenção de evocar os anos 1920-50, foram identificados com motivos sociais do período, inspirados no transporte e nas corridas. Tendem a destacar a origem Speyside do Macallan. Todos são 40% vol.

MACALLAN Twenties (carro de corrida). Cor de noz-clara. Aroma de maracujá. Corpo bem leve. Começa doce, logo se torna seco. Um toque elegante de carvalho. PONTUAÇÃO 92

MACALLAN Thirties (transatlântico). Damasco-claro. Aroma de laranja amarga. Corpo macio. O mais doce e frutado da série. PONTUAÇÃO 94

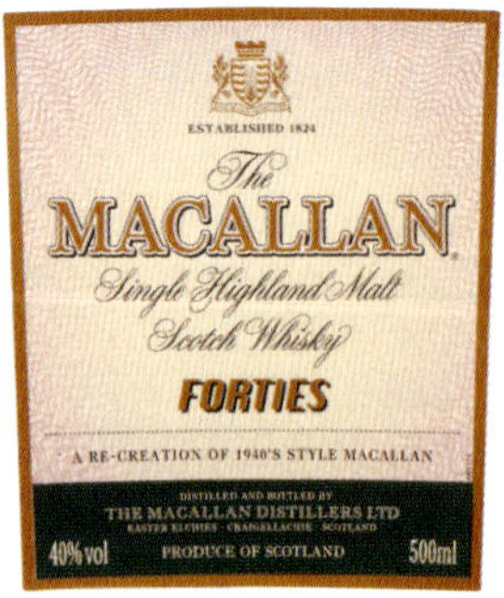

MACALLAN Forties (locomotiva). O mais claro, em termos de cor (prímula). Também o mais floral e herbáceo. Grama e alguma doçura. Divertido, enérgico. Menos complexo, mas delicioso de beber. PONTUAÇÃO 93

MACALLAN Fifties (aeronave). Bronze-intenso. Mais perto do estilo atual do Macallan. Bem equilibrado e redondo. Carvalho, xerez, malte, leve toque de especiarias. Prolongado, reconfortante. PONTUAÇÃO 92

MACALLAN Cask Strength, 58,6% vol.

Uma nova série de edições de um único barril, para o mercado dos Estados Unidos. O primeiro barril foi degustado na quarta edição do Malt Whisky Companion, quando ainda estava envelhecendo. O vintage foi descrito como "uma expressão muito intensa de um clássico Macallan". Vale para este, que está na faixa dos 10 a 20 anos de idade.

COR Mogno-avermelhado.

AROMA Carvalho. Xerez. Vinho. Suave sugestão de chocolate.

CORPO Viril, texturado. Ligeiramente abrasivo.

PALADAR Robusto. Secura de malte. Toffee duro, depois mastigável. Frutas secas. Nozes. Untuoso. Perfumado.

FINAL Secura de carvalho. Levemente adstringente (menos, com adição de água).

PONTUAÇÃO **88**

VINTAGES RAROS DE MACALLAN

MACALLAN Millennium 50 anos, destilado em 1949, 46% vol.

Comercializado em cerca de 900 decanters de cristal Caithness, com detalhes em cobre de um alambique desativado da Macallan. Preço em torno de US$ 3.000.

COR Laranja bem escuro.

AROMA Turfa, fumaça, quase fuligem.

CORPO Despojado, firme, liso.

PALADAR Untuoso, cremoso. Nozes. Cookies de amêndoas. Crème brûlée. Algum sabor de queimado. Depois, amadeirado. Carvalho intenso, embora não sufoque os outros elementos.

FINAL Apimentado. Hortelã. Defumado. Carvalho.

PONTUAÇÃO **92**

MACALLAN 1961, 54,1% vol.

COR Laranja-intenso, com brilho encoberto. Nascer do sol.

AROMA Macio. Cremoso. Frutado. Flã de laranja.

CORPO Sedoso.

PALADAR Firme. Pitada de cerdo. Caixa de charuto que contém pralina de creme de laranja em chocolate bem amargo. Sutil desenvolvimento de outros sabores cítricos, especiarias e menta.

FINAL Puro, animado, com amargo de carvalho.

PONTUAÇÃO **94**

MACALLAN 1951, 48,8% vol.

COR Granada com tons de jade.

AROMA Cremoso, com chocolate e especiarias.

CORPO Sedoso.

PALADAR Fundo de malte com fudge escuro, potente. Quase imediata explosão de sorvete de frutas e sabores condimentados.

FINAL Muito original na interação da doçura das especiarias com a secura do carvalho. Vivo e apetitoso.

PONTUAÇÃO **93**

MACALLAN 1948, 46,6% vol.

COR Ouro-velho.

AROMA Xerez pouco óbvio (fino?). Floral, com folhas, turfa e madeira.

CORPO Leve, mas firme. Macio.

PALADAR No geral, um estilo mais elegante, pensativo. Certa doçura floral, mas a característica marcante é um sabor incrivelmente fresco de fumaça de turfa. Os grandes whiskies de Speyside antigamente tinham esse sabor.

FINAL Macio, mas duradouro e quente, deixando lembranças esfumaçadas.

PONTUAÇÃO **96**

MACALLAN 1946, 40% vol.

COR Ouro-intenso brilhante.

AROMA Ésteres frutados.

CORPO Leve, macio, quase liso.

PALADAR Sabores firmes, complexos. Floral. Ésteres, mas delicadamente equilibrados. Limão-doce, limão-siciliano e laranja. Um whisky espetacularmente sedutor para a idade.

FINAL Laranja amarga. Grama. Turfa. Fumaça duradoura.

PONTUAÇÃO **95**

VINTAGES FINOS E RAROS

A maior parte dos whiskies atinge o auge antes dos 20 anos; contudo, os mais encorpados podem chegar muito bem aos 30 anos. Como peso-pesado mais famoso, o Macallan tem lançado muitas edições primorosas com idade avançada. O preço pode chegar às alturas. No entanto, como a maioria dos whiskies atinge o auge uma ou duas década antes, não seria razoável esperar que o desempenho de malts com 30, 40 ou 50 anos seja o melhor.

De todo modo, alguns são surpreendentemente bons – equivalentes em maturidade a um Archie Moore ou um George Foreman –, mas seu valor se define por antiguidade e escassez. Se o quadro de um mestre renascentista é descoberto, não importa que não seja sua obra-prima, alcançará um preço alto. Se um disco de cera de Buddy Bolden for encontrado, saberemos se seu trompete realmente pode ser ouvido do outro lado do lago Ponchartrain. Esses lançamentos confirmam a visão consagrada de que o Macallan era um whisky com mais turfa e fumaça até os anos 1950. E, se isso vale para ele, deve ser verdade também para outros malts de Speyside.

1926, 42,6% vol.

Engarrafado como 60 anos em 1986. Muito escuro ("laburno", segundo a Macallan). Medicinal, fenólico, turfado e amadeirado no aroma. Surpreendentemente leve na língua. Muito seco e concentrado no paladar. Figos, toffee de melado. Alcaçuz. Raízes. Final em cedro e carvalho – dominado pela madeira. PONTUAÇÃO 80

Os vintages de 1937 a 1940 *(p. 334)* foram adquiridos como estoque engarrafado e relançados na série Fine & Rare, em 2002. Os vintages citados aqui são dos anos do engarrafamento original.

1937, 43% vol.

Inicialmente engarrafado como 37 anos, em 1974. Ouro-escuro com tons esverdeados. Baunilha no aroma. Rico, delicioso, viscoso, com malte intermediário. Sabores de loja de doces. Suficientemente ameno para acalmar o paladar, mas algo abrupto no final condimentado, quente. Persistência de fumaça, depois alguma adstringência. PONTUAÇÃO 87

1937, 43% vol.

Inicialmente engarrafado como 32 anos, em 1969. Bronze. Fragrante. Doce, com aromas de especiarias. Sabores enérgicos, com bastante desenvolvimento. No início, pralina de chocolate amargo recheada de gengibre. Depois, com laranja. Depois, com menta. Final com amargo de especiarias. (Açafrão?) PONTUAÇÃO 85

1938, 43% vol.

Inicialmente engarrafado como 31 anos, em 1969. Cor de damasco maduro. A mesma fruta surge no aroma. O corpo é picante, quase espinhoso. Tudo sugere frutas tropicais, mas o sabor não vai muito além do toffee de nozes. No final, uma onda agradável de laranja e especiarias. PONTUAÇÃO 84

1938, 43% vol.

Inicialmente engarrafado como 35 anos, em 1973. Bronze-intenso, quente. Apetitoso e adocicado no aroma. Levemente viscoso. Final fresco, condimentado. Um whisky muito elegante. Sem dúvida, menos vigoroso do que antes, mas ainda conserva o charme. PONTUAÇÃO 86

1939, 43% vol.

Inicialmente engarrafado como 40 anos, em 1979. Bronze-intenso. Aroma e paladar apetitosos, adocicados, com nozes. Macio, chega a ser refinado. Seduz, depois foge. Volta no final, para encerrar com graça. Perfumado e seco. PONTUAÇÃO 85

1940, 43% vol.

Inicialmente engarrafado como 35 anos, em 1975. Bronze-claro, com tons esverdeados. Fumaça fragrante, com fruta e malte sutis. Despojado, firme, elegante. Leve anis. Notável presença de menta no final. Aperitivo. PONTUAÇÃO 92

1940, 43% vol.

Inicialmente engarrafado como 37 anos, em 1977. Ligeiramente mais escuro do que a edição anterior. Consideravelmente mais doce e maltado. Casca de limão-taiti, coentro e hortelã. Final muito seco, sem adstringência. PONTUAÇÃO 93

OS SEGUINTES VINTAGES FORAM ENGARRAFADOS EM 2002

1945, 51,5% vol.

Engarrafado com 56 anos. Laranja-avermelhado. Bala de menta e butterscotch no aroma. Um whisky bem doce. Frutado. Talvez cerejas, mas principalmente frutas verdes. Condimentado, com bastante pimenta. Um pouco errático, irregular. PONTUAÇÃO 82

1946, 44,3% vol.

Engarrafado com 56 anos. Amarelo-intenso muito atraente, com tons de marrom. Aroma de especiarias, principalmente canela. Viscoso. Saltita na língua. Limão-siciliano. Seco, herbáceo. Ligeiramente medicinal. Fenol. Fumaça de turfa. PONTUAÇÃO 92

1948, 45,3% vol.

Engarrafado com 53 anos. Âmbar atraente, com tons rosados. Aroma de geleia de laranja. Levemente viscoso, adocicado, aos poucos vai secando. Licor. Prolongado, enérgico, seco, com final de especiarias. PONTUAÇÃO 85

1949, 49,8% vol.

Engarrafado com 53 anos. Ouro-brilhante, intenso. Muito convidativo. Aroma adocicado, de biscoito amanteigado de aveia. Encorpado, macio. Apetitoso, com aveia. Agridoce. Final com especiarias, típico da marca. PONTUAÇÃO 92

1949, 44,1% vol.

Engarrafado com 52 anos. Granada. Cereja morello. A cor sugere torta de cereja e alerta o nariz para aromas de frutas cozidas. (Madeira, talvez?) Também certa acidez. PONTUAÇÃO 82

1950, 46,7% vol.

Engarrafado com 52 anos. Dourado-intenso, quente. Aroma puro, de maçã (característica típica do Macallan, fazendo a primeira aparição indiscutível nessa série). Encorpado, macio, envolvente. Sabor de mel. (Mel de flor de laranjeira?) Passa a notas de especiarias demoradas, com gengibre. Biscoito maltado. Leve fumaça. Puro e apetitoso, com muito desenvolvimento dos sabores. PONTUAÇÃO 93

1950, 51,7% vol.

Engarrafado com 52 anos. Cor ligeiramente mais escura, tendendo ao bronze. Aroma mais doce, mais maltado. Muito cremoso. Alguma baunilha. Maltado. No final, apetitosa secura de turfa, bem equilibrada. Durante o desenvolvimento do aroma, do sabor e do final, essa edição austera se mostra um pouco mais seca do que a anterior e talvez um pouquinho menos complexa. PONTUAÇÃO 92

1951, 52,3% vol.

Engarrafado com 51 anos. Bronze-escuro. Aroma puro, doce, apetitoso, com notas de gengibre e especiarias. Ataque imediato de especiarias no paladar. Enérgico. Depois mais lento, num ritmo mais natural, e as especiarias se apresentam uma a uma, tendo ao fundo a doçura do malte. Finalmente, tudo se combina num brilho interminável e reconfortante. PONTUAÇÃO 92

1952, 50,8% vol.

Engarrafado com 50 anos. Ouro-intenso. Aroma floral e de limão-siciliano. Direto para uma base firme de malte. As notas mais altas são condimentadas, do início ao fim. Flor e fruta características tentam predominar com insistência, mas não conseguem. Um toque agradável de carvalho no final. PONTUAÇÃO 91

1952, 48% vol.

Engarrafado aos 49 anos. Cor de cobre avermelhado intenso. Xerez, carvalho queimado e anis no aroma. Encorpado, viscoso. Alcaçuz e malte mastigável no paladar. Final amadeirado, com alguma adstringência. PONTUAÇÃO 84

1953, 52% vol.

Engarrafado aos 49 anos. Cor extraordinária, de granada a rubi. No aroma, ferro e maracujá. Sabores profundos, escuros. Bolo de frutas enfeitado de cerejas, com cobertura de marzipã e amêndoas tostadas em fatias. Especiarias, com destaque para cravo e carvalho queimado no final. PONTUAÇÃO 86

1954, 50,2% vol.

Engarrafado aos 47 anos. A cor rubi ainda mais intensa e um aroma levemente defumado parecem promissores. O paladar é intensamente doce. Esse whisky poderia ser bom quando foi engarrafado. Agora serve apenas para colecionadores. SEM PONTUAÇÃO

1955, 45,9% vol.

Engarrafado aos 46 anos. Quase opaco. Preto com nuances avermelhadas. Aroma de cravo. Viscoso. Herbáceo. Frutado (ameixa seca?). Uma bebida para o inverno, mas falta vigor. Perto do fim da vida. PONTUAÇÃO 83

Estoques de 1956 e 1957 não foram localizados.

1958, 53,7% vol.

Engarrafado aos 43 anos. Cor de sauternes. Aroma terral, com sugestão de maçã com casca. Malte viscoso no paladar. Adocicado, lembrando toffee de maçã. Termina em especiarias e poeira. PONTUAÇÃO 85

1959, 47% vol.

Engarrafado com 43 anos. Cor âmbar-laranja bem escuro. Aroma de nozes, açúcar e malte intenso. Como um bolo com especiarias e glacê, enfeitado com cravos. Sabores invernais semelhantes: nozes, açúcar cristal, gengibre. Final de especiarias, agridoce. PONTUAÇÃO 84

Não há estoques de 1960, 1961, 1962 nem de 1963.

1964, 58,6% vol.

Engarrafado aos 37 anos. Cor ouro-claro, esverdeado. Bem inusitado para um Macallan. Aroma frutado, cremoso, com alguma baunilha e secura de madeira. Corpo viscoso. Paladar adocicado, com sugestões de frutas verdes – ou pimenta chili. Termina com uma sensação picante. Um whisky interessante, que destoa um pouco do estilo Macallan. PONTUAÇÃO 76

1965, 56,2% vol.

Engarrafado com 36 anos. Cor de cereja; o aroma parece acompanhar a sugestão. O paladar é doce, frutado, com toffee. Cerejas novamente no final. Lembra um cherry brandy (famoso licor dinamarquês). PONTUAÇÃO 79

1966, 55,5% vol.

Engarrafado aos 35 anos. Cor de vinho clarete. Especiarias, ataque agridoce. Apimentado. Seco, cada vez mais. Alguma adstringência no final. Não parece um Macallan. Nem whisky. PONTUAÇÃO 77

1967, 56,3% vol.

Engarrafado aos 35 anos. Vermelho-mogno. Xerez e malte no aroma. Muito doce, com toffee no paladar. Boa presença de madeira. Especiarias. Poeira. Enérgico, com final prolongado e ligeira adstringência. PONTUAÇÃO 87

1968, 51% vol.

Engarrafado aos 34 anos. Ouro-amarelo brilhante. Aroma doce e frutado. Abacaxi. Banana. Viscoso. Especiarias. Baunilha. Cremoso. Ótimo equilíbrio entre doçura e secura. Uma demonstração refrescante e agradável dos ésteres frutados da Macallan. No mais, pouco típico. PONTUAÇÃO 80

1968, 46,6% vol.

Engarrafado aos 33 anos. Ouro-claro, leve tom esverdeado. Untuoso, com aroma de cereal em grão. Doce no início, depois secura de poeira. Final intensamente frutado, doce. PONTUAÇÃO 78

1969, 52,7% vol.

Engarrafado aos 32 anos. Cor de carvalho escuro. Aroma profundo de malte. No paladar, começa com malte doce, desenvolve sabores de chocolate, depois raízes, resina e frutas. Leve adstringência do carvalho. PONTUAÇÃO 92

1969, 59% vol.

Engarrafado aos 32 anos. Ouro a bronze intenso, refrativo. Aroma de limão-siciliano. Paladar fresco. Flor de laranjeira. Floral. Perfumado. Delicado. Final enérgico. PONTUAÇÃO 84

1970, 54,9% vol.

Engarrafado aos 32 anos. Cor de clarete escuro. Aroma de carvalho, depois surgem as especiarias e o éster de maçã. Mastigável, maltado, doce, sabores de rum amanteigado. Xerez. O final é apimentado e bem prolongado, com certa adstringência da madeira. PONTUAÇÃO 85

1970, 52,4% vol.

Engarrafado aos 31 anos. Castanho-escuro. Aroma doce, frutado, de pudim de frutas. Corpo muito macio. Paladar adocicado. Malte, raiz, hortelã, resina, frutas. Leve adstringência da madeira no final. PONTUAÇÃO 89

1971, 56,4% vol.

Engarrafado aos 30 anos. Escuro, marrom-amarelado. No paladar, começa maltado e muito doce. Seca aos poucos, com sabor de cacau. Prolongado, enérgico, condimentado. Lembra raiz de gengibre. PONTUAÇÃO 90

1971, 55,9% vol.

Engarrafado aos 30 anos. Cor de carvalho escuro. Uma expressão surpreendentemente suave e gentil. Sabores de açúcar mascavo e cherry brandy. Final em especiarias, perfeitamente combinado. PONTUAÇÃO 89

1972, 49,2% vol.

Engarrafado aos 29 anos. Roseira. Quase opaco. Aroma de maracujá. No paladar, violetas, chocolate amargo, fudge e café expresso. O amargo no final é bem agressivo. PONTUAÇÃO 88

1972, 58,4% vol.

Engarrafado aos 29 anos. Mogno bem escuro. Aroma frutado, de calvados. Paladar frutado, com resina e especiarias. Muito vigoroso. Ligeiramente abrasivo. No final, seiva e carvalho. PONTUAÇÃO 89

SÉRIE FINE OAK

MACALLAN **Fine Oak 10 anos, 40% vol.**

COR Mel-dourado intenso.

AROMA Laranja fresca, cevada pura, toque de cedro. Suave, com mel.

CORPO Encorpado, macio e redondo.

PALADAR Cevada vibrante, invasiva. Fresco, puro, com frutas cítricas e especiarias.

FINAL Médio, mas bem balanceado, com mais frutas cítricas e especiarias.

PONTUAÇÃO **75**

MACALLAN **Fine Oak 12 anos, 40% vol.**

COR Mel-dourado intenso.

AROMA Baunilha, butterscotch, tangerina Satsuma, bala de laranja.

CORPO Médio a encorpado, afirmativo, muito agradável.

PALADAR Salada de frutas, incluindo grapefruit e laranja, depois uma onda de especiarias.

FINAL Bem prolongado, com especiarias e frutas em igual medida.

PONTUAÇÃO **77**

MACALLAN **Fine Oak 15 anos, 43% vol.**

COR Mel-dourado intenso.

AROMA Suave, com mel. Pêssego e damasco.

CORPO Encorpado e rico; denso na boca.

PALADAR Frutas maduras, incluindo melão e pêssego, cevada com gengibre, uma onda de especiarias doces, depois algum carvalho.

FINAL Especiarias, taninos e frutas em equilíbrio. Muito bem feito.

PONTUAÇÃO **85**

MACALLAN Fine Oak 18 anos, 43% vol.

COR Mel-dourado intenso.

AROMA Suave e tímido. Vegetal. Não muito afirmativo; fraco.

CORPO Encorpado. Bem untuoso. Rico, macio e redondo.

PALADAR Melhor que o aroma. Bem equilibrado, com frutas doces maduras, cevada pura, pimenta intensa e alguns taninos da madeira.

FINAL Médio, macio, redondo. Mel.

PONTUAÇÃO **81**

MACALLAN Fine Oak 21 anos, 43% vol.

COR Mel-dourado intenso.

AROMA Bem sutil. Laranja e outras frutas cítricas. Cevada doce.

CORPO Médio, redondo, suave e doce.

PALADAR De verão, puro e refrescante. Laranja e limão-siciliano, um pouco de especiarias, mas sem a profundidade das outras edições.

FINAL Laranjada, açúcar de confeiteiro. Médio a prolongado.

PONTUAÇÃO **74**

MACALLAN Fine Oak 25 anos, 43% vol.

COR Mel-dourado intenso.

AROMA Forte. Frutas vermelhas, chocolate amargo, maçã cozida. Rico, com um traço de fumaça.

CORPO Médio, picante e condimentado.

PALADAR Frutas doces e exóticas variadas, um traço de alcaçuz vermelho, depois especiarias e um toque de carvalho suave, prazeroso.

FINAL Bem prolongado. Agradável e comportado, com toque de especiarias doces e madeira.

PONTUAÇÃO **89**

MACALLAN Fine Oak 30 anos, 43% vol.

COR Mel-dourado intenso.

AROMA Laranja e abacaxi. Grapefruit. Rico, venerável. Frutas vermelhas.

CORPO Encorpado e denso na boca; cremoso.

PALADAR Geleia de laranja domina, com especiarias e carvalho suaves dando apoio. Seco.

FINAL Potente em todos os aspectos, a fruta se mantém acima dos taninos e das especiarias. Excelente equilíbrio e retrogosto persistente; maravilhoso.

PONTUAÇÃO **91**

COLEÇÃO DE 1824

MACALLAN Whisky Maker's Edition, 42,8% vol.

COR Ouro-laranja.

AROMA Um indício de xerez e enxofre, mas agradável. Casca de laranja e de grapefruit. Especiarias doces. Cera.

CORPO Cremoso. Macio.

PALADAR Diáfano. Refrescante. Suco de laranja fresca. Especiarias. Algum carvalho. Bem equilibrado.

FINAL Médio. Frutado, macio, com taninos suaves e fruta intensa.

PONTUAÇÃO **86**

MACALLAN Select Oak, 40% vol.

COR Ouro-mel.

AROMA Butterscotch. Baunilha. Cera de abelha. Toffee. Traços de cacau.

CORPO Médio a encorpado.

PALADAR Pêssego e mel. Tangerina. Baunilha. Cevada pura. Especiarias suaves.

FINAL Média duração, doçura média. Agradável.

PONTUAÇÃO **83**

MACALLAN Estate Reserve, 45,5% vol.

COR Ouro-intenso.

AROMA Complexo, evolui bem. Frutas cítricas intensas. Frutas vermelhas. Leve xerez, enxofre, menta, baunilha e cereja.

CORPO Muito rico e cremoso, sem ser agressivo.

PALADAR Deliciosa combinação de baunilha e laranja. Macio e redondo. Frutas em lata com creme. Depois pimenta leve e traços de carvalho.

FINAL Cacau. Chocolate ao leite. Bala de goma de laranja. Suave e doce. O cacau persiste.

PONTUAÇÃO **92**

MACALLAN 1824, Limited Edition, 48% vol.

COR Âmbar-dourado intenso.

AROMA Venerável. Frutas ao xerez. Casca de laranja seca e frutas vermelhas. Traços de fumaça e carvalho. Toffee de melado.

CORPO Encorpado, cremoso e denso na boca.

PALADAR Geleia de laranja. Favo de mel. Frutas vermelhas. Puro e complexo.

FINAL Prolongado, impressionante. Salada de frutas frescas. Carvalho, especiarias, alguma adstringência.

PONTUAÇÃO **93**

DOIS ENGARRAFAMENTOS INDEPENDENTES

MACALLAN 17 anos, Single Malts of Scotland, 46% vol.

COR Ouro-claro.

AROMA Contido. Mandarina. Laranja.

CORPO Médio, doce e agradável.

PALADAR Um pouco de anis. Cevada doce. Favo de mel. Toffee de fudge. Compota de frutas.

FINAL Médio a doce, especiarias, revelando a idade.

PONTUAÇÃO **83**

MACALLAN 18 anos, Glenkeir Treasures, 54,8% vol.

Foram comercializadas 216 garrafas.

COR Ouro-claro.

AROMA Curioso. Raiz. Mofado. Massa de pão. Depois notas de frutas silvestres e cítricos.

CORPO Encorpado e cremoso.

PALADAR Caroço de laranja. Compota de frutas. Taninos. Caroço de maçã. Amêndoas.

FINAL Médio a prolongado, com belo equilíbrio de frutas e especiarias.

PONTUAÇÃO **79**

MACDUFF

PRODUTOR John Dewar & Sons Ltd. (Bacardi)
REGIÃO Terras Altas DISTRITO Speyside (Deveron)
ENDEREÇO Macduff Distillery, Banff, Banffshire, AB45 3JT
TEL. 01261 812612

EMBORA A DESTILARIA DIGA que a produção de whisky data de séculos anteriores, citando "registros da igreja dos anos 1700, que descrevem o whisky local como excelente", a Macduff foi construída durante a onda otimista dos anos 1960, quando os destiladores não davam conta de atender à procura. Tem uma aparência industrial em comparação com as destilarias mais refinadas em termos arquitetônicos, construídas na mesma época. Seu interior despojado, livre, tem sido no geral refletido em seus whiskies. Eles também eram puros, despojados – whiskies com gosto de malte. De certa maneira, continuam assim, mas o 10 anos, reformulado em 2002, e atualmente o principal produto da destilaria, apresenta também forte influência de madeira.

A destilaria situa-se no antigo centro pesqueiro de MacDuff, no ponto onde o glen de Deveron chega ao mar (por isso, os whiskies agora têm o nome de Glen Deveron). Do outro lado do rio fica a cidade de Banff. Trata-se da borda ocidental de Speyside, por assim dizer. Não só é uma região geograficamente afastada – Macduff passou anos solitários, quando era a única destilaria da companhia William Lawson. A produção ia em grande parte para os blends da Lawson. Desde 1992, a Macduff pertence à Bacardi, que também controla a Dewars.

ESTILO DA CASA Maltado. Doce. Limão-doce nas versões mais antigas. Revigorante ou após o jantar.

GLEN DEVERON **10 anos, 40% vol.**

COR Ouro-intenso.

AROMA Lenha recém-cortada. Cedro. Surpreendentemente afirmativo.

CORPO Leve a médio. Destacadamente macio.

PALADAR Leite maltado. Leite condensado. Toffee de figo. Butterscotch. Iogurte espesso. Levemente azedo. Limão-siciliano.

FINAL Fresco. Cinder toffee (toffee "favo de mel").

PONTUAÇÃO **72**

GLEN DEVERON **12 anos, 40% vol.**

COR Ouro.

AROMA Leve sugestão de xerez. Malte rico, doce e fresco.

CORPO Leve a médio, mas destacadamente macio.

PALADAR Encorpado. Malte delicioso, bem puro.

FINAL Secura de malte. Curto, mas agradavelmente quente.

PONTUAÇÃO **75**

GLEN DEVERON **15 anos, 40% vol.**

COR Ouro-intenso.

AROMA Doce, butterscotch, com notas de xerez.

CORPO Rico, picante, encorpado, redondo.

PALADAR Carvalho, com traços de canela e uma gota de limão-siciliano.

FINAL Curto, puro, fresco.

PONTUAÇÃO **76**

ALGUNS ENGARRAFAMENTOS INDEPENDENTES

MACDUFF **17 anos, Old Malt Cask, 50% vol.**

COR Amarelo-manteiga.

AROMA Escritório empoeirado. Lustra-móveis. Toffee de melado.

CORPO Macio. Doce. Discreto.

PALADAR Limão-siciliano. Picante. Talco. Seco. Depósito de turfa.

FINAL Curto e polido. Surpreendentemente gentil. Poucos traços de madeira.

PONTUAÇÃO **67**

MACDUFF **1989, Connoisseurs Choice, 43% vol.**

COR Bronze.

AROMA Raízes. Salada verde.

CORPO Doce, cremoso e encorpado.

PALADAR Cevada doce. Leves especiarias. Discreto. Algumas frutas. Agradável.

FINAL Médio, com açúcar e especiarias.

PONTUAÇÃO **73**

MACDUFF 1968, 38 anos, Duncan Taylor, 49,1% vol.

COR Dourado.

AROMA Uva. Essência de amêndoas. Anis. Profundo, vinhoso. Notas de bourbon e baunilha.

CORPO Médio e penetrante.

PALADAR Antigo. Algumas notas de cítricos e cevada, lutando para sobreviver à pimenta e aos taninos intensos.

FINAL Frutado (melão), mas predomina um final de carvalho e especiarias.

PONTUAÇÃO **76**

MACDUFF 1969, 38 anos, Lonarch, 40,3% vol.

COR Amarelo-gengibre.

AROMA Cupcake de limão-siciliano. Massa de torta. Creme tipo custard com creme de leite. Sorvete de limão.

CORPO Doce e denso na boca. Intenso.

PALADAR Açúcar e especiarias. Baunilha. Um pouco de cítricos. Chili.

FINAL Médio. Sorvete de limão. Traços de amêndoas. Ligeiramente amargo.

PONTUAÇÃO **80**

MACDUFF 40 anos, Old Malt Cask, 50% vol.

COR Mogno.

AROMA Xerez rico. Vinho de missa. Torta de frutas vermelhas. Alguns taninos do carvalho.

CORPO Encorpado. Rico. Denso na boca.

PALADAR Torta de xerez. Frutas vermelhas. Mel. Ameixa seca. Certa adstringência da madeira. Mesmo assim, bem suave.

FINAL Prolongado. Seco, quando surgem os taninos. Suave, macio e frutado.

PONTUAÇÃO **85**

MANNOCHMORE

PRODUTOR Diageo

REGIÃO Terras Altas DISTRITO Speyside (Lossie)

ENDEREÇO By Elgin, Morayshire, IV30 3SF TEL. 01343 862000

SITE www.malts.com

O WHISKY NEGRO Loch Dhu foi inventado ali. O curioso produto se destinava a "jovens preocupados com a imagem". Por causa do gosto pela cor preta, entre as moças, elas poderiam se sentir excluídas. A Diageo insiste que a cor do whisky resulta de "uma preparação secreta que envolvia a requeima de barris de bourbon selecionados". O melhor palpite é que a "preparação" – talvez inicialmente em spray, depois com queima – inclui caramelização.

A destilaria é jovem ainda, tendo entrado em operação em 1971-72. Seu papel original era fornecer malt whisky como componente dos blends Haig, aumentando a produção de sua vizinha mais antiga, Glenlossie. As duas, situadas ao sul de Elgin, obtêm a água da serra Manoch. Vizinhas, usando as mesmas matérias-primas, ambas oferecem malts similares. Mannochmore parece um pouco menos complexo e, mesmo assim, é muito agradável.

ESTILO DA CASA Fresco, floral, seco. Aperitivo.

LOCH DHU The Black Whisky, 10 anos, 40% vol.

COR Ébano, com tons de mogno.

AROMA Alcaçuz, medicinal. Frutado e floral. Aromas de whisky muito evidentes.

CORPO Médio. Macio. Viscoso.

PALADAR Leve e seco. Alcaçuz. Um toque de pastilha para tosse. Frutas. Vale pela iniciativa, mas não é para o amante de whisky.

FINAL Sabores de whisky surgem gradualmente. Raiz de alcaçuz. Seco. Quente.

PONTUAÇÃO **70**

MANNOCHMORE **1996, engarrafado em 2007, Berry's Own Selection, 46% vol.**

COR Amarelo bem claro.

AROMA Marzipã. Bolo de limão-siciliano. Frutas cristalizadas.

CORPO Macio e doce.

PALADAR Cevada fresca. Frutas amarelas doces. Refrescante. Especiarias.

FINAL Bem curto e doce, com toque de especiarias.

PONTUAÇÃO **70**

MANNOCHMORE **1984, Scotch Malt Whisky Society, nº 64,18, barril nº 4.588, 56,3% vol.**

COR Limão-siciliano amarelo.

AROMA Comida chinesa. Vegetais cozidos.

CORPO Encorpado e cremoso. Denso na boca.

PALADAR Anis. Predominância de turfa e carvalho, frutas doces (pêssego?).

FINAL Cevada doce bem equilibrada com carvalho e especiarias.

PONTUAÇÃO **76**

MANNOCHMORE **18 anos, Old Malt Cask, 50% vol.**

COR Mel-claro.

AROMA Campo de cevada recém-cortada. Pera não madura. Grama seca.

CORPO Doce e cremoso.

PALADAR Doce. Mel. Cevada pura. Balas. Baunilha.

FINAL Rico, médio a encorpado.

PONTUAÇÃO **80**

MILLBURN

PRODUTOR DCL
REGIÃO Terras Altas DISTRITO Speyside (Inverness)
LOCAL DA ANTIGA DESTILARIA Millburn Road, Inverness, Inverness-shire, IV2 3QX

AO TÉRMINO DA VIAGEM DE 11 HORAS até Inverness, o trem de Londres passa por um conjunto inconfundível de prédios de destilaria, que hoje são pub e churrascaria. Pelo menos ainda se pode beber no local. Millburn data de 1807, ao que consta, e os prédios, de 1876 e 1922. Por algum tempo pertenceu à Haig. A destilaria fechou em 1985. Os whiskies destilados na década anterior ao fechamento foram lançados primeiro com 18 anos, e agora com 25, na série Rare Malts.

ESTILO DA CASA Defumado, aromático. Para antes de dormir.

MILLBURN 25 anos, destilado em 1975, engarrafado em 2001, Rare Malts, 61,9% vol.

COR Amarelo.

AROMA Vegetal. Apimentado. Aromático.

CORPO Seco, firme, mastigável.

PALADAR Desenvolvimento de sabores. Médio a seco. Fuligem. Fumaça de carvalho. Seiva. Casca e caroço de laranja.

FINAL Surpreendentemente vivaz; condimentado. Levemente medicinal.

PONTUAÇÃO 75

MILLBURN 18 anos, destilado em 1975, Rare Malts, 58,5% vol.

COR Ouro-esverdeado.

AROMA Aromático. Carvalho.

CORPO Leve e macio.

PALADAR Seco, perfumado, defumado.

FINAL Carvalho, seiva.

PONTUAÇÃO **74**

MILLBURN 1978, Gordon & MacPhail, 46% vol.

COR Ouro-claro com reflexos âmbar.

AROMA Fragrante, frutado, com malt levemente defumado.

CORPO Macio.

PALADAR Malte e turfa, com fundo de gengibre.

FINAL Seco, passando rapidamente a carvalho.

PONTUAÇÃO **75**

MILTONDUFF

PRODUTOR Chivas Brothers (Pernod Ricard)
REGIÃO Terras Altas DISTRITO Speyside (Lossie)
ENDEREÇO Elgin, Morayshire, IV30 3TQ
TEL. 01343 547433

O PRIORADO BENEDITINO DE PLUSCARDEN, que ainda existe, foi um dia cervejaria – e a destilaria Miltonduff se situa em suas terras. Embora não haja mais vínculo, o nome do priorado consta nas caixas que guardam as garrafas de Miltonduff. A destilaria, fundada em 1824, ao sul de Elgin, foi amplamente modernizada nos anos 1930 e novamente nos anos 1970. Pertenceu à Allied Distillers e foi adquirida pela Pernod Ricard em 2005.

Por algum tempo, a companhia manteve um alambique Lomond no local. Ele produzia um malt com características semelhantes às dos Miltonduff, embora mais pesado, untuoso e defumado, identificado como Mosstowie. Desativaram o destilador, mas o malt pode ser encontrado ocasionalmente, em engarrafamentos independentes. O malt Miltonduff, apreciado pelos blenders, rende um single agradável.

ESTILO DA CASA Floral, perfumado, puro, firme e elegante. Aperitivo.

MILTONDUFF 10 anos, 40% vol.

COR Ouro-mel.

AROMA Fragrante, floral. Turfa muito sutil.

CORPO Leve a médio. Firme. Macio.

PALADAR Doce, firme, puro.

FINAL Firme. Toque de nozes. Reconfortante.

PONTUAÇÃO **75**

MILTONDUFF 15 anos, Special Distillery Bottling, 46% vol.

COR Ouro.

AROMA Frutas muito macias. Toffee. Couro de porco. Viennese whirls (um tipo de biscoito amanteigado).

CORPO Aveludado.

PALADAR Ervas aromáticas: alecrim, tomilho. Toffee. Suave e delicado. Uma bebida recatada.

FINAL Amêndoa e chocolate.

PONTUAÇÃO **78**

UM ENGARRAFAMENTO INDEPENDENTE DO MALT MOSSTOWIE DO ANTIGO ALAMBIQUE LOMOND DA MILTONDUFF

MOSSTOWIE 33 anos, 1975, Rarest of the Rare, 47,7% vol.

COR Amarelo-claro.

AROMA Limão-siciliano e taiti. Puro e fresco.

CORPO Suave e agradável.

PALADAR Menta. Limão-taiti e frutas cítricas. Alguma pimenta. Taninos suaves.

FINAL Médio, frutado e puro. Um pouco de especiarias picantes.

PONTUAÇÃO **70**

MORTLACH

PRODUTOR Diageo

REGIÃO Terras Altas DISTRITO Speyside (Dufftown)

ENDEREÇO Dufftown, Banffshire, AB55 4AQ

TEL. 01340 822100 SITE www.malts.com

TODOS OS PRAZERES DE UM BOM MALT de Speyside se encontram no Mortlach: floral, turfado, defumado, maltado e frutado. Sua complexidade se deve à extraordinária mistura de alambiques. No decorrer da história, desde os tempos pioneiros da destilação ilegal, os sucessivos responsáveis tenderam à heresia – alteraram o formato, o tamanho e o projeto dos alambiques para atingir os resultados desejados. Pelo jeito, eles se distanciaram tanto da ortodoxia da indústria que nunca foram contestados, e, como o whisky era muito bom, ninguém queria correr o risco de mudar. Não se entende exatamente como a combinação de alambiques apresenta esse resultado em particular. O whisky possui tanta personalidade que seu caráter não é suplantado no envelhecimento em barris de xerez. Enquanto a UDV/Diageo, com o passar dos anos, abandonou o xerez e defendia o "caráter da destilaria", Mortlach tampouco se conformou com essa nova ortodoxia.

ESTILO DA CASA Um clássico de Speyside: elegante, floral, mas complacente e musculoso. Imensamente complexo, com duração prolongada. Para depois do jantar ou antes de dormir.

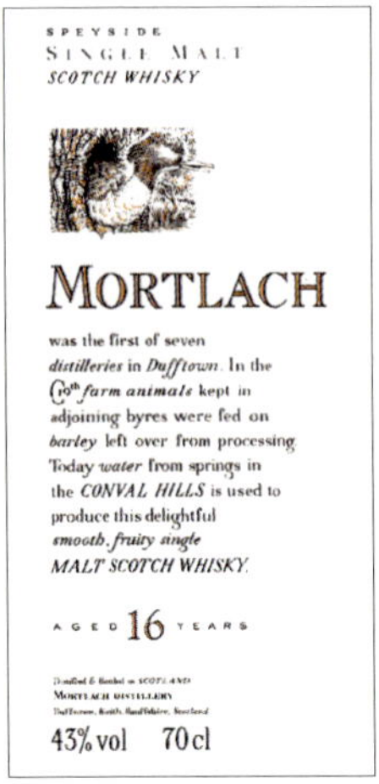

MORTLACH 16 anos, Flora e Fauna, 43% vol.

COR Âmbar-rico, profundo.

AROMA Xerez oloroso seco. Fumaça, turfa.

CORPO Médio a encorpado, firme e macio.

PALADAR Xerez, fumaça, turfa, seiva. Um pouco frutado. Afirmativo.

FINAL Prolongado e seco.

PONTUAÇÃO **81**

MORTLACH 22 anos, destilado em 1972, Rare Malts, 65,3% vol.

COR Ouro muito intenso.

AROMA Grãos de cereais. Pão saído do forno. Um pouco de fumaça de turfa.

CORPO Extraordinariamente macio. Em camadas.

PALADAR Muita noz. Evolui da secura para doçura suculenta. Depois, fumaça doce.

FINAL Complexo, com nozes, açúcar de cevada e depois, calor. Muito prolongado.

PONTUAÇÃO **85**

MORTLACH 32 anos, 50,1% vol.

COR Ouro-claro com tons esverdeados.

AROMA Surpreendentemente atraente e cítrico. Puro. Grapefruit fresco.

CORPO Untuoso. Encorpado. Afirmativo.

PALADAR Adorável equilíbrio entre limão-siciliano fresco e frutas picantes, por um lado, e a doçura intensa de especiarias e carvalho, por outro. Redondo e encorpado.

FINAL Prolongado. Doce, com especiarias.

PONTUAÇÃO **90**

MORTLACH Managers' Choice, destilado em 1997, engarrafado em 2009, 57,1% vol.

COR Ouro-claro.

AROMA Pêssego. Compota de frutas. Doce.

CORPO Rico e doce.

PALADAR Muitas frutas – laranja, pêssego e maçã madura demais.

FINAL Médio e frutado. Como geleia de fruta cristalizada.

PONTUAÇÃO **80**

NORTH PORT

PRODUTOR DCL/UDV

REGIÃO Terras Altas DISTRITO Terras Altas do Leste

LOCAL DA ANTIGA DESTILARIA Brechin, Angus, DD9 6BE

O NOME SE REFERE AO PORTÃO NORTE da cidadezinha de Brechin, que um dia foi cercada por muralhas. A destilaria foi construída em 1820. O pioneiro autor sobre whisky Alfred Barnard, que percorreu as destilarias escocesas nos anos 1880, registrou que a North Port usava cevada plantada pelos fazendeiros vizinhos de Brechin. A turfa e a água vinham dos montes Grampianos. O escritor Derek Cooper relatou que os condensadores eram esfriados num regato que corria por dentro da destilaria. North Port passou por uma reforma nos anos 1970 e fechou em 1983. Foi demolida depois, e agora um supermercado ocupa seu terreno. Algumas edições desse malt saíram com o nome de Brechin.

ESTILO DA CASA Seco, frutado, como o gin. Aperitivo.

NORTH PORT 19 anos, destilado em 1979, engarrafado em 1998, Rare Malts, 61% vol.

COR Ouro-claro brilhante.

AROMA Seco, levemente defumado, relvado. Secura frutada.

CORPO Leve a médio. Alguma viscosidade.

PALADAR Leve. Folhas. Damasco seco. Banana seca. Marshmallow tostado.

FINAL Seco, alcoólico, penetrante. Cedro.

PONTUAÇÃO **68**

NORTH PORT 23 anos, destilado em 1971, engarrafado em 1995, Rare Malts, 54,7% vol.

COR Ouro-brilhante.

AROMA Aromático, seco, quase penetrante.

CORPO Bem leve e macio.

PALADAR Leve, com sugestões de menta, fruta cristalizada e abacaxi.

FINAL Penetrante.

PONTUAÇÃO **67**

BRECHIN 28 anos, Special Releases 2005, 53,3% vol.

COR Palha-clara.

AROMA Macio e rico. Pêssego no brandy.

CORPO Firme.

PALADAR Bem fino e austero, com frutas secas, limão-siciliano e carvalho.

FINAL Carvalho seco e especiarias suaves.

PONTUAÇÃO **73**

NORTH PORT BRECHIN 1982, Connoisseurs Choice, 43% vol.

COR Ouro-mel.

AROMA Gooseberry e uva. Sorvete de limão-taiti.

CORPO Doce e cremoso.

PALADAR Refrescante. Sorvete de frutas. Kiwi. Doces de frutas variadas.

FINAL Muita fruta exótica. Fudge. Um toque de turfa.

PONTUAÇÃO **82**

NORTH PORT 26 anos, destilado em 1981, engarrafado em 2007, barril nº 775, Duncan Taylor, Rarest of the Rare, 52,9% vol.

COR Ouro bem claro, com reflexos de cobre.

AROMA Especial. Alcatrão de carvão, alcaçuz e um toque de violetas.

CORPO Encorpado e levemente untuoso.

PALADAR Xarope para tosse, avelãs, sal. Progressivamente seco.

FINAL Controla a secura com nozes e alcaçuz, depois um pouco de turfa.

PONTUAÇÃO **76**

NORTH PORT 27 anos, 1981, Rarest of the Rare, 56,5% vol.

COR Mel-dourado.

AROMA Evolui: vegetais cozidos, xerez, nozes torradas, frutas vermelhas e cacau.

CORPO Quente, macio e doce.

PALADAR Anis. Licor de cereja. Frutas vermelhas. Notas de xerez. Chocolate.

FINAL Prolongado, doce, agradável. Com xerez.

PONTUAÇÃO **79**

OBAN

PRODUTOR Diageo

REGIÃO Terras Altas DISTRITO Terras Altas do Oeste

ENDEREÇO Stafford Street, Oban, Argyll, PA34 5NH

TEL. 01631 572004 SITE www.malts.com VC

ENTUSIASTAS DOS MALTS das Terras Altas do Oeste desprezam por vezes o Oban, por ser muito discreto. Com a linha de 14 anos aumentada pelo Montilla fino e também por uma edição limitada de 2002, passou a haver variedade suficiente para se dizer o contrário.

A Oban é uma das poucas destilarias das Terras Altas do Oeste fora das ilhas. É pequena, num vilarejo; sua localização é privilegiada. Oban é considerada a capital das Terras Altas do Oeste, e sua destilaria ocupa um terreno no centro, bem na rua principal, de frente para o mar.

A principal edição de seu whisky, o 14 anos, incorpora no rótulo um sumário da história da cidade: a área foi habitada por homens das cavernas antes de 5000 a.C.; depois vieram celtas, pictos e vikings. Era uma vila de pescadores e, na época das ferrovias e transatlânticos, tornou-se a saída para as ilhas a oeste. Os viajantes que procuravam as musas de Mendelssohn, Turner, Keats ou Wordsworth em Mull, Iona ou Fingal's Cave, ao regressar, viam a costa com a destilaria no centro – na frente dos morros onde o musgo cobria a turfa e pelos quais corria a água.

Uma família de comerciantes locais passou a produzir cerveja e a destilar em 1794, embora as edificações atuais datem dos anos 1880. A área de destilação foi reformada no final dos anos 1960 e no início dos 1970.

ESTILO DA CASA Médio, com turfa fresca e uma brisa de mar. Com frutos do mar ou caça ou depois do jantar.

OBAN 14 anos, 43% vol.

COR Ouro-intenso a âmbar.

AROMA "Como pedrinhas na praia", disse um degustador. Brisa marinha, mas também o toque da turfa fresca e do malte.

CORPO Firme, macio, levemente viscoso.

PALADAR Enganosamente delicado no início. Perfumado. Leve toque de algas marinhas frutadas. Depois, ligeiramente ceráceo, passando a defumado. Seco.

FINAL Aromático, macio, apetitoso.

PONTUAÇÃO **79**

OBAN 1980, Double Matured, Distillers Edition, 43% vol.

Final em barris de Montilla fino.

COR Âmbar.

AROMA Fragrante. Algas marinhas comestíveis. Pêssego. Muito complexo.

CORPO Macio, mais encorpado.

PALADAR Sal, nozes, pêssego. Doce na metade, depois desenvolve notas de tabaco e algas marinhas.

FINAL O sal volta, como uma maré cheia.

PONTUAÇÃO **80**

OBAN 32 anos, edição limitada de 6.000, engarrafado em 2002, 55,1% vol.

COR Ouro-esverdeado. Pera madura.

AROMA Doce, arenoso.

CORPO Macio, untuoso, reconfortante.

PALADAR Sedoso, provocante. Sabores muito bem combinados. Cremosidade untuosa. Algas marinhas doces comestíveis.

FINAL Inesperadamente afirmativo. Arenoso, quase áspero. Pungente, salgado.

PONTUAÇÃO **83**

OBAN Managers' Choice, destilado em 2000, engarrafado em 2009, 58,7% vol.

Maturado em barris de xerez de carvalho europeu.

COR Ouro-queimado.

AROMA Xarope de bordo, bombom toffee, sal de especiarias e fumaça delicada.

CORPO Relativamente encorpado.

PALADAR Frutas cítricas frescas, avelãs e uma ponta de sal marinho.

FINAL Seca paulatinamente, até chocolate amargo.

PONTUAÇÃO **80**

OLD PULTENEY

PRODUTOR Inver House Distillers Ltd.
REGIÃO Terras Altas DISTRITO Terras Altas do Norte
ENDEREÇO Huddart Street, Wick, Caithness, KW1 5BD
SITE www.inverhouse.com/www.oldpulteney.com
E-MAIL enquiries@inverhouse.com

UM DOS GRANDES DEBATES A RESPEITO DE WHISKY (ou seria uma tempestade em copo d'água?) começa aqui e veio a público em 2003: os whiskies costeiros têm mesmo gosto de sal? A discussão saiu na *Whisky Magazine*, mas a presença de sal foi notada no Old Pulteney, 25 anos antes, na revista *Decanter*, sobre vinhos.

Não só a Pulteney fica na costa como é a destilaria mais ao norte da ilha principal da Escócia, na cidade de Wick, condado de Caithmess, famoso pela turfa e por sua costa rochosa. Parte da cidade foi projetada por Thomas Telford e construída por Sir William Pulteney, em 1810, como modelo para um porto pesqueiro. A destilaria, fundada em 1826, situa-se em "Pulteneytown". É uma das raras destilarias urbanas, embora a 250m da parte mais próxima da costeira do cais. Mas até a curta caminhada pode pedir uma dose, devido ao vento forte. "Caithness é um condado despojado e pede um bom whisky para aquecimento", observou um escritor pioneiro da água da vida, o professor R. J. S. McDowall. Ele se referia ao Old Pulteney.

ESTILO DA CASA Fresco, salgado, apetitoso. Para antes do jantar.

OLD PULTENEY 12 anos, 40% vol.

COR Amarelo-intenso.

AROMA Seco. Turfa, grama, giesta doce.

CORPO Leve, untuoso.

PALADAR Sutil. O mel e as nozes continuam, mas oleosos.

FINAL Untuoso. Reconfortante. Bem salgado.

PONTUAÇÃO **79**

OLD PULTENEY 17 anos, 46% vol.

COR Laranja-intenso.

AROMA Sutil e tímido; com o tempo revela notas de melão, gooseberry, baunilha, cítricos leves.

CORPO Macio e redondo; levemente untuoso; denso na boca.

PALADAR Doce, com frutas verdes, cevada e depois especiarias suaves e carvalho.

FINAL Primeiro frutas, depois pimenta, especiarias e alguns taninos. Bem prolongado.

PONTUAÇÃO **82**

OLD PULTENEY 21 anos, 46% vol.

COR Laranja-intenso.

AROMA Medicinal. Terra, com cítricos, sal e notas de especiarias.

CORPO Encorpado, untuoso, denso na boca.

PALADAR Laranja intensa, sal, ao mesmo tempo cremoso, rico, encorpado e doce.

FINAL Toffee suave, sal de cozinha e pimenta. Agradável, redondo e impressionante.

PONTUAÇÃO **85**

OLD PULTENEY 30 anos, 44% vol.

COR Ouro-intenso.

AROMA Flores de verão. Casca de limão-siciliano. Aparas de madeira. Baunilha.

CORPO Firme e encorpado.

PALADAR Limão-siciliano e pastilhas de mel. Frutas exóticas. Abacaxi. Carvalho picante agradável e não invasivo. Doce.

FINAL Puro e prolongado, com fruta, especiarias e carvalho em harmonia.

PONTUAÇÃO ***84***

OLD PULTENEY 32 anos, Highland Selection Limited Edition, 56,2% vol.

COR Mogno.

AROMA Xerez encorpado. Frutas secas, passas brancas. Chocolate com licor de cereja. Tabaco. Um toque balsâmico (eucalipto?).

CORPO Encorpado, viscoso.

PALADAR Uma explosão de xerez. O caráter da destilaria abafado pelo carvalho intenso e especiarias picantes. Madeira queimada. Chocolate amargo. Não é o Old Pulteney típico.

FINAL Forte. Seco.

PONTUAÇÃO ***75***

UM ENGARRAFAMENTO INDEPENDENTE

OLD PULTENEY 8 anos, Gordon & MacPhail, 40% vol.

COR Ouro-claro.

AROMA Fresco, enérgico, condimentado. Mel.

CORPO Leve a médio. Ligeiramente untuoso.

PALADAR Bem seco, com uma pitada discreta de sal, depois sabores cítricos.

FINAL Seco. Carvalho médio. Um toque distante de turfa.

PONTUAÇÃO ***81***

PITTYVAICH

PRODUTOR Diageo

REGIÃO Terras Altas DISTRITO Speyside (Dufftown)

LOCAL DA ANTIGA DESTILARIA

Dufftown, Banffshire, AB55 4BR

DERRUBADA EM 2002, após uma vida curta e glamourosa, a destilaria de aparência industrial foi construída pela Bell's em 1975. No fim dos anos 1980, os entusiastas do single malt começaram a se perguntar quando o produto estaria disponível para eles. O engarrafador independente James MacArthur lançou um 12 anos, que revelou um caráter perfumado, de pera suave. O mesmo engarrafador acrescentou um 14 anos mais afirmativo e de final seco. Um engarrafamento da mesma idade, pela Scotch Malt Whisky Society, é similar, mas parece ter mais secura e especiarias no aroma. Em 1991 foi finalmente lançada uma edição oficial, com 12 anos, na série Flora e Fauna. Mantinha todas as características, com uma dose poderosa de xerez.

ESTILO DA CASA Frutado, untuoso, alcoólico, com especiarias. Para depois do jantar – uma grappa escocesa, por assim dizer.

PITTYVAICH **21 anos, Cadenhead, 54,3% vol.**

Foram produzidas 168 garrafas

COR Ouro-intenso.

AROMA Limão-siciliano. Linimento. Lembra remédios.

CORPO Médio a encorpado e macio.

PALADAR Ardente. Açúcar de beterraba e de cevada. Uma insinuação sutil de carvalho e especiarias. Pouca profundidade.

FINAL Médio a prolongado, sem emocionar.

PONTUAÇÃO **64**

PITTYVAICH **29 anos, Rarest of the Rare, 50% vol.**

COR Amarelo com tons esverdeados.

AROMA Starbust de limão. Cevada doce.

CORPO Doce e cremoso.

PALADAR Cítricos doces. Raízes. Casca de melão. Agradável, mas bidimensional.

FINAL Curto, doce, cítrico.

PONTUAÇÃO **67**

PORT ELLEN

PRODUTOR Diageo
REGIÃO Islay DISTRITO South Shore
LOCAL DA ANTIGA DESTILARIA Port Ellen, Isle of Islay, PA42 7AH
SITE www.malts.com

QUAL SERÁ O VINTAGE FINAL deste whisky cult? Conforme os estoques da destilaria diminuem e a popularidade de Islay dispara, as especulações aumentam. Port Ellen é o mais raro dos malts de Islay, apesar do número surpreendente de engarrafamentos independentes. A destilaria, perto do principal porto de balsas da ilha, foi fundada em 1825, inteiramente reformada e ampliada durante o boom dos anos 1960, depois fechada na crise dos anos 1980. Nos últimos dois ou três anos, as partes modernas da destilaria foram demolidas, mas os fornos originais de malt foram preservados, assim como os pagodes.

Ao lado da destilaria existe uma unidade moderna de maltings. Eles fornecem malt com diversos graus de turfa para muitas destilarias de Islay, inclusive as que preparam parte de sua própria cevada.

Em 1995, a Diageo começou a comercializar whiskies de destilarias fechadas na série The Rare Malts. São vintages datados, e o número de garrafas depende da quantidade disponível em determinado ano. Em 1998, um Port Ellen 20 anos foi incluído na coleção. Em 2000, houve novo engarrafamento do mesmo vintage, com 22 anos. Para variar as opções, The Rare Malts segue a regra de não usar malts da mesma destilaria por dois anos seguidos. Mas o interesse pelo Port Ellen era tão grande que resolveram contornar a regra. A série The Rare Malts excluiu o Port Ellen, que se tornou uma edição separada. Em 2008, um Port Ellen 29 anos tornou-se o oitavo lançamento das Edições Limitadas.

ESTILO DA CASA Untuoso, apimentado, salgado, defumado, herbáceo.
Para acompanhar um peixe defumado.

PORT ELLEN 1979, 22 anos, edição limitada com garrafas numeradas, primeiro lançamento em 2001, 56,2% vol.

COR Ouro-sólido esverdeado. Brilhante, refrativo.

AROMA Fresco. Grama doce. Grão de cereal. Untuoso.

CORPO Firme, com nozes e malte.

PALADAR Terra. Turfa. Sal. Bem duro. Austero.

FINAL Sal pronunciado. Defumado seco. Intensamente apetitoso.

PONTUAÇÃO **92**

PORT ELLEN 1978, 24 anos, edição limitada com garrafas numeradas, segundo lançamento em 2002, 59,35% vol.

COR Limão-siciliano com reflexos dourados.

AROMA Grama e ervas. Endro, angélica, camomila. Um toque agradável de terra no final.

CORPO Tenro.

PALADAR Surpreendentemente macio e doce. Frescura refrescante. O defumado surge lentamente, e entram menta e baunilha.

FINAL Agradavelmente seco, em queda lenta.

PONTUAÇÃO **90**

PORT ELLEN 1979, 24 anos, edição limitada com garrafas numeradas, terceiro lançamento em 2003, 56,2% vol.

COR Ouro-claro. Leve tom esverdeado.

AROMA Herbáceo. Ligeiramente ácido. Algas marinhas. Brisa do mar.

CORPO Macio, texturado.

PALADAR Algas marinhas comestíveis. Sabor salgado de alguns vermutes. Depois, notas de especiarias.

FINAL Intenso, apimentado, quente.

PONTUAÇÃO **91**

PORT ELLEN 21 anos, edição de aniversário, 58,4% vol.

Um raro engarrafamento "oficial" para celebrar os 25 anos dos maltings em Port Ellen.

COR Ouro-brilhante.

AROMA Muito medicinal, mas puro e firme.

CORPO Excepcionalmente untuoso. Cremoso.

PALADAR Macio e enganosamente contido no início, dando lugar a sabores bem combinados de louro, salsa e grãos de pimenta.

FINAL Evolução lenta. Sal, fumaça, carvalho. Muito quente. Sutil e complexo como nenhum aquavit ou vodca apimentada.

PONTUAÇÃO **83**

PORT ELLEN 20 anos, destilado em 1978, Rare Malts, 60,9% vol.

COR Ouro.

AROMA Mais afirmativo. Apetitoso, empolgante. Louro. Algas marinhas.

CORPO Levemente untuoso.

PALADAR Mais expressivo, frutado, sabores secos. Azeite de oliva frutado. Salsa.

FINAL Sal. Fumaça. Carvalho. Extremamente apimentado.

PONTUAÇÃO **82**

PORT ELLEN 22 anos, destilado em 1978, Rare Malts, 60,5% vol.

COR Amarelo-claro.

CORPO Texturado, encorpado.

AROMA Frutas, algas marinhas, folhas de louro, azeite de oliva.

PALADAR Intenso. Levemente pegajoso. Mastigável. Algas marinhas. Salsa.

FINAL Bem salgado e igualmente apimentado.

PONTUAÇÃO **85**

PORT ELLEN 1978, edição limitada com garrafas numeradas, quarto lançamento em 2004, 56,2% vol.

COR Palha.

AROMA Intenso, ligeiramente alcoólico, carvalho queimado.

CORPO Bem seco.

PALADAR Potente, complexo, salgado e doce. Toffee duro e um toque de alcaçuz.

FINAL Prolongado e defumado, amadeirado, com chocolate e frutas secas.

PONTUAÇÃO **90**

UM ENGARRAFAMENTO INDEPENDENTE

PORT ELLEN 1982, Connoisseurs Choice, 40% vol.

COR Ouro-claro. AROMA Ozônio e turfa cítrica.
CORPO Médio. PALADAR Fruta fresca, fogueira apagada e depois desenvolvimento de sal marinho. FINAL Cinza de turfa e gengibre. Algo que remete a, por exemplo, curativos de hospital. PONTUAÇÃO 82

ROSEBANK

PRODUTOR Diageo
REGIÃO Terras Baixas DISTRITO Terras Baixas Centrais
LOCAL DA ANTIGA DESTILARIA Falkirk, Stirlingshire, FK1 5BW
SITE www.malts.com

EM 2002, A RAINHA DA INGLATERRA inaugurou o guindaste Falkirk, um elevador giratório para levar as embarcações do canal Union para o canal Forth-Clyde, que foi recuperado. Esperava-se que o desenvolvimento às margens do canal, em Falkirk, incluiria uma destilaria para substituir Rosebank, desativada, mas esse sonho ainda não se materializou.

As rosas antigamente enfeitavam as margens do canal Forth-Clyde, e uma boa parte da industrialização pioneira ocorreu ali. A origem da destilaria de Rosebank pode remontar aos anos 1790. No momento em que o canal perdeu a vez para as rodovias, a localização da destilaria passou de vantajosa a desvantajosa. A rodovia cortou a destilaria no meio e, conforme o tráfego aumentava, mais difícil era para os caminhões entrar e sair do local. Rosebank foi fechada em 1993.

O whisky da Rosebank, em seu melhor momento (ou seja, sem excesso de madeira), é tão floral quanto o nome. Trata-se de um finíssimo exemplo do malt das Terras Baixas, produzido por tripla destilação, conforme a tradição local. Uma perda imensa.

ESTILO DA CASA Aromático, com sugestões de cravo e camomila. Romântico.

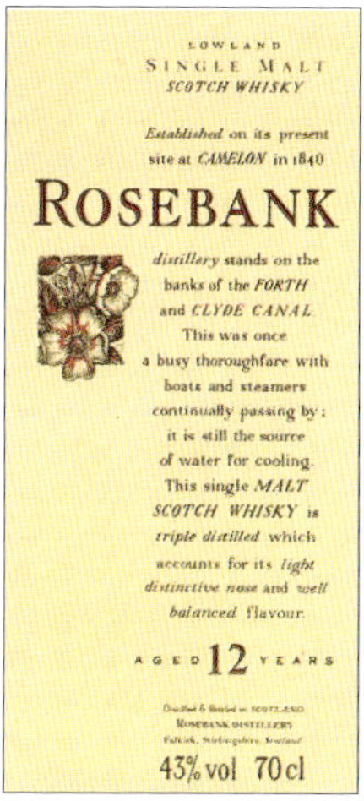

ROSEBANK 12 anos, Flora e Fauna, 43% vol.

Edição lançada em 2003.

COR Amarelo-lima.

AROMA Camomila típica de Rosebank.

CORPO Levemente cremoso.

PALADAR Doçura floral.

FINAL Bala de menta.

COMENTÁRIO Começa a decair. Aproveite enquanto pode.

PONTUAÇÃO **76**

ROSEBANK 12 anos, Flora e Fauna, 43% vol.

Edição limitada, engarrafado em 2007.

COR Ouro-claro.

AROMA Puro e limpo. Cevada com mel, escondendo a fruta verde.

CORPO Leve, cremoso e macio.

PALADAR Delicado como gaze. Mel. Cevada fresca. Toques de frutas verdes. Traços de menta. Equilibrado e redondo.

FINAL Menta e fruta em igual medida. Algumas especiarias sutis.

PONTUAÇÃO **90**

ROSEBANK 1981, engarrafado em 1997, edição limitada com o teor de álcool do barril, 63,9% vol.

COR Amarelo limão-siciliano.

AROMA Sedutoramente aromático. Cravo. Camomila. Seco.

CORPO Macio, suave.

PALADAR Cremoso, limão-siciliano, flores (ranúnculo amarelo?).

FINAL Fragrante, levemente defumado.

PONTUAÇÃO **78**

ROSEBANK 20 anos, destilado em 1981, Rare Malts, 62,3% vol.

COR Palha-clara.

AROMA Floral, com limão-siciliano, grama cortada, especiarias, carvalho delicado.

CORPO Firme.

PALADAR Doçura inicial cede a notas secas de especiarias e cítricos.

FINAL Médio a prolongado, com nozes e limão-siciliano.

PONTUAÇÃO **80**

ROSEBANK 18 anos Chieftain's, 48% vol.

COR Ouro-claro com tons esverdeados.

AROMA Estimulante e sutil. Sorvetes de frutas. Gooseberries amassadas.

CORPO Casca de uva. Médio a encorpado. Picante. Penetrante.

PALADAR As notas de uva e gooseberry cobrem a boca. O carvalho e a pimenta entram depois e as cobrem.

FINAL Prolongado e complexo.

PONTUAÇÃO **80**

ROSEBANK 17 anos, Single Malts of Scotland, 55,2% vol.

COR Amarelo-ouro intenso.

AROMA Maçã cozida. Canela. Baunilha. Um toque de anis-estrelado.

CORPO Rico e cremoso.

PALADAR Balas sabor maçã. Toffee de maçã. Indícios de madeira de macieira. Strudel.

FINAL Frutas carnudas e ricas, com um final prolongado.

PONTUAÇÃO **87**

ROSEBANK 18 anos, Glenkeir Treasures, 55,4% vol.

Lançadas 180 garrafas.

COR Limão-siciliano claro.

AROMA Tímido, pede água. Grama fresca. Prado primaveril. Puro. Um toque de ervas frescas e especiarias.

CORPO Macio, cremoso e gentil.

PALADAR Caroço de maçã. Pera e maçã. Cevada doce. Sorvete de limão. Especiarias suaves. Madeira envernizada.

FINAL Médio, complexo, com alguns taninos tardios.

PONTUAÇÃO **80**

ROSEBANK 18 anos, Chieftain's, 48% vol.

COR Ouro-mel.

AROMA Toffee de banana. Açúcar-cande. Caixa de maquiagem.

CORPO Rico. Untuoso. Encorpado.

PALADAR Menta. Mel intenso. Cítricos. Especiarias e carvalho contidos. Maçã. Amêndoas. Sutil e complexo.

FINAL Prolongado, redondo e macio.

PONTUAÇÃO **88**

ROSEBANK 16 anos, Cadenheads, 55,7% vol.

COR Ouro-mel.

AROMA Bala de goma. Prado primaveril. Ranúnculo amarelo.

CORPO Encorpado e cremoso.

PALADAR Mel delicioso. Pêssego macio. Um toque de menta. Com água, traços de maçã.

FINAL Macio, reconfortante, muito agradável.

PONTUAÇÃO **86**

ROSEBANK 16 anos, Single Malts of Scotland, 55,2% vol.

COR Limão-siciliano claro.

AROMA Leve. Gooseberry. Prado estival. Madeira recém-encerada.

CORPO Médio a encorpado. Bem penetrante.

PALADAR Engana, mas no bom sentido: uma onda sólida doce de cevada, depois especiarias. Com água, sinais de maçã e pera.

FINAL Suave, com alguns taninos e especiarias no final. Lembra um pouco os irlandeses.

PONTUAÇÃO **79**

ROSEBANK 18 anos, destilado em 1990, engarrafado em 2008, barril D113286, Duncan Taylor, 47,4% vol.

COR Ouro-claro.

AROMA Pera em conserva, serragem fresca, meio herbáceo.

CORPO Médio.

PALADAR Frutas em calda intensas no início, depois especiarias e fudge. Um toque de noz-moscada.

FINAL Médio em duração. Avelãs e pimenta.

PONTUAÇÃO **78**

ROYAL BRACKLA

PRODUTOR John Dewar & Sons Ltd. (Bacardi)
REGIÃO Terras Altas ILHA Arran DISTRITO Speyside (Findhorn Valley)
ENDEREÇO Royal Brackla Distillery Cawdor, Nairn,
Inverness-shire, IV12 5QY TEL. 01667 402002 VC

ESTA DESTILARIA FOI FUNDADA EM 1812, na propriedade rural de Cawdor, não muito distante de Nairn. Localiza-se na parte oeste de Speyside. Em 1835, Brackla tornou-se a primeira destilaria a receber o aval real, concedido pelo rei James IV. Foi reconstruída duas vezes e ampliada em 1970. Uma edição Flora e Fauna 10 anos saiu nos anos 1990, e sob a atual direção a destilaria lançou um novo 10 anos, em 2004.

ESTILO DA CASA Frutado, limpo, às vezes com um final seco, quente. Refrescante. Para depois do jantar, com café.

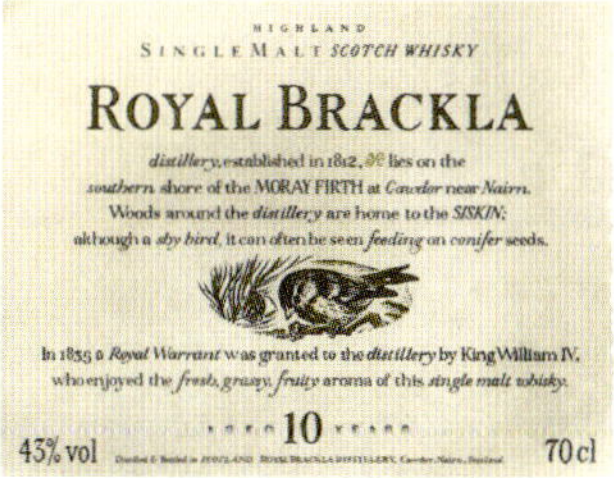

ROYAL BRACKLA **10 anos, Flora e Fauna, 43% vol.**

COR Ouro-claro.

AROMA Defumado, ligeiramente sulfuroso, queimado, melado.

CORPO Médio, secando na língua.

PALADAR Começa maltado e doce, depois robusto, frutado. Notas de especiarias.

FINAL Cedro, fumaça.

PONTUAÇÃO **74**

ROYAL BRACKLA **1993, WG, 46% vol.**

COR Gengibre.

AROMA Fresco. Grapefruit. Maçã picada. Casca de uva.

CORPO Macio, suave e redondo.

PALADAR Puro e doce, com frutas frescas picantes e uma pitada de chili.

FINAL Médio, puro e doce.

PONTUAÇÃO **72**

ROYAL LOCHNAGAR

PRODUTOR Diageo
REGIÃO Terras Altas DISTRITO Terras Altas do Leste
ENDEREÇO Crathie, Ballater, Aberdeenshire, AB35 5TB
TEL. 01339 742705
SITE www.discovering-distilleries.com/www.malts.com VC

A DESTILARIA FAVORITA DA RAINHA VITÓRIA já esteve na rota dos turistas, mas passou a ser usada recentemente pela Diageo como local para treinar funcionários. O processo de produção do whisky pode ser mais bem compreendido numa destilaria pequena e tradicional, e Lochnagar atende às duas exigências. É a menor da Diageo, além de ser bonita e fazer um whisky delicioso. A destilaria, no sopé do monte Lochnagar, perto do rio Dee, não fica longe de Aberdeen. Um produtor de whisky ilegal teria fundado a primeira destilaria de Lochnagar em 1826, e as instalações atuais datam de 1845. Três anos depois, a família real adquiriu o castelo de Balmoral, nas imediações, para ser sua residência de campo na Escócia.

O dono na época, John Begg, mandou uma carta ao príncipe Albert, convidando-o para uma visita. O príncipe e a rainha Vitória foram no dia seguinte. Pouco depois, a destilaria passou a fornecer a bebida à rainha e se tornou conhecida como Royal Lochnagar. Sua Majestade, pelo que consta, acrescentava whisky ao vinho de Bordeaux, talvez antecipando a tendência à madeira. Ainda não há envelhecimento final em clarete bordalês, no caso de Lochnagar. O 12 anos envelhece em barris de segundo uso, enquanto metade do Selected Reserve descansa em barris de xerez.

ESTILO DA CASA Maltado, frutado, com especiarias. Para depois do jantar.

ROYAL LOCHNAGAR **12 anos, 40% vol.**

COR Ouro-intenso.

AROMA Viril, com alguma fumaça.

CORPO Médio a encorpado. Macio.

PALADAR Leve fumaça, frutas discretas e doçura de malte.

FINAL A primeira impressão é de secura, depois vem o contraponto adocicado do malte.

PONTUAÇÃO **80**

ROYAL LOCHNAGAR **Selected Reserve, sem declaração de idade, 43% vol.**

COR Âmbar-vermelho.

AROMA Muito xerez. Especiarias, bolo de gengibre.

CORPO Forte, macio.

PALADAR Bastante xerez, doçura de malte, pão condimentado, bolo de gengibre. Obviamente contém whisky muito bem envelhecido.

FINAL Defumado.

PONTUAÇÃO **83**

ROYAL LOCHNAGAR **Rare Malts, 30 anos, destilado em 1974, 56,2% vol.**

COR Ouro-claro.

AROMA Grama cortada, ligeiramente alcoólico.

CORPO Médio.

PALADAR Maçãs e uma pitada de pimenta e gengibre.

FINAL Prolongado, seco, adstringente.

PONTUAÇÃO **80**

UM ENGARRAFAMENTO INDEPENDENTE

ROYAL LOCHNAGAR **22 anos, destilado em 1986, engarrafado em 2009, barril nº 942, Duncan Taylor, 56,4% vol.**

COR Ouro-intenso.

AROMA Pétalas de rosa, madeira verde, especiarias suaves.

CORPO Firme.

PALADAR Nozes e especiarias, serragem de carvalho fresco, linhaça.

FINAL Médio, com gengibre, fumaça delicada e carvalho levemente assertivo.

PONTUAÇÃO **79**

ST. MAGDALENE

PRODUTOR DCL

REGIÃO Terras Baixas DISTRITO Terras Baixas Centrais

LOCAL DA ANTIGA DESTILARIA Linlithgow, West Lothian, EH49 6AQ

NO LOCAL HAVIA UMA COLÔNIA de leprosos, no século XII, e depois um convento, antes da instalação da destilaria, provavelmente em 1765. A produção cessou em 1983, e desde então alguns prédios foram convertidos em apartamentos. A destilaria também foi conhecida pelo nome da cidade, Linlithgow, que se situa a oeste de Edimburgo, perto do rio Forth.

ESTILO DA CASA Perfumado, macio, com grama. Revigorante.

ST. MAGDALENE 26 anos, Glenkeir Treasures, 59,1% vol.

Lançadas 144 garrafas.

COR Amarelo-intenso.

AROMA Delicatessen. Vegetais. Grama cortada.

CORPO Rico e cremoso.

PALADAR Cevada pura e suave. Mel. Compota de frutas. Adorável e redondo.

FINAL Curto. Macio. Muito agradável.

PONTUAÇÃO **82**

ST. MAGDALENE 1975, Rare Old, Gordon & MacPhail, 43% vol.

COR Latão.

AROMA Rápida evolução. Sorvete de framboesa. Muro de jardim. Prímula. Óleo de patchouli.

CORPO Médio. Doce.

PALADAR Xarope de bordo. Mel claro. Cítricos. Picante. Especiarias. Equilibrado.

FINAL Alguma fruta, sobreposta por carvalho e especiarias.

PONTUAÇÃO **83**

LINLITHGOW 26 anos, Single Malts of Scotland, 63,7% vol.

COR Ouro-claro.

AROMA Palha molhada. Melão. Grama.

CORPO Untuoso. Doce. Macio.

PALADAR Doce e suave. Casca de banana. Penetrante e apimentado.

FINAL Médio, penetrante e condimentado.

PONTUAÇÃO **69**

SCAPA

PRODUTOR Chivas Brothers (Pernod Ricard)
REGIÃO Terras Altas ILHA Orkney
ENDEREÇO St. Ola, Kirkwall, Orkney, KW15 1SE
TEL. 01856 872071 SITE www.scapamalt.com

ANTERIORMENTE CONTROLADA PELA ALLIED DISTILLERS, Scapa foi adquirida pela Pernod Ricard em 2005. A destilaria operava irregularmente e realizava lançamentos esporádicos, mas quando chegou seu 120º aniversário passou por uma reforma completa e reabriu em 2004. Mantém dois alambiques e restaurou uma roda d'água que fornecia energia para a destilaria no século XIX.

O maior trunfo da Scapa é sua localização especial: Scapa Flow, um braço de mar que liga o mar do Norte ao Atlântico, famoso por seu papel nas duas guerras mundiais.

A água para a tina de maceração da destilaria vem de fontes que alimentam um córrego chamado de Lingro Burn. Carrega muita turfa, embora a destilaria empregue malt totalmente livre dela. A Scapa possui um destilador que pode contribuir para o caráter levemente untuoso de seu whisky. A maturação é feita em barris de bourbon. O whisky tem sabor muito leve, mas possui características notas complexas de baunilha que às vezes sugerem chocolate com especiarias e salinidade de frutas secas e raízes.

ESTILO DA CASA Sal, feno. Untuoso, com chocolate e especiarias. Depois de uma bela caminhada ou antes do jantar.

SCAPA 12 anos, 40% vol.

COR Ouro-intenso brilhante.

AROMA Suave. Feno. Quente.

CORPO Leve, macio, salgado.

PALADAR Puro, adocicado. Baunilha, nozes, sal.

FINAL Sal tardio e pimenta, com um toque de turfa.

PONTUAÇÃO **76**

SCAPA Cask Strength Edition, 14 anos, destilado em 1992, engarrafado em 2006, lote SC 14.001, 60,6% vol.

COR Ouro-intenso.

AROMA Mentol, palha mentolada com um toque de grapefruit. Cereja e chocolate.

CORPO Sólido, macio e sedoso, denso na boca, levemente untuoso.

PALADAR Mais palha mentolada, com baunilha e um toque cítrico. A água faz aparecer o carvalho.

FINAL Prolongado, apimentado e seco, com retorno do mentol.

PONTUAÇÃO **85**

SCAPA 16 anos, 40% vol.

COR Ouro-intenso. Latão.

AROMA Doce, convidativo. Pêssego e creme custard, com um traço de sal.

CORPO Liso, levemente untuoso, macio, salgado.

PALADAR Creme custard puro, doce, com notas florais; baunilha e um toque de coco.

FINAL Sal e pimenta tardios, com uma nota de turfa.

PONTUAÇÃO **79**

SPEYBURN

PRODUTOR Inver House Distillers Ltd.
REGIÃO Terras Altas DISTRITO Speyside (Rothes)
ENDEREÇO Rothes, Aberlour, Morayshire, AB38 7AG
SITE www.inverhouse.com E-MAIL enquiries@inverhouse.com

BONITO COMO UMA PINTURA: tanto a diversidade crescente dos whiskies (florais e frutados) como a destilaria (um clássico vitoriano muito fotografado, atrás de árvores, num vale profundo, envolvente). Speyburn é uma visão espetacular para quem passa pela estrada, saindo de Rother, rumo a Elgin. Construída em 1897, apesar das diversas modernizações, não sofreu mudanças radicais com o passar dos anos. No início dos anos 1990, a Speyburn foi adquirida pela Inver House.

ESTILO DA CASA Floral, herbáceo, com urze. Aperitivo.

SPEYBURN 10 anos, 40% vol.

COR Ouro-sólido.

AROMA Floral.

CORPO Médio, macio.

PALADAR Puro, levemente maltado. Notas frescas, herbáceas e de urze.

FINAL Fresco, bem doce, levemente viscoso.

PONTUAÇÃO **71**

SPEYBURN 16 anos, Highland Selection Limited Edition, 46% vol.

COR Ouro-esverdeado reluzente.

AROMA Doce e frutado.

CORPO Leve. Muito macio.

PALADAR Muitas flores e frutas. (Framboesa? Morango?) Uma das expressões mais afirmativas e saborosas do Speyburn.

FINAL Prolongado. Reverberante.

PONTUAÇÃO **78**

SPEYBURN 25 anos, Solera, 46% vol.

COR Amarelo-latão intenso.

AROMA Uma nota estranha, depois cevada pura, algumas frutas cítricas e um toque de madeira, refletindo a idade.

CORPO Rico, encorpado, doce e denso na boca.

PALADAR Mel, suave, doce e redondo, com um pouco de fruta abafada pela onda de carvalho e especiarias.

FINAL Médio, com frutas doces dando vez a especiarias e taninos tardios.

PONTUAÇÃO **82**

UM ENGARRAFAMENTO INDEPENDENTE

SPEYBURN 1974, Connoisseurs Choice, 43% vol.

COR Mel com tons esverdeados.

AROMA Poeira. Enxofre. Gooseberry. Cacau.

CORPO Açucarado. Encorpado. Untuoso.

PALADAR Raiz. Salada verde fresca. Taninos incisivos.

FINAL Muito prolongado e condimentado.

PONTUAÇÃO **66**

SPEYSIDE

PRODUTOR Speyside Distillers Co. Ltd.
REGIÃO Terras Altas DISTRITO Speyside
ENDEREÇO Tromie Mills, Glentromie, Kingussie, PH21 1HS
TEL. 01540 661060
SITE www.speysidedistillers.co.uk VC Só com reservas

SPEYSIDE É UMA PEQUENA DESTILARIA que produziu seu primeiro destilado no final da década de 1990. Nos anos recentes, desenvolveu um portfólio de whiskies mais maduros, inicialmente sob outros nomes e depois como Speyside. O prédio elegante, de pedra, com frontão, ambicionava parecer antigo e tradicional. Sua inauguração marcou a realização de um sonho para o proprietário original, George Christie, um blender que passou três ou quatro décadas projetando a destilaria. O progresso do empreendimento acompanhou os altos e baixos da indústria do whisky. Um dos ensaios pioneiros foi um vatted malt que se tornou popular nos Estados Unidos com o nome de Glentromie.

A destilaria na cidadezinha de Drumguish, onde o riacho Tromie deságua na parte alta do Spey, deu nome a alguns de seus whiskies. A companhia, Speyside, não adotou apenas o nome da região, mas também o da destilaria que operou nas proximidades, em Kingussie, entre 1895 e 1910.

ESTILO DA CASA Untuoso, com nozes e leve turfa. Aperitivo.

DRUMGUISH **Single Malt, sem declaração de idade, 40% vol.**

COR Ouro-intenso.

AROMA Floral. Jasmim. Maracujá.

CORPO Médio, macio.

PALADAR Castanha-de-caju e uma nota de grama doce seca que remete aos grandes whiskies escoceses do passado. Cookies. Marshmallow tostado.

FINAL Leve lembrança de kirsch. Secura de fruta. Encerramento meio abrupto.

PONTUAÇÃO **73**

SPEYSIDE **10 anos, 43% vol.**

COR Ouro-acetinado.

AROMA Intensidade de nozes, untuoso.

CORPO Bem leve e macio.

PALADAR Doce, rico, amanteigado. Um pouco de toffee cremoso, cookies e caramelo.

FINAL Levemente seco. Folhas. Mostarda em grão. Prolongado.

PONTUAÇÃO **75**

SPEYSIDE **12 anos, 43% vol.**

COR Âmbar-laranja

AROMA Casca de laranja, toque de cravos, carvalho.

CORPO Moderado. Ligeiramente untuoso. Mastigável.

PALADAR Óleo de laranja no carvalho.

FINAL Seco, duradouro, quente. Cera de óleo de laranja.

PONTUAÇÃO **76**

SPRINGBANK

PRODUTOR Springbank Distillers Ltd.
REGIÃO Campbeltown DISTRITO Argyll
ENDEREÇO Well Close, Campbeltown, Argyll, PA28 6ET
TEL. 01586 552085 VC Visitas só no verão, com reservas

COM A ABERTURA DA NOVA DESTILARIA "irmã" de Springbank, em 2004, a antiga capital do whisky, Campbeltown, recuperou sua credibilidade como região autônoma de produção de malt whisky. A Springbank, a partir de 1997, passou a produzir um single malt triplamente destilado, sem turfa, o Hazelburn, e reforçou o renascimento da área. Como oito anos, o Hazelburn é hoje um membro definitivo da Springbank. A destilaria original do Hazelburn, aberta em 1796 e fechada em 1925, era vizinha, bem ao lado de Springbank.

O whisky daqui é feito com turfa média no malt, num processo que se pode chamar de duas destilações e meia. Graças à untuosidade, ao sal, aos sabores que lembram coco e à grande complexidade, Springbank consta na lista dos dez melhores malts de qualquer apreciador de whisky.

A Springbank data oficialmente dos anos 1820, mas era antes uma destilaria clandestina. Seu atual proprietário, renovador incansável da destilação em Campbeltown, Hedley Wright, pertence à família Mitchell, fundadora da empresa.

No início dos anos 1990, Springbank retomou os floor maltings (maltagem tradicional). Atualmente, utiliza somente o seu próprio malte. (Nenhuma das outras destilarias que adotam os floor maltings é autossuficiente.) Isso trouxe um benefício especial para a produção de outro malt renascido, o Longrow, lançado em 1985 e destilado em 1973-74.

Longrow é um duplo destilado de malt muito turfado. Com seu próprio sistema de malting, a destilaria consegue obter o nível exato de turfa de que precisa. Devido à turfa, à untuosidade, ao sal e à sensação de força contida, os Longrow se tornaram whiskies cult. A destilaria Longrow original fechou em 1896. Era vizinha de Springbank.

Com o passar dos séculos, a cidade registrou a existência de 30 destilarias, algumas das quais arruinaram sua reputação ao fazer whisky apressadamente para fornecer aos Estados Unidos durante a Lei Seca e logo depois fecharam as portas. Restaram apenas vestígios, como uma garagem de ônibus e um parque. Os locais foram diligentemente mapeados por Frank McHardy, diretor da Springbank. Campbeltown foi a região mais importante para o whisky na época dos grandes navios de passageiros, que percorriam a costa antes que as estradas de ferro tornassem Speyside mais acessível.

J. e A. Mitchell, donos de uma destilaria subutilizada, compraram a centenária firma Cadenhead. A companhia, antes sediada em Aberdeen, sempre foi engarrafadora independente. Tanto a Springbank quanto a Cadenhead usam a mesma linha de engarrafamento, em Campbeltown, mas são administradas como empresas independentes.

Nenhuma das duas empresas filtra seus whiskies a frio nem adiciona caramelo para padronizar a cor. Estabelecidas há muito tempo, possuem um estoque formidável de barris. Alguns Springbank repousam em barris de acácia. Conforme a indústria passava a valorizar as madeiras, Springbank passou a dar preferência aos barris de bourbon, para destacar o caráter de seu whisky, mas a maioria das edições são vatted, para conferir à bebida a cor e a doçura da madeira de xerez.

Com maltagem própria, as duas destilarias têm quatro single malts, uma engarrafadora independente e uma cadeia de lojas (Eaglesome's, em Campbeltown, e Cadenhead's, em Edimburgo e Londres). J. & A. Mitchell fizeram tudo para garantir a permanência de Campbeltown como centro produtor de whisky. Esse incremento nas atividades foi a resposta de Hedley Wright à sugestão de que Springbank e sua concorrente local, Glen Scotia, não justificavam a manutenção do status da cidade (ao lado de Islay, das Terras Altas e das Terras Baixas) como uma das regiões definidas do whisky. Wright tem fama de taciturno, mas seus atos foram decisivos.

A própria geografia confunde. Pendurada na costa por uma nesga de terra de apenas 1,6km, Kintyre mais parece uma ilha, embora seja uma península que se estende por 65km. Poderia se qualificar como região produtora de whisky, mas não existem destilarias antes da cidade, situada próxima à extremidade sul. Nesse ponto, a península atinge sua maior largura e, mesmo assim, tem menos de 16km. No alto do Crosshill Loch, onde se chega de carro e depois a pé, vê-se o mar a leste, e a oeste, em dias claros, as ilhas de Arran e Islay.

O Loch fornece água a todas as destilarias de Campbeltown: uma situação inusitada, que talvez explique algumas semelhanças de caráter. Ao sul, a península fica mais estreita, até a ponta arredondada, ou "mull". Trata-se do mull de Kintyre, onde a névoa vem do mar, como foi dito na canção de Paul McCartney. Paira sobre os galpões nos fundos das destilarias curiosamente urbanas e contém os espectros dos whiskies do passado. É natural que Springbank e Longrow tenham tanta personalidade.

ESTILO DA CASA Springbank: salgado, untuoso, com coco. Aperitivo. Longrow: pinheiro, óleo, terra molhada. Para antes de dormir.

SPRINGBANK **10 anos, 46% vol.**

COR Ouro.

AROMA Salmoura leve, especiarias, malt redondo, pera. Elegante, para um jovem.

CORPO Rico e untuoso. Denso na boca.

PALADAR Fantástica mistura de seco e doce. Pera em conserva. Cítricos. Uma sugestão de fumaça.

FINAL Melão.

PONTUAÇÃO **83**

SPRINGBANK **10 anos, 100º proof, 57% vol.**

COR Âmbar com reflexos dourados.

AROMA Fresco, ligeiramente salgado. Toffee.

CORPO Denso na boca.

PALADAR Relativamente doce, com mel e frutas, e salgado no desenvolvimento, quando surgem notas marítimas.

FINAL Prolongado, com mais sal e um toque de turfa doce.

PONTUAÇÃO **90**

SPRINGBANK **Vintage, 1997, 54,9% vol.**

COR Ouro-intenso.

AROMA Floral, com cera de abelha e tangerina. Fundo discreto de fumaça terral.

CORPO Generoso.

PALADAR Notas poderosas de gengibre e pimenta. Nozes e fumaça.

FINAL Prolongado, com gengibre, chocolate e baunilha.

PONTUAÇÃO **89**

SPRINGBANK **15 anos, 46% vol.**

COR Âmbar-claro.

AROMA Sofisticado. Bolo de Natal Dundee, baunilha, couro novo, fumo de cachimbo, damasco seco, turfa, chá.

CORPO Encorpado e rico. Denso na boca.

PALADAR Nota-se o carvalho europeu, que não domina. Tabaco doce, nozes, fumaça de fundo. Complexo.

FINAL Fuligem. Malte.

PONTUAÇÃO **90**

SPRINGBANK **16 anos, Rum Wood Expression, 54,2% vol.**

COR Ouro-esverdeado.

AROMA Frutas tropicais e especiarias doces. Ozônio.

CORPO Médio a encorpado.

PALADAR Notas doces, picantes e frutadas de rum. Fumaça, avelãs e sal.

FINAL Doçura de rum, com desenvolvimento de frutas cítricas e pimenta chili.

PONTUAÇÃO **87**

SPRINGBANK **25 anos, edição limitada, 46% vol.**

COR Damasco.

AROMA Brisa marinha. Carvalho com xerez. Muito puro.

CORPO Cremoso.

PALADAR Xerez excelente, mas contido. Nozes. Ésteres restritos. Sugestão muito leve de banana. Coco. Sal. Salmoura. Um whisky magnífico, complexo.

FINAL Salgado. Um pouco de turfa. Seco.

PONTUAÇÃO **95**

SPRINGBANK Frank McHardy Anniversary, 1975, 46% vol.

COR Ouro-intenso.

AROMA Nozes, especiarias, mandarina/curaçau, macadâmia, ervas, leve fumaça. O mais forte em carvalho das edições atuais, mas sutil.

CORPO Cremoso e macio.

PALADAR Coco, pinho, cítricos, café. Especiarias no final.

FINAL Nozes, fuligem.

PONTUAÇÃO **90**

LONGROW

LONGROW 10 anos, 1991, 46% vol.

COR Ouro-velho.

AROMA Fresco, com sal, fumaça, notas doces de toffee e turfa.

CORPO Robusto.

PALADAR Médio a doce, com pêssego e turfa.

FINAL Médio a prolongado, com nozes e fumaça persistente.

PONTUAÇÃO **85**

LONGROW 10 anos, 1992, 46% vol.

COR Ouro-claro.

AROMA Médio a encorpado, doce e um pouco floral. Também levemente medicinal e terroso.

CORPO Robusto, suculento.

PALADAR Pêssego e frutas macias sob turfa. Nozes em boa profundidade.

FINAL Seco, turfado.

PONTUAÇÃO **83**

LONGROW 10 anos, 100º proof, 57% vol.

COR Ouro-claro.

AROMA Lavanda, laranja madura, turfa sutil.

CORPO Médio.

PALADAR Inicialmente seco e defumado, depois doce, com mais laranja.

FINAL Prolongado, com turfa apimentada.

PONTUAÇÃO **84**

LONGROW 13 anos, Sherry Cask, 53,2% vol.

COR Ouro-velho.

AROMA Bolo de Natal Dundee, passas, pecã, fumaça. Mais xerez do que fumaça.

CORPO Suave e macio.

PALADAR A turfa se atenua na forte presença de bolo de frutas, consequência do barril de xerez. Sutil, rico, denso.

FINAL Untuoso.

PONTUAÇÃO **80**

LONGROW 14 anos, 46% vol.

COR Palha.

AROMA Cevada, creme fresco, maçã. Turfa discreta.

CORPO Texturado e untuoso.

PALADAR Doce e frutado, com malte, pimenta e fumaça.

FINAL Turfa, pimenta e salmoura.

PONTUAÇÃO **87**

LONGROW **CV, 46% vol.**

Abrange vattings de whiskies com 6, 10 e 14 anos.

COR Palha.

AROMA Salmoura e notas de turfa, seguidas de calda de baunilha e malt defumado.

CORPO Medianamente untuoso.

PALADAR Salmoura e fumaça de fogueira. Especiarias. Baunilha e gengibre.

FINAL Médio, com turfa e persistência de gengibre, carvalho e pimenta.

PONTUAÇÃO **87**

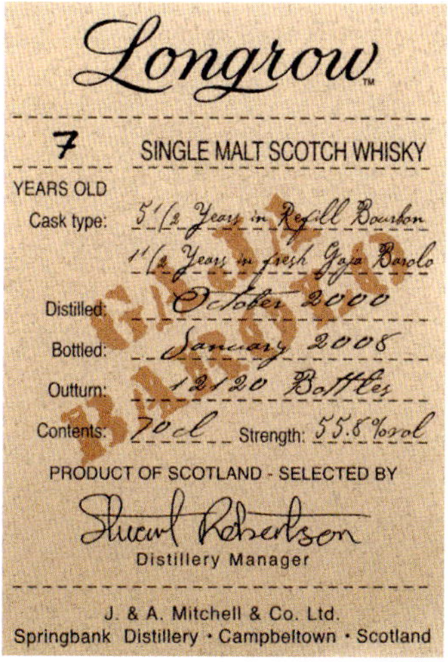

LONGROW **Gaja Barola Finish, 7 anos, 55,8% vol.**

COR Bronze-avermelhado.

AROMA Fumaça de fogueira, depois notas de água de rosas e marshmallow.

CORPO Muito encorpado.

PALADAR Rico e frutado, com passas e taninos sutis, de carvalho.

FINAL Prolongado e seco, com frutas dando lugar a fumaça de turfa persistente.

PONTUAÇÃO **85**

LONGROW **Tokaji Finish, 10 anos, 55,6% vol.**

COR Ouro a âmbar.

AROMA Doce. Com cola de madeira. Melado escuro e turfa.

CORPO Macio e redondo.

PALADAR Intenso e agressivo. Doçura pegajosa; um toque de Cointreau.

FINAL Permanência de notas de turfa seca e fuligem.

PONTUAÇÃO **84**

HAZELBURN

HAZELBURN Triple-distilled, 8 anos, 46% vol.

COR Ouro-claro.

AROMA Leve, frutado, um pouco resinoso.

CORPO Médio.

PALADAR Enérgico, com malte, banana, toque de xerez e essência de baunilha.

FINAL Caramelo, pastilha de pera e carvalho apimentado.

PONTUAÇÃO **85**

ALGUNS ENGARRAFAMENTOS INDEPENDENTES

SPRINGBANK 11 anos, Scotch Malt Whisky Society 27,71, 59,4% vol.

COR Ouro com reflexos de cobre. AROMA Caramelo, serragem fresca e brisa marinha. CORPO Firme. PALADAR Agressivamente apimentado, com água se suaviza e surgem nozes. FINAL Médio em duração, levemente amargo, com especiarias de carvalho. PONTUAÇÃO 83

SPRINGBANK 40 anos, destilado em 1967, engarrafado em 2007, barril nº 1.945, Duncan Taylor, Peerless Range, 44,1% vol.

COR Ouro-médio. AROMA Tabaco, fogueira apagada, canela. CORPO Rico. PALADAR Nozes, especiarias, frutas secas e turfa. Depois, fumaça. FINAL Doce, com bolo de frutas maltado. PONTUAÇÃO 88

HAZELBURN 7 anos, Cadenhead, 49,4% vol.

COR Ouro-médio. AROMA Fresco, frutado, com cereal. CORPO Redondo. PALADAR Doce, pêssego, especiarias, caramelo e baunilha. FINAL Vibrante, com pimenta a arder devagar. PONTUAÇÃO 86

STRATHISLA

PRODUTOR Chivas Brothers (Pernod Ricard)
REGIÃO Terras Altas DISTRITO Speyside (Strathisla)
ENDEREÇO Seafield Avenue, Keith, Banffshire, AB55 3BS
TEL. 01542 783044 VC

A DESTILARIA MAIS ANTIGA do Norte da Escócia tem suas raízes no século XIII, quando monges dominicanos usaram a água de uma fonte próxima para preparar cerveja. A mesma água, com certa dureza do cálcio e praticamente nenhuma influência de turfa, vem sendo usada na destilação de whisky desde 1786.

Strathisla, que em determinada época também foi conhecida como Milltown, começou como destilaria de fazenda. Reconstruída após um incêndio, em 1876, com o passar dos anos foi restaurada e ampliada, assumindo o aspecto de destilaria tradicional. A Chivas a comprou nos anos 1950. O malt pouco turfado é o preferido, assim como washbacks de madeira e alambiques pequenos. Embora os washbacks de madeira não sejam inusitados, Strathisla crê que as características da fermentação desempenham papel importante no caráter de seu malt whisky seco, frutado e amadeirado (carvalho).

ESTILO DA CASA Seco, frutado. Para depois do jantar.

STRATHISLA **12 anos, 43% vol.**

COR Ouro-intenso profundo.

AROMA Damasco. Grãos de cereais. Carvalho fresco, suculento.

CORPO Médio, redondo.

PALADAR Xerez, frutas. Denso na boca. Caráter doce e seco. Provocante.

FINAL Macio e revigorante. Violetas e baunilha.

PONTUAÇÃO ***80***

STRATHISLA **Cask Strength Edition 14 anos, destilado em 1993, engarrafado em 2008, lote SI 14.006, 54,9% vol.**

COR Âmbar intenso dourado.

AROMA Notas de baunilha, mel e damasco.

CORPO Encorpado, bem grosso, denso na boca, ligeiramente quente.

PALADAR Malte intenso, baunilha, mel e frutas.

FINAL Notas persistentes de carvalho e mel.

PONTUAÇÃO ***85***

STRATHMILL

PRODUTOR Diageo
REGIÃO Terras Altas DISTRITO Speyside (Strathisla)
ENDEREÇO Keith, Banffshire, AB55 5DQ
TEL. 01542 885000 SITE www.malts.com

AS UVAS PRECISAM SER ESMAGADAS; o grão precisa ser moído. Um dia, a cidade de Keith deve ter sido um centro de processamento de grãos de considerável importância. A destilaria Glen Keith foi construída no local onde havia um moinho de milho. Strathmill, como o nome sugere, a sobrepujou. Reformaram um moinho de milho para produção de whisky, em 1891. Três anos depois, foi comprada pela Gilbey, da qual Justerini & Brooks se tornou subsidiária, controlada pela IDV (Diageo). Pode-se dizer que os mesmos donos a mantiveram por mais de um século. Seu whisky enriqueceu os blends Dunhill/Old Master, mas consta que só se tornou disponível como single graças a um engarrafamento de um destilado de 1980 para a rede de lojas de vinho Oddbins, em 1993.

ESTILO DA CASA A resposta do mundo do whisky à orange muscat.

STRATHMILL 18 anos, Old Malt Cask, 50% vol.

COR Limão-siciliano claro.

AROMA Sorvete de frutas. Limão-siciliano. Cevada cristalizada. Puro e fresco.

CORPO Médio, pouco assertivo.

PALADAR Limão amargo. Cevada. Alguma adstringência. Notas apimentadas.

FINAL Curto, com especiarias.

PONTUAÇÃO **66**

TALISKER

PRODUTOR Diageo
REGIÃO Terras Altas ILHA Skye
ENDEREÇO Carbost, Isle of Skye, IV47 8SR
TEL. 01478 614308
SITE www.discovering-distilleries.com/www.malts.com VC

JÁ POTENTE COMO UM VULCÃO, Talisker ampliou seu impacto em anos recentes, com a adição de novas séries. Por mais versões que possa lançar, continua sendo um malt singular. Tem um caráter único, picante a ponto de sair fumaça pelas têmporas. A frase "explode no paladar" é um dos slogans usados para certos whiskies pelos especialistas da UDV; sem dúvida tinham o Talisker em mente quando inventaram a expressão. "A lava de Cuillins" é outra definição dos apreciadores. Cuillins são as montanhas de Skye, a ilha natal de Talisker. A destilaria, situada na costa oeste da ilha, perto de Loch Harport, está numa região onde se ainda fala gaélico. A indústria tradicional local era de tweed.

Depois de algumas tentativas fracassadas em outros pontos, a destilaria foi inaugurada ali em 1831 e ampliada em 1900. Utilizou tripla destilação durante a maior parte de sua existência, e na época Robert Louis Stevenson considerou que o Talisker tinha estilo próprio, comparável aos whiskies de Islay e Livet. Passou para a dupla destilação em 1928 e foi parcialmente reformada em 1960. A destilaria usa resfriadores tradicionais em serpentina – os "worm tubs" –, que resultam em sabor mais intenso do que os modernos condensadores.

Alguns apreciadores de malt ainda lamentam a intensidade seca da versão 8 anos, substituída pela atual, mais redonda, com um par de anos extras. Por um tempo ela foi a única disponível, mas depois os engarrafamentos independentes se multiplicaram. Como se quisessem equilibrar a equação, parece que as edições independentes sumiram.

A ilha também abriga uma companhia sem relação com a Talisker, que produz um vatted malt chamado Poit Dubh e um blend, Te Bheag. Consta que nos dois vai um pouco de Talisker, e seu sabor intenso confirma a possibilidade. Um blended whisky seco, perfumado, chamado Isle of Skye, é produzido pelos negociantes de Edimburgo Ian Macleod & Co. O estilo do licor de whisky Drambuie também teria sido criado na ilha de Skye, embora sua verdadeira origem tenha se perdido nas brumas escocesas.

ESTILO DA CASA Vulcânico. Para esquentar no inverno.

TALISKER 10 anos, 45,8% vol.

COR Vermelho-âmbar brilhante.

AROMA Pungente, redondo, com fumaça marcante.

CORPO Encorpado, levemente viscoso.

PALADAR Doçura de malte defumado, azedo. Um desenvolvimento intenso de pimenta ardida.

FINAL Bem apimentado. Imponente, prolongado.

PONTUAÇÃO **90**

TALISKER Distillers Edition, 12 anos, 1996, 45,8% vol.

Envelhecimento final em barris de xerez.

COR Laranja-intenso.

AROMA Bem diferente do Talisker. Molho condimentado para frutas. Pêssego suave. Defumado e perfumado. Pimenta.

CORPO Untuoso, penetrante, intenso.

PALADAR Bem melhor que o aroma. Mistura de terra turfada, notas travosas de maresia, frutas ricas e oleosas.

FINAL Viril. Rico. Especiarias. Licor de frutas.

PONTUAÇÃO **85**

TALISKER 57 Degrees North, 57% vol.

COR Laranja-intenso.

AROMA Algas marinhas. Depósito de barcos úmido. Turfa de Islay.

CORPO Denso na boca. Untuoso. Encorpado.

PALADAR Doce, com turfa. Bem defumado, com pêssego, damasco e maçã. Untuoso e picante. Mais encorpado e gordo que a maioria dos Taliskers. Agressivo e masculino.

FINAL Prolongado e turfado; a pimenta característica surge no encerramento.

PONTUAÇÃO **86**

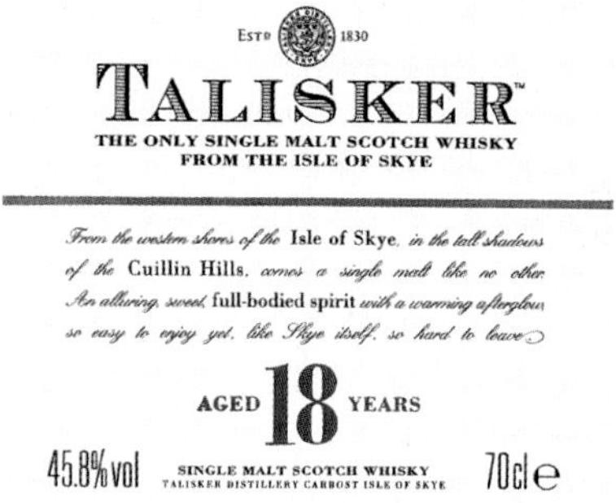

TALISKER 18 anos, 45,8% vol.

COR Laranja-intenso.

AROMA Beira-mar. Turfa, algas marinhas, pimenta intensa.

CORPO Encorpado, rico e cremoso.

PALADAR Imenso e rico. Um Talisker clássico, embora mais rico que o 10 anos. Muitas frutas, com aparecimento posterior de carvalho e turfa.

FINAL Perfeitamente equilibrado. Agradável e prolongado, com pimenta e turfa na conclusão.

PONTUAÇÃO **94**

TALISKER 1982, 20 anos, 58,8% vol.

COR Ouro com tons esverdeados.

AROMA Terra queimada. Aromas de porto. Algas marinhas.

CORPO Médio a encorpado. Firme.

PALADAR Parece rugir e reverberar conforme o calor vulcânico chega lentamente. Quente, levemente azedo e apimentado. Sabores bem combinados, relutam em se revelar individualmente. Quando o fazem, a terra treme.

FINAL Bem rápido e penetrante.

PONTUAÇÃO **93**

TALISKER 25 anos, engarrafado em 2001, 59,9% vol.

COR Pêssego, bronze.

AROMA Quente. Mineral. Pitada de enxofre.

CORPO Bem rico.

PALADAR Nozes, com uma sugestão de alcachofra. Uma pitada de sal, depois explosão de pimenta moída na hora.

FINAL Vulcânico. Reverberante.

PONTUAÇÃO **92**

TALISKER 25 anos, engarrafado em 2006, 56,9% vol.

COR Ouro-intenso.

AROMA Frutas macias como pêssego. Toques de chili e carvalho.

CORPO Encorpado. Viscoso. Apimentado.

PALADAR Um ataque pesado de pimenta chili. Frutas cítricas oleosas. Limão-siciliano e Sourz de limão. Viril e poderoso.

FINAL Delicioso, rico, com frutas ácidas e turfa no meio. Prolongado e especial.

PONTUAÇÃO **92**

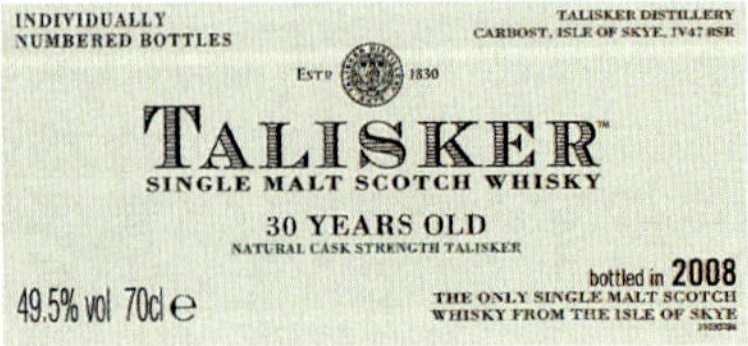

TALISKER 30 anos, 51,9% vol.

COR Marrom-dourado.

AROMA Muita turfa. Mofado. Compota de frutas.

CORPO Encorpado. Rico. Doce.

PALADAR Frango com limão apimentado. Taninos de carvalho, pimenta e turfa.

FINAL Longo, poderoso, impressionante. Com carvalho, pimenta e frutas.

PONTUAÇÃO **93**

TAMDHU

PRODUTOR Edrington Group
REGIÃO Terras Altas DISTRITO Speyside
ENDEREÇO Knockando, Morayshire, AB38 7RP

A DESTILARIA SOFRE UM POUCO à sombra de sua carismática vizinha, Macallan, uns 10km rio abaixo. Os dois malts dão uma contribuição significativa para o Famous Grouse, o blend mais vendido na Escócia. Como singles, seus destinos diferem. Como Macallan e Tamdhu pertencem ao mesmo grupo, o primeiro foi promovido como o malt de Speyside da empresa, às custas do segundo.

Assim como diversas destilarias de Speyside, Tamdhu compartilha o nome com a estação de trem que corta o vale. A estação de Tamdhu é mais requintada que a maioria, com duas plataformas completas e sinalizador. A destilaria foi fundada em 1896 e reconstruída quase inteira nos anos 1970. A água vem do riacho de Tamdhu, que passa pelos bosques da região até desaguar no Spey.

Tamdhu possui um imenso e impressionante salão de malting Saladin, capaz de produzir malte para seu uso e para diversos outros fabricantes de whisky. Uma modesta lembrança disso é o raminho de cevada estilizado que aparece no rótulo da principal versão do Tamdhu. A destilaria, impecavelmente mantida, mantém tradições como o entusiasmo pelos recipientes de madeira para promover a fermentação.

ESTILO DA CASA Médio, urbano. Por vezes, com aroma de toffee. Versátil.

TAMDHU Single Malt, sem declaração de idade, 40% vol.

COR Ouro-brilhante.

AROMA Floral. Leve limão-siciliano. Grãos de cereal.

CORPO Leve, suave.

PALADAR Puro, doce. Lembra vagamente um toffee. Fácil de beber, uma boa introdução aos singles, graças à presença sensível de malt.

FINAL Floral. Um toque sutil de turfa.

PONTUAÇÃO ***74***

ALGUNS ENGARRAFAMENTOS INDEPENDENTES

TAMDHU 15 anos, James MacArthur, 58,2% vol.

COR Laranja-claro.

AROMA Atraente. Limão-siciliano e sorvete sabor limão. Açúcar de confeiteiro.

CORPO Encorpado e doce.

PALADAR Bem doce. Frutas em calda. Pera em conserva. Marzipã.

FINAL Mais frutas viscosas, encerrando com especiarias.

PONTUAÇÃO ***79***

TAMDHU 17 anos, Old Malt Cask, 50% vol.

COR Amarelo-latão.

AROMA Bem contido. Vegetais cozidos. Bambu.

CORPO Rico, doce e cremoso.

PALADAR Rico e encorpado. Melhor do que o aroma. Cevada cremosa. Um pouco de turfa no fundo. Açúcar-cande. Traços de madeira. Bom equilíbrio de doce e azedo.

FINAL Bem longo, apimentado e turfado.

PONTUAÇÃO ***80***

TAMDHU 39 anos, Lonarch, 40% vol.

COR Laranja-dourado.

AROMA Rico e intenso. Frutas cítricas. Flores de verão. Lustra-móveis perfumado.

CORPO Encorpado e intenso.

PALADAR Sorvete de frutas. Damasco e pêssego intensos, depois carvalho forte, pimenta e taninos.

FINAL Médio, seco e apimentado.

PONTUAÇÃO ***84***

TAMNAVULIN

PRODUTOR Whyte and MacKay Ltd.
REGIÃO Terras Altas DISTRITO Speyside (Livet)
ENDEREÇO Ballindalloch, Banffshire, AB37 9JA

NAS ENCOSTAS ÍNGREMES DO GLEN (vale) do Livet, o rio recebe um de seus tributários, um riacho chamado Allt a Choire (pronuncia-se"cóier" em português). Ali fica a destilaria Tamnavulin, cujo nome significa "o moinho na colina". A grafia mais comum é Tomnavoulin, mas tais discrepâncias não chegam a ser incomuns na Escócia.

Parte das instalações era usada antigamente para cardar lã. A destilaria, construída nos anos 1960, tem aparência de fábrica. Tamnavulin foi desativada em 1996 e reaberta, quando o UB Group comprou a Whyte and Mackay em 2006.

Entre os malts produzidos no glen do Livet e imediações, o elegante Tamnavulin é o mais leve em termos de corpo, embora não o seja no paladar. Seu sabor é mais assertivo do que o de Tomintoul, com o qual poderia ser adequadamente comparado.

ESTILO DA CASA Aromático, herbáceo. Aperitivo.

TAMNAVULIN 12 anos, 40% vol.

COR Vinho verde.

AROMA Muito aromático. Toque de turfa, feno e urze, além de notas herbáceas. Ligeiramente medicinal.

CORPO Muito leve e macio.

PALADAR Limão-siciliano, groselha. Vinho. Lembra vermute.

FINAL Aromático. Zimbro.

PONTUAÇÃO **76**

TEANINICH

PRODUTOR Diageo
REGIÃO Terras Altas DISTRITO Terras Altas do Norte
ADDRESS Alness, Ross-Shire, IV17 0XB
TEL. 01463 872004 SITE www.malts.com

ESSE VIZINHO MENOS CONHECIDO de Glenmorangie e Dalmore já conta com apreciadores de seu whisky viril, maltado, frutado e apimentado: estava mais do que na hora. Teaninich, fundada em 1817 como destilaria oficial, passou a fornecer whisky para blends conhecidos, como Vat 69 e Haig Dimple. Ganhou um equipamento de destilação clássico DCL nos anos 1970. O nome Teaninich (em geral pronuncia-se "ti-ni-ni-ck", mas há quem diga "chi-ni-ni-ck") começou a ser ouvido em círculos mais amplos a partir dos anos 1990, quando o malt foi engarrafado para a série Flora e Fauna. Seguiram-se três edições de Rare Malts.

ESTILO DA CASA Robusto, com toffee, especiarias, folhas. Para depois do jantar.

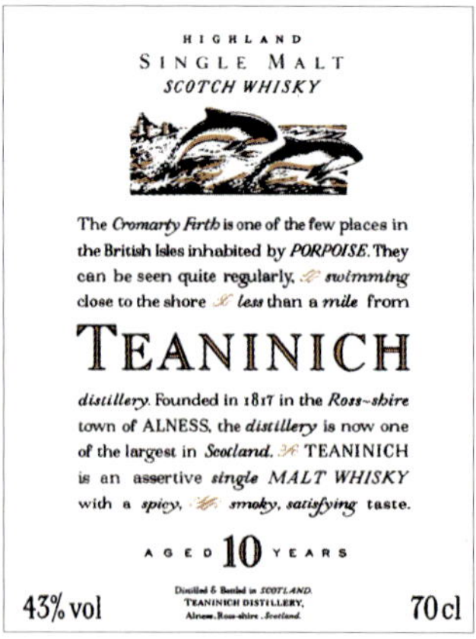

TEANINICH 10 anos, Flora e Fauna, 43% vol.

COR Ouro-claro.

AROMA Intenso, fresco. Frutado. Toques de maçã. Defumado.

CORPO Médio, rico.

PALADAR Doce e seco. Chocolate e limão. Frutado. Realce de folhas. Levemente turfado. Vai aquecendo, até uma explosão de sabores. Muito apetitoso.

FINAL Coentro. Herbáceo. Redondo.

PONTUAÇÃO **74**

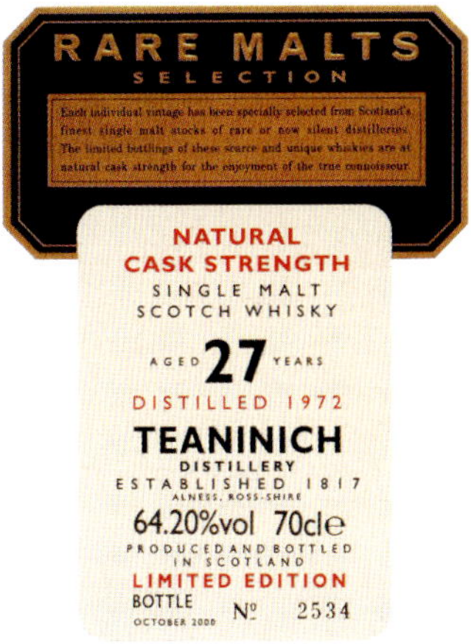

TEANINICH 1972, 27 anos, engarrafado em 2000, The Rare Malts, 64,2% vol.

COR Ouro-intenso, brilhante.

AROMA Muito perfumado. Incenso, sândalo, baunilha.

CORPO Viril.

PALADAR Amêndoas intensamente açucaradas. Forte e profundo.

FINAL Poderoso, explosivo. Chá verde chinês (gunpowder tea).

PONTUAÇÃO **77**

TEANINICH Managers' Choice, destilado em 1996, engarrafado em 2009, 55,3% vol.

Maturado em barris de carvalho americano requeimado.

COR Ouro-brilhante.

AROMA Redondo e doce. Melão e banana madura. Toque de bala de violeta.

CORPO Suave.

PALADAR Torta de banana com toffee e uma pitada de gengibre.

FINAL Médio em duração, com especiarias, carvalho e banana bem madura.

PONTUAÇÃO **78**

UM ENGARRAFAMENTO INDEPENDENTE

TEANINICH 12 anos, Duncan Taylor, NC2, 46% vol.

COR Ouro.

AROMA Toffee quebradiço, levemente untuoso, com nozes e depois especiarias.

CORPO Bem encorpado.

PALADAR Rico, com fudge e avelãs; levemente picante.

FINAL Toffee e especiarias.

PONTUAÇÃO **76**

TOBERMORY

PRODUTOR Burn Stewart Distillers plc
REGIÃO Terras Altas DISTRITO Mull
ENDEREÇO Tobermory, Isle of Mull, Argyllshire, PA75 6NR
TEL. 01688 302645 SITE www.burnstewartdistillers.com
E-MAIL enquiries@burnstewartdistillers.com VC

Se a arte da destilação foi levada da Irlanda para a Escócia pela Calçada dos Gigantes (Giant's Causeway), ela chegou pela Fingal's Cave, na minúscula ilha de Staffa. Um imigrante irlandês de época posterior, de St. Columba, fundou uma abadia perto de Iona e incentivou a comunidade a cultivar cevada. Mil e quinhentos anos depois, um whisky chamado Iona foi lançado.

Tanto Staffa quanto Iona situam-se na ilha de Mull, onde o vilarejo costeiro de Tobermory dá abrigo e nome à destilaria local (apreciadores de cultura inútil, mas literária, devem saber que esse foi o nome dado a um gato falante pelo escritor eduardiano Hector Hugh Munro, mais conhecido pelo pseudônimo Saki). O vilarejo antes era conhecido como Ledaig (às vezes pronunciado "ledchig", que significa "abrigo seguro" em gaélico). As origens da destilaria remontam a 1795, mas sua história sofreu interrupções por causa da passagem de diversos proprietários.

Os responsáveis pela destilaria usaram em determinada época o nome Tobermory para um blended whisky e para um vatted (blended) malt, mas hoje em dia consta no rótulo, em destaque, o single malt, produzido após a reabertura da destilaria, em 1989-90. Essa versão apresenta turfa leve, derivada inteiramente da água. A cevada maltada não tem turfa. O nome Ledaig foi usado por alguns anos para identificar versões mais antigas do whisky, que empregavam malte turfado. Ledaig está sendo produzido novamente, e seu teor de turfa vem sendo aumentado gradualmente.

O caráter marítimo dos whiskies diminuiu quando os depósitos foram vendidos pelos antigos donos, durante uma crise financeira, para a construção de prédios de apartamentos. Contudo, em 2007, um pequeno depósito foi criado na destilaria, e o whisky passou a ser envelhecido, em parte, em sua ilha natal.

ESTILO DA CASA Turfa leve, hortelã, doce. Reconstituinte.

TOBERMORY **10 anos, 40% vol.**

COR Âmbar-claro.

AROMA Fresco, com nozes. Frutas cítricas e toffee quebradiço. Um sopro de turfa.

CORPO Médio.

PALADAR Bem seco, com toques delicados de turfa, malte e nozes.

FINAL Médio a prolongado, com um pouco de menta e leve acidez cítrica.

PONTUAÇÃO **73**

TOBERMORY **15 anos, 46,3% vol.**

COR Ouro a bronze.

AROMA Pudim de frutas com xerez, chocolate ao leite e especiarias. Um toque de fumaça.

CORPO Médio a encorpado.

PALADAR Rico, com xerez, bolo de frutas, toffee e uma pitada de pimenta.

FINAL Longo e exuberante, com café e passas cobertas de chocolate.

PONTUAÇÃO **81**

TOBERMORY 32 anos, 49,7% vol.

COR Âmbar-escuro.

AROMA Rico e fragrante, com xerez seco, passas e fumaça de turfa.

CORPO Encorpado e redondo.

PALADAR Xerez intenso, fumaça, chocolate, compota de frutas e alguns taninos.

FINAL Médio em duração. Depois seca, com café.

PONTUAÇÃO **85**

COM O RÓTULO DE LEDAIG

LEDAIG Single Malt, sem declaração de idade, 42% vol.

COR Ouro-limão.

AROMA Fruta, salmoura e turfa doce.

CORPO Médio, untuoso.

PALADAR Fumaça de turfa, toque de algas marinhas, gengibre. Chocolate ao leite.

FINAL Bem prolongado, quente, com gengibre.

PONTUAÇÃO **73**

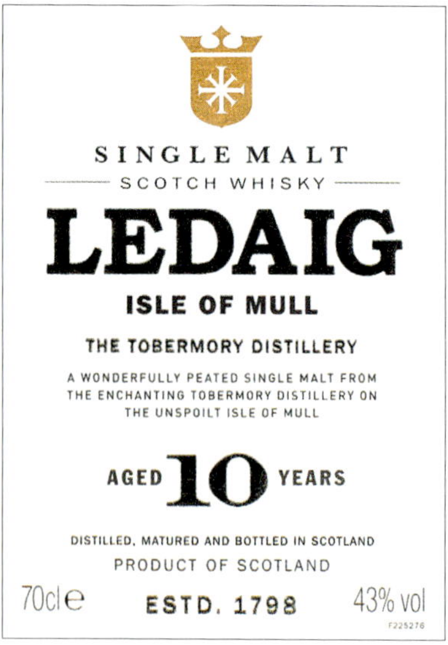

LEDAIG 10 anos, 43% vol.

COR Ouro-claro.

AROMA Turfado e doce, notas de nozes torradas, manteiga e peixe defumado.

CORPO Médio, firme.

PALADAR Ousado, mas doce. Turfa leve, urze, frutas frescas e um toque de iodo.

FINAL Médio em duração, com pimenta, gengibre, alcaçuz e turfa.

PONTUAÇÃO **74**

LEDAIG Sherry Finish, sem declaração de idade, 42% vol.

COR Ouro-brilhante.

AROMA Doce, lembrando creme tipo custard, com frutado apetitoso. O xerez realça o carvalho. Toffee.

CORPO Médio e macio.

PALADAR Redondo, límpido. Elegante combinação de frutas e carvalho. Bom equilíbrio. Um toque de turfa no fundo.

FINAL Seco, com especiarias suaves. Satisfatório.

PONTUAÇÃO **74**

LEDAIG Over 15 anos, 43% vol.

A preposição "over" é supérflua; a idade que consta no rótulo representa sempre o whisky mais novo da garrafa.

COR Ouro a bronze.

AROMA Turfa macia intensa.

CORPO Leve e macio.

PALADAR Levemente ralo. Toffee, depois especiarias.

FINAL Turfa intensa, doce, defumada. Um toque de mar nesta versão.

PONTUAÇÃO **73**

LEDAIG 32 anos, 48,5% vol.

COR Âmbar-intenso.

AROMA Doce, com cavala defumada, xerez rico em frutas e nozes torradas.

CORPO Encorpado e levemente untuoso.

PALADAR Turfa e xerez, seguidos de café, chocolate amargo e cevada picante.

FINAL Médio a prolongado. Seco.

PONTUAÇÃO **84**

A EDIÇÃO IONA

IONA Single Malt, 4 anos, 40% vol.

Criado para venda exclusiva na destilaria.

COR Quase branco. AROMA Líquen. Musgo sobre as rochas. Vôngoles e mexilhões. CORPO Levemente untuoso. PALADAR Lembra caldos. Missô. Salmão defumado. FINAL Wintergreen (tipo de urze). Ferro. PONTUAÇÃO 78

UM ENGARRAFAMENTO INDEPENDENTE DE TOBERMORY

TOBERMORY 12 anos, Duncan Taylor, Whisky Galore, 46% vol.

COR Vinho branco. AROMA Bala de pera e notas profundas de cacau. Certa fumaça. CORPO Ligeiramente ceráceo. PALADAR Frutas cítricas, especiarias, um toque de turfa; conforme seca, mais nozes aparecem. FINAL Frutas e chocolate com nozes, gengibre fresco. PONTUAÇÃO 73

TOMATIN

PRODUTOR Tomatin Distillery Co. Ltd.
REGIÃO Terras Altas DISTRITO Speyside (Findhorn)
ENDEREÇO Tomatin, Inverness-shire, IV13 7YT
TEL. 01808 511444 SITE www.tomatin.com
E-MAIL info@tomatin.co.uk VC

SITUADA NA PARTE SUPERIOR do Findhorn, a destilaria de Tomatin foi fundada em 1897 e passou por uma grande expansão entre 1950 e 1970. Durante esse período, tornou-se a maior destilaria escocesa, um pouco menor apenas que a destilaria Hakushu da Suntory, no Japão. As duas destilarias reduziram o volume de produção desde os dias do apogeu; Tomatin removeu quase a metade dos alambiques, e Hakushu desativou sua maior unidade de destilação. Tomatin talvez continue sendo a maior da Escócia: disputa a primazia ombro a ombro com a Glenfiddich.

Como destilaria de grande porte, a Tomatin desenvolveu um malt abrangente, capaz de atender aos inúmeros blends dos anos de grande procura. Não é o mais complexo nem o mais assertivo dos malts, embora seja bem mais saboroso do que se imagina. Para o iniciante que deseja passar dos single malts mais leves para uma bebida mais marcante, experimentar o Tomatin vale a pena.

ESTILO DA CASA Maltado, rico, com especiarias. Restaurador, ou após o jantar.

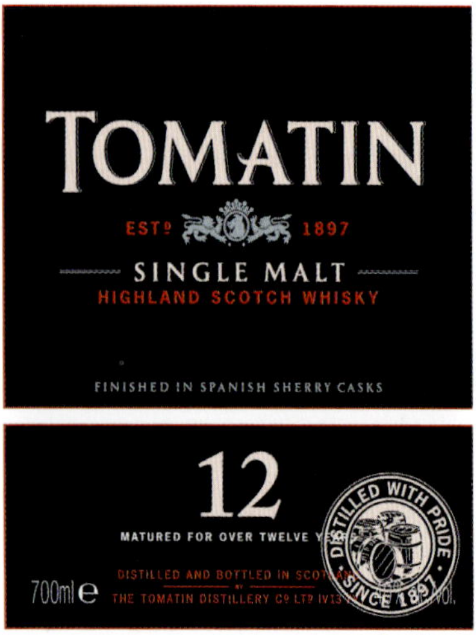

TOMATIN **12 anos, 40% vol.**

COR Ouro-brilhante esverdeado.

AROMA Doçura de biscoito. Baunilha. Pastilha de hortelã suave.

CORPO Macio, aveludado.

PALADAR Macio e redondo. Toffee. Pinole. Maçã e pera.

FINAL Doce, com um toque agradável e refrescante de hortelã.

PONTUAÇÃO **75**

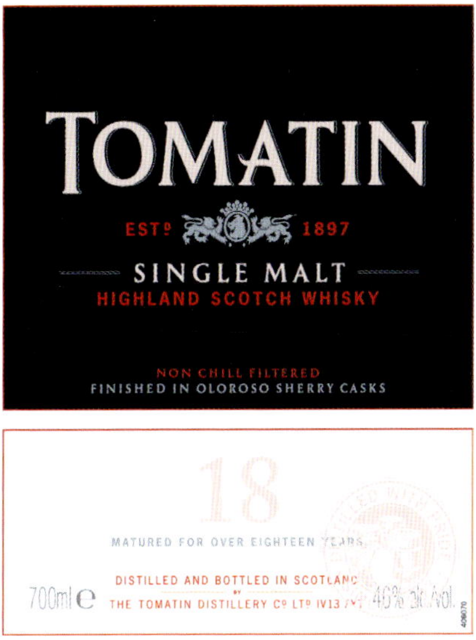

TOMATIN **18 anos, 43% vol.**

Envelhecimento final de oito meses em barris de oloroso.

COR Latão-antigo.

AROMA Baunilha e canela suaves. Passas.

CORPO Encorpado. Levemente untuoso.

PALADAR Carvalho, passas, mel, urze, toque de cedro e um sopro de fumaça.

FINAL Médio. Madeira condimentada. Especiarias.

PONTUAÇÃO **78**

TOMATIN **25 anos, 43% vol.**

COR Latão-dourado.

AROMA Baunilha doce com um toque de maçã.

CORPO Encorpado, sedoso.

PALADAR Carvalho, com notas de baunilha e nozes. Toques de laranja.

FINAL Médio a seco. Carvalho e cedro.

PONTUAÇÃO **77**

TOMATIN 30 anos, destilado em 22 de novembro de 1976, engarrafado em 22 de outubro de 2007, 49,3% vol.

Envelhecido em hogsheads, com maturação final por três anos em butts de xerez oloroso; edição com 1.500 garrafas.

COR Ouro-escuro.

AROMA Rico, com maçã e especiarias, baunilha, canela, cravo e caramelo. Muito complexo.

CORPO Encorpado, rico.

PALADAR Especiarias, carvalho, laranja e brasas. Nozes.

FINAL Prolongado, com especiarias, com retrogosto que lembra vinho quente.

PONTUAÇÃO **82**

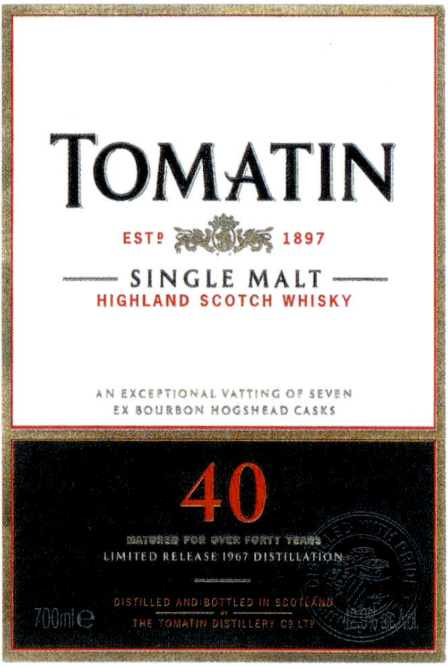

TOMATIN 40 anos, destilado em 17 de maio de 1967, engarrafado em 2 de outubro de 2007, 42,9% vol.

Maturado em hogsheads de bourbon; edição com 1.614 garrafas.

COR Latão-escurecido.

AROMA Mentol, menta medicinal e maçã. Um toque de eucalipto, que evolui para marzipã. Interessante.

CORPO Sedoso. Leve.

PALADAR Especiarias: maçã e condimentos, cravo e um toque de couro.

FINAL Prolongado, com especiarias, como o retrogosto de sidra forte.

PONTUAÇÃO **84**

TOMATIN 1970, barril de bourbon nº 12.267, engarrafado em agosto de 2007, 51,2% vol.

COR Ouro-sólido.

AROMA Ardente. Casca de laranja, com notas de canela.

CORPO Encorpado, ligeiramente untuoso.

PALADAR Laranja e maçã polvilhada com canela. Cedro e damasco.

FINAL Casca de laranja prolongada e cedro quente.

PONTUAÇÃO **81**

TOMATIN 1976, barril de bourbon nº 19.090, 47,2% vol.

COR Latão-intenso.

AROMA Laranja doce, tangerina, com um traço de fumo de cachimbo.

CORPO Encorpado, levemente untuoso.

PALADAR Laranja doce com baunilha leve e toques de canela.

FINAL Prolongado. Retrogosto de laranja, com volta do fumo de cachimbo.

PONTUAÇÃO **81**

TOMATIN 1980, barril de bourbon nº 994, 47,4% vol.

COR Ouro-claro, palha.

AROMA Damasco, cunquate, baunilha.

CORPO Médio. Encorpado.

PALADAR Ligeiramente adstringente. Damasco, tangerina, grapefruit.

FINAL Moderado, mas bem frutado, com notas cítricas.

PONTUAÇÃO **77**

TOMATIN 1990, Hogshead Cask 7.738, 54% vol.

COR Latão-claro.

AROMA Grapefruit intenso, com toques de menta e eucalipto (como se fosse um irmão mais novo do 40 anos).

CORPO Enérgico. Encorpado.

PALADAR Bastante cítricos. Menta, com maçã e amêndoas.

FINAL Duradouro. Pastilhas medicinais.

PONTUAÇÃO **82**

TOMATIN 1967, Celtic Heartlands, 47,7% vol.

COR Ouro-claro.

AROMA Recheio de sálvia e cebola. Adocicado. Cereal.

CORPO Macio. Médio a encorpado. Agradável.

PALADAR Favo de mel. Açúcar e especiarias. Pêssego. Taninos.

FINAL Prolongado, com especiarias e carvalho.

PONTUAÇÃO **78**

TOMINTOUL

PRODUTOR Angus Dundee Distillers plc
REGIÃO Terras Altas DISTRITO Speyside (Livet)
ENDEREÇO Ballindalloch, Banffshire, AB37 9AQ
TEL. 01261 812612 SITE www.tomintouldistillery.co.uk

O VILAREJO DE TOMINTOUL (pronuncia-se "to-min-tol") serve como base para montanhistas e andarilhos na área dos rios Avon e Livet. Ali perto, Cromdale e a serra de Ladder prenunciam os montes Cairngorm. São cerca de 13km do vilarejo até a destilaria, situada na borda de uma floresta, perto do rio Avon.

A destilaria, construída nos anos 1960, tem aparência moderna, com galpões enormes, sem telhado em pagode. A natureza exuberante do entorno contrasta com a delicadeza dos malts produzidos no distrito. Tomintoul, tradicionalmente, destaca-se como o mais leve em sabor, embora seja um pouco mais encorpado que o vizinho Tamnavulin.

ESTILO DA CASA Delicado, perfumado. Grama. Como aperitivo.

TOMINTOUL 10 anos, 40% vol.

COR Ouro-intenso solar.

AROMA Grama. Erva-cidreira. Água de flor de laranjeira.

CORPO Leve, macio, liso.

PALADAR Adocicado. Cevada moída.

FINAL Enérgico, permanência sutil. Nozes. Erva-cidreira.

PONTUAÇÃO **77**

TOMINTOUL 12 anos Sherry Cask Finish, edição limitada, 40% vol.

Envelhecimento final por 18 meses em barris de oloroso.

COR Âmbar claro a médio.

AROMA Casca de laranja. Ruibarbo, especiarias, toque de xerez.

CORPO Leve, beirando a médio. Macio.

PALADAR Malte com traços de carvalho e baunilha, com um toque de óleo de laranja.

FINAL Especiarias secas. Prolongado e quente.

PONTUAÇÃO **78**

TOMINTOUL "With a Peaty Tang", sem declaração de idade, 40% vol.

COR Palha-escura com tons esverdeados.

AROMA Turfa, com notas de mash de cevada. Maltado.

CORPO Leve a médio. Macio.

PALADAR Encorpado, bem puro. Deliciosamente maltado.

FINAL Puro. Persistência moderada. A complexidade se desenvolve no fim.

PONTUAÇÃO **80**

TOMINTOUL 16 anos, 40% vol.

COR Laranja-claro brilhante.

AROMA Cheesecake de laranja.

CORPO Sedoso.

PALADAR Grãos finos, casca de cítricos. Zabaione. Nougat.

FINAL Refrescante, mas também quente, como xerez em bolo.

PONTUAÇÃO **78**

TOMINTOUL 27 anos, 40% vol.

COR Âmbar, com tons alaranjados.

AROMA Laranja e um toque de baunilha.

CORPO Médio, macio.

PALADAR Rico. Laranja. Traços de carvalho. Maçã verde, açúcar mascavo e mel.

FINAL Curto e puro, com traços de laranja.

PONTUAÇÃO **81**

TOMINTOUL 31 anos, Reserve, 1976, engarrafamento 270/1200, 40% vol.

COR Âmbar-alaranjado.

AROMA Sedoso. Creme de laranja batido. Rico.

CORPO Amplo. Levemente untuoso. Encorpado.

PALADAR Baunilha, passas, erva-cidreira e laranja. Complexo.

FINAL Seco e persistente.

PONTUAÇÃO **82**

OLD BALLANTRUAN, 50% vol.

COR Ouro-claro.

AROMA Quase inexistente. Sopro de turfa e toque de borracha.

CORPO Encorpado, levemente untuoso.

PALADAR Turfa em ataque furtivo. O fogo de turfa se destaca.

FINAL Prolongado, muito agradável e quente.

PONTUAÇÃO **82**

TORMORE

PRODUTOR Chivas Brothers (Pernod Ricard)
REGIÃO Terras Altas DISTRITO Speyside
ENDEREÇO Advie by Grantown-on-Spey, Morayshire, PH26 3LR
TEL. 01807 510244

A MAIS ELEGANTE DE TODAS AS DESTILARIAS de whisky, em termos arquitetônicos, Tormore ergue-se entre os morros de Cromdale, com vista para o Spey. Foi projetada por sir Albert Richardson para ser a joia da coroa no boom da indústria escocesa, em 1958-60. Mais parece um spa. O whisky originalmente destinava-se a ser componente do Long John e depois passou a compor o Ballantine's. Os admiradores o consideram aromático, doce e fácil de beber, mas os cautelosos chamam sua firmeza de "metálica". A destilaria não recebe visitantes, o que não deixa de ser um desperdício e uma contradição com o propósito original, que enfatizava os aspectos visuais.

Quando a Pernod Ricard comprou a Allied Domecq, em 2005, a Chivas Brothers passou a controlar a destilaria.

ESTILO DA CASA Seco, frutado. Para depois do jantar.

TORMORE 12 anos, 40% vol.

COR Ouro-brilhante.

AROMA Nozes. Um toque de açúcar de cevada. Pera em calda tipo fudge.

CORPO Médio, macio.

PALADAR Doce, suave. Nozes carameladas. Alcachofras cozidas.

FINAL Redondo.

PONTUAÇÃO 73

TULLIBARDINE

PRODUTOR Tullibardine Ltd.
REGIÃO Terras Altas DISTRITO Midlands
ENDEREÇO Stirling Street, Blackford, Perthshire, PH4 1QG
TEL. 01764 682252 SITE www.tullibardine.com

TULLIBARDINE PERTENCE AO GRUPO de destilarias que poderiam ser apontadas como bem-sucedidas no novo milênio. Reaberta em 2003, sob nova direção, passou a lançar uma série de malts diferentes. Em 2009 correram boatos de sua possível venda.

Tullibardine Moor situa-se na serra de Ochiul. Na área, o vilarejo de Blackford fornece a água engarrafada Highland Spring. As montanhas e suas fontes fornecem água para fazer cerveja desde o século XII, pelo menos. Em 1488, a cervejaria Tullibardine fez a ale para a coroação do rei James IV, em Scone. A destilaria ocupa o lugar da antiga cervejaria.

Provavelmente já se fazia whisky ali no final dos anos 1700, mas a destilaria atual só foi erguida em 1949, graças aos esforços de Delmé-Evans, um famoso projetista de destilarias, cujo estilo funcional pode ser visto também em Glenallachie e Jura. Evans era fascinado por cervejarias e destilarias. Um de seus projetos entusiásticos foi uma cervejaria em "torre", popular no final dos anos 1800. Nesse sistema, um tanque de água no telhado e um depósito de malte no sótão liberavam seu conteúdo, que descia por gravidade, sem bombas, até o processo render um grande estoque de cerveja. Em Tullibardine, ele queria incorporar o fluxo por gravidade à destilaria. Delmé-Evans morreu pouco antes da reabertura da destilaria.

ESTILO DA CASA Vinhoso, fragrante. Com pistache, para antes do jantar. As versões com mais xerez com sobremesas à base de mel (baklava?).

TULLIBARDINE 1993, 10 anos, 40% vol.

COR Ouro-brilhante.

AROMA Suave e doce, com limão-siciliano e malte.

CORPO Médio, firme, untuoso, macio.

PALADAR Encorpado, com malte puro, grama, doçura amanteigada. Meio doce. Desenvolve sabores frutados e um toque de vinho que lembra Chardonnay.

FINAL Adocicado, fragrante, apetitoso, viril. Especiarias (fava de baunilha).

PONTUAÇÃO **76**

TULLIBARDINE 1992 Vintage, 46% vol.

COR Ouro-claro.

AROMA Doce, com alcaçuz e manjerona.

CORPO Leve a médio. Ligeiramente untuoso.

PALADAR Muito convidativo. Cítricos refrescantes se mesclam com as especiarias e o alcaçuz.

FINAL Prolongado, com especiarias e alcaçuz seco, como depois de um pastis.

PONTUAÇÃO **79**

TULLIBARDINE 1993, envelhecido em barris de vinho Sauterne, 46% vol.

COR Ouro-intenso.

AROMA Doce. O Sauterne se manifesta. Frutas suaves: maçã, damasco.

CORPO Mais encorpado que o de 1992, ligeiramente untuoso.

PALADAR Notas de frutas condimentadas, maçã cozida com vinho, pera pochê, mas as qualidades da destilaria continuam presentes.

FINAL Seco, maltado, chega a lembrar lúpulo, como numa cervejaria.

PONTUAÇÃO **81**

TULLIBARDINE 1993, envelhecido em barris de Moscatel, 46% vol.

COR Ouro-claro.

AROMA Doce, viscoso. Uva, figo.

CORPO Médio.

PALADAR O vinho é mais pronunciado, mas complementa o padrão da destilaria: alcaçuz e maçã condimentada permanecem, como se vistas através de um copo cor de vinho.

FINAL Doce, vinhoso; mais curto do que outras edições da mesma destilaria.

PONTUAÇÃO **82**

TULLIBARDINE 1993, envelhecido em barris de vinho do Porto, 46% vol.

Onze meses finais de maturação em barris de vinho do Porto.

COR Âmbar levemente rosado.

AROMA Maravilhosamente complexo. Uva, passas, especiarias.

CORPO Rico, bem equilibrado.

PALADAR Vitaminas sabor uva e vinho. Passas. As qualidades da destilaria brilham através do sabor de uva, e o malt de fundo não é abafado.

FINAL Moderado. Persistência de vitamina de uva.

PONTUAÇÃO **81**

TULLIBARDINE 1993, envelhecido em barris de xerez, 46% vol.

COR Âmbar-marrom claro.

AROMA Aroma inicial de xerez, depois notas de maçã, canela e couro.

CORPO Encorpado, robusto.

PALADAR Xerez rico. Couro, cravo e toques de café, tâmaras e chocolate.

FINAL Prolongado e condimentado. Couro com traços de cravo. Quente.

PONTUAÇÃO **83**

TULLIBARDINE 1988 Vintage, 46% vol.

Comemorativo do 500º aniversário da coroação do rei James IV.

COR Ouro-brilhante.

AROMA Cítricos quentes, brilhantes, com notas de baunilha.

CORPO Leve a médio.

PALADAR Limão-siciliano, com traços de baunilha e creme custard.

FINAL Pimenta-branca. Seco.

PONTUAÇÃO **77**

TULLIBARDINE 1975 Vintage, barril nº 1.010, destilado em 4 de março de 1975, engarrafado em 3 de agosto de 2007, 52,5% vol.

COR Ouro-intenso.

AROMA Complexo. Butterscotch, casca de laranja, baunilha, caramelo, crème brûlée.

CORPO Rico, mastigável.

PALADAR Camadas de baunilha, toffee e carvalho. Casca de laranja.

FINAL Prolongado. Predomínio de carvalho, com notas de laranja.

PONTUAÇÃO **85**

TULLIBARDINE 1966 Vintage, Sherry Butt 1112, destilado em 1º de março de 1966, engarrafado em 28 de abril 2006, 49,8% vol.

COR Âmbar-marrom.

AROMA Sutil. Couro. Notas de baunilha escura e rum demerara emergem aos poucos. Sensacional.

CORPO Untuoso, banha a boca antes de secá-la.

PALADAR Suntuoso. Couro, tabaco, cravo, cardamomo e xerez escuro. Notas ricas de chocolate, rum demerara e favas de baunilha, com um traço de pimenta-preta. Viril e complexo.

FINAL Prolongado e seco; persistência do cravo.

PONTUAÇÃO **89**

TULLIBARDINE 1965 Vintage, Hogshead 949, destilado em 25 de março de 1965, engarrafado em 8 de julho de 2005, 48,3% vol.

COR Âmbar-marrom.

AROMA Rico, condimentado, com baunilha de Madagascar, tabaco doce para cachimbo, couro. Complexo.

CORPO Moderado, macio, ligeiramente tânico. Não é tão pesado quanto o 1966.

PALADAR Complexa mistura de tabaco para cachimbo, cravo e couro. Mais equilibrado do que o 1966.

FINAL Especiarias persistentes. Cravos e tabaco.

PONTUAÇÃO **87**

MALTS INESPECÍFICOS

UM NÚMERO LIMITADO de edições não fornece o nome da destilaria. Isso pode ocorrer quando o engarrafador independente faz um acordo com a destilaria ou não quer confronto com o fornecedor. Também acontece quando o engarrafador deseja promover o sabor de um malt particular, e não o da destilaria. Algumas companhias usaram o recurso para atingir consumidores resistentes a rótulos como Burnfoot, de Glengoyne.

A VERY SPECIAL SPEYSIDE **40 anos, Glenkeir Treasures, 56,7% vol.**

COR Laranja-intenso.

AROMA Bolo de frutas. Frutas silvestres. Mistura para bolo. Xerez.

CORPO Intenso, untuoso e denso na boca.

PALADAR Espetacular e equilibrada mistura de frutas vermelhas ao xerez, laranja ao chocolate, especiarias e uma sutil camada de turfa.

FINAL Prolongado, doce, frutado. Venerável e equilibrado.

PONTUAÇÃO *87*

A VERY SPECIAL SPEYSIDE **17 anos, Old Malt Cask, 50% vol.**

COR Mel-claro.

AROMA Grapefruit. Casca de laranja e limão-siciliano. Alguma baunilha.

CORPO Encorpado e denso na boca.

PALADAR Confeitaria. Abacaxi e cítricos. Muito macio. Especiarias suaves.

FINAL Bem curto, mas sensacional, com um toque de especiarias para arredondar um malt equilibrado, com muito estilo.

PONTUAÇÃO *87*

AS WE GET IT **Cask Strength Islay, 8 anos, Ian Macleod, 58% vol.**

COR Amarelo bem claro.

AROMA Fumaça de carvão intensa. Cremoso, com algumas frutas macias doces.

CORPO Untuoso. Rico. Encorpado.

PALADAR Frutas verdes. Gooseberry. Grapefruit. Turfa. Depois, especiarias apimentadas surgem no meio.

FINAL Pimenta e turfa. Prolongado, intenso, com frutas no meio da fumaça.

PONTUAÇÃO *83*

BARBECUE SAUCE SPEYSIDE CASK **Vintage 1990, Wemyss, 55% vol.**

Lançadas 576 garrafas.

COR Marrom-dourado intenso.

AROMA Aconchegante. Mel. Doce. Melão maduro. Tomate-cereja.

CORPO Encorpado, enche a boca. Mas é suave.

PALADAR Robusto, mas redondo, com algum anis. Mel. Laranja. Traços de turfa. Baunilha. Especiarias médias.

FINAL Médio a prolongado. Travoso, com especiarias.

PONTUAÇÃO **82**

FRUIT AND NUT FUDGE **Vintage 1989, Wemyss, 46% vol.**

Lançadas 345 garrafas.

COR Amarelo-ouro.

AROMA Brasa de fogo de turfa. Algum limão-siciliano e baunilha. Gooseberries.

CORPO Encorpado, untuoso, com especiarias.

PALADAR Cacau rico. Turfa. Baunilha. Frutas verdes (kiwi e gooseberry?). Rústico.

FINAL Apimentado, médio a longo, com nozes. Chili. Turfa.

PONTUAÇÃO **83**

GLACE FRUIT **Vintage 1994, Wemyss, 46% vol.**

Lançadas 367 garrafas.

COR Ouro.

AROMA Muito sutil e agradável. Sorvete de tutti frutti com uma cereja em cima. Sorvete de frutas.

CORPO Encorpado e cremoso.

PALADAR Balanço entre frutas doces, taninos secos, especiarias e açúcar de confeiteiro.

FINAL Médio, muito suave, leve. Delicioso.

PONTUAÇÃO **83**

HONEYCOMB VINTAGE HIGHLAND CASK **1994, Wemyss, 46% vol.**

COR Amarelo-claro.

AROMA Favo de mel pontual. Notas cítricas gentis.

CORPO Suave. Doce. Cremoso.

PALADAR Delicado, com mel. Damasco. Ameixa-amarela. Toque de taninos.

FINAL Prolongado, com especiarias doces no final.

PONTUAÇÃO **85**

ISLAY 2000 **Dun Bheagan Limited Edition, 43% vol.**

Destilado em 2000, edição exclusiva para o Canadá.

COR Laranja-intenso. Não parece de Islay.

AROMA De novo, não lembra Islay. Fumaça de turfa, mas contida. Laranja. Traço de gengibre. Uma nota sulfurosa inesperada, mas não desagradável.

CORPO Médio a encorpado, doce, com especiarias.

PALADAR Contido, mas bem equilibrado. Um pouco de fumaça de turfa, um pouco de especiarias. Frutas amarelas e laranja.

FINAL Médio, equilibrado, com turfa no retrogosto. (Islay para iniciantes?)

PONTUAÇÃO **78**

SEA SMOKE **Islay Vintage, 1984, Wemyss, 55% vol.**

Lançadas 248 garrafas.

COR Amarelo-intenso.

AROMA Fumaça industrial, algas marinhas, carne defumada.

CORPO Encorpado, untuoso, denso na boca, penetrante.

PALADAR Bem equilibrado. Turfa e fumaça. Frutas ricas, incluindo gooseberry e pera não madura.

FINAL Médio a prolongado, com fumaça, sal marinho e uva.

PONTUAÇÃO **84**

SMOKEHEAD, **Ian Macleod, 43% vol.**

COR Amarelo-intenso.

AROMA Truta queimada, suco de limão. Óleo de motor. Fumaça industrial.

CORPO Untuoso e denso na boca.

PALADAR Hadoque defumado de Arbroath. Turfa. Sal e pimenta. Algumas notas cítricas. Encorpado e assertivo.

FINAL Prolongado e defumado, mas suave e redondo.

PONTUAÇÃO **86**

SMOKEHEAD **Extra Black, 18 anos, Ian Macleod, 46% vol.**

COR Limão-siciliano amarelo.

AROMA Extremamente denso. Fumaça de carvão e fenóis. Alcaçuz. Limão-siciliano. Melado.

CORPO Médio e doce.

PALADAR Em três partes: turfa densa e compacta; melão verde e frutas cítricas; sal e pimenta.

FINAL Chili em pó, frutas verdes, fumaça de turfa – nesta ordem. Retrogosto de charuto.

PONTUAÇÃO **90**

BLENDED MALTS

Dominic Roskrow

O CONCEITO DE MISTURAR MALTS de diferentes destilarias para criar um whisky de sabor peculiar não é novo. Os malts têm sido combinados desde o início dos anos 1800, e seu reconhecimento legal data de 1853. Mesmo antes que Andrew Usher fizesse as incursões pioneiras na ciência do blending, ele já buscava equilíbrio e qualidade com o uso só do malt whisky, e seu primeiro grande sucesso – o Usher's Old Vatted Glenlivet – era uma combinação de malts.

Em épocas mais recentes passou a haver um fluxo regular de produtos na linha dos vatted malts. No início do novo milênio, porém, dava a impressão de que a categoria seria ressuscitada e ganharia outro papel – o de atrair a nova geração para o mundo do scotch, livrando a bebida de sua bagagem histórica para apresentá-la de um modo novo e moderno. Se o malt whisky for o músico solista do mundo do whisky, como se costuma dizer, e um blended whisky de qualidade equivale a uma orquestra, então os vatted malts seriam um grupo de rock moderno, capaz de dar vitalidade e animação à categoria.

Jon Mark e a Robbo's Easy Drinking Whisky Company trocaram os textos pesados e as declarações de idade por rótulos de estilo moderno, tentando comercializar os whiskies com ênfase no sabor, e alcançaram considerável sucesso. Os fundadores da companhia deixaram de lado o circuito normal dos festivais de whisky e os anúncios nas revistas tradicionais para promover o produto em campeonatos de esqui, ciclismo e alpinismo e em feiras náuticas. A Compass Box, de John Glaser, enquanto isso, criava a nova categoria dos "whiskies de butique" e, hoje, continua a combinar malts da mais alta qualidade, numa nova abordagem da categoria.

Quando William Grant conseguiu manter sua reputação, alinhando-se à vanguarda do ramo para lançar o Monkey Shoulder – mistura de três malts com embalagem elegante e atual, cujo nome se referia a um problema tradicional nas destilarias, a dor no ombro que os responsáveis por mexer o malte sentiam devido aos movimentos repetitivos –, tudo indicava que o setor dos vatted malts ia ser bem-sucedido.

Não foi tanto assim, e provavelmente a razão tenha sido a polêmica sobre terminologia e definição de marca que se seguiu. A disputa envolveu o Cardhu, um malt da Diageo que vende muito bem na Espanha. Para atender ao mercado em expansão, os donos da marca resolveram usar também o malt de duas destilarias menos conhecidas e rebatizar a bebida de Cardhu Pure Malt, em vez de Cardhu Single Malt. Houve ainda mudanças pequenas de embalagem. Mas a William Grant, que usava a palavra "pure" no rótulo do single malt Glenfiddich, irritou-se e lançou uma campanha na mídia para denunciar o que consideravam uma falcatrua da Diageo. A Diageo recuou.

Contudo, a história não acabou aí. A Scotch Whisky Association, que reúne as principais destiladoras, entrou na disputa fazendo três declarações: primeiro, que o nome de uma destilaria só poderia ser usado no rótulo se o whisky tivesse saído unicamente daquela destilaria; segundo, que a palavra "pure" não deveria ser usada; e terceiro, a controversa decisão de que a expressão "vatted malt" deveria ser trocada por "blended malt".

Os oponentes da terminologia argumentam que a palavra "blend" nunca deveria ser empregada para descrever uma bebida que contivesse apenas malt whisky, sem whisky de outros grãos, pois o público leigo, que já se confundia com a terminologia do whisky, não seria capaz de distinguir "blended whisky" de "blended malt whisky". Mesmo assim, a nova terminologia foi adotada.

Isso talvez explique por que os novos apreciadores de whisky, convencidos de que os malts são melhores que os blends, relutaram em experimentar um blended malt. No caso, uma verdadeira pena, pois há excelentes whiskies nessa categoria. Talvez, se a indústria enfatizar mais o sabor do que a idade, isso venha a mudar no futuro. A seguir, uma seleção dos melhores vatted/blended malt whiskies.

DUNCAN TAYLOR **Vatted Malt, 12 anos, 56,6% vol.**

COR Limão-siciliano intenso.

AROMA Atraente. Grapefruit e casca de limão-siciliano. Puro e frutado.

CORPO Agradável. Médio. Doce.

PALADAR Bem fresco e frutado. Frutas amarelas. Cubos de abacaxi cristalizado.

FINAL Muita fruta, com um toque sutil de especiarias para dar profundidade.

PONTUAÇÃO **80**

DUNCAN TAYLOR **Vatted Malt, 20 anos, 53,4% vol.**

COR Latão.

AROMA Sorvete de baunilha, limão-siciliano e limão-taiti. Chocolate ao leite.

CORPO Cremoso e encorpado.

PALADAR Mais terra do que o aroma sugere. Um pouco de turfa e sal na mistura. Algum cítrico. Limão-siciliano azedo.

FINAL Médio. Frutas ácidas, especiarias e turfa.

PONTUAÇÃO **79**

DUNCAN TAYLOR **Vatted Malt, 30 anos, 47,5% vol.**

COR Ouro-intenso.

AROMA Frutas ao xerez. Groselha. Pêssego e abacaxi bem maduros.

CORPO Macio, redondo e agradável.

PALADAR Geleia de laranja. Frutas vermelhas. Chocolate amargo. Taninos tardios. Um toque de pimenta.

FINAL Limão-siciliano e laranja. Prolongado, com especiarias.

PONTUAÇÃO **85**

DUNCAN TAYLOR **Vatted Malt, 40 anos, 44,6% vol.**

COR Laranja-escuro.

AROMA Jujuba de laranja. Traços de cereja. Cacau em pó. Sofá empoeirado. Couro usado.

CORPO Viscoso e encorpado.

PALADAR Spangles (tipo de dropes inglês). Tangerina e mandarina. Cevada frutada. Depois, pimenta-doce e carvalho, mas suave e equilibrado.

FINAL Prolongado. Laranja. Especiarias.

PONTUAÇÃO **87**

FAMOUS GROUSE **Blended Malt, 40% vol.**

COR Laranja.

AROMA Mistura de mel, frutas cítricas e conjunto de química. Toque de laranja.

CORPO Macio, suave e redondo.

PALADAR Clementina. Mel. Profundidade com turfa e, depois, especiarias.

FINAL Médio e condimentado.

PONTUAÇÃO **72**

FLAMING HEART **FH16MMVII, Compass Box, 48,9% vol.**

COR Ouro-claro.

AROMA Balsa de Port Ellen. Óleo e fumaça. Limão-siciliano. Intenso.

CORPO Rico, doce e untuoso, mas bem macio.

PALADAR Raízes, depois fumaça, com um contra-ataque intenso de compota de frutas. Um confronto viscoso entre fumaça e frutas (destaque para ameixa).

FINAL Empate. Perfeito equilíbrio entre morango e geleia de cassis, por um lado, e passeio em maria-fumaça, por outro.

PONTUAÇÃO **93**

MONKEY SHOULDER

William Grant & Sons, 40% vol.

COR Ouro-mel.

AROMA Maçã. Fresco e picante. Grapefruit. Jovem.

CORPO Leve, macio e redondo.

PALADAR Maçã verde. Frutas cítricas. Refrescante, com cevada pura. Bem equilibrado e redondo.

FINAL Médio e frutado, com persistência de frutas.

PONTUAÇÃO **88**

OAK CROSS, **Compass Box, 43% vol.**

COR Amarelo-latão.

AROMA Suco de laranja. Casca de tangerina. Anis. Esmalte de unha.

CORPO Médio. Macio. Encorpado.

PALADAR Um tour de force. Frutas cítricas suaves, especiarias (sândalo), depois a pimenta domina. Cítricos ácidos e doces.

FINAL Pimenta chili em pó. Limão-siciliano e taiti. Retrogosto delicioso.

PONTUAÇÃO **90**

OPTIMISM, **Compass Box, 44% vol.**

COR Ouro-claro.

AROMA Toffee de maçã. Fresco. Festa de verão. Calda de caramelo em sorvete de baunilha.

CORPO Rico, encorpado, macio e cremoso.

PALADAR Mais turfa do que o aroma sugere. Fresco. Limão-siciliano e sorvete de limão-taiti. Maçã e pera. Refrescante.

FINAL Bem curto, suave e puro. Limpa o paladar.

PONTUAÇÃO **90**

PEAT CHIMNEY, **Wemyss, 43% vol.**

COR Mel-dourado.

AROMA Fumaça oleosa intensa. Churrasco na praia. Tentador.

CORPO Encorpado, rico e cremoso.

PALADAR Doce, turfa sobre pera bem madura. Amêndoas. Algum chocolate amargo.

FINAL Bem prolongado, com notas de pimenta e turfa.

PONTUAÇÃO **83**

PEAT MONSTER, **Compass Box, 46% vol.**

COR Limão-siciliano amarelo.

AROMA Raízes. Casca de limão-siciliano. Toque de fumaça.

CORPO Cremoso e turfado.

PALADAR Doce e equilibrado, frutas doces, arenque defumado e notas marinhas.

FINAL Médio, equilibrado e turfado.

PONTUAÇÃO **85**

SIX ISLES, **43% vol.**

COR Ouro-claro.

AROMA Limão-siciliano e taiti, grapefruit. Mel. Notas de turfa e fumaça.

CORPO Afirmativo e encorpado.

PALADAR Mais turfa e fumaça do que o aroma sugere. Algumas notas frutadas.

FINAL Médio a encorpado, com turfa e algumas notas de pimenta.

PONTUAÇÃO **80**

SMOOTH GENTLEMAN, **Wemyss, 43% vol.**

COR Mel-dourado.

AROMA Mel. Levemente mofado. Vegetal. (Algum sinal de peixe?)

CORPO Suave. Leve e macio.

PALADAR Cevada doce pura. Frutas verdes. Bidimensional, mas agradável.

FINAL Bem curto, agradável, mas relativamente insubstancial.

PONTUAÇÃO **69**

SPICE KING, **Wemyss, 43% vol.**

COR Mel-dourado.

AROMA Mofado. Peixe oleoso. Soja. Sensação de formigamento.

CORPO Untuoso e cremoso.

PALADAR Doce, com fumaça e turfa suaves. Equilibrado e envolvente.

FINAL Médio, com pimenta antes do encerramento redondo em turfa e frutas.

PONTUAÇÃO **75**

SPICE TREE, **Compass Box, 46% vol.**

COR Ouro-alaranjado.

AROMA Baunilha. Frutas douradas macias. Laranja.

CORPO Rico e encorpado.

PALADAR Complexo. Leve agulha de laranja e cítricos.
Picante. Especiarias de carvalho. Taninos.

FINAL Prolongado, frutado, deliciosamente condimentado.

PONTUAÇÃO **92**

MALTS JAPONESES

Gavin D. Smith

Ao abordar os single malts japoneses na quinta edição deste livro, Michael Jackson escreveu: "Quatorze malts do Japão foram descritos na quarta edição do *Guia do malt whisky*. Desde então, os lançamentos das destilarias japonesas de malt passaram de um riacho a uma torrente". Para prosseguir na metáfora aquática, a torrente tornou-se hoje um degelo positivo; por isso, a seção dedicada aos malt whiskies japoneses cresceu significativamente.

Durante muitos anos, o malt whisky produzido no Japão era misturado a destilados de outros cereais, para os blends destinados ao mercado interno, cujo declínio começou nos anos 1990. Os destiladores passaram a enfatizar os single malts especificamente para exportação. Hoje o Japão é o segundo produtor mundial de whisky single malt, depois da Escócia.

O reconhecimento final para o whisky japonês aconteceu em 2008, quando o Yoichi 20 anos ganhou o cobiçado prêmio da *Whisky Magazine* como "Melhor Single Malt Whisky do Mundo", enquanto o Suntory Hibiki levou o prêmio equivalente para blended whisky. O anúncio dessa dupla vitória de prestígio provocou um frenesi na mídia, levando a manchetes sobre a suposta "consternação" na indústria do whisky escocês.

Sem dúvida, o tema rendeu bom material para a imprensa, mas quem monitorou os whiskies japoneses nos últimos anos não recebeu a notícia com muita surpresa. Certamente o prêmio não teria assustado Michael Jackson, pois seu respeito pela produção dos alambiques japoneses era evidente na alta pontuação de várias edições.

O crescimento do interesse nos whiskies premium japoneses também foi encorajado pela companhia inglesa Number One Drinks Company, que desde 2006 importa e distribui na Europa edições single cask, principalmente de destilarias desativadas no Japão.

Em comparação com a indústria da Escócia, da Irlanda e dos Estados Unidos, a japonesa é jovem: suas origens remontam aos anos posteriores ao fim da Primeira Guerra Mundial, quando produtores locais de destilados resolveram tentar emular o scotch whisky.

Contudo, o primeiro sucesso comercial considerável resultou de uma parceria entre Shinjiro Torii, fundadora da Kotobukiya – rebatizada de Suntory em 1963 –, e Masataka Taketsuru, filho de um produtor de saquê. Ele se matriculou como estudante de química orgânica na Universidade de Glasgow em 1918 e, depois de se casar com uma escocesa, trabalhou em destilarias de Campbeltown e Speyside, até regressar a sua terra natal.

Em conjunto com Torii, Taketsuru foi responsável pela criação da primeira destilaria japonesa exclusiva para whisky, a Yamazaki, inaugurada em 1923 nas cercanias de Tóquio. Taketsuru fundou depois a destiladora Nikka (hoje pertencente à Asahi Breweries) e criou sua própria destilaria de whisky, a Yoichi, perto de Sapporo, na ilha de Hokkaido, em 1934.

Yoichi se assemelha a muitas destilarias escocesas e sua localização foi escolhida pela similaridade do local com a Escócia em termos de umidade e fornecimento de água. Ali perto existe até um depósito de turfa. Yoichi pode produzir 5 milhões de litros de destilado anuais e continua a usar destiladores de fogo direto, alimentados a carvão. Alguns especialistas alegam que esse fator contribui para o caráter e a qualidade do whisky.

Atualmente a Suntory e a Nikka dominam a indústria japonesa de whisky, e a destilaria Yamazaki, da Suntory, recebeu em 1973 o reforço da Hakushu, construída numa floresta espetacular, em Yamanashi, a oeste do monte Fuji. Em 1981, uma segunda destilaria, conhecida como Hakushu Leste, foi erguida no local. A original, a "oeste", serve hoje só como local de teste para novos whiskies.

Hakushu Leste pode lançar no mercado 3 milhões de litros de destilado por ano, e é notável sua diversidade de alambiques, que variam significativamente em termos de tamanho, forma e ângulo da conexão ("lyne arm angle"). Alguns são de fogo direto, a gás, outros aquecidos a vapor. Um wash ainda opera com serpentina (worm tub), e os outros receberam condensadores modernos.

Yamazaki repete hoje o esquema adotado em Hakushu Leste: três dos seis pares de destiladores foram trocados em 2006 para que houvesse uma variedade maior de formas e tamanhos. Sua produção anual máxima é de 3,5 milhões de litros.

Antes da Suntory construir Hakushu, a Nikka já havia erguido sua segunda destilaria, em 1969, batizada de Miyagikyo, embora seja conhecida também como Sendai. Além de possuir quatro pares de alambiques, a fábrica de Miyagikyo, com 5 milhões de litros de capacidade, está equipada com destiladores Coffey, usados por vezes para destilar cevada maltada, destinada principalmente ao blending com destilado de malte dos alambiques.

Além dos principais lançamentos da Suntory e Nikka, os single malts são comercializados pelas empresas controladas pelo grupo Kirin, produzidos nas destilarias de Fuji-Gotemba e Karuizawa. Grande parte do destilado feito com cevada Golden Promise, na hoje desativada destilaria de Karuizawa, situada perto do monte Asama, nos alpes japoneses, é muito próxima em estilo do single malt escocês tradicional e passa por estágio em barris de xerez antes de ser engarrafada como single cask.

Outros lançamentos single cask notáveis foram produzidos na destilaria Hanyu, localizada no distrito de Saitama. Hanyu foi desativada em 2004, mas edições single cask foram lançadas por Ichiro Akuto, neto do fundador da Hanyu, na série "Ichiro's Malt Card". Akuto também fundou a mais nova destilaria nipônica, a Chichibu, que entrou em funcionamento na primavera de 2008 e se localiza a noroeste de Tóquio, a cerca de 50km de Hanyu. É a primeira destilaria a ser construída no Japão desde 1973. Exemplos dos novos destilados e um whisky ainda bem jovem foram recebidos com resenhas muito positivas.

CHICHIBU **Newborn Bourbon Barrel, 2008, barril nº 127, 62,5% vol.**

Maturado por um breve período em barris de bourbon antes do lançamento.

COR Palha bem clara. AROMA Fresco e puro. Frutas frescas e especiarias suaves. CORPO Leve. PALADAR Intenso e picante, com notas de melão. FINAL Prolongado, com um toque de gengibre. PONTUAÇÃO 79

HANYU **Japanese Oak Cask, 17 anos, destilado em 1990, engarrafado em 2007, barril nº 9.511, 55,5% vol.**

COR Âmbar-claro. AROMA Floral, com malte e frutas frescas, depois um toque de sândalo. CORPO Exuberante. PALADAR Torta de maçã e creme custard. Condimentado e mais cítrico com água. FINAL Prolongado e seco. No encerramento, levemente herbáceo. PONTUAÇÃO 82

HANYU, **Ichiro's Malt Card Series, Ace of Diamonds, barril nº 9.023, destilado em 1986, engarrafado em 2008, 56,4% vol.**

Envelhecimento final em butt de xerez cremoso.

COR Âmbar-escuro. AROMA Bem frutado. Pêssego maduro com um toque de caramelo. Frutas frescas defumadas, com adição de água. CORPO Rico. PALADAR Denso na boca e frutado, com notas de especiarias e fudge. FINAL Rapidamente seco, com especiarias. PONTUAÇÃO 83

HANYU, **Ichiro's Malt Card Series, Ten of Clubs, barril nº 9.032, destilado em 1990, engarrafado em 2008, 52,4% vol.**

Envelhecimento final em butt de xerez Pedro Ximénez.

COR Ouro-russo. AROMA Ligeiro tabaco, chocolate branco e notas de cereja ao marasquino. CORPO Muscular. PALADAR Pêssego em conserva. FINAL Prolongado, suculento, deliciosamente frutado, com especiarias. PONTUAÇÃO 85

HANYU, Ichiro's Malt Card Series, Eight of Hearts, barril nº 9.303, destilado em 1991, engarrafado em 2008, 56,8% vol.

Envelhecimento final em butt de carvalho espanhol de xerez oloroso.

COR Cobre-intenso. AROMA Couro antigo, com fundo de notas de chá verde chinês (gunpowder tea) e massinha de modelar. CORPO Médio a encorpado. PALADAR Condimentado e enérgico. FINAL Média duração, com passas, gengibre e mais chá verde chinês. PONTUAÇÃO 84

HANYU, Ichiro's Malt Card Series, Five of Spades, barril nº 9.601, destilado em 2000, engarrafado em 2008, 60,5% vol.

Envelhecimento final em butt de xerez segundo uso de carvalho americano.

COR Ouro-brilhante. AROMA Floral, com uma pontinha de xerez. CORPO Cremoso. PALADAR Confiante, com pimenta, especiarias e couro. FINAL Prolongado, xerez fresco dando lugar a amêndoas. PONTUAÇÃO 85

KARUIZAWA Noh Series, 13 anos, destilado em 1995, engarrafado em 2008, barril nº 5.004, 63% vol.

Maturado em barril de vinho japonês.

COR Laranja-intenso. AROMA Xerez, carvalho, plantas em vasos e laranja cozida. CORPO Médio a encorpado. PALADAR Inicialmente adstringente, fragrante, depois xerez. FINAL Prolongado, com persistência de gengibre coberto com chocolate e rahat lokum coberto de chocolate. PONTUAÇÃO 82

KARUIZAWA 1992, engarrafado em 2007, barril nº 3.300, 61,5% vol.

Amadurecido em barril de carvalho americano.

COR Ouro-intenso. AROMA Especiarias, baunilha, amêndoas e chocolate ao leite. Depois, aromas de melado se desenvolvem. CORPO Encorpado. PALADAR Bem seco, com frutas cítricas azedas. FINAL Prolongado e seco, com um toque de fuligem. PONTUAÇÃO 83

KARUIZAWA 1991, engarrafado em 2007, barril nº 3.318, 62,5% vol.

Maturado em butt de xerez.

COR Ouro-antigo. AROMA No início, bem tímido. Delicadamente floral, com xerez suave e uma sugestão de pudim de frutas. CORPO Encorpado. PALADAR Sofisticado, malte e xerez se combinam habilmente, com um toque delicado de especiarias. FINAL Xerez persistente e carvalho encerado. PONTUAÇÃO 85

KARUIZAWA 1988, engarrafado em 2007, barril nº 3.397, 59,8% vol.

Maturado em butt de xerez.

COR Âmbar-intenso. AROMA Floral, com xerez doce, mel, gengibre e framboesa. Notas de geleia de laranja surgem com a exposição ao ar. CORPO Encorpado. PALADAR Bolo de frutas, especiarias e alcaçuz. Bem mais seco com a adição de água, quando o alcaçuz domina, com um toque de pimenta. FINAL Médio a prolongado, seco, encerrando com especiarias. PONTUAÇÃO 86

SUNTORY MALTS

HAKUSHU 10 anos, 40% vol.

COR Ouro claro a médio. AROMA Grama, folhas, flores. Depois, toffee queimado. CORPO Delicado. PALADAR Floral, relativamente frutado, com especiarias suaves e calda fudge de baunilha. FINAL De médio para baixo. Frutas cítricas e nozes. PONTUAÇÃO 82

HAKUSHU 12 anos, 43% vol.

COR Ouro-médio. AROMA Toffee "favo de mel", grama cortada, toffee de maçã. CORPO Macio. PALADAR Frutado, levemente defumado, com mel e uma pitada de pimenta. FINAL Duração média, seca paulatinamente, com limão-siciliano condimentado. PONTUAÇÃO 84

HAKUSHU 18 anos, 43% vol.

COR Ouro-antigo. AROMA Fresco no início. Feno. Nougat. Depois bolo de frutas com xerez, cereja, laranja e chocolate amargo emergem. CORPO Sedoso. PALADAR Chocolate ao leite com nozes e frutas, carvalho suave, levemente perfumado. FINAL Médio a prolongado. Seco, defumado, com um pouco de carvalho amargo. PONTUAÇÃO 85

HAKUSHU 25 anos, 43% vol.

COR Âmbar. AROMA Polido, com frutas frescas, xerez, carvalho e turfa. CORPO Redondo. PALADAR Rico e intenso, frutas vermelhas, chocolate, malte e baunilha. FINAL Prolongado, um tanto defumado. PONTUAÇÃO 86

YAMAZAKI **10 anos, 40% vol.**

COR Ouro-médio. AROMA Flor de laranjeira, gengibre, amêndoas e fudge. CORPO Macio. PALADAR Ligeiramente herbáceo e floral; malt e toffee. FINAL Médio, seco, com notas de cereal. PONTUAÇÃO 83

YAMAZAKI **12 anos, 43% vol.**

COR Ouro-médio com reflexos âmbar. AROMA Lavanda, canela, raiz de gengibre. CORPO Cremoso. PALADAR Bem seco e herbáceo no início, depois mais frutado, com um pouco de fumaça. FINAL Bem prolongado, com passas brancas e caramelo. PONTUAÇÃO 85

YAMAZAKI **18 anos, 43% vol.**

COR Âmbar-escuro. AROMA Xerez acentuado, couro novo, laranja recém-espremida. Depois, fumaça. CORPO Exuberante. PALADAR Fumaça, frutas cítricas, figo e xerez oloroso. FINAL Bem prolongado, frutado; depois mais seco, com carvalho macio e sedoso. PONTUAÇÃO 87

YAMAZAKI **25 anos, 43% vol.**

COR Âmbar-intenso. AROMA Xerez doce, geleia de ameixa, chocolate amargo. CORPO Encorpado. PALADAR Xerez seco, fumaça, taninos de carvalho e melado. FINAL Prolongado e seco. PONTUAÇÃO 88

NIKKA MALTS

MIYAGIKYO **10 anos, 45% vol.**

COR Âmbar. AROMA Bem leve e floral, com maçã, carvalho suave e toffee quebradiço. CORPO Macio. PALADAR Frutas tropicais, baunilha. Condimentado e redondo. FINAL Média duração. Frutas, especiarias e uma nota de turfa. PONTUAÇÃO 82

MIYAGIKO 12 anos, 45% vol.

COR Âmbar-médio. AROMA Rico e intenso; xerez, com toffee suave, carvalho e fumaça leve. CORPO Médio a encorpado. PALADAR Xerez, mel, cereal, turfa doce, com carvalho condimentado. FINAL Mel e limão--siciliano, com carvalho enérgico marcando presença. PONTUAÇÃO 83

MIYAGIKO 15 anos, 45% vol.

COR Âmbar e ouro. AROMA Complexo, com laranja condimentada, avelãs, mel e xerez. CORPO Levemente untuoso. PALADAR A complexidade continua: frutas cítricas, xerez rico, turfa condimentada. FINAL Prolongado, com xerez e taninos de carvalho. Cítrico, com um toque de alcaçuz. PONTUAÇÃO 84

YOICHI 10 anos, 45% vol.

COR Âmbar com reflexos dourados. AROMA Fumaça média, folhas e frutas cítricas. CORPO Macio, levemente untuoso. PALADAR Fumaça de turfa e especiarias; laranja e baunilha. FINAL Comparativamente curto, com carvalho frutado e fumaça delicada. PONTUAÇÃO 82

YOICHI 12 anos, 45% vol.

COR Âmbar. AROMA Fumaça, xerez condimentado e frutas secas. CORPO Cremoso. PALADAR Rico, exuberante, com xerez, nozes, malt e fumaça de turfa. FINAL Prolongado, com taninos de carvalho. PONTUAÇÃO 83

YOICHI 15 anos, 45% vol.

COR Âmbar-intenso. AROMA Tabaco de cachimbo, amêndoas cobertas com chocolate, canela e baunilha. CORPO Untuoso. PALADAR Especiarias, com cravo, gengibre e chocolate amargo. FINAL Nozes, especiarias, frutas secas. Um pouco de fumaça e carvalho. Complexo. PONTUAÇÃO 84

MICRODESTILARIAS DOS ESTADOS UNIDOS

Uma das mais curiosas e potencialmente excitantes tendências dos últimos anos tem sido o crescimento das microdestilarias norte-americanas. Estimuladas pelo sucesso das microcervejarias, que deixaram as normas consagradas de lado e revolucionaram a produção recente de cerveja, as microdestilarias também ampliaram as possibilidades, no caso da produção de malt whisky. Na Europa, as regras são claras em relação ao que se pode ou não fazer na produção de whisky single malt, e quem deixa de segui-las não pode vender o produto no continente com o nome de "whisky". Mas os Estados Unidos seguem uma legislação diferente e passaram a mostrar certa iniciativa no emprego de barris americanos e técnicas produtivas.

Os produtores norte-americanos de whisky passaram a averiguar o que acontece quando se elabora um whiskey single malt utilizando técnicas mais comuns ao bourbon. Por exemplo, barris de carvalho novo destroem o sabor do malt se a bebida passar de três anos de maturação mínima, mas não se o malt for retirado depois de alguns meses. Se o setor de cerveja servir de modelo, no qual sabores extremos e originais passaram a ser a norma, então a microdestilação deve se tornar importante. A seguir, descrevemos alguns dos melhores micromalts americanos.

DESTILARIA CLEAR CREEK

MCCARTHY'S **Oregon Single Malt, 3 anos, 2005 lote W08-02, 42,5% vol.**

Edição engarrafada em 15 de julho de 2008.

COR Latão-dourado. AROMA Turfa pura. Seco. Sem fumaça. Traços de maçã tentam se manifestar. CORPO Médio, bem arredondado. PALADAR Muito equilibrado. Turfa com notas doces e de alcatrão. A turfa serve de complemento, sem sufocar o malt. FINAL A turfa, que começa no aroma, continua, crescendo até predominar no final. Uma turfa interessante: faltam-lhe as características marinhas da turfa de Islay, mas ela se revela no aroma e no paladar, crescendo no final. PONTUAÇÃO 87

DESTILARIA COPPER FOX

WASMUND'S Single Malt, lote 27, 4 meses, 48% vol.

COR Âmbar-avermelhado. AROMA Frutado. Maçã madura, cereja, pera e caramelo, com notas de canela quente. Depois de decantado, a canela quente se torna proeminente. CORPO Áspero, forte. PALADAR Xarope de bordo. Maçã. FINAL Seco. Persistência de maçã e especiarias. Mais refinado e equilibrado do que as edições anteriores. Melhorou muito! A água doma o paladar, mas abafa alguns sabores. PONTUAÇÃO 71

ST. GEORGE Single Malt Whiskey, lote 7, 43% vol.

COR Ouro-intenso. AROMA Sutil de maçã, quase como calvados, com notas de pera e toques que remetem a esmalte de unha. A água libera notas mais pesadas de sidra. CORPO Vibrante, talvez um pouco áspero. PALADAR Ondas doces de calvados. Extremamente frutado, com notas intensas de pera e maçã. A água abranda as arestas, mas abafa as notas de maçã. FINAL Prolongado e condimentado, com notas vibrantes de pera e canela. PONTUAÇÃO 82

TUTHILLTOWN SPIRITS

HUDSON Single Malt Whiskey, 46% vol.

Engarrafado em 2008, barris pequenos de carvalho americano queimados.

COR Mogno-avermelhado. AROMA Maçã, root beer, baunilha escura. CORPO Vibrante. Ligeiramente áspero e encorpado. PALADAR Intrigante. Talvez seja o elo perdido entre o bourbon e o scotch. Notas adoráveis de baunilha e toques de maçã. Similar ao bourbon, mas falta a nota de cereja. Rico e saboroso, com notas de carvalho e especiarias. Uma gota de água suaviza o aroma e libera canela no paladar. FINAL Seco, com especiarias. PONTUAÇÃO 81

O WHISKY PELO MUNDO

Dominic Roskrow

"Vinho australiano... vinho fino que abre as comportas nas duas pontas."

AQUELES QUE SE LEMBRAM DOS COMENTÁRIOS jocosos do grupo Monty Python sobre as primeiras tentativas australianas de produzir vinho ainda ri com a recordação. A ideia de que os australianos pudessem fazer vinhos finos já era cômica.

Contudo, 15 anos depois, os produtores de vinho da Austrália colecionavam prêmios, e em 20 anos competiam pelos primeiros lugares com os melhores exemplares do Velho Mundo. Hoje em dia é difícil imaginar que um dia a Austrália esteve fora da lista dos maiorais, e o mesmo pode ser dito de Nova Zelândia, África do Sul e Chile. Não se trata apenas da qualidade da bebida – as nações emergentes criaram uma abordagem nova e revigorante, desprezando o esnobismo da velha escola.

Isso poderia acontecer com o malt whisky? A resposta inequívoca é sim. Dada a natureza do whisky e o tempo que leva para maturar, o progresso nos mercados emergentes talvez seja mais lento. Como tudo é relativo no mundo do whisky, porém, a rapidez da mudança é espantosa. Desde a última edição deste livro houve uma explosão na oferta de whisky de alta qualidade. Em apenas quatro anos, um bom número de whiskies do mundo inteiro passaram da categoria dos malts "eu também faço", com a complexidade de uma imitação de água de barba, para a categoria dos malts capazes de faturar prêmios internacionais, e eles têm feito isso muitas vezes. A Escócia seguirá dominando o universo do malt whisky pelas próximas décadas, mas os whiskies do Novo Mundo desempenharão um papel cada vez mais importante.

Não deveria ser surpresa. A Irlanda e os Estados Unidos têm produzido estilos de whisky capazes de rivalizar com os grandes malts escoceses. E, nos anos recentes, alguns whiskies japoneses venceram os melhores da Escócia em concursos. O que deve excitar os apreciadores de malt de mente aberta, no entanto, é a escala e a amplitude da revolução mundial do whisky, além da velocidade em que melhoram os malts de destilarias situadas fora dos países tradicionalmente produtores de whisky.

Muito do que aconteceu passou por baixo do radar do mundo do whisky estabelecido, pelo menos em parte, graças aos jornalistas especializados britânicos, que sempre mostraram pouco interesse pelos malts de outros territórios. Uma exceção é Jim Murray, que por muitos anos apoiou destilarias emergentes de todas as partes do mundo, esforçando-se para visitá-las, escrevendo a seu respeito e tratando seus whiskies com o mesmo nível de respeito com que tratava os Ardbeg e Macallan. Sua fé e lealdade foram recompensadas pelos progressos obtidos em muitos locais.

Pelos padrões vigentes, alguns malts de Bakery Hill e Lark, na Austrália; Mackmyra, na Suécia; Penderyn, no País de Gales; Slyrs, na Alemanha; Cooley, na Irlanda (produtores do Connemara, Locke's e Tyrconnell); e Uberach, na Alsácia, precisam ser levados a sério. O Bushmill, da Irlanda do Norte, se distingue pela qualidade há muito tempo, e as novas destilarias francesas (Glann ar Mor) e inglesas (St. George) sugerem que ainda haverá muitas novidades boas.

Seria impossível apresentar um guia abrangente dos malts do mundo inteiro. Muitos são feitos em pequena quantidade, estando disponíveis apenas nas imediações da destilaria, e vendem a produção inteira assim que é lançada. Mas conseguimos uma boa amostra dos melhores malt whiskies mundiais comercializados atualmente.

MALTS AUSTRALIANOS

BAKERY HILL **Classic Malt, engarrado em 2008, 46% vol.**

COR Amarelo limão-siciliano. AROMA Ranúnculo. Cevada doce pura. Mel. Traços de laranja e maçã. CORPO Leve como algodão. Muito discreto. PALADAR Caroço de maçã, depois maçã. Cevada. Frutas cítricas puras. Traços de baunilha. Jovem, vibrante, refrescante. FINAL Médio, com especiarias apimentadas. PONTUAÇÃO 77

BAKERY HILL **Peated Malt, 46% vol.**

COR Laranja-intenso. AROMA Diferente da maioria dos whiskies turfados. Rico. Melão. Ondas de turfa seca. Puro e fresco. CORPO Macio, doce e redondo. PALADAR Sofisticado. Maçã. Algumas notas cítricas. Biscoito caseiro. Turfa defumada. Baunilha. Suave. FINAL Razoavelmente prolongado. Pimenta-doce misturada com fruta sobre um tapete de turfa. PONTUAÇÃO 82

BAKERY HILL **Classic Malt, Cask Strength, 60,2% vol.**

COR Ouro-rico. AROMA Exige tempo e água. Aí, surgem laranja e outras frutas. CORPO Macio, doce, ligeiramente untuoso. PALADAR Maçã doce e pera. Chocolate em pó. Toques de anis e pimenta. Puro e refrescante. FINAL Médio, doce, agradável. Bem equilibrado e estruturado. PONTUAÇÃO 82

BAKERY HILL **Peated Malt, Cask Strength, 59,8% vol.**

COR Laranja-intenso. AROMA Estufa de plantas. Intensos vegetais verdes. Tomate não maduro. Ondas de fumaça de turfa. CORPO Doce e macio. PALADAR Versão mais intensa do malt padrão. Frutas verdes, explosão de sabor. Turfa terrosa contida, mas perceptível. FINAL Fresco. Bem prolongado. Turfado. PONTUAÇÃO 86

BAKERY HILL **Double Wood, 46% vol.**

COR Amarelo-intenso. AROMA Fragrante. Frutas em conserva. Melão doce. CORPO Médio a encorpado. PALADAR Frutas exóticas puras. Refrescante. Pera em conserva. Mel. FINAL Médio, bem suave, doce e agradável. PONTUAÇÃO 83

LARK **Cask Strength, barril LD31, 58% vol.**

COR Castanha. AROMA Pimenta em pó fino. Condimentos. Lustra-móveis. Inusitado. CORPO Doce, macio, rico. PALADAR Mel grosso suave. Ameixa muito madura e pimenta. Toques de sal e pimenta. FINAL Delicado e redondo. Diferente, mas equilibrado e impressionante. PONTUAÇÃO 83

LARK **Distiller's Select Cask, 46% vol.**

COR Ouro-intenso. AROMA Limão-doce e pastilha de mel para a tosse. Bala de frutas. Complexo. CORPO Untuoso. Bem macio. Denso na boca. PALADAR Gooseberries. Ameixa. Outras frutas. Complexo, mas delicado. Um traço de pimenta. FINAL Bem prolongado. Gracioso e macio, com mel. PONTUAÇÃO 85

MALTS INGLESES

ST. GEORGE'S DISTILLERY **Chapter 3, barril nº 32/2007, 46% vol.**

Malt inglês com pelo menos 18 meses.

COR Amarelo bem claro. AROMA Confusa mistura de frutas verdes e vegetais. Puro e doce. Sem massinha de modelar nem enxofre. CORPO Untuoso, doce e encorpado. PALADAR Confuso. Ainda flácido e incipiente, mas a musculatura evolui. Agradável e doce. Puro. Intrigante. FINAL Curto e doce, como o trailer de um blockbuster. Tudo bem, estamos prestando atenção em você. PONTUAÇÃO 74

ST. GEORGE'S DISTILLERY **Chapter 4, turfado, 46% vol.**

Malt inglês com pelo menos 18 meses.

COR Amarelo-claro. AROMA Turfa. Frutas cítricas. Maçã. CORPO Cremoso e encorpado. PALADAR Redondo. Amêndoas. Especiarias. Turfa. Pouca profundidade. FINAL Médio, quente e condimentado. PONTUAÇÃO 74

MALTS FRANCESES

GLANN AR MOR **3 anos, 46% vol.**

COR Limão-siciliano claro. AROMA Biscoitos de limão. Massa amanteigada. Cítricos. Ruibarbo cozido. CORPO Macio, doce e suave. PALADAR Jovem, terroso e condimentado. Traços de maçã e frutas amarelas. Alguma turfa e pimenta. Unidimensional, mas agradável e promissor. Sem aspectos negativos. FINAL Médio, apimentado, agradável. PONTUAÇÃO 80

UBERACH **Single Cask 00116, 43,8% vol.**

COR Marrom-castanho escuro. AROMA Nozes. Castanhas. Mofo. Vegetal. Enxofre. Toffee. CORPO Doce, intenso e denso na boca. PALADAR Bolo de frutas. Agradáveis notas sulfúricas. Ameixa. Doce. Especiarias. FINAL Bem curto. Sal e pimenta. Alguma doçura. Muito diferente e intrigante. PONTUAÇÃO 80

MALTS ALEMÃES

SLYRS **Bavaria Single Malt, 43% vol.**

COR Laranja-claro. AROMA Massa de torta e de bolo. Com o tempo, jasmim. Flores frescas. Fudge. CORPO Agradável, médio, macio. PALADAR Bala de cereja. Frutas em conserva. Doces açucarados. Mistura para bolo doce, depois especiarias. FINAL Médio a doce, com uma conclusão diferente, mas agradável, de pastilha para tosse. PONTUAÇÃO 83

SLYRS Bavaria Single Malt, 2005, 43% vol.

COR Ouro-laranja. AROMA Temperos tailandeses. Prados. Flores primaveris. CORPO Agradável. Redondo. PALADAR Cevada pura. Melão. Frutas doces. Nozes. FINAL Médio e doce, com especiarias. PONTUAÇÃO 77

MALTS INDIANOS

AMRUT Single Malt, 46% vol.

COR Mel-dourado. AROMA Toffee. Bala de limão e baunilha. Uva. Cevada fresca. CORPO Médio a encorpado. PALADAR Salada Waldorf. Maçã e pera picadas. Alguma noz. Alcaçuz em pedaços. Especiarias. Suave. FINAL Médio, frutado e apimentado. Afiado. PONTUAÇÃO 78

AMRUT Cask Strength Single Malt, 59,1% vol.

COR Dourado-laranja. AROMA Geleia de laranja condimentada. Intenso. Jujuba de tangerina. CORPO Rico e denso na boca. PALADAR Cevada intensa, pura. Mel e baunilha, madeira de bourbon. Toques de taninos e especiarias. Refinado e equilibrado. FINAL Suave, redondo, com mel. Duração média. PONTUAÇÃO 85

AMRUT Peated, 46% vol.

COR Dourado AROMA Peixe. Fumaça. Salão de café escocês. CORPO Médio a encorpado e agradável. PALADAR Arenque. Condimentado. Cevada terrosa. Sal e pimenta. FINAL Equilibrado, longo e defumado. PONTUAÇÃO 79

AMRUT Peated Cask Strength, 62,78% vol.

COR Ouro-intenso. AROMA Fumaça. Alguma baunilha. Alguma fruta. Contido. CORPO Encorpado, untuoso, turfado. PALADAR Menta, depois frutas esmagadas, alguma fumaça de turfa. Macio, com mel. Contido, mas evolui. FINAL Lento, com fruta, especiarias e turfa, todos juntos em excelente equilíbrio. PONTUAÇÃO 90

MALTS IRLANDESES

BUSHMILLS **10 anos, 40% vol.**

COR Ouro-claro. AROMA Frutas frescas e suculentas. Pêssego. Mel. CORPO Macio e leve como algodão. PALADAR Em duas partes: inicialmente uva madura, maçã madura, frutas vermelhas; depois chocolate amargo e especiarias (pimenta), definindo o sabor. FINAL Redondo e estruturado, com um balanço adequado entre doçura e especiarias. Assertividade impressionante. PONTUAÇÃO 84

CONNEMARA **Single Malt, sem declaração de idade, 40% vol.**

COR Ouro-amarelo. AROMA Agulha leve. Fogo de graveto. Fumaça suave. Terroso. CORPO Cremoso e defumado. PALADAR Batalha na boca entre caroço de maçã, melado, frutas verdes e um leve sopro de fumaça. FINAL Turfa e terra chegam ao auge no encerramento. PONTUAÇÃO 75

CONNEMARA **12 anos, 46% vol.**

COR Amarelo-claro. AROMA Suave. Cevada pura. Traços fracos de fumaça. CORPO Doce, macio, suave e redondo. PALADAR Gooseberry. Uva. Pera não madura. Tudo bem suave, depois taninos da madeira. FINAL Prolongado e apimentado. Muito seco. PONTUAÇÃO 79

CONNEMARA **10 anos, Sherry Finish, 46% vol.**

COR Marrom-intenso. AROMA Mofo. Raiz. Um pouco de turfa. Brasa. CORPO Intenso e encorpado. Denso na boca. PALADAR Estranho conflito entre turfa e fruta. Uva defumada. Ameixa na brasa. Pão-de-ló com xerez. Terra. FINAL Batalha entre frutas doces e turfa, com vitória da turfa. Bem prolongado. Pão-de-ló com xerez no retrogosto. PONTUAÇÃO 76

CONNEMARA Cask Strength, 60% vol.

COR Limão-siciliano claro. AROMA Trem elétrico miniatura Old Hornby. Poeira queimada. Óleo de motor. Polidor de metais. CORPO Untuoso, rico e encorpado. PALADAR Pera em conserva e toque defumado de fogueira. Chocolate em pó solúvel. Suave. FINAL Prolongado, doce, macio e defumado. PONTUAÇÃO 83

LOCKE'S 8 anos, 40% vol.

COR Ouro-claro. AROMA Palha fresca. Cereal. Cítricos suaves. CORPO Macio e delicado. PALADAR Agudo. Adstringente. Especiarias (pimenta). Fruta azeda. Abrasivo. FINAL Médio, com pimenta e alguns taninos. PONTUAÇÃO 70

TYRCONNELL, sem declaração de idade, 40% vol.

COR Mel-dourado. AROMA Picante. Sorvete de frutas. Starburst de limão e lima. CORPO Macio e redondo. Bem ralo. PALADAR Equilíbrio adequado de laranja madura e verde. Não é muito doce. Refrescante, para o verão. FINAL Médio, relativamente doce, com um toque de carvalho a se contrapor com a fruta. PONTUAÇÃO 78

TYRCONNELL 15 anos, Single Cask 1850/52, 46% vol.

COR Amarelo-claro com tons esverdeados. AROMA Mel. Melão. Baunilha. Cevada. Açúcar demerara. CORPO Médio, macio e doce. PALADAR No início, menta. Depois toffee de maçã, frutas verdes e pimenta. FINAL Bom equilíbrio entre maçã, toffee e pimenta. PONTUAÇÃO 82

TYRCONNELL 15 anos, Single Cask 957/92, 46% vol.

COR Ouro-claro. AROMA Uva doce. Alguns cítricos. Melão. Leve e doce. CORPO Doce, encorpado e rico. PALADAR Intenso. Açúcar mascavo. Melão doce. Muitas especiarias de carvalho. Amêndoas. Maçã verde. FINAL Médio, doce e apimentado. PONTUAÇÃO 82

TYRCONNELL 10 anos, Sherry Finish, 46% vol.

COR Ouro-mel. AROMA Escritório antigo empoeirado. Couro encerado. Aromatizador de ambiente. CORPO Leve e suave. PALADAR Completamente dominado pelas frutas do xerez. Cassis. Frutas vermelhas. Pouca presença do espírito do malt Tyrconnell. Algumas notas de taninos. FINAL Terroso, médio, com xerez. Agradável, mas não se destaca. PONTUAÇÃO 70

TYRCONNELL **10 anos, Madeira Finish, 46% vol.**

COR Ouro. AROMA Suave e excitante. Frutas exóticas. Goiaba. Lima doce. Esplêndido. CORPO Suave, doce e encorpado. PALADAR Geleia de morango. Mistura suave e apetitosa de laranja e frutas vermelhas. Frutas exóticas. Baunilha. FINAL Sorvete de tutti frutti com pera em conserva, melão e outras frutas doces. PONTUAÇÃO 90

TYRCONNELL **10 anos, Port Finish, 46% vol.**

COR Ouro-intenso. AROMA Rum e passas. Frutas vermelhas. Cereja. CORPO Untuoso. Cremoso. Encorpado. PALADAR Doce e frutado. Torta Bakewell. Chocolate amargo apimentado. Intenso. Complexo. FINAL Ameixa. Cacau. Suave, prolongado e delicioso. PONTUAÇÃO 88

WILD GEESE **Single Malt, 43% vol.**

COR Amarelo-alaranjado. AROMA Cervejaria antiga. Algumas notas estranhas. Salvo, porém, pelo toffee agradável. Pomar de maçã. CORPO Leve como algodão. Suave. Redondo. PALADAR Delicado. Doce. Macio. Maçã e pera. Toques de especiarias. Irregular. FINAL Agradável. Doce e macio, com traços de especiarias no encerramento. PONTUAÇÃO 79

UM MALT ESPANHOL

DYC **8 anos Single Malt, 65,7% vol.**

COR Laranja-intenso. AROMA Curiosa mistura de verniz para madeira, bancada de carpinteiro e fermento. CORPO Doce e untuoso. PALADAR Pouca profundidade, mas muito puro. Cevada, frutas verdes e páprica picante bem ardida. FINAL Muito curto. Quente. Alguma pimenta. PONTUAÇÃO 70

MALTS SUECOS

MACKMYRA **Preludium 04, 53,3% vol.**

COR Ouro-claro. AROMA Tímido. Frutas cítricas. Alguma laranja. Serragem. Bancada de carpinteiro. CORPO Untuoso. Encorpado. PALADAR Frutas amarelas macias no início, depois um centro untuoso, defumado. Alguma pimenta. FINAL Leve agulha. Rico. Um pouco de fumaça e especiarias. PONTUAÇÃO 70

MACKMYRA **Preludium 05, 48,4% vol.**

COR Amarelo-claro. AROMA Folha de pinheiro. Cevada pura e fresca. Toques de flores e cera. CORPO Cremoso e encorpado. PALADAR Macio. Bastante turfa. Folha de pinheiro. Maçã azeda. Terroso. FINAL Turfa e terra. Sal e especiarias. PONTUAÇÃO 74

MACKMYRA **First Edition, 46,1% vol.**

COR Amarelo-manteiga intenso. AROMA Pungente. Licor de tangerina. Gengibre doce. Mandarina. CORPO Agradável. Cremoso. Encorpado. PALADAR Canela. Laranja. Tangerina. Xarope infantil para tosse. Delicioso choque entre frutas (laranja) e fundo turfado. Doce e condimentado. Especiarias abrangentes. FINAL Redondo e doce, depois seco, com toque de turfa. Acaba com pastilhas de fruta no retrogosto. PONTUAÇÃO 83

MACKMYRA **Special, 51,6% vol.**

COR Amarelo-esverdeado. AROMA O Mackmyra já inconfundível no aroma: licor de laranja, frutas em conserva. Melão. CORPO Macio e encorpado. PALADAR Frutas doces. Melão. Frutas Del Monte em conserva. Depois mistura de untuosidade, explosão de taninos, turfa e pimenta. FINAL Prolongado, doce, apimentado. PONTUAÇÃO 86

MALTS DO PAÍS DE GALES

PENDERYN **Single Malt, 46% vol.**

COR Ouro-intenso. AROMA Sorvetes de limão e lima. Toffee suave. CORPO Bem leve. Gentil. PALADAR Fraco. Leve e floral. Baunilha. Talvez um traço de damasco. Depois, licor de limão-siciliano. FINAL Surpreendentemente prolongado, com leve sabor de Starburst de limão e especiarias doces. PONTUAÇÃO 82

PENDERYN **Peated, 46% vol.**

COR Marrom-esverdeado. AROMA Especial, mas não muito pesado em turfa. Cereal novo e feno. Vegetal. CORPO Médio a encorpado. PALADAR Turfa suave. Quase floral. Raiz. Vegetal. Especiarias. FINAL Fumaça e raiz. Não muito complexo. PONTUAÇÃO 75

PENDERYN **Sherrywood, 46% vol.**

COR Marrom-dourado intenso. AROMA Pungente. Groselha e outras frutas vermelhas. Xerez rico. CORPO Bem encorpado. PALADAR Frutas vermelhas. Com água, maçã verde. Pera. Casca de fruta. Refrescante. FINAL Puro e frutado. Fresco, com deliciosa doçura. PONTUAÇÃO 80

LEITURAS ADICIONAIS

LIVROS

The Whisky Distilleries of the United Kingdom, Alfred Barnard (clássico de 1887, reimpresso em 2008)

The Making of Scotch Whisky, John R. Hume e Michael S. Moss. Canongate, 1981. Atualizado em 2000 (edição padrão)

The Scotch Whisky Industry Record, Charles Craig. Index Publishing Limited, 1994 (inclui uma cronologia da fabricação de whisky desde 1494)

Scotch Whisky: A Liquid History, Charles MacLean. Cassell, 2003 (história social e comentário de um especialista em whisky)

Malt Whisky, Charles MacLean. Mitchell Beazley, 1997, edição revista em 2006

Eyewitness Companion to Whisky, Editor-chefe: Charles MacLean. Dorling Kindersley, 2008

Handbook of Whisky, Dave Broom. Hamlyn, 2001

Jim Murray's Complete Book of Whisky, Jim Murray. Carlton, 1997

The Whisky Bible, Jim Murray. Dram Good Books, publicado anualmente

The Malt Whisky Yearbook, Editor: Ingvar Ronde. MagDig Media, publicado anualmente

The Scotch Whisky Industry Review (anual), Alan S. Gray. Sutherlands, Edinburgh (indústria, estatísticas, análise financeira e comentários)

The Scottish Whisky Distilleries, Misako Udo. Black and White Publishing, 2006

The Whisk(e)y Treasury, Walter Schobert. Neil Wilson Publishing, 2002 (dicionário de proprietários, destilarias e termos usados na indústria)

The World Guide to Whisky, Michael Jackson. Dorling Kindersley, 1987, reimpresso em 2005 (whiskies da Escócia, do Japão, dos Estados Unidos e da Irlanda)

Scotland and its Whiskies, Michael Jackson. Duncan Baird, 2001 (fotografias de Harry Cory Wright)

Whisky: the Definitive World Guide, Michael Jackson. Dorling Kindersley, 2005

Appreciating Whisky, Phillip Hills. HarperCollins, 2000, reimpresso em 2002 (fisiologia e química do paladar)

Collins Gems: Whiskies, Dominic Roskrow. Harper Collins, 2009

Need To Know? Whiskies: from Confused to Connoisseur, Dominic Roskrow. Harper Collins, 2008

The Connoisseur's Guide to Whisky, Helen Arthur. Apple Press, 2002

REVISTAS E SITES DA INTERNET

Whisky Magazine (publicada no Reino Unido) www.whiskymag.com

Malt Advocate (publicada nos Estados Unidos) www.maltadvocate.com

Celtic Malts (notícias internacionais, questões e debates entre apreciadores; revista on-line) www.celticmalts.com/default.htm

Os sites Ulf Buxrud's e Malt Maniacs' são duas fontes extraordinárias de informação e inspiração para apreciadores de whisky. www.buxrud.se www.maltmaniacs.org

Single Matl TV oferece matérias curtas e interessantes sobre produção e degustação de whisky. www.singlemalt.tv

VAREJISTAS ESPECIALIZADOS EM MALT WHISKY NO REINO UNIDO

Milroy's, Greek Street, Londres www.milroys.co.uk

The Vintage House, Old Compton Street, Londres www.sohowhisky.com

The Whisky Exchange at Vinopolis, Londres www.thewhiskyexchange.com

Royal Mile Whiskies, Londres e Edimburgo www.royalmilewhiskies.com

The Whisky Shop, 15 lojas na Inglaterra e Escócia www.whiskyshop.com

The Wine Shop em Leek, Staffordshire www.wineandwhisky.com

The Whisky Shop em Lincoln www.lincolnwhiskyshop.co.uk

Loch Fyne Whiskies, Inveraray www.lfw.co.uk

Whisky Shop, Dufftown www.thewsd.co.uk

AGRADECIMENTOS DO AUTOR

Pela generosidade de tempo e esforço em ajudar nesta e nas anteriores edições do livro, os autores gostariam de agradecer a:

Pauline Agnew, Rob Allanson, Rolf Andersen, Nick Andrews, Raymond Armstrong, Bridget Arthur, Elaine Bailey, Sarah Bailey, David Baker, Duncan Baldwin, Ian Bankier, Liselle Barnsley, Rachel Barrie, Pat Barrow, Owen D. L. Barstow, Michael Barton, Sonia Bastian, Micheal Beamish, Paul Beevis, Thierry Benitah, Bill Bergius, Jérôme Bordenave, David Boyd, Neil Boyd, Stephen Bremner, Dave Broom, Derek Brown, Lew Bryson, Emily Butcher, Ian Buxton, Alec Carnie, Ian Chapman, Karen Christie, Rick Christie, Neil Clapperton, Paula Cormack, Isabel Coughlin, Simon Coughlin, David Cox, Ronnie Cox, Jason Craig, Katherine Crisp, Andrew Crook, Jim Cryle, Peter Currie, Bob Dalgarno, Stephen Davies, Jancis Davis, Jürgen Deibel, Jean Donnay, Lucy Drake, Jonathan Driver, Gavin J. P. Durnin, Anthony Edwards, Hans-Jürgen Ehmke, Joel Elder, Kate Enis, Gable e Ralph Erenzo, Amy Felmeister, Robert Fleming, John Glaser, John Glass, Alan Gordon, Jim Gordon, Steve Gorton, Lesley Gracie, Heather Graham, George Grant, Alan S. Gray, Peter Greve, Natalie Guerin, Anna Hall, Nick Harris, Donald Hart, Ian Henderson, Dennis Hendry, Stuart Hendry, Robert Hicks, Sandy Hislop, David Hume, Brigid James, Richard Jones, Caitriona Kavanagh, Frances Kelly, Sheila Kennedy, Edward Kinsey, Ed Kohl, Kiran Kuma, Mari Laidlaw, Fred Laing, Stewart Laing, Bill Lark, Christine Logan, Lars Lindberger, Richard Lombard-Chibnall, Jim Long, Bill Lumsden, Neil Macdonald, Lorne Mackillop, Dennis Malcolm, Lauren Mayer, Fritz Maytag, Anthony McCallum-Caron, Stephen McCarthy, Jim McEwan, Frank McHardy, Douglas McIvor, Ian Macmillan, Stephen Marshall, Carla Masson, Annabel Meikle, Claire Meikle, Marcin Miller, Keita Minari, Euan Mitchell, Matthew Mitchell, Shuna Mitchell, Mike Miyamoto, Glen Moore, Lindsay Morgan, Nicholas Morgan, Malcolm Mullin, Stuart Nickerson, Margaret Nicol, B. A. Nimmo, Martine Nouet, Rebecca Painter, família Patel, Richard Paterson, Lucy Pritchard, Annie Pugh, John Ramsay, Stuart Ramsay, Kevin Ramsden, Robert Ransom, Kirsty Reid, Mark Reynier, Rebecca Richardson, Damian Riley-Smith, Pat Roberts, Dave Robertson, Pamela Robertson, Amy Robson, Geraldine Roche, Chris Rodden, Colin Ross, Fabio Rossi, Imogen Russell-Taylor, Colin Scott, Jacqui Seargeant, Catherine Service, Euan Shand, Rubyna Sheikh, Raj Singh, Sukhinder Singh, David Smith, Rory Steel, David Stewart, David Stirk, Elizabeth Stubbs, Kier Sword, Andrew Symington, Jack Teeling, Elodie Teissedre, Jens Tholstrup, Graeme Thomson, Pippa Thomson, Margaret Mary Timpson, Hide Tokuda, Robin Torrie, Gerry Tosh, Rich Trachtenberg, Robin Tucek, Cathy Turner, família Urquhart, Alistair Walker, Billy Walker, Karen Walker, Rick Wasmund, Ian Weir, Amy Westlake, Cristina Wilkie, Michelle Williams, Alan Winchester, Arthur Winning, Lance Winters, Gordon Wright, Kate Wright, Vanessa Wright, Ken Young, Ron Zussman.

O grupo Thameside Media e a Dorling Kindersley gostariam de agradecer às seguintes destilarias e companhias de bebidas que cederam imagens, rótulos e garrafas para ser usadas como ilustrações deste livro: Isle of Arran, Beam Global, Bladnoch, Bruichladdich, Burn Stewart, Chivas Brothers, John Dewar & Sons, Diageo, Duncan Taylor, Edradour, Edrington Group, Glenfarclas, Gordon & MacPhail, Inver House, Kilchoman, Morrison Bowmore, Speciality Drinks, Springbank, Tomatin, Whyte & Mackay, William Grant & Sons.

Fotos: pp.1-3 Michael Ellis; pp. 6-69 Ian O'Leary (exceto p.12, Chivas Brothers, p. 32 Diageo, p. 43 Edrington Group, p. 13 Cathy Turner); p. 72 Paul Harris.

ÍNDICE REMISSIVO

G

H

I

J

K

L

M